MANUEL

DE

L'ANTIQUITÉ SLAVE

Planche I. — Saint Venceslas
(miniature du manuscrit de Wolfenbüttel).

Collection de manuels publiée par l'Institut d'études slaves. — I.

LUBOR NIEDERLE

Professeur à l'Université Charles IV, à Prague,
Correspondant de l'Institut de France

MANUEL

DE

L'ANTIQUITÉ SLAVE

—

Tome II : LA CIVILISATION

PARIS

LIBRAIRIE ANCIENNE HONORÉ CHAMPION

ÉDOUARD CHAMPION, éditeur

5, Quai Malaquais, VIe

1926

Société Française d'Imprimerie d'Angers. — 4, rue Garnier, Angers

AVANT-PROPOS.

Dans cette deuxième partie du *Manuel de l'antiquité slave*, j'ai voulu donner une esquisse de la civilisation slave à partir de la seconde moitié du Ier millénaire, c'est-à-dire à partir de l'époque où les Slaves entrent pleinement dans l'histoire. L'antique civilisation « protoslave » n'appartient donc pas à mon sujet [1].

Quand on parle de la civilisation slave païenne, il faut certes envisager tous les éléments qui l'ont progressivement composée, depuis les temps les plus reculés jusqu'à la conversion des Slaves au christianisme, au début de la période historique. Nous entrevoyons une évolution et des étapes diverses. Il serait certainement possible, à l'aide des données linguistiques, de rechercher et de déterminer, par exemple, le fonds hérité par les Slaves de la

---

[1] Karl G. Anton est, à ma connaissance, le premier qui ait traité ce sujet dans le petit livre intitulé : *Erste Linien eines Versuches über der alten Slawen Ursprung, Sitten, Gebräuche, Meinungen und Kenntnisse* (Leipzig, 1783-1789). Depuis ce travail, rien de plus important n'a paru. Šafařík n'est pas arrivé à publier la partie de ses « Antiquités Slaves » concernant la civilisation : il en a laissé seulement un plan détaillé que l'on trouvera dans l'édition des « Antiquités » faite par Jireček en 1863 (IIe partie, pp. v-x de l'Introduction). Après lui les essais tentés dans cette direction se sont bornés soit à une étude plus approfondie de certaines parties (notamment la mythologie et le droit ancien), soit à de rapides vues d'ensemble servant habituellement d'introduction à d'autres domaines de la slavistique. Il faut mentionner ici le livre important de J. E. Vocel, *Pravěk země české* (Praha, 1868), l'étude de G. Krek, dans son *Einleitung in die slav. Literaturgeschichte* (Graz, 1887, 2e éd.), le travail d'A. Archangelskij intitulé Изъ лекцій по исторіи русской литературы » (Varsovie, 1901), tiré à part d'un article du Р. Ф. В. A signaler encore l'article sans grande valeur critique de W. Bogusławski dans le tome II de ses *Dzieje słowiańszczyzny północnozachodniej* (II, pp. 272-950, Poznań, 1889), etc. A. Kotljarevskij et J. L. Píč semblent avoir pensé, eux aussi, à donner une description d'ensemble de la civilisation slave, mais ont dû se borner à l'esquisse de certaines parties. Le travail d'A. S. Budilovič, sous le titre Первобытные Славяне въ ихъ языкѣ, бытѣ и понятіяхъ по даннымъ лексикальнымъ (Кіевъ, I, 1878, 1879, et II, 1882), encore qu'assez détaillé, est insuffisamment critique. Il en est de même, et à un plus haut degré, du livre de Václ. Křižek : *Z dějin starých Slovanů* (Tábor, 1883). Le seul ouvrage qui traite le même sujet scientifiquement, mais seulement du point de vue linguistique, est celui du professeur J. Janko : *O pravěku Slovanů* (v Praze, 1912).

communauté indo-européenne, ou encore l'état de leur civilisation à l'époque où ils formaient encore une unité. Il serait possible aussi, avec le secours de l'archéologie, d'évoquer cette civilisation, telle qu'elle apparaissait soit 500 ans avant l'ère chrétienne, soit au début de l'ère chrétienne, etc. Mais je ne me suis point donné pour tâche de décrire ces étapes anciennes : pareille tentative ne pourrait procéder que d'observations linguistiques, et, n'étant pas linguiste, je ne devais pas me risquer à reconstruire la vie et les mœurs des Slaves à la fin de la période de leur unité linguistique ; encore moins me serais-je hasardé à reconstituer les éléments fondamentaux qui apparaissent dans le patrimoine linguistique protoslave et indo-européen. Quant à en étudier l'état primitif et le développement d'après les matériaux archéologiques, je ne le pourrais qu'en m'appuyant sur des hypothèses, vraisemblables peut-être, mais cependant non démontrées [1], et il ne manquerait pas de gens pour me dire que la vie dont je retrace les grandes lignes n'est pas celle des Slaves, mais celle des Germains ou des Illyriens, car la preuve décisive reste à faire que les sépultures dont j'aurais à parler sont des sépultures slaves. Voilà pourquoi, au lieu de reconstituer une civilisation protoslave hypothétique et fictive, je préfère donner une image plus concrète de l'état matériel et moral dans lequel vivaient les Slaves au début de leur histoire, quand ils reçurent le christianisme et, avec lui, tant d'éléments étrangers. Je veux en un mot représenter la vie que menaient les païens slaves à la fin du Ier millénaire après J.-C. Si parfois il m'arrive de remonter jusqu'aux premiers siècles de l'ère chrétienne, ce ne sera que pour y rechercher les échos du vieux paganisme et pour comparer les mœurs anciennes avec le nouvel état de choses.

Il va sans dire, d'ailleurs, que s'il nous arrive d'en avoir besoin, nous considérerons aussi des étapes plus anciennes, soucieux que nous sommes de rechercher l'origine des divers éléments de la civilisation slave, et de suivre le développement particulier de ces éléments jusqu'à l'état où nous les trouvons à la fin du Ier millénaire.

Mais nous ne nous en tiendrons pas là. Il nous faudra encore distinguer dans cet ensemble ce qu'il y a de véritablement propre aux Slaves et ce qui leur est étranger ; on se tromperait, en effet, si l'on considérait cette civilisation ancienne, que nous dépeindrons à son dernier stade, comme un tout entièrement et authentiquement slave. L'archéologie nous apprend que les Slaves se trouvaient dès ce moment soumis à de fortes influences étrangères : les unes romano-byzantines, d'autres nordiques, d'autres enfin

---

[1] Voir *Manuel de l'antiquité slave*, I, p. 12.

orientales, et il n'est pas douteux qu'il en ait été de même dans tous les domaines : l'archéologie est ici d'accord avec l'histoire, la philologie et le folklore.

Quant au plan, il m'a paru que le mieux était de m'en tenir à la division en chapitres que j'avais adoptée dans la rédaction tchèque, plus étendue, de cet ouvrage, à savoir dans la deuxième partie de mes « Antiquités slaves » *(Slovanské starožitnosti)*, qui porte aussi le titre indépendant de « Vie des anciens Slaves » *(Život starých Slovanů)* ; c'est à cette deuxième partie, désignée par l'abréviation *Živ. star. Slov.*, que se réfèrent de nombreux renvois de ce tome II du *Manuel de l'antiquité slave.*

Pour ce second volume, comme pour le premier, je dois beaucoup au concours de M. André Mazon, professeur au Collège de France : je lui en exprime ma sincère gratitude ; je remercie également M. l'abbé Moyse et M. Georges Dumézil de l'aide que, sous sa direction, ils ont bien voulu m'apporter.

Prague, juillet 1925.

Lubor NIEDERLE.

CHAPITRE Ier.

L'habitat et la civilisation.

L'habitat initial des anciens Slaves, tel que nous l'avons hypothétiquement défini [1], c'est-à-dire le pays situé entre la Vistule, les Carpathes et le Moyen Dniéper, présentait dans l'ensemble un aspect peu accueillant. Il y avait là, en Polěsje et ailleurs, de grandes surfaces d'eaux stagnantes qui, au printemps, se changeaient en immenses lacs que connaissaient déjà les géographes anciens [2] ; il y avait aussi d'épaisses forêts où l'on ne pouvait trouver sa vie qu'en pratiquant la chasse dans les conditions les plus difficiles ou bien le rude métier de défricheur [3]. La forêt de Białowieża apparaît, aujourd'hui encore, comme une survivance typique de ces forêts vierges d'autrefois. Le territoire de cet habitat restait aussi peu hospitalier jusque sur ses confins méridionaux : il avait un climat froid avec une température moyenne de 7° ou 8°. Ces conditions rigoureuses, aussi bien que l'éloignement des grands foyers de culture de l'antiquité, firent que la civilisation des Slaves, tant qu'ils gardèrent leur unité dans leur patrie primitive, demeura à un niveau peu élevé, — et il ne pouvait en être autrement. Le pays était bien traversé ou contourné par quelques routes, mais que les marchands fréquentaient peu ; quant aux deux grandes voies qui en longeaient les frontières à l'Ouest et à l'Est, à savoir celles de la Vistule et de l'Oder, d'une part, et celle du Dniéper d'autre part, les marchands qui les suivaient ne s'en détournaient que rarement pour pénétrer à l'intérieur jusque parmi les tribus slaves. La rareté et la pauvreté des trouvailles archéologiques, sauf pour une certaine époque du néolithique, sont significatives à cet égard ;

[1] *Manuel de l'antiquité slave*, tome I, pp. 13 et suiv.

[2] Voir Ptolémée, III, 5, 6 (Ἀμάδοκα λίμνη), et *Slov. star.*, I, p. 366. Avant les travaux d'assainissement entrepris de 1874 à 1899 sous la direction du général Žilinskij, il y avait en Polěsje, sur 8.720.000 hectares de sol, 6.540.000 hectares de marais, et en 1882 la densité de la population était de 5,8 par kil. q. Voir *Živ. star. Slov.*, I, p. 38.

[3] Le caractère boisé et l'aspect lugubre de ces régions avaient été notés, par exemple, par Gallus (*Prohemium*), par le Géographe persan (éd. Tumanskij, p. 134), par Rosteh et Kardîzî (éd. Bartold, p. 99) et plus tard par Dlugosz (éd. Przezdziecki, I, 8) ; voir *Živ. star. Slov.*, I, p. 46.

et encore la plupart de ces trouvailles se rapportent-elles à la zone précarpathique, notamment à la Galicie actuelle, c'est-à-dire à une région où il est fort douteux que les Slaves aient résidé à date ancienne. On pouvait appliquer en somme à l'habitat primitif des Slaves, mais à une échelle plus grande, ce que Gallus écrivait plus tard de la Pologne dans le prohemium de sa *Chronique* : « Regió Polonorum ab itineribus peregrinorum est remota et nisi transeuntibus in Russiam pro mercimonio paucis nota [1]. »

C'est ainsi que ce pays et ses habitants sont restés longtemps étrangers au progrès, aussi bien dans l'ordre de la vie domestique que dans celui de l'industrie et de l'art ; leur civilisation première, dans ces conditions, n'a pu être que rudimentaire et pauvre. Ce n'est qu'à la suite du développement de l'Empire romain, alors qu'Auguste s'avançait jusqu'au Danube, et plus tard Trajan jusqu'aux Carpathes de Transylvanie et jusqu'au Moyen Dniester, qu'un premier courant puissant de culture romaine commença à pénétrer profondément en territoire slave.

Bientôt arrivèrent les Gots, et avec eux un autre courant, également fort, de civilisation : contemporain en partie du premier et en partie postérieur, il gagna profondément, lui aussi, au delà de la Vistule et jusqu'au Moyen Dniéper, apportant à tous les Slaves rassemblés dans ces régions la double influence et de la civilisation germanique, qui était alors supérieure à celle des Slaves, et de la civilisation romaine et chrétienne. Un événement se produisit, d'autre part, plus important encore que l'arrivée de ces deux courants étrangers : ce fut l'expansion même des Slaves au dehors de leur patrie primitive, dans des pays voisins et même lointains ; elle commença à prendre des proportions notables à partir du IIe ou du IIIe siècle après J.-C. Les Slaves de l'Ouest trouvèrent la Germanie orientale à vrai dire abandonnée, mais pleine encore de restes d'établissements germains et de villes gauloises. Les Slaves du Sud, atteignant la plaine du Danube et même franchissant le fleuve par endroits, purent contempler les villes, les villas, les aqueducs et les ponts bâtis par les Romains et par les Grecs. Les Slaves de l'Est s'enfoncèrent, de siècle en siècle, toujours plus avant dans l'aire de civilisation de la Mer Noire, celle des Grecs, des Sarmates et des Khazars.

La plupart des Slaves entrèrent donc ainsi en un contact étroit et vivant avec de hautes civilisations, nouvelles pour eux, et dont ils devaient subir plus ou moins fortement l'influence. Nous verrons comment, par exemple, dès les VIIe et VIIIe siècles, les Slaves du Sud combattaient tout à fait à la façon des Romains et étaient munis d'un matériel de guerre considérable.

---

[1] Bielowski, *Monumenta Poloniae historica*, 1, p. 394.

La seconde moitié du Ier millénaire ne fut pas non plus sans apporter aux Slaves d'autres contacts. Les Huns et les Awars arrivèrent d'Asie, et ils avancèrent jusqu'au cœur même des pays slaves avec leurs institutions originales, leurs coutumes et des produits nouveaux. A partir du VIIIe siècle, ce furent l'empire des Francs et les conquêtes de Charlemagne et de ses successeurs qui commencèrent à exercer une action intense sur toute l'Europe centrale et orientale, déterminant par l'extension du christianisme un changement radical dans la vie et dans les usages domestiques.

Vers la même époque, à l'Est, les Scandinaves descendirent avec la civilisation toute nouvelle qui leur était propre jusque parmi les populations slaves du Dniéper ; ils s'y trouvèrent en concurrence avec les fortes influences asiatiques qu'apportaient aux tribus méridionales des Slaves de Russie les marchands d'Orient, remontant la Volga ou traversant la Mer Noire et le Don.

Le genre de vie des Slaves devait être modifié de manière décisive par ces relations multiples et intenses avec les civilisations étrangères. Nous y trouvons, en effet, des mœurs et des coutumes romaines et des industries également romaines ou plutôt romano-germaniques (c'est-à-dire d'origine romaine, mais reçues par l'intermédiaire des Germains) ; nous y voyons aussi des usages et des institutions nettement germaniques ; nous y constatons des innovations dans le travail agricole et une activité maritime avancée ; nous y relevons une imitation de l'art germanique et de l'art byzantin ; nous apercevons comment les Slaves du Sud et de l'Est ont participé de bonne heure à l'âme orientale, et nous entrevoyons comment les idées chrétiennes se sont peu à peu introduites jusque dans la vie religieuse demeurée encore païenne.

Tout cela contribue à élever les Slaves qui, dès lors, prennent place parmi les peuples civilisés. Leur civilisation, du même coup, se dénationalise : elle tend à perdre son originalité, assez maigre sans doute, mais qui lui donnait son caractère proprement slave. Elle ne la perd pas tout entière, à vrai dire : elle en garde encore assez pour donner sa marque jusqu'aux emprunts mêmes qu'elle fait à l'étranger. Mais il n'en reste pas moins que, vers la fin des temps païens, elle est déjà tout autre qu'à l'époque primitive de l'unité slave : elle est plus riche et plus haute, tout en n'atteignant pas à la richesse ni au degré de développement des civilisations voisines, l'orientale, la romano-byzantine, et même la germanique qui avait le bénéfice de s'assimiler plus tôt les progrès de la culture romaine. « Мы Словѣне проста чадь », c'est-à-dire : « Nous autres, Slaves, nous sommes gens simples », dit, au IXe siècle, le prince Rastislav pour caractériser son peuple, lorsqu'il prie par lettre l'empereur Michel de lui envoyer un maître afin d'enseigner aux Moraves la foi chrétienne [1].

C'est cette civilisation dont on trouvera dans les chapitres suivants un tableau succinct, qui ne prétend ni ne saurait être un exposé systématique et complet de la civilisation ancienne des Slaves. Ce tableau a été tracé, en général, suivant les divisions naturelles du sujet, mais souvent aussi en fonction de l'abondance plus ou moins grande des matériaux dont nous disposons : c'est ainsi, par exemple, que j'ai consacré tout un chapitre à l'ultime cérémonie se rapportant à la vie du corps, c'est-à-dire à la sépulture, parce que le folklore slave comparé et, davantage encore, l'archéologie nous fournissent ici tant de données qu'on ne saurait assigner une place moindre à ce sujet ; inversement, les autres cérémonies qui accompagnent les phases de la vie physique ont été réunies en un seul chapitre, peu étendu, en raison soit de la petite quantité des matériaux rassemblés, soit de l'insuffisance de l'élaboration à laquelle ils ont été soumis.

[1] Vie légendaire de Constantin (de la fin du IX° siècle), éd. Pastrnek, *Dějiny slov. apoštolů*, p. 225. En 584, Jean d'Éphèse (VI, 25) qualifiait de même les Slaves « gens simples ». Voir *Slov. star.*, II, p. 207.

CHAPITRE II.

La vie physique des Slaves.

Nous venons de voir qu'on ne sait que peu de choses de la vie physique des Slaves. Il n'y a pas lieu de nous en étonner, car, si l'on excepte la mort et aussi les funérailles qui en sont le complément, nous ne possédons sur ce sujet qu'un très petit nombre de données historiques, et l'archéologie, de son côté, ne nous apporte aucun témoignage. Nous en sommes réduits au seul folklore. Mais l'étude comparée et systématique des matériaux que celui-ci nous offre n'a pas encore fait des progrès suffisants pour nous permettre de distinguer les traits principaux, de sorte que nous ne pouvons déterminer ce qui, d'une part, remonte à l'époque païenne et ce qui, d'autre part, a été emprunté aux peuples voisins, à l'époque historique.

Le type physique.

Les sources anciennes nous dépeignent les Slaves comme un peuple sain, de constitution robuste et vigoureuse, endurci et capable de supporter les privations, la chaleur et le froid. Mais il n'y a pas lieu de prêter une importance particulière à cet éloge de leur constitution physique, car les qualités en question sont de celles que les classes amollies et délicates de la population grecque et romaine ont notées chez tous les Barbares qui descendaient du nord vers le sud de l'Europe. Tous enfants de la nature, Gaulois, Germains, Slaves arrivaient là, le corps aguerri contre les intempéries et le froid, et c'est leur résistance, à coup sûr, qui en imposait le plus aux populations civilisées du Midi.

Les Slaves, à cet égard, ne faisaient pas exception, parmi les Barbares, aux yeux des Grecs et des Romains non plus qu'à ceux des voyageurs d'Orient, originaires pour la plupart des chaudes régions de la Mésopotamie et de la Perse. Leur endurance, leur force corporelle, leur vaillance à supporter les températures extrêmes, la douleur et même la mort nous sont attestées par les sources grecques et romaines du VIe au VIIIe siècle, et aussi par les

Orientaux Kardîzî, Rosteh et Dimeškî [1], et par le Germain Widukind qui caractérise ainsi les Slaves : « Genus hominum durum et laboris patiens, victu levissimo assuetum et quod nostris gravi, oneri esse solet, Slavi pro quadam voluptate ducunt [2]. » Il faut ajouter leur vigueur remarquable, leur svelte et haute stature, que signalent à l'envi les expressions grecques εὐμήκεις, ἄλκιμοι, μέγεθος τῶν σωμάτων, μεγαλοφύεις [3], et qui ont été vérifiées par la mensuration des squelettes trouvés dans les sépultures, encore que celle-ci n'ait pas été toujours faite avec assez de soin. Les squelettes d'hommes ont habituellement de 1 m. 60 à 1 m. 70 de hauteur [4]. Quant aux femmes, la beauté des esclaves slaves des Balkans a été chantée, au XIᵉ siècle, par le poète persan Nâsir-i-Khusrau [5].

En ce qui concerne les caractères somatologiques particuliers, les Slaves, de même que les Germains, les Gaulois et autres peuples du Nord, se distinguaient par la couleur claire de leur teint, de leurs yeux et de leurs cheveux, s'opposant à la couleur foncée caractéristique des races de l'Europe méridionale. Si les anciens Slaves n'étaient peut-être pas blonds au même degré que les Germains nordiques, nous ne pouvons douter du moins qu'ils n'aient appartenu à une race blonde. Cette particularité physique a donné lieu à une controverse que j'ai déjà rappelée en exposant les diverses théories par lesquelles on s'est efforcé d'expliquer l'origine des Slaves et leur ressemblance physique avec d'autres peuples [6]. J'ai dit à cette occasion quelle transformation considérable une grande partie des Slaves a subie au cours du dernier millénaire. Nous ne saurions poser aujourd'hui que les Slaves sont caractérisés par des yeux clairs et des cheveux blonds : si les témoignages anciens les représentent tels, c'est que, de toute évidence, ils ont eu jadis un type physique différent à cet égard de celui qu'ils offrent aujourd'hui, et qui n'a commencé à se modifier qu'au cours de la période historique par croisement avec d'autres races de l'Europe centrale et orientale au teint

---

[1] Prokopios, *B. G.*, III, 22 ; Maurikios, *Strat.*, XI, 5 ; Léon, *Tactica*, XVIII ; Theophylaktos, VI, 8 (éd. Boor, 236) ; Kardîzî, éd. Bartold, p. 123 ; Dimeškî (Charmoy, *Relation*, p. 353). Voir la documentation dans *Živ. star. Slov.*, I, pp. 53-54.

[2] Widukind, II, 20.

[3] Prokopios, III, 14 ; Theophylaktos, VI, 2 ; Theophanes, éd. Boor, p. 268.

[4] Voir les détails dans *Živ. star. Slov.*, I, p. 54. Au pays de Płock, en Pologne, on a signalé la présence de squelettes dépassant 1 m. 80 de hauteur. Jul. Talko Hryncewicz a donné un aperçu général de la somatologie slave dans son Опытъ физической характеристики древнихъ Славянъ, Спб., 1909.

[5] Jacob, *Welche Handelsartikel bezogen die Araber des Mittelalters*, Berlin, 1891, p. 11.

[6] *Manuel de l'antiquité slave*, I, p. 8.

foncé ; c'est qu'ils ont perdu progressivement la coloration claire qu'ils devaient sans doute, comme leurs voisins germains ou lituaniens, à une origine commune dans un milieu septentrional.

Prokopios, pour préciser le type blond des Slaves, emploie l'expression ὑπέρυθροι εἰσιν ἅπαντες [1], qui doit indiquer la couleur désignée en slave par le mot *rusŭ* (c'est-à-dire « blond-roux »). L'auteur inconnu d'un traité de stratégie du VIᵉ siècle compte les Slaves et les Antes au nombre des ξάνθα ἔθνη [2]. Les relations arabes à partir du VIIᵉ siècle confirment ce signalement. Le poète Al-Akhtâl leur donne le nom de roux (« ashâb »). Jakût les appelle un peuple au teint vermeil et aux cheveux roux, Mas'ûdî de même, et Kazvînî écrit à leur sujet : « Les Slaves ont les cheveux roux, le teint vermeil et sont doués d'une grande vigueur. » Abd-er-Rahmân ibn Habîb était appelé « le Slave » à cause de sa taille svelte, de ses cheveux blonds et de ses yeux bleus et, d'après Jakût et le dictionnaire dit Kâmûs, on donnait généralement aux gens qui avaient le teint clair le nom de Siklâb ou Saklâb [3]. Il y a plus : au XIᵉ siècle, Kardîzî explique, par un croisement avec les Slaves, la complexion claire que l'on constate parfois chez les Kirghiz [4].

La seule voix discordante dans ce concert de témoignages est celle de Ibrâhîm-îbn-Ja'kûb, et encore ne s'agit-il là que des Tchèques pour qui cet auteur fait observer qu'ils sont châtains à l'encontre des autres Slaves [5]. Il n'est pas douteux que, dès le Xᵉ siècle, les Tchèques étaient déjà beaucoup plus portés que les autres Slaves à se mêler à des éléments ethniques au teint foncé. C'est à ces éléments qu'appartiennent les restes de cheveux châtains que l'on trouve parfois dans les vieilles sépultures tant des Tchèques que des Russes. Il faut bien dire, du reste, que les Slaves, en général, n'ont jamais constitué une race pure et que, dès l'origine ils ont dû participer quelque peu, et plus ou moins suivant les tribus, au type foncé. Cette dernière race, douée d'une grande vitalité, a absorbé de plus en plus, au cours des siècles, les éléments de l'ancienne race blonde qui était autrefois beaucoup plus largement représentée, et c'est ainsi que les Slaves ont aujourd'hui un type différent de celui qu'ils offraient à l'époque où Prokopios, scrupuleux observateur, notait à leur sujet : « Ils sont tous blond-roux. »

---

[1] Prokopios, III, 14 : τὰ δὲ σώματα καὶ τὰς κόμας οὔτε λευκοὶ ἐς ἄγαν ἢ ξανθοί εἰσιν, οὔτε πη ἐς τὸ μέλαν αὐτοῖς παντελῶς τέτραπται, ἀλλ' ὑπέρυθροί εἰσιν ἅπαντες.

[2] Éd. Müller, p. 125.

[3] Voir *Slov. star.*, I, p. 98, et *Živ. star. Slov.*, I, p. 56.

[4] Éd. Bartold, p. 109.

[5] Éd. Westberg, p. 54.

La naissance et l'enfance.

Chez les Slaves, comme chez tous les peuples se trouvant au même stade de civilisation, la naissance d'un enfant était accompagnée d'une série de pratiques ayant un caractère soit purement hygiénique (prophylaxie, diète), soit superstitieux. Mais quelles étaient ces pratiques, nous ne le savons pas exactement, au moins pour l'époque la plus ancienne. Nous n'avons, en effet, que quelques allusions et peu claires, d'une part, dans des livres religieux de tour didactique, et, d'autre part, dans les traditions concernant les êtres présidant à l'enfantement, à savoir le *Rod* et les *Rožanicy* dont nous traiterons dans le chapitre VII. Ce qui nous renseigne le mieux, ce qui nous permet de juger de l'époque païenne elle-même, ce sont aujourd'hui encore les rites qui continuent à être observés dans un grand nombre de régions slaves à l'occasion de la naissance et des relevailles. Cependant, comme jusqu'en 1911 il n'existait pas d'ouvrage où ces rites fussent groupés et étudiés avec critique, je n'avais pas osé alors formuler des conclusions sur le cérémonial païen ancien, et je m'étais borné à une brève remarque dans l'édition tchèque de « La vie des anciens Slaves »[1]. Mais depuis ce temps, M. Jan Bystroń a publié un travail important consacré surtout aux usages slaves se rattachant à la naissance et aux relevailles[2]. Il ressort de ce travail, avec beaucoup de vraisemblance, que la plupart des pratiques usitées, qu'elles s'expliquent par des motifs de sociologie, ou de démonologie, ou d'hygiène, sont très anciennes. Le christianisme n'a pu leur donner naissance. La seule question que l'on pourrait se poser est de savoir si les Slaves n'en auraient pas emprunté au moins quelques-unes à leurs voisins. Mais l'extension générale des usages en question dans toute la vieille Europe et leur essence même, sociologique et religieuse, prouve avec une très grande vraisemblance qu'ils étaient familiers aux Slaves dès les temps les plus reculés. Il y a là un ensemble comprenant toutes les notions et tous les actes qui, d'une part, visent à isoler la femme impure et à la protéger[3], puis à la purifier après l'enfantement, et, d'autre part, tendent

---

[1] *Živ. star. Slov.*, I, p. 59.

[2] Jan Bystroń, *Słowiańskie obrzędy rodzinne*, Kraków, 1916. A côté de cette étude, deux travaux plus anciens, de Sreznevskij, méritent encore l'attention, l'un sur les relevailles chez les Slaves (Moscou, 1866), l'autre sur les *Rožanicy* (Архивъ Калачева, II, M., 1855). Signalons encore la *Kuwada* de Stan. Ciszewski (Kraków, 1905) et le travail de Zenon Kuzelja, Дитина в звичаяхъ и віруванняхъ укр. народа (Матер. по укр. етнологіи, VIII-IX, 1906-1907).

[3] Ainsi : les prescriptions concernant l'isolement de la femme pendant la menstruation,

à assurer l'isolement, la protection et la purification de l'enfant [1]. Le cérémonial de purification proprement dit comportait : une ablution, la sortie rituelle de l'isolement, l'accueil des hôtes et la visite rendue ensuite à ceux-ci.

Un certain temps après la naissance, on accomplissait encore une importante cérémonie ayant une signification sociale : la réception solennelle de l'enfant dans le cercle de la famille et de la communauté dont il devenait ainsi juridiquement membre. Cette réception était accompagnée de divers rites appropriés : l'enfant était placé soit sur le sol, soit sur le seuil, soit encore sur le foyer de la maison, puis de là porté autour de la chambre ; on l'embrassait, on lui donnait son premier bain dans lequel, en guise de cadeaux, on jetait du grain, du cumin, du sel, et par la suite des pièces de monnaie, etc. [2]. Durant la cérémonie, les parrains (vieux slave *kumŭ*) jouaient un rôle capital, et dont l'importance a été conservée jusqu'à nos jours en beaucoup d'endroits. Toutes ces pratiques, jusque dans les détails, étaient-elles déjà usitées à l'époque païenne ? Il est difficile de le dire, mais je pense que tout ce cérémonial, en son ensemble, et quant au fond, était déjà tel. On ne saurait douter, en particulier, du caractère païen des moyens employés pour protéger la mère et l'enfant contre l'action des mauvais esprits.

Nous n'avons de témoignages directs et anciens que sur deux des coutumes relatives à la première enfance des nouveau-nés, à savoir la suppression des enfants qui étaient de trop et le rite des *postrižiny* ou « coupe des cheveux ».

La coutume de tuer les enfants est surprenante au premier abord, si l'on considère que la vie de famille des anciens Slaves était par ailleurs douce et paisible. Cette coutume est attestée cependant de façon précise pour

durant la grossesse et l'accouchement ; les interdictions pour la femme de participer aux travaux domestiques et d'avoir des rapports avec d'autres personnes, la défense de franchir le seuil de la maison, de traverser les ponts, de franchir les bornes des champs et les clôtures ; la recherche d'un endroit spécial pour l'accouchement ; la hache, l'aiguille ou le couteau placés sur le seuil de la maison ou dans le lit, les nœuds dénoués et les serrures ouvertes avant l'enfantement ; la réclusion des femmes et l'obligation pour elles de se cacher derrière un voile durant leurs relevailles ; la défense de marcher pieds nus, de filer, de coudre, de prêter quoi que ce soit de la maison. On a trouvé quelques faibles traces de la « couvade » (*kuvada*) chez les Petits-Russes et les Grands-Russes. Les objets qui avaient servi à une femme durant sa grossesse ou ses relevailles devaient aussi être purifiés.

[1] Ainsi tous les moyens employés pour écarter « les sorts », c'est-à-dire les dommages causés à l'enfant par « le mauvais œil ». C'est la raison pour laquelle on ne montre pas l'enfant aux étrangers.

[2] Voir les détails chez Bystroń, *op. cit.*, pp. 76 et suiv.

certains Slaves baltiques, les Pomoriens et les Luticiens : la mère, chez ces peuples, étouffait les nouveau-nés du sexe faible lorsqu'elle en avait déjà plusieurs, et cela, disait-on, pour pouvoir s'occuper avec plus de soin des autres enfants. « Hoc nefas maxime inter eos vigebat », notait Ebbo ; et l'évêque Otto de Bamberg, en 1124, se donnait beaucoup de mal pour déraciner cet abus [1]. Un passage bien connu du Pseudo-Césaire de Nazianze, tout étrange qu'il soit par ailleurs, semble indiquer aussi que les Slaves qui déferlèrent sur les Balkans au VIe siècle commettaient également de semblables meurtres [2]. Enfin, dans un traité vieux-russe, le *Slovo* de Grégoire le Théologien, il est question « de la mise à mort des petits enfants qui se pratiquait en Tauride », et que le traducteur impute aux Slaves [3].

Quelle était la principale raison de cette coutume ? Il est difficile de se prononcer à cet égard. Chez les autres peuples primitifs où elle était ou est encore en usage, elle s'explique par des mobiles divers : religion, hygiène, conditions sociales. Le mobile principal semble être la crainte de ne pouvoir subvenir que péniblement aux besoins de l'enfant et de la famille. Mais cet argument ne saurait guère être admis pour les Slaves, car la venue d'une fille dans la famille représentait, au contraire, une force de plus, le père étant assuré de recevoir une indemnité lors du mariage : c'est pourquoi, au Xe siècle, Ibrâhîm ibn Ja'kûb dit des Slaves de l'Ouest que pour eux la présence de nombreuses filles équivalait à la richesse [4]. Peut-être existait-il dans les pays de la Baltique une vieille tradition qui présentait les filles comme des êtres de moindre valeur ; peut-être aussi dans les villes, où les hommes tombaient sans cesse dans les combats et les expéditions, l'excédent de la population féminine rendait-il difficile l'établissement des filles. La coutume, en tout cas, était pareillement en vigueur chez les voisins germains et lituaniens, de même que chez d'autres peuples de l'ancienne Europe [5].

---

[1] Ebbo, 1, 3 ; Herbord, II, 18, 33. Voici ce que dit Herbord : « Si plures filias aliqua genuisset ut ceteris facilius providerent aliquas ex eis iugulabant ». Voir aussi Ekkehard, *Chron.*, année 1125 (Pertz, *Auct. ant.*, VI, pp. 263-264).

[2] Pseudocaesarius, *Dialogi*, 110 : « les Slaves, dit-on, assomment leurs enfants, comme des rats, contre les rochers ».

[3] Tichonravov, Лѣтописи русс. литер., IV, ch. III, p. 98 (M., 1862). Par contre, la mention faite par Léon le Diacre (IX, 6) de la mise à mort d'enfants russes devant Durostol, en 972, me paraît se rapporter plutôt à un sacrifice funéraire.

[4] Ibrâhîm, éd. Westberg, p. 55.

[5] Hirt, *Indogermanen*, p. 718. Sur l'usage chez les Lituaniens, voir Pierre de Dusbourg, *Chron. terrae Pruss.*, III, et Ibrâhîm, éd. Westberg, pp. 32, 56 (Brückner, *Archiv für slav. Phil.*, XXI, p. 23).

On ne sait dans quelles circonstances ni pour quels motifs l'avortement était en usage chez les Slaves. Mais il l'était. Le Recueil d'homélies d'Opatovice et une défense de Břetislav, en Bohême, en 1039, y font allusion ; de même que les Réponses de Nifont en Russie (XIIᵉ siècle) [1]. Les femmes allaient trouver les sorciers et ceux-ci leur donnaient certaines herbes qui amenaient le résultat souhaité.

La « tonsure » est le complément d'une cérémonie déjà mentionnée plus haut. Reçu solennellement dans la famille au lendemain de sa naissance, l'enfant était d'abord confié aux soins de sa mère ; quelques années plus tard, à un moment qui variait suivant les habitudes des différents groupes et tribus, l'enfant de sexe masculin était, par un rite spécial, enlevé à la tutelle de sa mère et confié à son père ; et son éducation se poursuivait dès lors dans le sens des occupations qui conviennent à un homme. Le rite même consistait en ce que le père, ou un parent, ou encore un hôte de marque, pendant une fête de famille accompagnée d'une réception, coupait quelques mèches de cheveux de l'enfant [2]. Les termes techniques désignant la chose étaient, je crois, *postrigy* ou *postřižiny*. L'usage de la tonsure n'est pas, il est vrai, attesté directement dès l'époque païenne, mais nous possédons sur ce sujet quelques renseignements des premiers temps de l'époque chrétienne, du XIᵉ siècle au XIIᵉ, et il est hors de doute qu'il existait déjà avant l'évangélisation des Slaves. Il s'est maintenu du reste juqu'à nos jours, et même incorporé aux rites de l'église, chez les Slaves du Sud [3].

Dans le domaine tchèque, nous avons sur la tonsure du prince Venceslas des témoignages qui remontent au commencement du Xᵉ siècle. Chez les Russes, la *Chronique* signale, pour les années 1192 et 1194, les постриги de Georges et de Jaroslav, fils du prince Vsevolod. Une tradition polonaise du XIIᵉ siècle présentait la tonsure comme un rite appartenant directement au paganisme [4]. Le fait que l'époque où avait lieu la cérémonie variait

---

[1] Kosmas, II, 4 ; *Homélies d'Opatovice*, éd. Hecht, p. 82 ; Истор. Библіотека, VI, p. 58. Voir aussi une prohibition du métropolite Grégoire et des défenses yougoslaves postérieures, du XIIIᵉ siècle (*Starine*, VI, p. 118).

[2] Les premiers cheveux de l'enfant étaient offerts en sacrifice par les sages-femmes aux Rožanicy. Mansikka, *Religion der Ostslaven* (Helsingfors, 1921, I, p. 307).

[3] Chez les Serbes : стрижба, стриг, шишање, узимање косе ; chez les Bulgares : стрижба, наплитание ; chez les Russes du Sud : застрижки. Voir la bibliographie du sujet dans *Živ. star. Slov.*, I, p. 64, et Wł. Abraham, *Zawarcie małżeństwa* (Lwów, 1925), p. 221.

[4] *Legenda o sv. Václavu* (Pastrnek, *Věstník král. spol.*, 1903, VI, p. 42) ; *Chronique*, version Laurentine, années 1192, 1194 (voir aussi l'année 1212) ; Gallus, I, 1, Bielowski. *Mon. Pol. hist.*, I, pp. 395, 398). Voir *Živ. star. Slov.*, I, pp. 63 et suiv. Cette question de

sensiblement en rend difficile la pleine intelligence... La solennité avait lieu chez les Polabes dans la septième année de l'enfant ; chez les Tchèques, plus tard, comme on peut le voir dans la légende rappelée plus haut ; chez les Russes, au contraire, dans la troisième ou la quatrième année, à en juger par le texte de la *Chronique;* chez les Serbes, de nos jours, elle a lieu d'ordinaire un an après la naissance, ou même plus tôt.

Ce désaccord contribue à obscurcir la question. Si la tonsure avait été pratiquée régulièrement sur les enfants à un âge assez avancé, nous pourrions à bon droit la tenir pour une cérémonie par laquelle ils prenaient place parmi les adultes, comme cela avait lieu chez les Germains [1]. Mais précisément les plus anciennes sources slaves nous montrent ce rite appliqué à des sujets en bas âge, de telle sorte qu'il ne reste d'autre solution que de l'interpréter comme un symbole du passage de l'enfant de la tutelle de la mère à celle du père, sinon en tant que pleinement adulte, du moins en tant qu'appelé à le devenir. C'est pourquoi, dans l'ancienne Russie, on choisissait ce moment pour asseoir pour la première fois le jeune prince en selle, de même que, jusqu'à présent encore, dans la région du Don, lorsqu'on coupe les cheveux à un enfant cosaque, on lui met en main un sabre et on le salue avec tous les égards dus à un Cosaque [2].

Nous n'avons pas de témoignage concernant le rite de la tonsure appliqué aux filles chez les anciens Slaves, mais nous savons qu'il est pratiqué de nos jours dans les Balkans, chez les Bulgares et les Serbes, et aussi en Ukraine [3].

La vie sexuelle.

Lorsque le jeune homme et la jeune fille ont atteint la puberté, tout le rituel de leur vie physique est commandé par les phénomènes d'ordre sexuel.

Nous ne savons rien des usages liés à la reconnaissance de la puberté

l'ancienne tonsure chez les Slaves a été étudiée surtout par : K. Potkański, « Postrzyźyny u Slowian i Germanów » (*Rozptawy* de l'Académie de Cracovie, 1895, série II, tome VII), Fr. S. Krauss, « Die Haarschurgodschaft bei den Südslaven » (*Intern. Arch. f. Ethnol.,* 1894, p. 163), A. Naegle, « Die feierliche Haarschur und Haarweihe des heil. Wenzel » (*Mitth. des Ver. f. Gesch. Deutsch. in Böhmen,* LV, p. 110, 1917).

[1] Potkański, *op. cit.,* p. 334. Le fiancé est également soumis à la tonsure lors du mariage chez les Blancs-Russes.

[2] *Chronique* de Kiev, année 1192, et le témoignage rapporté par Dovnar-Zapolskij dans Этнограф. Обозрѣніе, 1894, IV, p. 38.

[3] Voir les détails dans *Živ. star. Slov.,* I, p. 66.

ni à ceux de l'âge nubile [1]. Seul, le port d'une coiffure particulière distinguait la jeune fille de la femme mariée, la première portant une couronne ou un joli bandeau, et la seconde un bonnet. Ce dernier usage subsiste encore à présent dans certains pays slaves. C'est là sans doute une habitude fort ancienne, car Kosmas, au XIIe siècle, en signale déjà l'existence en Bohême [2]. La réception solennelle des jeunes gens dans une organisation d'adultes, telle qu'elle a lieu en Petite Russie, semble être également une cérémonie antique [3].

Dans les temps les plus reculés il y avait, selon toute vraisemblance, une certaine promiscuité entre les deux sexes. C'est ce que paraissent indiquer les restes d'hétaïrisme qui se constatent dans les fêtes très anciennes, héritages du paganisme, qui sont célébrées à l'occasion des noces ; et l'on trouve une confirmation de ce fait dans les coutumes semblables ou analogues qui ont été relevées chez les peuples voisins, Lettons, Agathyrses et Scythes [4]. Plus tard, cependant, dès la fin de l'époque païenne, la vie sexuelle était déjà régulièrement limitée à l'union d'un homme avec une ou plusieurs femmes.

Les noces.

Chez tous les peuples, les plus primitifs comme les plus civilisés, le mariage est regardé comme un acte si important qu'il est toujours accompagné de quelque cérémonie solennelle. Qu'il en ait été de même pour les noces slaves (v. sl. *brakŭ* ou sl. c. *svatĭba*, *veselĭje*), nous sommes donc autorisés à le supposer *a priori*, encore que nous n'ayons sur ce point que fort peu de témoignages directs se rapportant à l'époque païenne [4].

Le mariage consistait essentiellement soit dans l'enlèvement d'une jeune fille appartenant à un autre clan ou à une autre tribu, soit dans le paiement d'un prix d'achat pour obtenir une fille. En effet, la jeune fille, comme les autres enfants, relevait du pouvoir du père, mais elle pouvait passer en celui d'un autre homme, soit par rapt, soit par une vente fictive en vertu

---

[1] Pour l'époque historique, voir *Živ. star. Slov.*, I, p. 67.

[2] Kosmas. I, 27 (*Fontes rerum bohemicarum*, II, p. 40).

[3] Sumcov, Культурныя переживанія, Кіевъ, 1890, pp. 187 et 355.

[4] Voir les divers témoignages dans *Živ. star. Slov.*, I, p. 69.

[5] Voir *Živ. star. Slov.*, I, 95. Un autre terme ancien, qui ne me paraît pas clair, est celui de *posagŭ*, attesté dès le Xe siècle, et qui traduit le grec γάμος (Sreznevskij, Матеріалы, II, col. 1227).

de laquelle le père cédait son droit au mari. Nous voyons les deux procédés concurremment en usage chez les Slaves à la fin de l'époque païenne, mais non pas, à vrai dire, dans toutes les tribus ; nous constatons aussi qu'au début de l'époque chrétienne l'enlèvement est regardé comme un acte grossier, mauvais et propre au paganisme. L'enlèvement a-t-il été en réalité le procédé le plus ancien, le procédé originel ? C'est ce que ne nous disent ni les sources historiques, ni le folklore comparé, ni la philologie. Ce qui est sûr, c'est que cette forme de mariage a été longtemps et largement répandue : nous en sommes assurés par la précision avec laquelle le chroniqueur de Kiev signale le rapt comme une manifestation typique et permanente de certaines tribus slaves [1]. Saxo Grammaticus l'atteste pareillement pour la Russie [2] ; et, pour la Bohême du XIe siècle, on est renseigné par les allusions du Recueil d'homélies d'Opatovice [3]. Signalons enfin les nombreuses survivances de rituels d'enlèvement qui se sont conservées en Russie, en Bohême, en Pologne et dans tous les Balkans jusqu'à la période historique. L'histoire du droit des différents peuples slaves est remplie de peines contre l'enlèvement des jeunes filles, lequel est appelé en russe похищеніе, умыканіе, умычка, уводъ, увозъ, en polonais *porwanie*, en serbe отмица, en bulgare завличане, влачене, грабене мома, en tchèque *únos* [4]. Peut-être enfin le nom même de la fiancée *(nevěsta)* tire-t-il son origine de cette coutume [5].

Nous avons, d'autre part, des témoignages anciens sur l'achat de la femme par le mari en Pologne [6] et en Russie [7], ainsi d'ailleurs que de nom-

---

[1] *Chronique*, 12 (trad. Leger) : « Les Polianes avaient les mœurs douces... Voici comment ils se mariaient ; le fiancé n'allait point chercher sa fiancée ; mais on la lui amenait le soir, et le lendemain on lui apportait la dot. Quant aux Drévlianes, ils vivaient brutalement, comme des bêtes féroces... ; ils ne connaissaient point le mariage et enlevaient les jeunes filles qui allaient puiser de l'eau. Les Radimitches, les Viatitches et les Séveriens avaient les mêmes mœurs... ; le mariage n'existait point chez eux ; seulement il y avait des jeux entre les villages. Ils allaient à ces jeux : on y dansait, on y jouait des jeux diaboliques, et là chacun enlevait la femme avec laquelle il s'était déjà entendu ; ils avaient jusqu'à deux et trois femmes. »

[2] Saxo, éd. Holder, p. 156. Voir *Živ. star. Slov.*, I, p. 71.

[3] *Das Homiliar des Bischofs von Prag.*, éd. F. Hecht (Prag. 1863), p. 22.

[4] Voir les détails dans *Živ. star. Slov.*, I, p. 72.

[5] C'est ainsi que suivant l'explication de Miklosich (*Etymologisches Wörterbuch*, p. 214) et de Zubatý (*Archiv für slav. Philologie*, XVI, p. 404) *nevěsta* signifie « inconnue », c'est-à-dire celle qui a été prise ailleurs. Le prince Troubetzkoy a donné une autre explication de ce même mot, à savoir « celle qui n'a pas connu d'homme » (*Slavia*, I, p. 12).

[6] Ibrâhîm ibn Ia'kûb, éd. Westberg, pp. 31, 53, 93.

[7] Voir le texte ci-dessus, note 1.

breuses traces ou mentions de cet usage [1]. Le cadeau que·recevait le père pour la cession de sa fille est désigné en slave par le nom indo-européen de *věno* [2].

Nous n'avons que peu de données sur les rites qui accompagnaient les noces à l'époque païenne. Aucune description de noces ne nous a été conservée. Nous n'avons d'autre ressource, dans ces conditions, que d'essayer de les reconstituer en nous servant des matériaux que nous offrent le folklore et la linguistique comparée de l'indo-européen et l'étude des coutumes slaves, tant de celles qui sont attestées par l'histoire que de celles qui sont observées de nos jours, ces dernières concordant pour la plupart d'un pays à l'autre et étant généralement anciennes [3]. C'est d'après cette méthode que j'ai tenté la reconstruction suivante du cérémonial nuptial [4].

Lorsqu'il n'y avait pas eu enlèvement, les représentants du prétendant négociaient le mariage avec le père de la fille moyennant une certaine dot, puis, à une date indéterminée et probablement variable, on procédait à la noce proprement dite. La fiancée était solennellement amenée [5], et l'on procédait au couronnement ; puis venaient les *zaručiny* ou *obručiny*, cérémonie par laquelle la main de la jeune fille était placée dans celle du jeune homme, et ensuite l'échange des cadeaux : ceux-ci consistaient en une pomme, emblème aphrodisiaque, probablement, et symbole de la fécondité, puis, entre autres choses, en un coq ou une poule noire. L'échange des anneaux est sans doute un rite emprunté postérieurement aux Byzantins ; il se trouve mentionné, pour la première fois, dans la paraphrase de la chronique du prince de Perejaslav, Jaroslav Vsevolodovič, du début du XIIIᵉ siècle [6]. La mariée était ensuite revêtue d'un vêtement qui portait

---

[1] *Živ. star. Slov.*, I, pp. 72-74.

[2] *Věno de *vedmno*, cf. lat. *vēnum*, gr. ἔδνον, haut-all. *widamo*.

[3] Voir Hirt, *Indogermanen*, p. 436 ; Schrader, *Reallexion der indogerm. Alt.*, pp. 110, 353, 652. Pour la bibliographie des travaux slaves, voir *Život star. Slov.*, I, pp. 73, 75. J. Piprek a tenté dernièrement de donner un travail d'ensemble : *Slavische Brautwerbung und Hochzeitgebräuche*, Wien, 1915 (Suppl. zur *Zeitschr. für öst. Volkskunde*).

[4] Tout récemment Wł. Abraham a fait paraître un livre très important : *Zawarcie małżeństwa w pierwotnem prawie polskiem* (Lwów, 1925), où sont recueillis tous les documents anciens concernant les pays slaves, spécialement la Pologne. Ce travail confirme et élargit notre reconstitution du cérémonial ancien. Mais son objet précis est d'expliquer la position juridique de la femme dans la famille slave.

[5] De là le terme technique de жену водити, приводити (dans la traduction slave du *Nomocanon*) et le vieux-russe водимая « femme légitime ».

[6] Éd. Obolenskij, Временникъ моск. общ. истории, IX, 1851. Voir *Živ. star. Slov.*, I, p. 112.

sans doute le nom de *namětŭka*, et on l'emmenait à la maison du mari. Là,
on la recevait avec du pain et du miel, et on jetait sur elle par poignées·du
grain, des céréales, du pavot, des pois et autres produits du sol, emblèmes
de la fécondité et de la prospérité. On lui faisait faire encore par trois fois
le tour du foyer dont elle saluait les dieux en s'inclinant ou même en leur
offrant un sacrifice ; enfin on la faisait asseoir sur une peau de bête en guise
de tapis, et c'est alors que l'on partageait entre les hôtes le gâteau des noces
(kravaj) [1]. On dénouait solennellement les nattes de la jeune femme, on
les lui coupait, et un bonnet et un voile couvraient ce qui lui restait de cheveux. Enfin, en signe de soumission à son mari qui lui donnait parfois
quelques coups symboliques [2], elle enlevait à celui-ci ses chaussures, ce
geste ayant sans doute une signification analogue à la coupe des cheveux.
Femmes et garçons d'honneur revêtaient alors les nouveaux mariés
de chemises neuves, et on les mettait solennellement au lit. Les hôtes de la
noce se livraient à de bruyantes réjouissances auxquelles se mêlaient des
éléments de caractère phallique. Après la nuit des noces, les invités accompagnaient joyeusement les nouveaux mariés qui allaient se purifier par l'eau
et peut-être par le feu.

Ce cérémonial était parfois enrichi et animé de réminiscences symboliques
et dramatiques qui rappelaient les rapts d'autrefois, et il s'accompagnait de
rondes, de chansons sans fin, exécutées par des musiciens [3], avec le concours des divers masques qui étaient souvent associés aux fêtes populaires.
Tout cela existait, je le crois, dès le temps du paganisme, et a dû passer à
l'époque chrétienne, avec cette seule restriction que, sous l'influence de
l'Église, certains rites ont été éliminés, pendant que d'autres étaient cor-
rigés et adaptés à l'esprit nouveau. L'Église d'Orient, ici comme ailleurs, se montra plus tolérante que l'Église de Rome à l'endroit des rites
païens. Mais le vieux cérémonial avait poussé de si profondes racines chez
les Slaves que bien longtemps, et jusqu'aux XIIe, XIIIe et XIVe siècles, le
simple peuple considérait les cérémonies de l'Église comme quelque chose
de bon seulement pour les princes et les boïars [4]. Aux XVIe et XVIIe siècles,
et même jusqu'à nos jours, dans certaines régions, les paysans ne leur

---

[1] L'origine de ce terme n'est pas claire, mais on le trouve attesté en lituanien sous
une forme ancienne. Voir Berncker, *Etym. Wörterbuch*, p. 577, au mot *korvaj*.

[2] Coutume venue probablement des voisins turco-tatars.

[3] Voir plus loin notre chapitre XII (la musique).

[4] Voir dans *Život. star. Slov.*, I, 97, les textes tirés de mandements d'évêques tchèques,
polonais et russes, du XIe siècle au XIVe, auxquels il faut ajouter encore la Règle des Saints
Pères du XIe siècle.

attribuent de valeur juridique qu'autant qu'elles sont accompagnées du rituel domestique complet [1].

De l'époque païenne même il ne nous est parvenu que peu de témoignages, sauf ceux qui ont été rappelés ci-dessus à propos de l'enlèvement et de l'achat. Mais certaines allusions que nous rencontrons dans des prescriptions ecclésiastiques et dans les chroniques des premiers temps du christianisme, nous montrent qu'en Russie on priait sur le gâteau des noces (en russe : коровайное моление) [2], qu'en Russie et en Bohême les femmes se couvraient la tête d'un voile (увивало, повой) [3], et que si quelqu'un jetait sur la tête d'une jeune fille la *namětŭka*, c'est-à-dire « le voile », celle-ci devenait aussitôt sa femme [4]. Le sermon d'un certain Christoljubec, au XIᵉ siècle, témoigne également que la cérémonie nuptiale était compliquée de quantité de rites et de chants païens, qui se déroulaient au son des pipeaux et des tambourins : « Ce n'est pas un mariage, dit-il, mais un culte rendu aux idoles » *(to ně brakŭ a idolosluženie)* ; et le même auteur se plaint que lors des noces on se serve de figurations phalliques pour accomplir diverses obscénités [5]. L'*obručenie* est attesté par la Règle des Saints Pères du XIᵉ siècle et par une instruction de Luc, évêque de Novgorod, du XIIᵉ siècle [6] ; une lettre du métropolite Cyrille II, de la même ville, ajoute qu'après la noce on conduisait les femmes à un puits [7].

Les formes habituelles de la vie conjugale étaient la monogamie et la polygamie. Dans certaines régions la polygamie était la règle, comme par exemple, suivant le témoignage d'un chroniqueur, chez les Viatitches, les Radimitches et les Sêvériens de Russie ; ailleurs, par contre, ne prenaient plusieurs femmes que les grands propriétaires ayant un train de maison

---

[1] Voir *Živ. star. Slov.*, I, pp. 97-98 et 38.

[2] Слово нѣк. христолюбца. Cet important traité qui enregistre divers vestiges du paganisme est conservé dans un manuscrit du XVᵉ siècle et a été édité par Tichonravov (Лѣтописи, IV, p. 94). Voir encore *Živ. star. Slov.*, I, p. 91.

[3] *Chronique* de Kosmas, année 977 (*Fontes rer. bohem.*, II, p. 40) ; Légende de Ludmila (*Fontes, loc. cit.*, I, p. 123) ; Charte de Jaroslav Vladimirovič de l'an 1195 (Vladimirskij-Budanov, Хрестоматія, I, p. 94).

[4] Kazvînî (Charmoy, *Relation*, p. 343). L'enlèvement des chaussures est confirmé par la *Chronique* de Kiev (version Laurentine), année 980.

[5] Tichonravov, *ibid.*, p. 92. Un sermon de saint Grégoire de la même époque nous fait le même tableau : voir Aničkov, Язычество, pp. 29, 61.

[6] Golubinskij, Исторія русской церкви, I, 2ᵉ éd., 2, p. 538 ; Vladimirov, Поученія, III, p. 247. De même dans un recueil bulgare du XIIIᵉ siècle nous lisons : обручена жена (*Starine*, VI, p. 117 ; Syntagma de Vlastar, éd. Novaković, p. 42).

[7] Истор. библіотека, VI, p. 99.

considérable et, comme il va de soi, les princes qui avaient de véritables harems légitimes, sans compter leurs concubines. Les témoignages sur ce point ne manquent pas pour l'époque païenne ; et, au début de l'époque chrétienne, les évêques et les prêtres tonnent encore contre le désordre de la polygamie, qui se maintint assez longtemps avant d'être complètement détruit par l'Église.

Chez les Russes, le chroniqueur de Kiev, au XIe siècle ou au commencement du XIIe, note que les Viatitches, les Radimitches et les Sêvériens prenaient deux ou trois femmes, ce qui est confirmé en général par Rosteh, Kazvînî et une série de prohibitions ecclésiastiques ou séculières des XIe et XIIe siècles [1]. Nous avons le témoignage de Kosmas pour la Bohême [2] ; de plus le biographe de saint Vojtěch (Adalbert) explique que c'était surtout à cause de son impuissance à extirper la polygamie que cet évêque avait quitté le pays [3] ; enfin, en 1039, le prince Břetislav combat vigoureusement, entre autres vices, le concubinage [4]. C'est également cet abus que dénonçait, en Poméranie, l'évêque Otto de Bamberg. Une lettre du pape Jean VIII, envoyée en 873 au prince Kocel, interdit de même la bigamie dans la principauté du lac Balaton. Dans les Balkans, Kosmas le Bulgare condamne aussi la polygamie [5].

Ibrâhîm ibn Ja'kûb parle des harems des princes slaves et consigne qu'ils y tiennent enfermées plus de vingt femmes [6]. La *Chronique* mentionne le harem du prince Vladimir composé de cinq femmes et de huit cents concubines à Vyšegorod, Bělgorod ét Berestov [7]. Fadlân dit d'un autre prince russe qu'il avait quarante femmes [8]. En Bohême le prince Slavnik avait une foule de femmes. En Pologne Mieszko en avait sept avant son baptême ; et l'évêque Otto en trouva plusieurs, ainsi que 24 concubines, auprès d'un prince poméranien auquel il allait rendre visite [9]. Les langues

---

[1] *Chronique*, version Laurentine, 13 ; Rosteh, éd. Chvolson, p. 30 ; Kazvînî (Charmoy, *Relation*, p. 343). Voir dans *Živ. star. Slov.*, I, p. 98, une série d'interdictions ecclésiastiques.

[2] Kosmas, I, 36 (il est question de deux et trois femmes en l'an 1002). Voir aussi *ibid.*, I, 29).

[3] Canaparius, *Vita Sancti Adalberti*, XI ; *Vita auct. Brunone*, XI.

[4] Kosmas, II, 4. Voir aussi le livre des Homélies d'Opatovice, éd. Hecht, p. 22.

[5] Herbord, II, pp. 18, 34 ; Ebbo, I, 12, Friedrich, *Cod. dipl. Boh.*, I, 11 ; Kosmas le Bulgare, éd. Popruženko, p. 66.

[6] Ibrâhîm, éd. Westberg, p. 59.

[7] *Chronique*, version Laurentine, 78, année 980.

[8] Harkavi, Сказания, p. 101.

[9] Bruno, *Vita Adalberti*, 1 (Fontes rer. bohem., I, p. 1) ; Gallus, I, 5 ; Kadłubek, II, 8 ; Herbord, II, 22.

slaves avaient, pour désigner ces femmes de second rang, une série de termes dont les plus fréquents sont *naložnica*, *suložnica* et *priložnica*[1].

Cette polygamie n'avait évidemment rien de spécifiquement slave ; tous les voisins des Slaves la pratiquaient. Ainsi le Franc Samo, régnant sur les Tchèques et sur les Slovènes avait, lui aussi, douze femmes et, de ces femmes, trente-sept enfants[2].

La polyandrie semble avoir été plus rare, car nous n'avons à son sujet qu'un seul témoignage se rapportant à la Russie : le Règlement ecclésiastique de Jaroslav établit des peines pour le cas où deux frères vivraient avec une seule femme. Le *snochačestvo* russe, qui permettait au père mariant son fils avant l'âge de la puberté de vivre provisoirement avec sa bru, a une origine ancienne, comme l'indique l'article 17 du même Règlement. Quant au mariage entre proches parents, il était très répandu[3].

Par ailleurs la vie conjugale des Slaves se distinguait, au moins dans les ménages réguliers, par l'ordre, la chasteté et la fidélité des femmes. Ces traits nous sont attestés par plusieurs auteurs étrangers qui étaient loin d'être tous favorablement prévenus, mais qui tous cependant exaltent unanimement la vertu des femmes slaves et leur amour envers leur mari, avec qui elles s'en allaient volontairement dans l'autre monde. C'est ce que confirment explicitement, au VIᵉ siècle, Maurikios et, après lui, l'empereur Léon au sujet des Slaves du Sud, et saint Boniface, dans une lettre au roi Aethibald, dans les années 744-747, au sujet des Slaves de l'Ouest. Quant aux Slaves de Russie, Mas'ûdî et Kardîzî affirment que l'adultère n'était pas pratiqué chez eux[4]. Il est clair, sans doute, que l'interprétation de Boniface, expliquant la mort volontaire de la femme par l'amour réciproque des époux, n'est pas suffisante pour qui connaît la rigueur des lois sociales qui obligent en certains pays la femme à suivre son mari dans la tombe. Mais nous voyons par un autre témoignage du même saint (« magno zelo matrimonii amorem mutuum servant »), comme aussi par celui de Mau-

---

[1] Voir *Živ. star. Slov.*, I, p. 100.

[2] Fredegar, IV, 48.

[3] Voir la documentation dans *Živ. star. Slov.*, I, p. 102, et y ajouter encore le Recueil d'homélies d'Opatovice, éd. Hecht, p. 82, les actes du concile de Bamberg de l'année 1057 (Jaffé, *Bibl. rer. germ.*, V, p. 497), et la Règle des Saints Pères (Golubinskij, Ист. русской церкви, I, 2, p. 548). Sur la polyandrie chez les Slaves du Sud à l'époque moderne, voir l'article de Tih. Đorđević dans la *Revue des Études slaves*, IV, pp. 101 et suiv.

[4] Maurikios, *Strat.*, XI, 5 ; Léon, *Tactica*, 18, 1·05 (les femmes des Slaves ont une chasteté qui dépasse la nature humaine (ὑπὲρ πᾶσαν φύσιν 'ανθρώπου) ; Bonifacius (Jaffé, *Mon. Moguntia*, 172) ; Kardîzî, éd. Bartold, 123 ; Mas'ûdî, éd. Rozen, 56.

rikios, que la fidélité et l'amour étaient chez les Slaves des qualités constantes de la femme mariée ; et c'est là l'indice d'un niveau moral élevé et
d'un degré de civilisation honorable. Sans doute cette vertu avait ses
exceptions : des cas d'adultère se produisaient dès l'époque païenne,
malgré les peines les plus sévères (habituellement la peine de mort ou
la mutilation des organes sexuels)[1] ; il en a été de même et peut-être
avec plus de fréquence, à l'époque chrétienne, car les diverses instructions
et prohibitions ecclésiastiques nomment constamment, parmi les péchés
auxquels le peuple s'adonne, la luxure et l'adultère (v. sl. *blǫdŭ*, v. russe
блудъ).

Il est un autre fait plus intéressant encore que ces divers aspects de la
vie conjugale : c'est la liberté dont jouissaient hommes et femmes, au point
de vue sexuel, tant qu'ils n'étaient pas engagés dans les liens du mariage.
Quantité de survivances constatées dans les fêtes et les coutumes populaires, en Russie, dans les Balkans, témoignent d'une ancienne promiscuité
entre jeunes gens des deux sexes [2], promiscuité à laquelle les jeunes filles
même prennent une part prépondérante. Ce trait est bien un héritage
des temps païens : car les témoignages anciens que nous possédons sur
la vie slave païenne le confirment, comme aussi une série de sermons et
de prohibitions ecclésiastiques des premiers temps du christianisme slave.

Déjà l'auteur de la partie la plus ancienne de la *Chronique* de Kiev fait
allusion à ces réunions de la jeunesse au milieu des champs, entre les villages, et l'auteur inconnu qui écrivait une paraphrase de la *Chronique* pour
le prince Jaroslav Vsevolodovič, peu avant 1219[3], dépeint ainsi quels
étaient, dans ces réunions, les rapports entre les deux sexes : « Les mariages
réguliers n'étaient pas en faveur, mais bien les jeux entre les villages, où
l'on couchait ensemble ; on courait danser ; durant la danse on découvrait
une femme, une jeune fille qui soupirait après les jeunes gens : regards
partis des yeux, décolletage des épaules, signes de la main, anneaux mis
aux doigts des autres, baisers et caresses... Et lorsque le cœur avait enflammé

[1] Kardîzî, *op. cit.* ; Thietmar, VIII, 2 (IX, 2) ; Canaparius, *Vita Adalb.*, 12, 19. Voir
Živ. star. Slov., I, p. 105.

[2] Voir en particulier, l'ouvrage de J. Aničkov, Весенная обрядовая пѣсня на западѣ
и у Славянъ, Спб., 1905, et l'article de A. Veselovskij, « Гетеризмъ, побратимство и
кумовство въ купальской обрядности », Ж. М. Н. П., 1894, II, pp. 287, 315.

[3] Éd. Obolenskij (Временникъ моск. общ. ист., IX, 1851, 3-4). Voir le passage
dans *Živ. star. Slov.*, I, p. 113. Dlugosz signale les désordres *(voluptates)*, qui se produisaient lors de ces fêtes (éd. Przezdziecki, I, 48), et c'est à eux vraisemblablement que
Kosmas fait aussi allusion pour la Bohême (I, 3, 36. Voir Bruno, *Vita Adalb.*, 11).

le corps, on couchait ensemble. Les uns (plus tard) prenaient pour femme leur compagne d'un jour ; les autres, après avoir déshonoré la fille, la laissaient comme un objet de risée jusqu'à sa mort. Ils prenaient ainsi chacun deux ou trois femmes, car celles-ci, cédant à [leur passion], se fardaient à l'envi le visage en rose et en blanc pour mieux inspirer au jeune homme le désir de leur étreinte ». C'est ce que confirment très clairement plusieurs instructions et des prohibitions ecclésiastiques et civiles à partir du XIe siècle. Je ne puis les examiner ici [1]. Elles nous mettent constamment sous les yeux les efforts déployés par le clergé chrétien pour déshabituer la jeunesse de ces danses « sataniques » ou « diaboliques » qui se déroulaient en plein champ. Les sources ecclésiastiques donnent le plus souvent à ces dernières les noms de плясаніе, играніе, глумьленіе, глумы ; elles avaient lieu lors des fêtes populaires héritées du paganisme, surtout celles des Rusalii, de Kupalo, de Jarilo, de Kostroma, et lors des *sobótki*, jour de la saint Jean-Baptiste. On lit dans un sermon russe de saint Jean Chrysostome qui anathématise ces danses nocturnes : « La femme qui danse est l'amante de Satan et l'épouse du démon, car la femme est pendant la danse l'épouse de plusieurs hommes. Quant aux hommes, après avoir bu, ils se mettent à danser et, après la danse, ils commettent l'adultère avec les femmes et les sœurs des autres. Les vierges, elles, perdent leur virginité. Puis tous offrent des sacrifices aux idoles ».

Quel était le sens propre de ces différents divertissements ? Nous l'ignorons en grande partie. Je dirai au chapitre VII ce que nous en pouvons savoir. En tout cas, les textes des sermons et des codes pénaux qui nous ont été conservés nous montrent que, pendant la nuit, la jeunesse se réunissait autour d'un feu pour exécuter des danses et jouer des scènes dramatiques. Là, au son de la musique perçante des pipeaux et des tambourins et, dans ce déchaînement des passions que l'auteur de la *Chronique* nous décrivait si vivement tout à l'heure, le transport amoureux atteignait son paroxysme et dégénérait en phénomènes d'hystérie. C'est ce qu'attestent encore de nombreuses survivances, en Russie notamment et dans les Balkans, auxquelles du reste les *sobótki*, en Pologne, ne le cèdent guère. Pendant ces nuits les jeunes filles et peut-être aussi les jeunes femmes s'abandonnaient sans pudeur aux hommes. Ces manifestations ont de grandes analogies avec les fêtes érotiques en l'honneur d'Aphrodite, d'Adonis et d'autres encore, ainsi que l'a montré Alexandre Veselovskij dans l'article cité plus haut [2].

[1] Voir le détail dans *Živ. star. Slov.*, I, pp. 109-116.
[2] Voir ci-dessus, p. 20.

La vie sexuelle des jeunes filles était donc tout autre que celle des femmes mariées, c'est-à-dire beaucoup plus libre, et bien avant son mariage la jeune fille n'était déjà plus vierge. En effet, d'après ce que nous rapporte Mas'ûdî, la jeune fille donnait à celui dont elle était amoureuse des preuves de son amour, et l'homme qui se mariait, s'i trouvait sa jeune femme en état de virginité, la chassait tout bonnement avec ces paroles : « Si tu avais valu quelque chose, les hommes t'auraient aimée » [1]. Ce témoignage concorde de toute évidence avec le fait que les *zálety* slaves, c'est-à-dire la cour que le garçon fait à sa fiancée avant le mariage, ne sont et n'ont jamais été purement platoniques ; et les réunions de la jeunesse d'Ukraine, le soir, finissent, elles aussi, dans la promiscuité des sexes [2]. Ce sont là des traces de la licence d'autrefois. Voilà pourquoi encore, dans le vieux droit slave, les peines portées contre le viol d'une fille sont beaucoup plus sévères s'il a été commis à la maison que s'il l'a été dans la campagne et en plein air, vraisemblablement lors de ces fêtes, « parce que, disent les textes, la jeune fille n'avait qu'à ne pas y aller » [3].

L'homme avait une vie sexuelle plus libre encore. Il était, il est vrai, puni de mort en cas d'adultère [4], mais il s'unissait sans difficulté avec des femmes non mariées. Cela ressort non seulement des descriptions des réjouissances populaires, mais aussi de ce que nous savons des concubines des riches seigneurs et de la cour des princes russes. Un prince russe ne craignait pas d'avoir des rapports avec ses concubines devant toute sa suite, et Fadlân nous apprend la même chose des marchands russes qui ne se gênaient pas davantage sur les marchés de la Volga [5]. Saxo Grammaticus [6] nous signale des exhibitions du même genre à Korenice sur la Baltique (île de Rana). Il faut ajouter à cela ce que nous apprend la saga de Knytling sur la puissance qu'exerçaient les idoles de Rinvit, de Turupid et de Puruvit [7].

Ces excès sexuels étaient-ils propres aux Slaves, étaient-ils nés chez eux,

---

[1] Mas'ûdî dans Al-Bekrî, éd. Rozen, p. 56 ; Kardîzî (éd. Bartold, p. 123) nous donne un renseignement identique, mais altéré.

[2] *Živ. star. Slov.*, I, pp. 119 et suiv. Th. Volkov a contribué beaucoup à faire comprendre ces vieux usages dans le mémoire intitulé « Les rites et usages nuptiaux en Ukraine » (*L'Anthropologie*, tomes II-III).

[3] Statuts polonais d'Elbląg, article 17 (xiii° siècle).

[4] Voir plus haut, p. 20.

[5] Harkavi, Сказания, p. 101.

[6] Saxo, éd. Holder, p. 578.

[7] *M. G., Scriptores*, XXIX, p. 314.

ou bien procédaient-ils des cultes phalliques orientaux et gréco-romains, depuis longtemps répandus par le monde? Je ne suis pas en mesure de donner une réponse à cette question. Il faut faire une bonne part à l'analogie qu'Alexandre Veselovskij a relevée entre les deux ordres de phénomènes, et admettre certaines influences directes. Bien que je n'accorde pas trop d'importance à ces dernières, étant donné l'éloignement géographique des Slaves, il n'est pas douteux que des influences étrangères se soient parfois greffées sur des coutumes déjà en vigueur, donnant à cet héritage de la vie naturelle et primitive des formes nouvelles, élaborées. Je pense qu'il en a été de même pour les autres excès, par exemple pour la pédérastie, qui s'était introduite, à ce qu'il semble, en Russie ; c'est du moins ce que laisse supposer le témoignage direct de Dion Chrysostome, suivant lequel, dès les IIe et IIIe siècles, à Olbia, les Barbares de la Russie méridionale s'initiaient à des pratiques homo-sexuelles [1]. Les sermons et l'enseignement du clergé russe dénoncent souvent les péchés de *sodomie* [2] auxquels le peuple s'adonnait déjà pendant la période païenne. Il importe, d'ailleurs, de remarquer que le terme commun à toutes les langues slaves pour désigner la femme qui fait commerce de son corps, à savoir le mot *kurŭva* « meretrix », est venu aux Slaves, selon toute vraisemblance, de chez les Germains (*horwa*, vieux-haut-allemand *huora*), et cela probablement dès avant l'arrivée des Slaves dans les Balkans ; ce furent les Slaves qui le transmirent aux Grecs, aux Albanais, aux Roumains et plus tard aux Hongrois [3].

Il faut observer enfin que les sources anciennes parlent parfois d'eunuques slaves. Mais il ne s'agit pas là d'une coutume proprement nationale : ce sont les marchands juifs qui y soumettaient leurs esclaves [4]. Il apparaît par ailleurs, dès le XIe siècle, des eunuques volontaires faisant par leur castration profession de foi chrétienne et d'ascétisme ; la *Chronique* russe, à l'année 1089, mentionne par exemple un métropolite eunuque à Kiev [5].

---

[1] Latyšev, *Scythica*, I, p. 173.

[2] *Živ. star. Slov.*, I, pp. 123 et suiv.

[3] Berneker, *Etym. Wörterb.*, I, p. 651.

[4] Jacob, *Handelsartikel der Araber*, pp. 10-13 ; Harkavi, Сказанія, pp. 222-234 ; Charmoy, *Relation*, p. 329. Les princes russes avaient aussi des eunuques dans leurs harems, comme nous le voyons dans la vie de Théodose (éd. Filaret, 142).

[5] *Chronique*, version Laurentine, 202, année 1089.

Les soins du corps.

Peuple simple, les Slaves ne prisaient pas particulièrement la propreté ;
c'est là le cas général des peuples qui vivent d'une vie libre et toute proche
de la nature. Déjà Prokopios disait qu'ils étaient aussi sales que les Massagètes, et nous avons deux témoignages semblables de la fin du premier millénaire [1]. Il ne faut pas néanmoins prendre ces jugements à la lettre. Le
peuple, en tant que classe laborieuse, est toujours et partout le même, et
comme ces jugements proviennent généralement de personnages appartenant
aux classes privilégiées de la société, par conséquent habitués au bien-être
et à la propreté, on comprend que l'habitation du paysan leur ait paru
plus ou moins sale et répugnante [2]. Ces témoignages n'ont donc pas une
importance particulière pour les Slaves, pas plus que la phrase de Tacite
reprochant aux Germains d'aller « nudi et sordidi », ou encore l'observation identique de Herbord sur les Danois. Il y a plus : le prince allemand
Gerlav explique aux Frisons allemands qu'ils inspirent à leur tour du
dégoût à leurs voisins slaves : « sane fetet eis odor noster » [3], et Fadlân
donne des détails encore plus repoussants sur les marchands « russes », en
réalité sans doute scandinaves, de la Volga [4].

Nous avons d'ailleurs en face de ces témoignages sur la malpropreté des
Slaves des données historiques qui doivent nous mettre en garde contre
toute généralisation hâtive.

Chez les Slaves de l'Est ce ne sont pas seulement les hautes classes, mais
c'est le simple peuple des villages qui, dès la fin de l'époque païenne,
montre son souci de la propreté en aménageant un local spécial pour mettre
les bains à la portée de tous. Ce local est appelé en vieux russe лазьня
(de лазить) ou мовница, мыльня, мыльница (de *myti* « laver ») ;
dès les IXe et Xe siècles on trouve aussi le mot *banja*, баня, баньное (du
grec βαλανεῖον, βάνεια, latin *balneum, banea*) [5]. Il ne serait pas juste
cependant d'attribuer l'origine de cette institution exclusivement à l'influence gréco-romaine, de même qu'il serait vain de nier cette même influence pour une époque postérieure. L'extension seule du terme *banja*

---

[1] Prokopios, III, 14 ; *M. G., Auct. ant.*, XI, p. 390 ; Éigilis, *Vita S. Sturmi*, 7, *ibid.*, II,
p. 369.

[2] Marinov, Жива старина, p. 489.

[3] Helmold, I, 64 ; Herbord, III, 20 ; Tacite, *Germ.*, 20.

[4] Harkavi, Сказанія, p. 93-101.

[5] *Živ. star. Slov.*, I, pp. 139, 791-792. Murko épuise le sujet dans son exposé (*Wörter
und Sachen*, V, pp. 11 et suiv.). Il est personnellement partisan de l'origine romaine du mot.

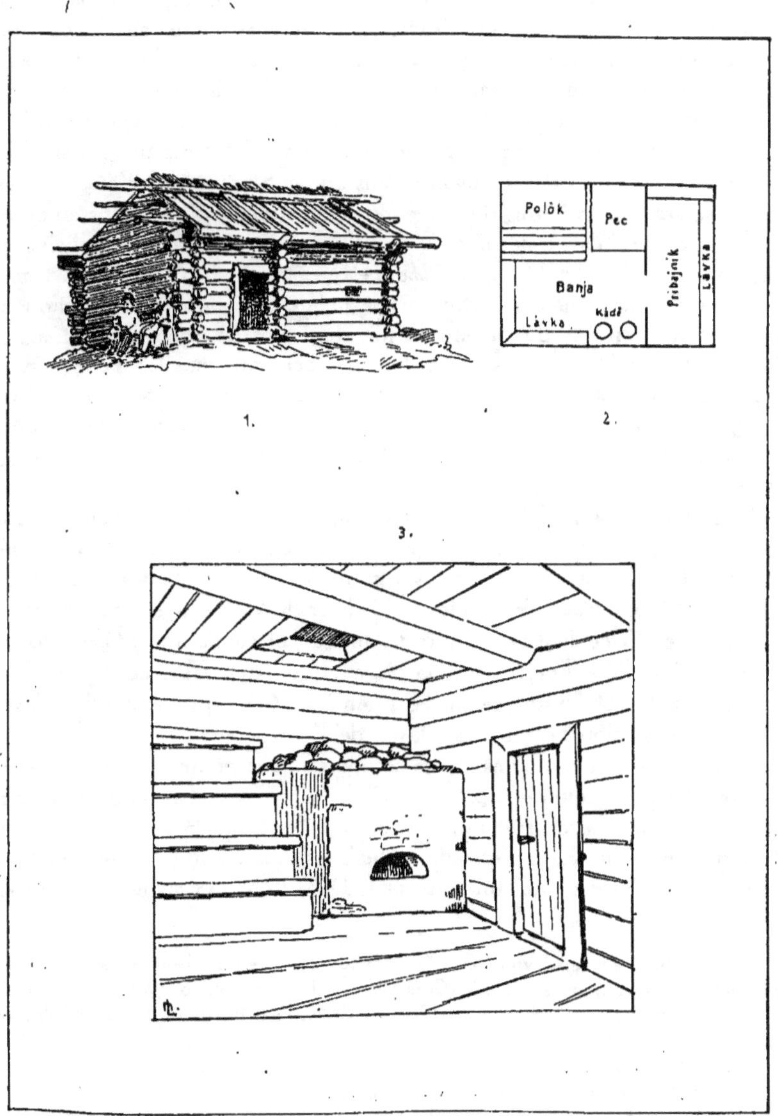

Fig. 1. — Bain russe du gouvernement de Novgorod le Grand (*banja* « chambre du bain », *pribajnik* « antichambre », *polok* « estrade en bois », *pec* « poêle », *lávka* « banc »).

l'indique suffisamment [1]. Je croirais plutôt que l'idée d'installer ces bains était venue de l'Orient ou bien des Scythes, qui avaient, eux aussi, des bains de vapeur de ce genre, mais y brûlaient en même temps du chanvre pour s'étourdir [2]. Peut-être les bains venaient-ils encore de quelque autre de ces peuples avec lesquels les Russes avaient de fréquents rapports : Sarmates (Alains), ou Khazars, ou même Bulgares. Il n'est pas impossible, du reste, que le bain de vapeur pris dans une hutte souterraine et au moyen d'eau versée sur les parois du foyer (*ognište*) fût depuis longtemps en usage chez les Slaves. Dès le xᵉ siècle, Mas'ûdî appelle le local de ces bains de leur nom slave, *al-atbbâ*, ou *al-itbbâ*, ce qui peut bien n'être que la transcription du mot *istŭba*. D'autre part, à la même époque, un chroniqueur russe se sert, en 945, du mot истобка, diminutif de *istŭba* pour désigner la maison des bains de Kiev ; enfin en Occident, chez les Tchèques, la légende de Christian offre le même mot au sens de « chambre munie d'un fourneau » [3]. Il est donc clair que c'est à cette époque que le terme d'*istŭba* est venu aux Slaves, au sens de « bains » [4], du germanique *stuba* (voir chapitre V).

Il est donc vraisemblable qu'il y a eu là, au cours de la deuxième moitié du premier millénaire, la combinaison de deux influences. Les Slaves possédaient le bain de vapeur avec un foyer garni de pierres brûlantes: ils l'avaient reçu de l'Orient. Mais c'est seulement à dater du vıᵉ siècle environ que leur contact avec l'Occident et l'empire franc leur fit connaître l'*istŭba*, avec le fourneau installé à l'intérieur de la pièce, et qu'ils y adaptèrent leurs bains. Les Slaves de l'Ouest en usèrent les premiers, et ce furent eux qui en favorisèrent l'extension rapide aux Slaves de l'Est.

L'installation de ces bains slaves comportait une petite chambre à parois de bois. Dans un coin de la pièce il y avait un fourneau bas destiné à chauffer, jusqu'à la rendre brûlante, la voûte de pierre qui le surmontait. Dans un autre coin, une sorte d'estrade à plusieurs gradins où le visiteur pouvait se placer à la hauteur qui lui convenait. Dans les bains russes on s'arrosait

---

[1] C'est la ville de Perejaslav qui, en 1090, construisit les premiers bains en pierre ; il n'y en avait pas auparavant en Russie (*Chronique*, version Laurentine, 202). Le mot баня est attesté déjà dans le Nomocanon de Jean le Scolastique du ıxᵉ-xᵉ siècle (Sobolevskij, Матеріалы, p. 144).

[2] Hérodote, IV, 73-75.

[3] Voir p. 27, note 2, et *Živ. star. Slov.*, I, pp. 135-140.

[4] Voir *Živ. star. Slov.*, I, pp. 136, 791, où sont exposées les différentes hypothèses de Meringer et de Rhamm concernant le passage du germanique *stuba* au slave *istŭba* et du gréco-scythe χάνναβις au slave *kopěli* « bain ».

le corps de *kvas* chaud et l'on se flagellait à l'aide de petits balais : le tout se terminait par une ablution à l'eau froide. C'est ainsi que le chroniqueur russe et, après lui, Mas'ûdî nous décrivent les bains russes de Novgorod à l'époque païenne [1]. La légende de saint Venceslas, de Christian, nous montre chez les Tchèques de petites salles de bains chauffées, et Herbord en décrit de pareilles chez les Poméraniens [2]. Les vieilles prescriptions ecclésiastiques russes ne font mention des bains (мовница, мыльница, мовъ творити) qu'un petit nombre de fois et seulement de façon imprécise, mais elles nous apprennent un détail intéressant, à savoir que dans le peuple on préparait aussi des bains pour les ancêtres, ce qui se constate encore de nos jours dans certaines régions de la Russie [3].

Le seul onguent ancien et universellement employé chez les Slaves était le beurre : il portait le nom de *maslo* (de la racine de *maz-ati* « oindre ») ; l'on s'en servait pour se frictionner le corps. Nous ne savons rien du savon, mais il est probable qu'il avait déjà pénétré chez les Slaves à la fin de l'époque païenne. L'étranger l'y avait introduit, avec d'autres articles plus précieux, tels que les huiles odorantes de l'Orient, la teinture pour les cheveux et le fard, tous produits accueillis de très bonne heure même par le petit peuple, comme nous l'indique la paraphrase du chroniqueur de Perejaslav (début du XIIIe siècle) que nous avons citée plus haut [4].

Parmi les instruments de toilette, le peigne, en bois ou en os, était chez les Slaves, comme en général chez les peuples de l'Europe, un produit ancien de fabrication domestique, et l'emploi du peigne (v. sl. *česati*) répondait depuis longtemps à un besoin de la civilisation [5]. A dater du Ier siècle après J.-C. on voit apparaître, dans les régions habitées par les Slaves, les peignes d'importation romaine de type bien connu : l'un des côtés constitue le peigne proprement dit, l'autre sert de poignée ; ces peignes sont courts et de forme ronde ou triangulaire. Plus tard, à partir du IXe siècle,

---

[1] *Chronique*, version Laurentine, p. 7. La *Chronique* nous apprend également que la reine Olga fit préparer un bain aux Drévlianes dans une maison de bois, où ensuite elle les brûla (*Chronique*, p. 55, année 945). Voir la description de Mas'ûdî dans Al-Bekrî, éd. Rozen, p. 57.

[2] *Fontes rer. bohem.*, I, p. 223 (*stuba*) ; Herbord, II, 16 (*stupa*). Pour la Pologne, voir le premier témoignage chez Kromer (*Polonia*, éd. 1901, p. 47).

[3] Voir *Živ. star. Slov.*, I, p. 135, et Mansikka, *Religion der Ostslaven*, I, pp. 174, 183.

[4] Voir plus haut, p. 21.

[5] Voir ce que dit Fadlân des Russes vers l'année 922 (Harkavi, Сказанія, pp. 94, 111). Les membres de la compagnie *(družina)* du prince de Kiev avaient chacun une domestique qui leur arrangeait les cheveux.

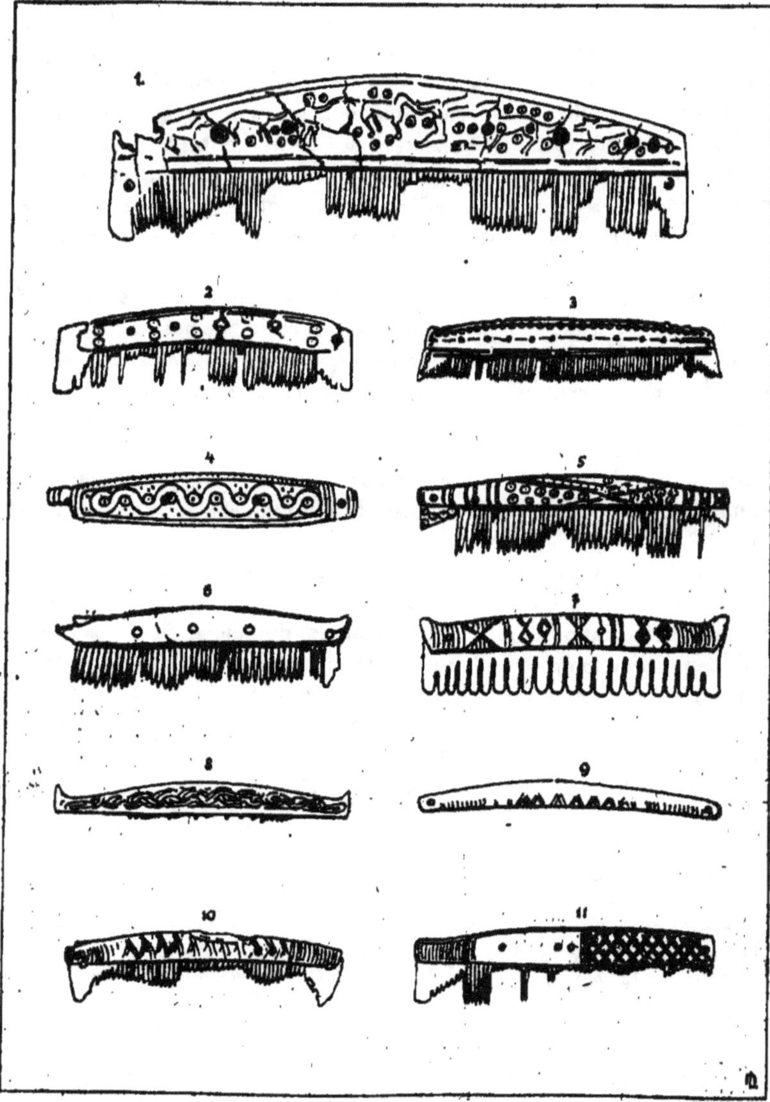

Fig. 2. — Peignes provenant de régions slaves (VIe-XIe s.).

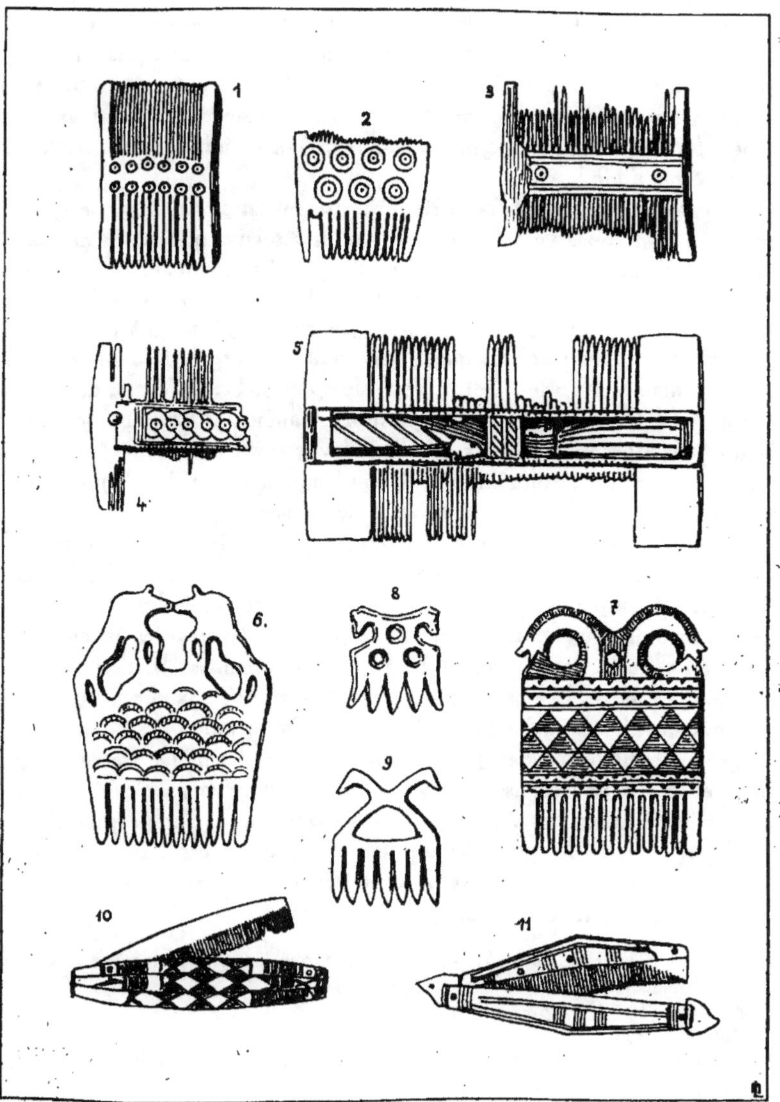

Fig. 3. — Peignes provenant de régions slaves et de régions limitrophes (IXe-XIe s.).

les sépultures slaves d'hommes et de femmes présentent un peigne allongé et étroit, à une seule rangée de dents et avec une poignée ornée de quelques dessins gravés, quelquefois plus court et à deux rangées de dents. A en juger par leur forme, ces deux genres de peignes dérivent aussi, me semble-t-il, de modèles étrangers. Les peignes proprement slaves devaient avoir un aspect fort grossier, mais je ne sache pas qu'il s'en soit conservé nulle part aucun échantillon [1].

Pour la taille des cheveux et de la barbe, on employait les ciseaux et le rasoir. Il s'est conservé un grand nombre de ciseaux en fer dans des sépultures des deux sexes du IXe au XIe siècle. Généralement du type gallo-romain, ils sont d'un seul tenant et en fer forgé recourbé en deux branches [2]. Le rasoir, à ma connaissance, ne s'est pas rencontré jusqu'à présent dans les tombes de cette même époque, mais c'était là un article fréquent d'importation romaine entre le Ier et le Ve siècle après J.-C., et le mot qui signifie « raser » (v. sl. *briti*) est slave commun et ancien [3]. Certains documents historiques attestent d'ailleurs que les Slaves savaient se raser [4]. On trouvera sur ce point de plus amples détails dans la partie du chapitre IV de cet ouvrage qui traite de la coiffure et de la barbe.

Parmi les objets de toilette à côté des pinces à épiler et de la petite cuiller qui servait à nettoyer les oreilles, toutes deux importées par les Romains de l'époque impériale, il y avait encore le miroir [5]. Celui-ci, en métal, cela va sans dire, ne faisait certainement pas défaut parmi les articles d'importation venus à date ancienne des provinces romaines. Je n'en ai cependant pas la preuve. Les petits miroirs que l'on trouve aux confins orientaux des pays slaves, à la fin de l'âge païen, sont d'importation asiatique : petites plaques métalliques rondes, polies d'un côté et ornées de l'autre de côtes en relief et d'une petite anse. Le type en est fréquent à partir du Ve siècle, dans les sépultures des Alains et des Khazars de la Russie méridionale. Par l'intermédiaire des nomades qui leur succédèrent, ces miroirs passèrent chez les Slaves, sans y devenir toutefois d'un usage bien fréquent [6]. Quelques-uns portent des inscriptions arabes.

[1] *Živ. star. Slov.*, I, pp. 144-151. La troisième forme, en bronze, rare en Russie, est d'origine orientale.

[2] *Živ. star. Slov.*, I, p. 152, planche V.

[3] *Ibid.*, I, p. 156.

[4] *Živ. star. Slov.*, I, p. 156. Voir en particulier un témoignage de l'an 900 sur les Moraves (Friedrich, *Codex Boh.*, I, p. 32).

[5] Nous trouvons déjà le mot *zīrcalo* « miroir » dans les Dialogues du pape saint Grégoire (X[e]-XIe siècle).

[6] *Živ. star. Slov.*, pp. 158-161. Les nomades en avaient en Hongrie du Ve au VIIe siècle.

L'alimentation.

Le pays où les Slaves étaient fixés au Xe siècle leur fournissait, et au delà de leurs besoins, les vivres nécessaires à leur subsistance. Les mets recherchés eux-mêmes ne leur manquaient pas. En fait d'alimentation carnée, les vastes forêts leur offraient une grande quantité de gros gibier, en particulier beaucoup de cerfs [1]. Au Xe siècle ils étaient déjà assez avancés dans l'économie domestique pour élever des troupeaux de bétail : bêtes à cornes, mais surtout moutons et porcs. Ils avaient ainsi à leur disposition plus de viande qu'il ne leur en fallait.

Cependant, J. Peisker a essayé, en s'appuyant sur une donnée du Pseudo-Césaire [2], de prouver que les Slaves, n'ayant pas de bétail, étaient restés végétariens jusqu'au Xe siècle. Mais c'est faire complètement fausse route : en effet, d'abord la donnée du Pseudo-Césaire, inexactement traduite par Peisker [3], ne mérite aucune créance du fait de sa seule teneur ; en second lieu l'existence du bétail et la pratique de la chasse aux animaux des forêts et des steppes, comme aussi l'usage de la viande, sont attestés par une série de témoignages, ainsi qu'il sera rappelé en temps utile. Nous avons aussi des renseignements directs de première main attestant que la viande était en usage parmi les Slaves du Xe siècle, dans le simple peuple comme chez les princes [4].

Il faut également admettre qu'ils n'ignoraient ni le lait frais (*mlěko*) ni le lait caillé (*tvarogŭ*), et qu'ils en faisaient usage, ainsi que du fromage (*syrŭ*), comme en témoignent l'antiquité et le caractère slave commun de ces mots, quelle qu'en soit la provenance [5]. Ceci nous est aussi prouvé

---

[1] Voir comment Długosz dépeignait la richesse des pays polonais au commencement de sa Chronique.

[2] Pseudo-Caesarius, *Dialogi*, 110 (Migne, *Patr. Gr.*, XXXVIII, p. 986). Voir *Živ. star. Slov.*, I, p. 165. Ce témoignage se rapporte au VIe siècle.

[3] Voir *Živ. star. Slov.*, I, p. 166.

[4] Voir *Živ. star. Slov.*, I, p. 169.

[5] J. Peisker se représente les choses autrement : suivant lui, les Slaves n'élevaient pas de bétail pour leur propre usage ; ils en voyaient seulement chez leurs maîtres germains et turco-tatars, qui pratiquaient aussi l'industrie laitière. Il pense que le vieux-slave *mlěko* (de *melko) a été emprunté au germanique *melca et que *tvarogŭ* est à son tour un emprunt à quelque langue turco-tatare (cf. le džagataï *turak* et le turc *torak*). Mais cette explication est erronée ; elle l'est quand au fond, car, même si les mots ont été empruntés aux langues en question, cela n'implique pas la conclusion qu'en tire Peisker ; elle l'est encore philologiquement, car l'emprunt est récusé pour les deux mots en question par plusieurs autorités des plus sérieuses (Jagić, Janko, Berneker, et en partie aussi Brückner). *Mlěko* est probable-

par quelques témoignages directs, datés du XIe et du XIIe siècles, et se rapportant aux régions nord, est et ouest du domaine slave. Nous savons que les Slaves payaient en fromage les tributs que leur imposait l'empire allemand. En Russie, où le fromage était l'aliment essentiel, on en faisait l'offrande rituelle et le sacrifice aux idoles, et l'on en consommait, ainsi que du lait, à certaines fêtes domestiques. Suivant une vieille tradition, c'est du pain et du fromage que mangeait Přemysl, lorsque les députés de Libuša l'appelèrent au trône de Bohême [1]. Les mêmes documents nous apprennent encore que les dîmes se payaient fréquemment aussi en un certain nombre de porcelets et de poules, coqs et oies, toute volaille que les Slaves devaient donc élever. Ibrâhîm ibn Ja'kûb note au Xe siècle que les Slaves de l'Ouest évitaient la viande de poulet par crainte de maladie, mais qu'ils mangeaient du bœuf, de l'oie et du faisan [2]. Les instructions ecclésiastiques russes nous signalent également l'usage des œufs, qu'on rencontre parfois aussi dans les sépultures [3].

Mais si les Slaves connaissaient tous ces aliments au début de l'époque chrétienne, ce n'est certainement pas le christianisme qui en avait introduit l'usage chez eux, car ils s'en servaient avant d'avoir reçu la foi nouvelle. Nombre de données archéologiques sont significatives à cet égard ; en effet,

---

ment un vieux mot indo-européen que les Slaves avaient conservé de l'époque indo-européenne ancienne ; quant à *tvarogŭ*, Janko le donne comme un mot indigène tiré du slave *tvoriti*, c'est-à-dire « pétrir du lait caillé » (de même, St. Mladenov, *Revue des Études slaves*, IV, 1924, p. 195). J. Peisker a exposé ses idées dans les travaux suivants : *Die älteren Beziehungen der Slaven zu Turkotataren und Germanen* (Berlin, 1905, extrait de *Vierteljahrschrift für Social-und Wirtschaft Gesch.*, III, 1905), *Neue Grundlagen der slav. Altertumskunde* (Stuttgart, 1910), *The expansion of Slavs* (*The Cambridge Medieval History*, II, 1913). Voir les détails de la critique dans *Živ. star. Slov.*, I, p. 167, III, pp. 135, 146, et dans mon article sur les théories nouvelles de Jan Peisker sur les anciens Slaves (*Revue des Études slaves*, II, 1922, p. 19).

[1] Kosmas, I, 6. Nous apprenons aussi là qu'en Bohême on mangeait du fromage avec un peu de cumin et d'oignon (II, 27).

[2] Ibrâhîm, éd. Westberg, p. 59.

[3] *Živ. star. Slov.*, I, p. 173, et W. Klinger, « Jajko w zabobonie ludowym » (*Rozprawy* de l'Académie de Cracovie, XLV, 1910). On trouvera tous les documents que je ne saurais rappeler ici dans *Živ. star. Slov.*, I, pp. 168, 170, 382 ; III, pp. 136-161. Il faut y ajouter le document de Břevnov de l'an 993 mentionnant un paiement en fromage (Friedrich, *Codex Boh.*, I, p. 349) et la charte d'Otton I, de l'an 949, où l'on impose comme tribut aux Slaves de Branibor la remise de porcelets, d'oies et de poules, cependant que des chartes du duc Henri Ier (XIIe siècle) demandent aux Slaves du Mecklenbourg des poulets (*Meckl. Urkundenbuch*, I, pp. 56, 84, 110 ; *Codex Pomer.*, I, p. 20). De même les Slaves de Franconie (Kętrzyński, *O Słowianach*, pp. 37 et suiv.).

dans les tombes, entre le Xe et le XIIe siècles, nous trouvons assez souvent des os d'animaux domestiques et sauvages, surtout de moutons, de porcs, plus rarement des os de bœufs, de vaches, de poules et de coqs. Ce sont là les restes des festins funèbres que l'on faisait sur les tombeaux. Ce que nous venons de dire de la viande des animaux et de la volaille vaut également pour le poisson dont les pays slaves regorgeaient. L'usage du poisson et du caviar est attesté en Russie à partir du XIe siècle [1].

S'il est absurde de prétendre que les Slaves païens étaient de purs végétariens, les céréales, les légumes et les légumineuses n'en étaient pas moins leur principale nourriture. Nous passerons en revue, au chapitre VII, les diverses plantes qu'ils cultivaient. Ici je me bornerai aux aliments végétaux que nous leur connaissons à la fin de la période païenne [2].

Les céréales, à savoir le seigle (*žito* ou *rǐžǐ*) le froment (*pǐšenica*), l'orge (*ječǐmy*), l'avoine (*ovǐsǔ*) et surtout le millet (*proso* ou *pšeno*) se mangeaient sous forme de grains trempés et grillés (*krupa, sladǔ, pražǐmo*) ou sous forme de farine (*brašǐno*). La farine s'employait à son tour soit en bouillie (*kaša*) [3] cuite avec de l'eau ou du lait, soit sous forme de pâte cuite au feu sur des pierres brûlantes ou bien au four. Il y avait plusieurs sortes de pâtisseries qui portaient des noms bizarres, comme en font foi certaines instructions russes du début de l'époque chrétienne [4]. Ce sont les *kolači* (gâteaux ronds) et les *pirogy* (gâteaux fourrés) qui semblent les plus généralement répandus : ils étaient faits de fleur de farine et de miel. A Arcona un gâteau au miel de la hauteur d'un homme était offert à l'idole Svantovit, et Kosmas parle de gâteaux cuits au four dans le monastère de Saint-Georges de Prague, en l'année 1055. Rappelons encore les gâteaux de noces appelés *kravaj* dont il a déjà été question plus haut, et citons

---

[1] *Živ. star. Slov.*, I, p. 175.

[2] Voir la documentation dans *Živ. star. Slov.*, I, pp. 178-181. Au Xe siècle, Rosteh dit des Slaves : « C'est le millet qui se mange le plus. Lors de la moisson, ils prennent de ce grain dans une cuiller, l'élèvent vers le ciel et disent : — Seigneur, qui nous a jusqu'ici assuré notre nourriture, donne-nous la maintenant aussi en abondance » (Harkavi, Сказанія, p. 265). Toute une autre série de documents attestent que l'on cultivait surtout le millet ; les découvertes archéologiques en confirment aussi l'usage à côté du seigle, du froment, de l'orge et de l'avoine.

[3] *Kaša* est un vieux mot slave commun. Au XIe siècle, on voit apparaître en Russie des bouillies rituelles empruntées au rite grec comme leur nom même : колнво, кутья (voir *Živ. star. Slov.*, I, p. 182). On s'en servait principalement dans les solennités en l'honneur des morts.

[4] Voir Mansikka, *Religion der Ostslaven*, I, p. 184.

enfin les gâteaux enduits de miel et saupoudrés de graines de pavot dont il est question dans la *Vie*, en vieux russe, de saint Théodose [1].

Le pain ordinaire devait se présenter originellement sous forme de galettes azymes cuites dans la cendre du foyer ou sur des pierres brûlantes. Cela ne nous est pas attesté directement, mais l'ensemble de la civilisation ne nous permet pas de douter que les Slaves aient su cuire le pain à date fort ancienne. Si le mot désignant le pain au début de l'histoire, à savoir *chlěbŭ*, n'est pas d'origine indigène mais germanique (de *laib*, got. *hlaifs*) [2], c'est bien une nouvelle preuve des liens étroits de civilisation qui unissaient les Slaves et les Germains, mais on ne saurait en conclure que les Slaves n'aient pas connu le pain avant leur contact avec les Germains et spécialement avec les Gots, au IIIe siècle et au IVe. Je soupçonne qu'ici encore nous sommes en présence d'un nom nouveau donné à une chose préexistante et ce changement est dû sans doute à ce que les Slaves remarquaient dans le pain des Germains quelque particularité soit dans la forme, soit dans la préparation : par exemple le fait qu'il était de seigle fermenté et surtout qu'il se cuisait dans un four. Ce n'est donc là vraisemblablement qu'un mot étranger substitué à un nom indigène plus ancien, comme c'est le cas pour d'autres emprunts germaniques tels que *misa* « plat », *bljudo* « mets », *chyzŭ* « hutte », *dŭska* « planche », *strěla* « flèche », **ovotje* « fruits », etc., tous mots qui ont recouvert, sans aucun doute, des noms proprement slaves.

Le levain même était connu des Slaves à la fin de l'époque païenne. Dès la fin du Xe siècle, un document nous atteste qu'à Bělgorod les femmes faisaient une soupe au levain ; dès le XIe siècle, on cuisait à Kiev du pain où l'on mettait du levain, et, dès le XIIe siècle, il est question pour la même ville de levain de seigle [3]. Le pain était fait le plus souvent de seigle ou d'orge, mais aussi en temps de disette, de son et d'arroche (lat. *atriplex*, fr. pop. « belle dame » ou « bonne dame »). La confection et la cuisson du pain étaient en Russie un travail exclusivement réservé aux femmes et aux jeunes filles.

Nous savons, d'autre part, que les Slaves avaient différentes soupes :

---

[1] Saxo Gram., éd. Holder, p. 566 ; Kosmas, II, 14 ; Vie de Théodose, éd. Filaret, p. 134.

[2] C'est ainsi qu'en jugent habituellement les philologues, à de rares exceptions près (Kozlovskij, Pedersen, Mladenov). Voir *Živ. star. Slov.*, I, p. 184.

[3] *Chronique*, version Laurentine, p. 125 ; Vie de Théodose, éd. Filaret, p. 150. ; Réponses de Nifont (Истор. Библіотека, VI, p. 32). Voir d'autres documents dans *Živ. star. Slov.*, I, p. 185.

l'une faite de viande bouillie (*jucha*), une autre faite avec des légumes (*ukropŭ*), toutes les deux attestées en Russie au XIᵉ siècle. De plus les légumineuses leur fournissaient la soupe ou la bouillie aux pois (*grachŭ*), aux lentilles (*lęšta, čočovica, sočovica, sočivo*) et aux fèves (*bobŭ*). Voici les espèces qui entraient dans les plats de légumes : l'oignon (*lukŭ*), l'ail (*česnŭ, česnokŭ*), la carotte, le radis, le concombre, le pavot ; ces derniers mots (*mŭrky, rŭdŭky, ogurŭ, makŭ*), empruntés au germanique ou au grec, autorisent à supposer que ces plantes elles-mêmes ont été empruntées par les Slaves, mais avant le Xᵉ siècle : ce sont des mots slaves communs et partiellement attestés dès les Xᵉ et XIᵉ siècles. Les noms du melon (*dynja*), de la courge (*tykva*), de la rave (*rěpa*), du chou (*kapusta*) et de l'heracleum sphondylium (*bršŭčĭ*), dont on faisait de la soupe connue ensuite sous le nom de *boršču* (russe борщъ) [1], sont, par contre, de vieux mots slaves.

Longtemps les Slaves ne connurent, pour les fruits essentiels (pomme, prune, poire), que les espèces sauvages ; ils ne commencèrent à planter des espèces plus délicates que sous l'influence des Romains et des Germains [2], et c'est à ces derniers qu'ils empruntèrent le collectif qui désigne ces espèces, *ovoštĭ, ovoce* (sl. c. **ovotje*). Les fruits portent d'ailleurs de vieux noms indigènes indo-européens : *ablŭko* « pomme », *sliva* « prune » ; la poire (*gruša*) était peut-être venue à date ancienne de l'Asie ainsi que la cerise (*čeršĭnja*), la griotte (*višĭnja*), la noix (*orěchŭ*) et la pêche (**persky*), par l'intermédiaire des Iraniens ou des Grecs et des Romains. Au Xᵉ siècle, les Slaves avaient en tout cas quantité d'arbres fruitiers, si nous en croyons Ibrâhîm ibn Ja'kûb ; et Ebbo nous signale un grand noyer sacré dans un sanctuaire païen de Stettin [3]. Nous n'avons pas de preuves certaines que les Slaves aient employé les glands comme le faisaient les Germains, mais

---

[1] *Živ. star. Slov.*, I, pp. 187-189, 382. Dans la vieille Russie le terme de *sočivo* apparaît également avec un sens collectif pour désigner toutes les légumineuses. La Règle des Pères donne comme nourriture habituelle des moines russes au XIᵉ siècle : le lait, le fromage, les œufs, les poissons, les légumineuses, les pois, l'huile d'olive ou d'œillette et la viande pour midi ou le soir (Golubinskij, Ист. русской церкви, I, 2, pp. 531, 532, 546). Les moines polonais avaient comme nourriture des légumes, rarement du pain. Ils ne mangeaient pas du tout de poisson ni de viande, et ils n'avaient des légumineuses ou du millet que les jours de fêtes.

[2] C'est également de l'Italie impériale que la culture des fruits a passé en Germanie ; dans le Capitulaire *De villis* de Charlemagne et sur un plan du monastère de Saint-Gall de l'an 820 nous voyons déjà dans les jardins toutes ces sortes d'arbres fruitiers.

[3] Ibrâhîm, éd. Westberg, p. 59 ; Ebbo, Vita Ottonis, III, 118. On trouve encore le nom d'*Orechova* donné à une petite rivière dans une charte de 1181 (*Codex dipl. Saxon.*, I, 1, p. 342).

c'est très probable. V. Chvojka en a trouvé dans les couches du camp fortifié dit *Pasterskoe gorodišče* près de Čigirin (gouvernement de Kiev).

La préparation des aliments du simple paysan n'était évidemment pas savante. Mais les grands et les princes, à l'exemple des cours de l'Occident et du Sud, avaient su se procurer des cuisiniers qui leur accommodaient les mets d'une manière un peu plus raffinée et leur composaient des menus variés [1]. Le peuple connaissait pourtant, et cela dès longtemps, les condiments propres à donner aux aliments un goût meilleur, en particulier le sel (*solĭ*) qui faisait l'objet d'un commerce actif dans les pays slaves (voir à ce sujet le chapitre X), le beurre, l'huile d'œillette et de lin [2]. Quant à l'huile d'olive, au vinaigre et autres sortes d'épices, on ne les trouve en général que plus tard chez les Slaves, au cours du premier millénaire de l'ère chrétienne, apportées par les marchands d'Italie et de Byzance.

Parmi les cadeaux offerts par le général grec Priskos aux Awars transdanubiens figurent les épices (poivre, feuilles aromatiques de l'Inde, cannelle) ; il est extrêmement probable que les princes slaves recevaient, eux aussi, des présents identiques [3].

Pendant les repas, les Slaves se servaient de cuillers et de couteaux dont les sépultures nous offrent des échantillons. Les cuillers (*lŭžica*) sont rares, car elles étaient le plus souvent en terre cuite ou en bois ; mais les couteaux (*nožĭ*) sont nombreux et de formes diverses. On trouve assez fréquemment des couteaux d'une forme semblable à celle de nos couteaux de poche. Plusieurs échantillons découverts dans les tombes témoignent qu'on se servait aussi de cuillers métalliques à la cour des princes ; d'autre part, la *Chronique* de Kiev nous apprend que, la *družina* (« la suite ») de Vladimir n'étant pas satisfaite de ses cuillers en bois, le prince en fit fabriquer d'argent en disant : « Ni l'or ni l'argent ne me donneront une *družina*, alors que ma *družina* me procurera or et argent » [5]. Ordinairement on s'asseyait par terre en rond autour de tables basses, comme le font encore

[1] Pribislav, prince des Vagriens, donne en 1156 l'hospitalité à l'évêque Gérold et lui offre un repas de vingt plats (Helmold, I, 82).

[2] Voir la documentation dans *Živ. star. Slov.*, I, pp. 198-200. Le sel était connu de tous les Indo-Européens dès l'époque préhistorique comme l'atteste l'extension même du mot : gr. ἅλς, lat. *sal*, ir. *salann*, cymér. *halan*, got. *salt*, v. prus. *sal*, arm. *al*, sl. *solĭ*.

[3] Theophanes, éd. Boor, p. 278 ; Anastase, éd. Boor, p. 171. Ce sont aussi des cadeaux du même genre que le rhéteur Priskos, faisant fonction d'ambassadeur, distribue aux princes barbares de Hongrie en 448.

[4] Quant aux trouvailles de couteaux et de cuillers et à la forme de ces objets, voir les détails dans *Živ. star. Slov.*, I, p. 201, planche VII.

[5] *Chronique*, version Laurentine, p. 123 (année 996).

les Balkaniques, par exemple en Macédoine. Lors des festins solennels et surtout des festins donnés par les princes (on les appelait *pirŭ*, de *piti* « boire »), la préparation des mets et le service de la table étaient évidemment plus riches, et l'on prenait peut-être place sur des bancs en bois. Chez les Poméraniens, dans chaque maison il y avait une table couverte d'une nappe préparée pour les hôtes [1]. Autour de la table étaient assis, aux côtés du prince, les gens de sa suite. Chez le prince russe, au dire de Fadlân [2], quarante favorites prenaient place au festin. Il est intéressant de remarquer que, lorsque plus tard quelques-uns des princes slaves eurent été baptisés, les autres ne pouvaient prendre place à table à côté d'eux : ils devaient s'asseoir par terre et devant la porte « suivant l'usage païen », écrit le vieux chroniqueur [3].

Nous avons sur les boissons des Slaves relativement plus de données, et plus anciennes, que sur leur alimentation. Toutes s'accordent à nous apprendre que la boisson principale des Slaves était le miel liquide cuit à l'eau et bien fermenté. On l'appelait *medŭ* et aussi, plus tard, *medovina*. Déjà, en 448, la population slave de la Hongrie, dont l'ambassade de Théodose II, où figurait le rhéteur Priskos, traversait les villages, offrait aux députés impériaux de l'hydromel ($\mu\acute{\epsilon}\delta o\varsigma$) [4]. Plus tard l'hydromel nous est donné comme boisson exclusive des Slaves par Mas'ûdî, Ibn Rosteh, le Géographe persan et Kardîzî. Suivant ce dernier, certain propriétaire slave avait en cave jusqu'à cent récipients en bois de cette boisson [5]. De même les vieilles relations russes nous apprennent que dans les festins qui avaient lieu sur les tombes on buvait de l'hydromel, que c'était là aussi la boisson offerte aux divinités païennes, et que le prince Vladimir n'avait pas seulement des tonneaux de miel cachés dans ses caves de Bĕlgorod et de Kiev, mais que, s'étant un jour dégagé du piège que lui avaient tendu les Pétchénègues (996), il avait fait préparer aux hôtes qu'il avait invités, pour fêter ce succès, trois cents chaudières d'hydromel [6]. Des Slaves de l'Ouest

[1] Herbord, II, 41.

[2] Harkavi, Сказанiя, p. 101.

[3] Légende de Christian, éd. Pekař, pp. 135 et 171 ; *Anon. de conv. Bagoariorum et Carantanorum*, 7.

[4] *Manuel de l'antiquité slave*, I, p. 52. Le nom d'une autre boisson tirée de l'orge, le $\varkappa\acute{\alpha}\mu o\varsigma$, apparaît chez les Slaves des Balkans depuis le Xe siècle *(komina)*, mais l'origine slave en est très douteuse.

[5] Mas'ûdî (Ibrâhîm, éd. Westberg, p. 60), Ibn Rosteh (Harkavi, Сказанiя, p. 265), le Géographe persan (éd. Tumanskij, p. 135), Kardîzî(éd. Bartold, p. 123).

[6] *Chronique*, version Laurentine, pp. 56, 122, 123, 125 ; Réponses de Nifont, 33, 36, 38, 95 (Истор. Библiотека, VI, pp. 31, 32, 41, 50), etc. ; *Živ. star. Slov.*, I, p. 209.

Herbord nous dit « vinum autem nec habent sed melleis poculis et cerevisia curatissime confecta vina superant falernica » [1]. L'adoption de cette boisson n'a rien qui doive nous surprendre dans le milieu de forêts remplies d'abeilles et de ruches [2] qui formait l'habitat des Slaves comme celui de leurs voisins, Lituaniens et Germains. Le miel et la cire étaient aussi depuis longtemps deux des principaux articles d'exportation des pays d'au delà des Carpathes [3], et il n'est évidemment pas surprenant de les rencontrer parmi les tributs en nature que les Slaves payaient aux seigneurs allemands. Des chartes nous confirment ce détail dès le Xe siècle [4]. On faisait cuire le miel à l'eau, et on le laissait ensuite fermenter environ quinze jours. Une telle boisson ne pouvait cependant se conserver longtemps et devait être rapidement consommée.

A côté de l'hydromel, dès le Xe siècle, il est fait mention de la bière, boisson obtenue par la cuisson de l'orge ou de l'avoine ; ainsi dans la charte d'Otton déjà citée (949) on la trouve nommée parmi les tributs en nature (« tres medones, duasque cerevisias »), et dans la légende de saint Venceslas, laquelle est de la même époque, Boleslav offre à son frère de la bière (*pivo*) [5]. Peut-être est-ce à cette même boisson que s'applique le nom d'*olŭ*, *olovina*, que ce soit là un emprunt au germanique ou un vieux mot indo-européen [6]. Par contre, *kvasŭ* est un mot indigène attesté en Russie déjà du temps de Vladimir et désignant une boisson qu'on fait aujourd'hui soit avec de la farine de seigle, soit avec du pain cuit et du malt [7]. L'emploi du houblon pour la confection de la bière est attesté dès le XIe siècle en Bohême, et également en Russie [8]. Le mot vieux-slave *chmelĭ* (houblon) passe lui-même pour un emprunt au finnois ou au turco-tatar [9]. Au contraire, *sladŭ* «malt» est un mot ancien et indigène. La préparation et l'usage du *kumys*, fait de lait de jument, ne sont pas attestés chez les Slaves, mais mentionnés seule-

---

[1] Herbord, II, 1.

[2] Sur l'apiculture chez les Slaves, voir plus loin le chapitre VIII.

[3] Pausanias, I, 32, I.

[4] Voir la charte d'Otton I, de l'année 949 (*Cod. Pomer.*, I, 20).

[5] Pastrnek, *Věstník spol. nauk*, 1903, p. 65.

[6] C'est plutôt au celtique qu'a été emprunté l'autre vieux mot : *braga* (*Živ. star. Slov.*, I, p. 211). Sur la *komina*, voir plus haut, p. 37.

[7] *Chronique*, version Laurentine, p. 123 (à partir de l'année 996, et ensuite de plus en plus fréquemment).

[8] Dans des chartes des monastères d'Opatovice et de Vyšehrad, datées des années 1073, 1088, dans la *Chronique*, version Laurentine, p. 82 (année 985), et dans Barbato (*Rad*, LXIII, p. 118).

[9] Voir *Živ. star. Slov.*, I, p. 212.

ment par Rosteh à propos d'une dynastie de tribu slave en Russie [1]. La viticulture leur est venue vraisemblablement d'Italie, à travers le Danube, par l'intermédiaire des Germains, car le slave commun *vino* est une forme bien latine, et le commerce du vin est signalé en Germanie dès le Ier siècle avant J.-C. [2]. Les Slaves connaissaient et buvaient le vin dès la seconde moitié du premier millénaire après J.-C., mais la culture de la vigne n'est attestée dans les pays slaves de l'Est et de l'Ouest qu'à dater des XIe et XIIe siècles : ce n'est qu'alors qu'apparaissent dans les chartes tchèques (depuis 1057) et polonaises (depuis le XIIe siècle) les premières vignes (*vineae*) et les premiers vignerons (*vinitores*). C'est seulement au sud du Danube, comme il est naturel, que l'existence de vignes nous est attestée avant le XIe siècle [3].

Ainsi que tous les peuples qui les entouraient, Scythes, Celtes, Prussiens et Germains, les Slaves savaient boire, et en particulier dans les festins dont le vieux nom slave *pirŭ* vient de *piti* « boire ». C'était surtout dans les repas funèbres, appelés *tryzny* (voir là-dessus le chapitre suivant), que l'on buvait plus que de raison [4]. Fadlân fait déjà remarquer à propos des Russes qu'ils boivent jour et nuit et que parfois ils meurent la coupe en main. Le prince Vladimir dit de même : « C'est une volupté pour les Russes que de boire et nous ne pouvons exister sans cela » [5].

Sur ces orgies et sur ces beuveries slaves, nous n'en savons guère plus que sur les orgies des Germains. Nous savons seulement qu'en Russie on chantait en buvant, qu'on rivalisait à qui ferait la meilleure contenance, et que coupes ou cornes de bœuf faisaient le tour des convives aussi longtemps que ceux-ci pouvaient boire [6]. Chez les Slaves polabes les hôtes prononçaient certains toasts ou conjurations en l'honneur du dieu bon ou du dieu noir [7]. Nous avons dans certaines instructions russes une série d'allusions identiques à la coutume de « remplir la coupe » pour les démons lors des fêtes païennes [8]. Si, d'après une légende ancienne du Xe siècle, saint Venceslas

---

[1] Harkavi, Сказанія, p. 266 ; voir *Revue des Études slaves*, II, p. 32.

[2] Tacite, *Germ.*, 23 ; Caesar, *B. G.*, II, 15, IV, 2.

[3] Voir *Živ. star. Slov.*, I, p. 214-215. Kosmas (I, 5) mentionne des vignes en Bohême dès avant l'époque de Přemysl ; il les considérait donc comme anciennes. Voir aussi, plus loin, le chapitre VIII.

[4] Voir *Živ. star. Slov.*, I, p. 216.

[5] Harkavi, Сказанія, p. 96 ; *Chronique*, version Laurentine, p. 83.

[6] Règlement du métropolite Jean II (1080-1089), Истор. Библіотека, VI, p. 16.

[7] Helmold, I, 52 ; voir le chapitre VI.

[8] *Živ. star. Slov.*, I, p. 218.

lui-même lève sa coupe pour porter la santé de saint Michel[1], ce n'est là qu'un écho du toast sacré porté à un démon païen, auquel s'est substitué l'archange. De même le chant des *tropaires*, qui s'exécutait dans l'ancienne Russie en vidant une coupe après chaque hymne, n'est sans doute aussi qu'un souvenir de ce rite ancien [2].

Hommes et femmes avaient le droit de prendre part à ces beuveries : en effet, une chronique nous dit d'une princesse slave de la Hongrie du Nord qu'elle montait à cheval et buvait comme un guerrier [3]. Comment s'étonner que les voix des premiers prêtres chrétiens se soient élevées si nombreuses contre l'ivrognerie des Slaves? Le prince Vladimir Mono-maque dénonce ce vice, et le bienheureux Théodose des Grottes (*Peščerskij*) adjure le peuple de s'en défendre : « Malheur à ceux qui persistent dans l'ivrognerie ! » [4]

La maladie et la mort.

Les anciens Slaves étaient une race robuste, mais leur existence n'était pourtant pas si bien organisée qu'ils ne dussent mourir que de vieillesse ou sur les champs de bataille. Il est permis de conjecturer que le climat et le milieu dans lequel ils vivaient étaient favorables à l'éclosion de nombreuses maladies. En Pologne, par exemple, avant les améliorations considérables réalisées par le gouvernement russe, les fièvres paludéennes et la plique sévissaient. Ces mêmes maladies existaient très certainement en Polĕsje dès les temps les plus reculés, encore que nous n'en ayons pas de preuves. Ibrâhîm ibn Ja'kûb, au Xᵉ siècle, nous dit seulement que les Slaves ont certaines éruptions et tumeurs[5], et c'est sans doute à cela aussi que Mas'ûdî fait allusion dans sa relation sur les bains slaves. En outre, de vieux mots communs à tous les Slaves nous révèlent encore d'autres maladies bien connues alors. Tels sont par exemple : *nedugŭ, nemoštĭ, dŭna, ogonĭ, jędza, strupŭ, kyla, vredŭ* [6], etc. Dès le VIᵉ siècle, nous possédons quelques rensei-gnements sur la manière dont on traitait ces maladies : en 802 il est posi-tivement fait mention d'un médecin slave dans le diocèse de Salzburg [7].

---

[1] Légende de Christian, éd. Pekař, pp. 155, 184.
[2] *Živ. star. Slov.*, I, p. 218.
[3] Thietmar, VIII, 3 (IX, 4).
[4] *Živ. star. Slov.*, I, p. 219.
[5] Ibrâhîm, éd. Westberg, p. 59 ; Mas'ûdî, éd. Rozen, p. 57.
[6] *Živ. star. Slov.*, I, p. 221 ; Mansikka, *Religion der Ostslaven*, I, p. 188.
[7] Dans une charte de l'archevêché de Salzburg de l'an 802 (Kos, *Gradivo*, II, 9).

Il faut dire d'ailleurs que la plupart du temps les soins étaient donnés par de vieilles sorcières appelées *volchvy*, dont nous parlerons en détail plus loin, au chapitre VI.

Les Slaves païens tuaient les vieillards incapables de travailler. Ils ne faisaient en cela qu'observer là une coutume indo-européenne répandue chez leurs voisins, Prussiens, Germains, Iraniens (Scythes et Massagètes) [1] ; cette coutume a laissé parmi eux des survivances tenaces : ainsi nous avons une ordonnance du duc Otton qui, en 1328, défendait aux Drévanes polabes le meurtre de leurs vieux parents [2] ; en Serbie l'on tuait les vieillards à une époque qui n'est pas encore bien éloignée, et cet usage y portait le nom de лапот [3].

Par ailleurs le Slave allait tranquillement au devant de la mort, surtout à la guerre. Lorsque, en 593, le général grec Priskos attaqua les Slaves, ceux-ci manifestèrent, comme dans une sorte d'extase, leur impatience de la mort [4]. Il n'en faudrait pas conclure, cela va de soi, que le guerrier slave ne s'efforçât pas, tout comme un autre, de revenir sain et sauf. Nous savons au contraire, par le témoignage de Prokopios, que c'est à cette fin qu'on sacrifiait aux dieux avant le combat [5].

---

[1] *Živ. star. Slov.*, I, p. 221.

[2] Texte chez A. Meitzen, *Siedelung*, II, p. 484.

[3] Voir là-dessus l'étude de S. Trojanović, Лапот и проклетије у Срба, Београд, 1898. Voir aussi la tradition russe dans *Živ. star. Slov.*, I, p. 222, et un article de Zen. Kuzelja dans Етногр. Збірник, 1912, pp. 31-32.

[4] Theophylaktos, VI, 8. Voir aussi Rosteh (éd. Chwolson, p. 31) et Kardîzî (éd. Bartold, p. 123).

[5] Prokopios, III, 14.

CHAPITRE III.

Les funérailles chez les anciens Slaves.

Le rituel funéraire païen, tel qu'il se présente chez les Slaves dans les
derniers siècles qui ont précédé leur conversion au christianisme, est un
rituel évolué, compliqué et varié, fort éloigné des formes plus primitives
qui avaient cours chez les Indo-Européens avant leur dispersion. Dans
les temps anciens, autant qu'il est permis d'en juger par les sépultures attri-
buées aux Slaves, il offrait plus d'unité et de simplicité. Par la suite, des
influences étrangères y sont intervenues, comme dans la plupart des faits
de civilisation, et il a acquis, dans les diverses provinces du domaine, une
extrême variété. Il fallut le christianisme pour simplifier et unifier de nouveau ce cérémonial, mais selon un principe différent, celui de l'enterrement
des morts dans des cimetières communs à tous les chrétiens et bénis par
l'Église. En effet, les Slaves, jusqu'alors, n'avaient pas enterré leurs morts ;
aussi loin qu'on puisse remonter dans leur histoire, on les voit pratiquer
la crémation.

Mais la crémation était-elle exclusive ? C'est un vieux problème d'archéologie slave, dont Dobrovský[1] s'était déjà occupé. La publication en Allemagne des premiers travaux d'archéologie préhistorique avait jadis, et dès
l'abord, soulevé une question ethnographique difficile entre toutes : comment discerner la part des coutumes germaniques et celle des coutumes
slaves dans les sépultures anciennes ? On chercha un fil d'Ariane qui pût
conduire à une solution, et ce fut l'occasion de nombreuses controverses.
On discuta beaucoup pour savoir si les Slaves, en général, pratiquaient
la crémation, et le débat porta principalement sur les cimetières créma-
toires de l'Allemagne orientale et de la vallée de l'Elbe : ces cimetières de-
vaient-ils être tenus pour germaniques ou pour slaves ? C'est surtout Rudolf
Virchow[2] qui, vers 1870, étudia cette question et pesa sur la doctrine en se

---

[1] Dobrovský, « Über die Begräbnissart der alten Slaven überhaupt und der Böhmen
imbesondere » (*Abh. Ges. Wiss.*, Prague, 1786, p. 333).

[2] R. Virchow, « Über Gräberfelder und Burgwälle der Niederlausitz und des über-
oderischen Gebietes » (*Berl. Verh.*, 1872, p. 226).

prononçant, avec toute son autorité, pour l'attribution aux Germains~des vieilles tombes de l'Allemagne orientale ; les Slaves, suivant lui, ne se manifestaient que par un type de civilisation postérieure désigné sous le nom de *Burgwalltypus*, lequel apparaît dans les zones d'habitation des vieux camps fortifiés ou dans les tombes de la même époque renfermant exclusivement des squelettes.

Fig. 4. — Les tumuli à incinération de Gnězdovo, près de Smolensk.

Aujourd'hui nous voyons clair dans les rites funéraires des Slaves. L'élément essentiel en était partout, semble-t-il, la crémation, tout comme chez les autres peuples voisins de souche indo-européenne, Lituaniens, Germains et Celtes.

Mais, par la suite, des influences étrangères, plutôt romaines ou plutôt orientales, suivant les régions, modifièrent parfois cet élément essentiel. A côté de la crémation apparut l'enterrement, avec une grande variété dans la construction des tombeaux. L'adoption du christianisme ne transforma pas d'un seul coup le rite fondamental, mais elle agit progressivement et plus ou moins tôt suivant les pays. C'est pourquoi l'on constate, au cours du premier millénaire après J.-C., sur toute l'aire slave, une période où les deux rites, crémation et sépulture, coexistaient. C'est pourquoi aussi nous sommes autorisés jusqu'à un certain point à considérer que les deux rites ont été en usage chez les anciens Slaves, sous cette réserve que la crémation caractérisait spécialement la civilisation païenne.

Les trouvailles archéologiques, aussi bien que les documents historiques, prouvent que les Slaves brûlaient leurs morts avant leur conversion au christianisme, bien que la tradition n'ait gardé de cette coutume que des traces insignifiantes.

L'archéologie a constaté l'existence d'une quantité de cimetières à incinération chez les Slaves de l'Est et de l'Ouest. Les attestations historiques, d'autre part, sont nombreuses, et se rapportent à toutes les parties du domaine [1]. En 744, saint Boniface rapporte que les Polabes brûlaient hommes et femmes sur des bûchers, mais ce rite dut disparaître rapidement des bords de l'Elbe, car les sources postérieures n'en parlent plus. De même les plus anciennes chroniques tchèques ne mentionnent la crémation que par une courte allusion. Par contre, les Polonais, suivant Thietmar, brûlaient encore leurs morts au XIe siècle, et chez les Slaves du Sud la coutume est attestée au VIIe siècle, lors de la prise de Constantinople, en 626, et au Xe siècle par Mas'ûdî [2].

Chez les Slaves de l'Est, la crémation est attestée, à partir des Xe et XIe siècles, par une série de chroniqueurs arabes, puis par Léon le Diacre dans sa description de la bataille de Durostol (971) [3], et enfin par l'auteur de la plus ancienne partie de la *Chronique* de Kiev, qui raconte que, jadis et de son temps encore, par conséquent jusqu'à la fin du XIe siècle, certaines tribus russes brûlaient leurs morts sur des bûchers et recueillaient les cendres dans des vases qu'elles plaçaient sur des colonnes au bord des chemins [4]. Chez les Prussiens, la crémation est attestée dès le XIIIe siècle, et

[1] Voir *Živ. star. Slov.*, I, pp. 228 et suiv.

[2] Bonifacius, *Epist.* (Jaffé, *Monumenta Moguntiaca*, p. 172) ; Kosmas, I, 12 (*iustum Tyri*) ; Thietmar IX (VIII) 2 ; *Anon.*, éd. Mai, *Nova bibl. patrum*, VI, p. 432 ; Mas'ûdî, éd. Harkavi, Сказанiя, p. 136.

[3] Ibn Fadlân, Istakhrî, Al Balkhî, Mas'ûdî, Ibn Haukal, Rosteh, le Géographe persan, Kardîzî et plus tard quelques autres. Voir Harkavi, Сказанiя, pp. 111, 115, 129, 136, 193, 202, 221, 259, 264, 265, 276 ; Kardîzî, éd. Bartold, p. 123 ; le Géographe persan, éd. Tumanskij, p. 135 ; Léon le Diacre, IX, 6. Voir *Živ. star. Slov.*, I, p. 230.

[4] *Chronique*, version Laurentine, p. 12.

pour la Lituanie, la Courlande et l'Esthonie, du XIVe siècle au XVIe [1].

Que l'on rapproche les faits archéologiques de ces données historiques, et l'on tiendra pour certain que les Slaves pratiquaient encore la crémation à une époque où leurs voisins les Germains, sous l'influence du christianisme et devant les interdictions de Charlemagne [2], y avaient renoncé depuis longtemps. En Bohême l'incinération était encore en usage au Xe siècle, et même, dans certaines régions, jusqu'au XIe, ainsi qu'en Lusace ; chez les Polabes la coutume subsistait au moins aux VIIIe et IXe siècles ; chez les Slaves du Sud probablement aux IXe et Xe siècles ; chez les Polonais, au XIe ; en Russie, enfin, chez certaines tribus, au XIIe et, en quelques endroits plus tard encore, jusqu'en plein XIIIe siècle.

Les tombes à incinération postérieures à l'adoption du christianisme sont donc toutes païennes, tandis que les tombes contenant des squelettes sont probablement, pour la plupart, chrétiennes ; mais je n'affirmerai pas que toute tombe à squelette du Xe au XIIe siècle soit nécessairement chrétienne. On avait dès longtemps passé, en divers lieux, de la crémation à la sépulture sous d'autres influences étrangères, romaines notamment [3], sans pour cela changer de religion. Il est certain en tout cas que nombre de tombes à squelette offrent encore la trace de vieilles habitudes païennes, ainsi que nous le verrons plus loin.

Voici en quoi consistaient essentiellement les funérailles. Le corps du mort, au milieu des pleurs et des chants, était transporté soit à l'endroit spécialement consacré à la crémation, soit à une tombe indépendante dont on avait déjà préparé les assises. Là était dressé un bûcher sur lequel on plaçait le mort tantôt directement, tantôt sur une planche ou sur une barque et paré des vêtements et armes qu'il portait de son vivant ; puis les parents mettaient le feu au bûcher. Après la combustion, le jour même ou le jour suivant, on recueillait la cendre ainsi que les débris d'os calcinés, les armes et les bijoux ; on mettait simplement la cendre

---

[1] Voir *Chronique* de Kiev, version Hypatienne, année 1252, Dreger, *Cod. Pomeraniae dipl.*, n° 191 ; Stryjkowski, *Kronika polska*, XI (Warszawa, 1846, I, p. 386) ; Guagnini, *De orig. Lith.* (*Pistorii Scriptores rer. pol.*, II, p. 391). Dans la version russe de Malalas on trouve interpolée une mention semblable en 1252 (Mansikka, *Religion*, I, p. 69).

[2] Voir le Capitulaire de Paderborn de l'année 785, ch. 7, 22.

[3] Les Romains et les Grecs cessèrent d'incinérer à l'époque impériale. A Olbia, par exemple, on ne trouve pour cette époque que 1 % de tombes à ossements calcinés ; dans les provinces romaines du Danube, le passage de l'incinération à la sépulture ne s'est fait qu'aux IIIe et IVe siècles. Les tombes de Černjachov (IVe siècle) marquent un état de transition.

en tas, ou bien on la versait dans une urne que l'on recouvrait de terre, ou qu'on plaçait soit sur un tumulus, soit sur une pierre, soit sur un pieu, suivant l'usage particulier du pays et du clan. A l'urne étaient joints des présents qui devaient servir au mort dans l'autre monde. Dans les cimetières slaves les présents ainsi enterrés avec le mort sont généralement fort pauvres. A cet égard les tombes slaves ne peuvent rivaliser avec celles des peuples voisins. Les tombes riches sont l'exception. Si le mort était enterré sans avoir été brûlé, le corps était également placé sous un tumulus avec des présents, et l'on mettait aussitôt le feu à un bûcher de sacrifice auprès duquel avait lieu le premier festin funèbre. Ce cérémonial se compliquait encore d'une série d'usages accessoires : par exemple, lors de la levée du corps, on ne sortait pas de la maison par les portes, mais par une ouverture spécialement pratiquée à cet effet, afin d'empêcher l'âme, par la suite, de retrouver l'entrée. Le fait nous est attesté au commencement du XIe siècle, à l'occasion de la levée du corps de Vladimir à Berestov, et par quantité de survivances postérieures Durant la levée du corps, ainsi que pendant tout le trajet de la maison au cimetière, les parents du défunt accompagnaient sa dépouille de leurs éloges, tandis

Fig. 5. — Tombeau slave typique de la Bohême (Želenice).

que les femmes faisaient entendre des lamentations (жалѣніе), s'égratignant parfois le visage de leurs ongles, se meurtrissant le corps et se coupant la chevelure. De telles lamentations n'étaient déjà plus l'expression de la douleur, mais l'accomplissement d'un rite ; la tradition en a d'ailleurs été conservée intégralement jusqu'à nos jours sur de nombreux points du domaine slave, notamment dans les Balkans et en Russie, où l'on loue pour les enterrements des pleureuses de profession, appelées покајнице, нарикаче, плакалнице, желѣющія плачки ; il en était de même, il n'y a pas encore bien longtemps, en Moravie et en Slovaquie. Ces lamentations rituelles avaient une si grande importance qu'en certains endroits l'enterrement pouvait avoir lieu sans le rituel de l'Église, mais jamais sans elles. Elles nous sont attestées par la *Chronique*[1] de Kiev (années 945, 969) pour les Russes et par Ebbo et Kadłubek pour les Poméraniens et les Polonais[2]. Les meurtrissures que s'infligeaient les femmes, et les égratignures qu'elles se faisaient au visage, sont attestées à date ancienne pour la Russie, la Pologne et les pays tchèques[3].

Le cérémonial funéraire était comme couronné par un dernier rite : la mort volontaire ou le meurtre de la veuve et parfois des serviteurs du défunt. Nous avons sur ce point les témoignages anciens de Maurikios et de Léon sur les Slaves du Sud, de Thietmar sur les Polonais et surtout l'important témoignage de saint Boniface dans sa lettre au roi Aethibald[4]. Plusieurs écrivains arabes attestent le fait pour les Slaves de l'Est ; Léon le Diacre le note à propos des femmes des soldats de Svjatoslav, en 971, devant Durostol[5], et Fadlân nous donne la peinture dramatique d'une de ces morts « volontaires ». Malheureusement il s'agit, dans ce dernier cas, de la femme d'un seigneur russe de la Volga, et nous restons dans l'incertitude sur la race de la femme et sur le caractère slave de la coutume, car le seigneur russe défunt est probablement lui-même d'origine normande[6].

Aussi bien le sacrifice n'était-il pas toujours réellement volontaire.

---

[1] *Chronique*, version Laurentine, p. 127, et *Živ. star. Slov.*, I, p. 244.

[2] Ebbo, I, 6 ; Kadłubek (Bielowski, *Mon. Pol. hist.*, II, pp. 182 et 268). Le fait est mentionné aussi dans quelques sermons russes, notamment dans un texte inédit, le « Слово св. Діонисія о желѣющихъ ».

[3] Ibn Rosteh, Mas'ûdî, Kardîzî (éd. Harkavi, p. 264 ; Rozen, p. 56, et Bartold, p. 123) ; Canaparius, *Vita Adalb.*, 2 ; Kadłubek (Bielowski, *loc. cit.*). Les témoignages postérieurs concernant ce fait sont fort nombreux. Voir *Živ. star. Slov.*, I, pp. 246 et suiv., et Bugiel, *Bulletin de la Société d'anthropologie*, 1925, p. 122.

[4] Maurikios, *Strat.*, XI, 5 ; Léon, *Tactica*, XVIII, 105 ; Thietmar, IX, 3 ; Boniface, dans la cinquante-neuvième lettre (Jaffé, *Mon. Moguntiaca*, 172).

[5] Ibn Rosteh, Istakhrî, Haukal, Balkhî, Mas'ûdî, le Géographe persan, et d'autres. Voir Harkavi, Сказанія, pp. 125, 136, 193, 221, 265, 270, 276 ; Mas'ûdî, éd. Rozen, pp. 55, 56 ; le Géographe persan, éd. Tumanskij, p. 135 ; Léon le Diacre, IX, 6. Voir les détails dans *Živ. star. Slov.*, I, pp. 248-249.

[6] Dans le dictionnaire de Jakût, voir au mot *Rûs*. Le texte est reproduit *in extenso* dans *Živ. star. Slov.*, I, p. 377.

Il n'était plutôt, à vrai dire, que la conséquence de lois traditionnelles qui devaient concerner surtout les familles en vue. La femme, qu'elle se présentât d'elle-même à la mort, ou qu'elle y fût contrainte, était auparavant enivrée jusqu'à perdre toute force, pour qu'elle n'opposât pas de résistance sur le bûcher, ainsi que l'a fort bien vu Fadlân. Cette coutume, évidemment, n'est pas proprement slave, car elle est également attestée chez les peuples d'alentour : Germains, Lituaniens, Prussiens, Thraces, Scythes et Sarmates [1]. Mais il n'est pas nécessaire d'en conclure que c'est de ces voisins que les Slaves la tenaient : elle est bien plutôt un vieil héritage de l'époque indo-européenne. Outre la femme, on sacrifiait au maître ses esclaves, ses chevaux et ses chiens [2]. Mas'ûdî nous apprend que l'on allait même plus loin encore. On ne se contentait pas d'immoler au défunt son épouse, mais, quand un jeune homme mourait, on lui sacrifiait une jeune fille, afin de lui donner pour l'autre monde la femme qu'il n'avait pas eue de son vivant [3]. Cette existence conjugale prévue après la mort témoigne d'une croyance en l'autre vie, et je ne doute pas que certains usages qui accompagnent encore aujourd'hui les funérailles des jeunes gens et des jeunes filles slaves ne soient une survivance affaiblie de ces antiques noces funèbres [4].

Nous avons vu plus haut [5] que le corps du défunt était parfois posé sur une barque et brûlé avec elle. Cet usage vaut d'être examiné. Il est attesté, et assez fréquemment, chez les Germains du Nord et chez les Finnois de la Baltique : les découvertes de barques scandinaves sous des *tumuli*, par exemple, sont bien connues. Comme, inversement, chez les Slaves, les barques n'apparaissent que rarement dans les funérailles, et seulement en Russie, il est assez vraisemblable que cette coutume leur est venue de leurs voisins scandinaves et finnois, sous l'influence des Russes de Scandinavie ; la pratique n'en est d'ailleurs attestée que pour la famille princière [6]. La barque n'était certainement pas autre chose qu'une embarcation mise à la disposition du mort pour la vie d'outre-tombe, le défunt

---

[1] Voir *Živ. star. Slov.*, I, p. 254.

[2] *Živ. star. Slov.*, I, pp. 257-261 : on trouvera également là une liste de données archéologiques confirmant cette coutume (os de chevaux, de chiens, etc., dans les tombes).

[3] Harkavi, Сказаніи, p. 129.

[4] On trouvera l'indication de ces usages dans *Živ. star. Slov.*, I, p. 256.

[5] Voir ci-dessus, p. 45.

[6] *Chronique*, version Laurentine, p. 55 (955), et la miniature de la *Vie* des saints Boris et Glěb (manuscrit de Silvestre). Voir aussi la description de Fadlân (Harkavi, Сказ., p. 96) et les autres détails sur cet usage dans *Živ. star. Slov.*, I, pp. 262 et suiv.

devant avoir sous la main, dans l'autre monde, tout ce dont il se servait ici-bas.

C'est également sous une influence étrangère, et cette fois gréco-romaine, que les Slaves avaient pris l'habitude, à la fin de l'époque païenne, de déposer auprès du mort une pièce de monnaie pour le voyage d'outre-tombe. Ce n'est là rien de moins que l'obole donnée aux morts pour Charon. Cette coutume était arrivée aux Slaves tant par le Bas-Danube que par la Mer Noire. Les tombes les plus pauvres de la vieille Panticapée

Fig. 6. — Saint Glĕb sous une nacelle funéraire.

offrent généralement une pièce de bronze. Il s'agit là d'un usage si bien implanté chez les Slaves qu'on en constate souvent la pratique non seulement à date ancienne dans les tombes à squelettes des Xe et XIe siècles, mais de nos jours encore sur de nombreux points du domaine slave : en Moravie orientale, en Slovaquie, en Petite Russie, en Russie Blanche, en Pologne et dans les Balkans. Ainsi les paysans de notre temps mettent une pièce de monnaie dans la main ou dans la bouche du mort sans savoir la signification originelle de ce geste [1]. Il faut remarquer à ce propos qu'on donnait au défunt le nom de *navĭ*, ce mot pouvant signifier aussi « l'outre-tombe » en général. Certains philologues ont cru trouver là une

---

[1] Voir les détails dans *Živ. star. Slov.*, I, p. 266.

autre trace de l'influence antique, et, rapprochant le slave *navĭ* du grec ναῦς, lat. *navis*, ils ont rappelé la barque sur laquelle le passeur Charon transportait les âmes [1]. Il est difficile d'écarter ce rapprochement (le vieux tchèque et le vieux polonais ont *náv, náva, nawa* au sens de « barque »); mais il vaut mieux ne rien affirmer. Il est possible que le vieux slave *navĭ* ne se rattache pas à *navis*, mais dérive d'un vieux mot indo-européen comme le gotique *naus* et le letto-lituanien *navìt, nāve* [2].

On n'est pas aussi bien fixé sur l'origine de la coutume d'enterrer les morts dans des traîneaux ou de les conduire en traîneau, même en plein

Fig. 7. — Saint Glěb sur le traîneau.

été, à leur dernière demeure. Les sources russes, qui sont les seules dont nous disposions sur ce point pour l'époque ancienne, nous apprennent que les corps des princes Vladimir, Boris, Glěb, Jaroslav, Michel, Svatopluk ont été transportés ainsi, sans nul égard à la saison [3]. Les gens qui sentaient la mort proche se préparaient un traîneau pour leurs obsèques, et la vieille expression russe « s'asseoir sur le traîneau » était l'équivalent

[1] Ainsi A. Kotljarevskij, dans son étude précieuse, mais aujourd'hui vieillie : O погребальныхъ обычаяхъ языческихъ Славянъ, M., 1868.

[2] *Živ. star. Slov.*, I, p. 268.

[3] *Chronique*, version Laurentine, 128, 158, 181, 196 ; *Vie* de Boris et Glěb (miniatures du manuscrit).

de « se trouver sur le point de mourir » [1]. Cette coutume s'est conservée longtemps en Russie et en Petite Russie ; elle se pratique aujourd'hui encore dans les Carpathes ; elle est aussi attestée en Slovaquie, en Pologne et en Serbie [2]. Le traîneau est toujours attelé de bœufs.

Comme cette coutume se trouve également répandue chez les Finnois et chez certains autres peuples ouralo-altaïques, on peut à bon droit se demander si elle est proprement slave, ou si elle ne vient pas de ces voisins. Selon toute vraisemblance, c'est là un usage indigène aussi bien pour les Russes que pour les Finnois : chez les uns, comme chez les autres, il s'explique par la nature même du pays et par l'emploi du traîneau comme premier et usuel moyen de transport. Quant à l'origine de la mise en terre du traîneau avec le mort, on ne peut donner aucune réponse satisfaisante.

L'un des épisodes le plus intéressants et le plus importants du cérémonial funèbre est la solennité appelée *tryzna*, avec le banquet qui l'accompagnait (*pirŭ, strava*). Il est vrai que la *tryzna* ne nous est attestée de manière explicite que chez les Russes, mais nous avons, sur les autres Slaves, certaines données qui ne permettent pas de douter que l'usage en ait régné sur le domaine entier. Nulle part nous n'avons une description proprement dite de la *tryzna*. Nous n'en sommes pourtant pas moins à même, en combinant les détails dont nous disposons, d'en reconstituer le schéma.

La *Chronique* porte, à propos de ce rite, que les tribus des Radimitches, des Viatiches, des Sêvériens et des Krivitches avaient l'habitude de l'accomplir sur le mort (тризну творити) avant de le brûler ; elle enregistre en outre qu'en l'année 945 la princesse Olga célébra une *tryzna* sur la tombe d'Igor, mais qu'ensuite, devenue chrétienne, elle donna l'ordre qu'il ne fût pas agi de même sur sa propre tombe. Une autre source russe, postérieure il est vrai, mais pleine de vieilles traditions, nous donne plus de détails : c'est la Vie de Constantin de Murom, où, à propos de la *tryzna*, nous trouvons signalés le *bdynŭ* (бдынъ) et un combat (битва) [3].

---

[1] Voir le début de l'Instruction du prince Vladimir Monomaque (*Chronique*, version Laurentine, 232) et la description de la mort du moine Théodose en 1074 *(ibidem)*.

[2] *Živ. star. Slov.*, I, p. 271. Sur cette coutume et la précédente, voir Dm. Anučin, Сани, ладья и кони какъ принадлежность похороннаго обряда (M., 1890) ; voir encore le travail de Th. Volkov : « Le traîneau dans les rites funéraires de l'Ukraine » (*Rev. des trad. pop.*, Paris, 1896). On trouvera le reste de la bibliographie dans *Živ. star. Slov.*, I, p. 269.

[3] *Živ. star. Slov.*, I, pp. 246 et 274. Le texte de la *Vie* de Constantin de Murom est reproduit en entier par Kotljarevskij, Погреб. обыч., p. 128. Que signifie « faire un

Les chroniques polonaises ne font mention que des funérailles païennes sans présenter le mot *tryzna* ; il en est de même de Saxo Grammaticus dans sa description des obsèques faites par le prince slave Ismir à son frère [1]. Un lexique tchèque du XIIIe siècle, la *Mater verborum*, glose le mot *tryzna* « inferiæ, placatio mortuorum » ; mais on a reconnu, à l'examen de cette glose, qu'il s'agissait là d'un faux [2]. Par contre, c'est bien à une *tryzna* tchèque que se réfèrent les fêtes dont parle la Chronique de Kosmas [3]. Nous y lisons qu'en 1092 le prince Břetislav interdit des fêtes spéciales en l'honneur des morts : « item sepulturas quæ fiebant in silvis et campis atque scenas quas ex gentili ritu faciebant in biviis et triviis quasi ob animarum pausationem item et iocos profanos quos super mortuos suos inanes cientes manes ac induti faciem larvis bachando exercebant ».

On voit par ces témoignages que la *tryzna* n'était pas un simple festin, mais une fête de caractère dramatique (« scenas faciebant et iocos profanos induti faciem larvis »), dont un combat formait l'épisode principal ; ce dernier détail ressort non seulement du mot *bitva* de la Vie de Constantin de Murom, mais encore du sens étymologique de *tryzna*. Ce mot, en effet, ne saurait être séparé du tchèque *tryzniti* ni du polonais *tryznić* « frapper quelqu'un » ; il traduit d'ailleurs dans les textes vieux-slaves le grec στάδιον, ἄθλον, ἀγών, παλαίστρα (*tryznovati* « pugnare », *tryzniků* « pugnator »)[4].

Cet ensemble de données historiques confirme que, lors des funérailles et plus tard lors des fêtes en l'honneur des morts, il était organisé des jeux solennels, comprenant des évolutions symboliques, et dont le point central était un combat accompagné de cliquetis d'armes, de cris et de chants guerriers. Il ne s'agissait pas, à ce qu'il semble, d'un combat effectif, ni du rappel d'un combat auquel le défunt avait pris part, mais d'un simulacre de valeur magique, d'un combat destiné à chasser les esprits mauvais. Au XVIe siècle encore, Jean Menetius signale qu'en Russie occidentale, lors des funérailles, les hommes, l'épée à la main, criaient : « *gey, geythe, begoythe peckelle* », ce qui, à travers la transcription inexacte du voyageur, nous semble bien signifier : « Fuyez, fuyez démons [de l'enfer] ! » Il existe

---

bdynů »? On ne le sait pas au juste ; je croirais volontiers qu'il s'agit de la veillée du mort, et des lamentations qui l'accompagnent : cf. les *umrlčí noc* et *pustá noc* « veillée des morts » en Bohême et en Pologne (voir *Živ. star. Slov.*, I, p. 247).

[1] Kadłubek (Bielowski, *Mon. Pol. hist.*, II, p. 268) ; Saxo, éd. Holder, p. 276.

[2] Voir *Živ. star. Slov.*, I, p. 274.

[3] Kosmas, III, 1.

[4] Voir *Živ. star. Slov.*, I, p. 278.

d'ailleurs d'autres survivances de ce genre [1]. Des masques figuraient vraisemblablement les mauvais esprits qu'il s'agissait d'éloigner.

Le festin qui suivait la *tryzna* s'appelait *pirŭ* (voir plus haut, p. 37, 39) ou *strava*. Ce dernier mot est d'autant plus intéressant que nous le rencontrons déjà à l'occasion de la mort d'Attila (en 453), ce qui indique que les sujets d'Attila, dans la Hongrie centrale, devaient être alors des Slaves [2]. Nous lisons en effet, chez Jordanis [3], qu'il fut donné sur la tombe d'Attila un festin somptueux qu'on appelait *strava* (« stravam super tumulum ejus quam appellabant ipsi ingenti comessatione concelebrant »). Or le mot est slave : il est employé de nos jours encore au sens de « nourriture », et on le trouve dans des documents vieux-tchèques et vieux-polonais des XIVe et XVe siècles avec la signification spéciale de « banquet funèbre » [4].

De semblables festins funèbres, avec profusion de mets et d'hydromel, nous sont attestés dès l'époque ancienne chez les autres Slaves [5]. Ils se sont conservés, d'ailleurs, dans tout le domaine ; il est partout d'usage, jusqu'à présent, d'honorer les hôtes venus pour les obsèques en les conviant à un repas ou, tout au moins, en leur offrant à boire [6]. En Russie Blanche le maître et les hôtes offrent encore à cette occasion un peu de nourriture et de boisson aux âmes des ancêtres : ils les appellent, puis les remercient d'être venues et d'avoir mangé, comme sans doute ils les imploraient et les appelaient il y a plus de dix siècles [7].

On honorait les morts non seulement lors des funérailles, mais à certains jours qui leur étaient particulièrement consacrés. Nous n'avons sur cette coutume que quelques données de première main remontant à l'époque païenne [8] ; mais on ne saurait douter de son antiquité ni de son extension, si l'on considère que l'Église d'Occident et celle d'Orient ont admis ces

---

[1] *Živ. star. Slov.*, I, pp. 278-281 ; Zelenin, Живая старина, 1911, p. 410.

[2] Voir *Manuel de l'antiquité slave*, I, p. 53, et *Slov. star.*, II, p. 136.

[3] Jordanis, *Getica*, 258.

[4] Voir *Živ. star. Slov.*, I, p. 282.

[5] Cf. encore le festin du prince Mužok en 593 (Theophylaktos Simokattes, VI, 9 ; Theophanes, éd. Boor, p. 270), du prince Ismir (Saxo, éd. Holder, p. 276) ; voir *Živ. star. Slov.*, I, pp. 274, 275. Les vieux Russes vidaient une coupe en l'honneur du mort, puis en l'honneur des démons *Rod* et *Rožanicy* ; voir *Živ. star. Slov.*, I, p. 282.

[6] *Živ. star. Slov.*, I, p. 281.

[7] Šejn l'a noté dans ses Матеріалы, I, 2, pp. 556, 569, 596, et de même Menetius (*Script. rer. livon.*, II, p. 391), qui l'a observé au XVIe siècle.

[8] Rosteh les mentionne ainsi que Kardîzî, d'après une même source (Harkavi, p. 265, Bartold, p. 123).

Fig. 8. — La fête des trépassés *(zadušnica)* en Bulgarie (d'après le tableau de Mrkvička).

jours des morts au nombre de leurs fêtes, et qu'en dépit de tous ses efforts, l'orthodoxie n'a pu faire perdre aux Slaves certaines habitudes païennes, comme celles de porter aux morts des aliments et de célébrer en leur honneur divers jeux dramatiques tournant souvent à l'orgie. Ces mœurs, procédant de conceptions païennes, sont encore profondément ancrées dans les régions les plus perdues des Balkans. Quantité de jours y sont consacrés à la mémoire des morts, et nombreux sont les termes qui désignent ces jours [1]. En certains endroits le prêtre ne se contente pas de déposer les aliments sur les tombes, mais il conjure lui-même les mauvais esprits des morts pour les empêcher de revenir ; de même en Bulgarie, le quarantième jour après le décès, le prêtre encense la tombe, puis verse de l'eau et place des aliments dans un trou pratiqué à cette fin [2]. On peut dire qu'en général les catholiques ont perdu l'usage antique du repas funèbre au cimetière, ou du moins qu'ils n'en ont gardé que des traces insignifiantes, tandis que les orthodoxes, Bulgares, Serbes et Russes, l'ont conservé de manière très vivante.

Parmi les fêtes et les jeux en l'honneur des morts, il convient de mentionner tout particulièrement les *rusalii* et la *radunica*, dont il sera traité dans le chapitre VI. Les *rusalii* sont fréquemment attestées à partir du XIe siècle, comme des survivances du paganisme en Russie : les princes chrétiens et les prélats essayaient d'en interdire la célébration. La *radunica* n'est pas attestée à date ancienne [3], mais elle est répandue dans toute la Russie, où elle a pénétré, comme les *rusalii*, sous l'influence gréco-romaine. Ces deux fêtes sont un bon témoignage de la puissance de cette influence sur la civilisation slave à partir de l'époque impériale. Les noms mêmes en sont d'origine antique : *rosaria*, *rosalia* (fête romaine des roses) et ῥοδώνια (ἡμέρα τῶν ῥόδων) [4]. Sans doute devons-nous supposer que

---

[1] *Živ. star. Slov.*, I, pp. 291-292. Les termes les plus répandus dans le domaine slave sont ceux de *zadušnica*, *zaduški* (du mot slave *duša* « âme »), *pomen*, *pominky* (du vieux-slave *mĭnĕti* « penser ») ; en Russie et dans les Balkans on emploie fréquemment aussi *trapeza* (du grec τράπεζα).

[2] *Živ. star. Slov.*, pp. 291-292, 294, 295. Pour les usages et les termes employés, voir en particulier l'étude approfondie de M. Murko, « Das Grab als Tisch », dans la revue *Wörter und Sachen*, 1910, II.

[3] La *radunica* est attestée pour la première fois dans la 4e Chronique de Novgorod (année 1372) ; les *rusalii*, par contre, figurent déjà dans la *Chronique* de Kiev (année 1068), avec des bouffons et de la musique, et elles sont mentionnées ensuite maintes fois dans divers instructions et homélies. Voir *Živ. star. Slov.*, I, p. 292, et III, pp. 54 et 260.

[4] Sur les *rusalii*, voir surtout Miklosich, « Die Rusalien » (*Sitzungsberichte* de l'Académie

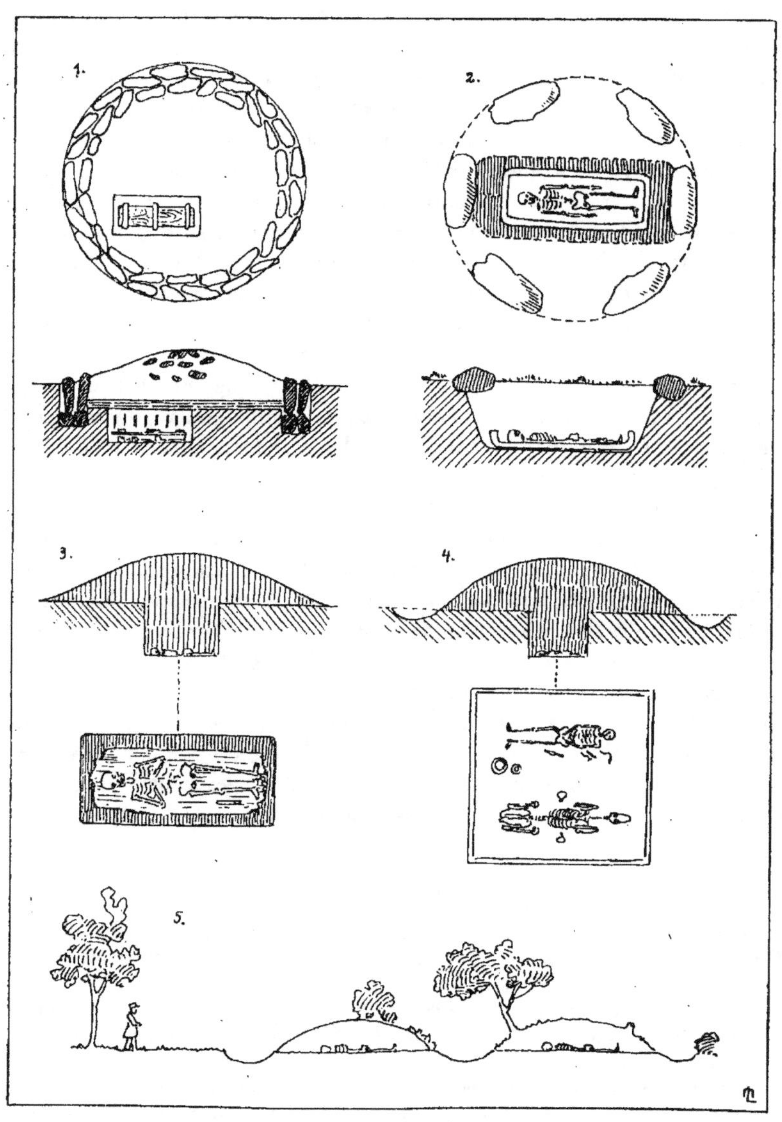

Fig. 9. — Types normaux de *kurgany* russes : 1. Bolchan ; 2. Myškov ; 3 et 4. Černigov ; 5. Uglič.

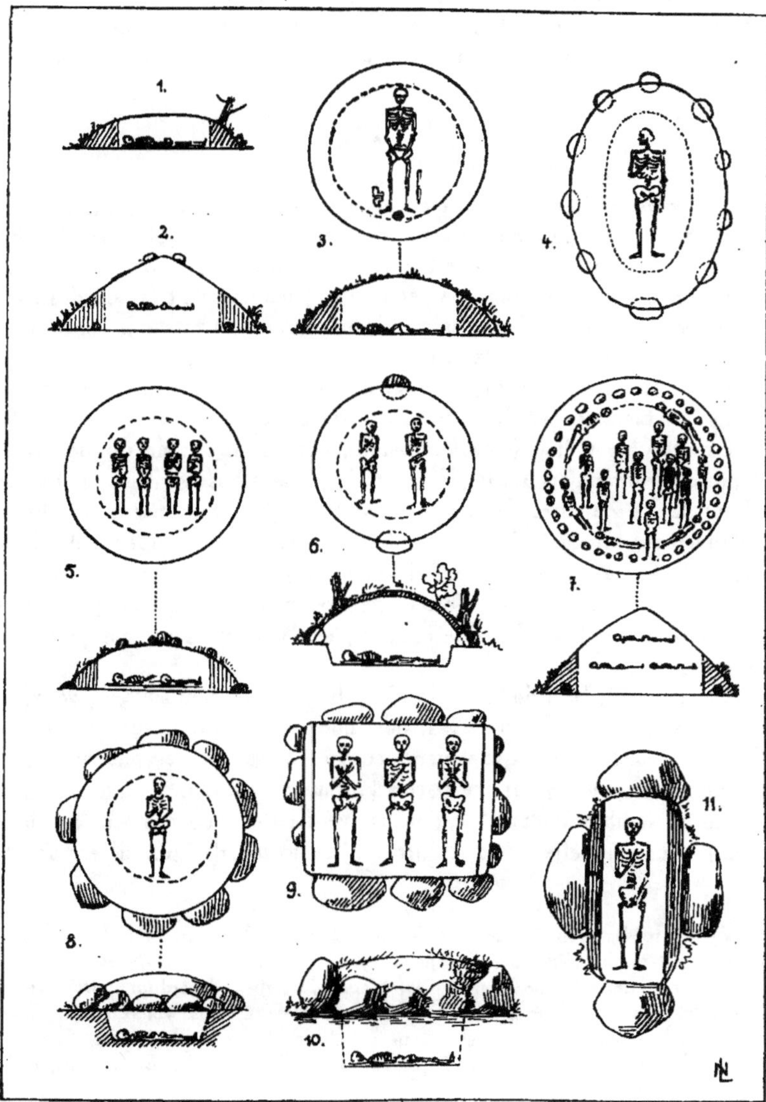

Fig. 10. — Évolution du groupe des *kurgany* appelés *žalniki* dans les environs de Gdov (gouvernement de Pétersbourg).

les Slaves avaient depuis longtemps leurs propres jours des morts (*zaduš-nica, pominky, dziady*, etc.), mais ils n'en ont pas moins emprunté le rituel des fêtes gréco-romaines en même temps qu'ils en adoptaient les noms.

*** ***

Au temps où la crémation était encore en usage, le mort, une fois transporté au cimetière avec les rites décrits plus haut, était placé sur le bûcher et brûlé. Le bûcher se trouvait soit près de la tombe, soit à côté du cimetière, en un endroit réservé à cet usage. On recueillait les cendres, et on les déposait (soit telles quelles, soit dans un vase) à même le sol ou encore sur un remblai en forme de tumulus. A une époque ultérieure, après l'abandon de la crémation, le corps non brûlé était enseveli dans les mêmes conditions, ou bien déposé dans une fosse rectangulaire.

Le tumulus même (*mogyla, gomila*), appelé en Russie du nom turco-tatar de *kurgan* (курганъ) [1], était de dimensions variées, la moyenne allant de 1 à 2 mètres de hauteur environ. A. Spicyn pense que la hauteur relativement plus grande des tumuli russes est due à l'influence des Russes scandinaves qui en exécutaient du même type dans leur pays. Les tumuli des Slaves de Russie sont, de fait, généralement plus élevés que ceux des Slaves de l'Ouest, encore que cette règle n'aille pas sans quelques exceptions [2].

Mais, dans le Sud de la Russie, les Slaves avaient eu sous les yeux, bien avant l'arrivée des Scandinaves, des modèles de grands tumuli, ceux des Scythes et des Sarmates qui avaient occupé le pays [3] ; et c'est pourquoi je n'attribuerai volontiers pour ma part à l'influence scandinave que les grands tumuli de hauteur anormale qu'on trouve dans le gouvernement de Novgorod et qu'on appelle *sopka* (сопка) [4]. La forme des tumuli est arrondie

---

de Vienne, 1864), et, sur la *radunica*, l'étude précitée de M. Murko (pp. 144 et 152). La question est reprise ci-dessous, au chapitre VI.

[1] Du turco-kuman *kurgan* (cf. persan *gurchâna*, qui signifiait d'abord un endroit retranché derrière un fossé et un rempart, ensuite une tombe avec tumulus. Voir *Živ. star. Slov.*, I, p. 374. Les Slaves avaient eux-mêmes pour cette forme de remblai le mot *mogyla* à côté de *gomila* (cf. Berneker, *Etym. Wört.*, I, p. 326, II, p. 69 ; Miklosich, *Etym. Wört.* p. 199 ; *Živ. star. Slov.*, I, p. 303).

[2] *Živ. star. Slov.*, I, pp. 307-308.

[3] *Manuel de l'antiquité slave*, I, p. 173 ; *Živ. star. Slov.*, I, p. 309.

[4] *Živ. star. Slov.*, I, p. 313.

ou encore, à l'époque la plus ancienne, dans la Russie des Krivitches, oblongue : ce sont les длинные курганы, les tumuli « allongés » des archéologues russes. Parfois encore sur les tumuli on fichait des pieux sur lesquels on fixait les urnes [1] ; ou bien l'on dressait des pierres dans des positions bizarres, ou des sortes de tables, de petits toits et des espèces de guérites pour le repos des âmes ; on signale aussi des troncs d'arbres *(fustes)* chez les Slaves poméraniens [2]. Plus tard, sous l'influence des Pétchénègues et des Koumanes, des statues de pierre représentaient les morts [3]. Autour du tumulus il y avait un tout petit fossé et parfois un cercle de grosses pierres [4].

[1] *Chronique*, version Laurentine, p. 12.

[2] Ebbo, I, 12. Contrairement à ce que j'ai écrit autrefois (dans *Živ. star. Slov.*, I, p. 327), je pense aujourd'hui que ces *fustes* étaient probablement des perches et des troncs d'arbres, comme on en met encore aujourd'hui sur les tombes ; ils portent le nom de нарубы en Polěsje.

[3] Voir plus loin, chapitre XII, et *Živ. star. Slov.*, I, pp. 327-328, III, p. 654.

[4] Pour tous autres détails concernant la construction de ces tumuli, leur nombre, la position et l'orientation des corps, l'évolution du cercueil, etc., je ne puis que renvoyer le lecteur désireux d'étudier ces questions à fond à l'édition tchèque de mon ouvrage, *Živ. star Slov.*, I, pp. 303-375. Le caractère concis que je tiens à garder au *Manuel de l'antiquité slave* ne me permet pas de m'étendre ici plus longuement.

CHAPITRE IV.

Les vêtements et la parure.

Avant la période historique, les Slaves, surtout les gens du peuple, avaient un vêtement d'une extrême simplicité. Beaucoup d'entre eux, en effet, vivaient à l'écart des grandes voies commerciales, et les autres n'étaient pas assez riches pour acheter aux marchands, qui depuis des milliers d'années traversaient l'Europe centrale, les produits de l'Orient et du Midi : perles, étoffes de prix, vêtements tout faits. Ils s'habillaient donc d'étoffes tissées à la maison et, par suite, très imparfaites tant du point de vue technique que du point de vue artistique.

C'est seulement à partir de l'ère chrétienne que cet état de choses se modifia. L'Europe centrale, depuis l'époque romaine jusqu'à la fin du paganisme, avait connu de nombreux changements de mode, non seulement dans le caractère des bijoux, mais aussi dans celui du vêtement tout entier ; vers la fin de l'époque païenne, sous des influences étrangères, surtout gréco-romaines et orientales, elle admettait un certain bariolage dans le costume et la parure, bariolage qui gagnait jusqu'à l'Europe septentrionale elle-même. Les Slaves entraient ainsi dans la communauté chrétienne avec une riche garde-robe, si l'on peut dire, avec une garde-robe beaucoup plus riche en tous cas et beaucoup plus ornementée qu'au temps où ils formaient encore une unité. Il va de soi d'ailleurs que cette garde-robe, surtout dans les classes libres et aisées, contenait beaucoup d'éléments étrangers, ainsi que nous allons le constater.

Les étoffes.

La matière première essentielle du vêtement, en tout pays, était, à l'origine, une peau de bête dûment préparée. Cette matière première resta en faveur partout où la nature exigeait un vêtement à l'épreuve du froid, notamment dans les régions le plus à l'Est de l'Europe centrale ;

le climat rude des pays slaves en imposait l'usage pendant la plus grande partie de l'année. Aussi les fourrures devaient-elles toujours demeurer en grande vogue chez les Slaves, même plus tard, lorsqu'ils surent préparer d'autres matières : l'industrie de la fourrure se développa parmi eux, non seulement pour les besoins locaux, mais aussi pour l'exportation vers le Midi et vers l'Orient, où l'on appréciait les peaux comme objets de parure autant que de première utilité. Nous traiterons de cette branche du commerce slave un peu plus loin, au chapitre X. Il suffit de rappeler ici que c'étaient surtout les peaux des animaux de grande taille — moutons, loups, ours — qui servaient à la confection des vêtements et des couvertures, constituées à l'ordinaire d'une seule pièce ; mais les sources mentionnent aussi des fourrures de petites dimensions : parmi les rapaces, elles nomment la martre, la zibeline, l'hermine, le renard et la loutre ; parmi les rongeurs, le castor et l'écureuil. Les fourrures de tous ces petits animaux convenaient on ne peut mieux pour doubler les vêtements et les border, ainsi que pour confectionner des bonnets : d'adroits tailleurs byzantins et italiens, puis slaves, savaient l'art de les coudre ensemble pour faire des vêtements de plus grande dimension. Le passage des noms slaves de l'écureuil et de la zibeline au latin (*viverra*) et au grec (ὁ καυνάκης ou ἡ καυνάκη) témoigne précisément de ce commerce et des relations anciennes des Slaves avec le midi de l'Europe. Telles étaient les principales fourrures d'exportation, et en certains endroits le commerce en était si important que les fourrures de martres, d'écureuils et de zibelines étaient devenues des unités de paiement courantes en matière d'échanges et d'impôts. C'est ainsi que nous savons qu'aux IXe-XIIe siècles les tribus russes payaient leurs redevances aux princes russes ou étrangers à raison d'une peau de martre ou d'écureuil par maison ; d'autres cas sont aussi signalés où les comptes se font en martres [1]. La possession d'une certaine quantité de fourrures était le signe de la richesse. Les trésors des princes ou des villes renfermaient des réserves de fourrures de martres et d'écureuils blancs, et, lorsque les princes russes distribuaient des cadeaux à leur entourage, à leur peuple ou aux souverains étrangers, ils ne manquaient pas d'y comprendre surtout des fourrures, notamment la zibeline, le castor,

---

[1] *Chronique*, version Laurentine, pp. 18, 23, 57. Ce furent les Khazars qui imposèrent les premiers aux Russes l'impôt d'un écureuil par tête, les Varègues demandèrent ensuite des martres noires. Les Drévlianes payaient également Olga en fourrures. Il en était de même en Pologne (Długosz, éd. Przedziecki, I, p. 56), chez les Slaves de Franconie (Kętrzyński. *O Słowianach*, p. 37), chez les Serbes et les Croates (Klaić, *Rad*, vol. 157, 1904 ; Jireček, *Geschichte der Serben*, I, p. 151).

le renard bleu cu l'armeline [1]. Des documents du XIe siècle font déjà mention de tanneurs et de fourreurs [2].

A côté de la préparation des fourrures, nous voyons bientôt se développer l'industrie domestique du tricotage ou du tissage de la laine, du lin et du chanvre, qui se pratiquaient sur des métiers primitifs. *Platŭ, platĭno, sukno, tŭkanica* etc., sont de très vieux mots slaves [3], et l'industrie qu'ils désignent est attestée historiquement à la fin de l'époque païenne. Le lin joue d'ailleurs un rôle fort ancien dans la civilisation indo-européenne [4]. Ibrâhîm ibn Ja'kûb, à propos des Tchèques, et Helmold à propos des Slaves baltiques, rapportent que les Slaves étaient arrivés à tisser de très fines étoffes de lin qui tenaient lieu chez eux de monnaie (10 petits morceaux d'étoffe valaient à Prague une pièce d'argent) [5]. Des documents du IXe et du Xe siècles nous signalent encore des impôts payés en lin et en toile par les Slaves de Franconie [6] et à Sonnewalde (district de Lukow), on a trouvé des bourses en lin pleines d'argent, probablement de la même époque.

Les plus anciens textes russes et les traductions de la Bible du XIe siècle [7] mentionnent déjà la laine et les lainages dont on a trouvé d'assez nombreux restes dans les sépultures [8]. Quant au chanvre, il fut de bonne heure emprunté à la culture iranienne, vraisemblablement par l'intermédiaire des Scythes : on s'en servait surtout comme d'un narcotique, mais on en utilisait sûrement aussi les fibres à faire des étoffes ; nous le savons par

---

[1] *Chronique,* version Laurentine (années 945, 955, 1068, 1115). Nous lisons la même chose des princes tchèques et polonais en 1135 (*Annales Pegavienses, M. G., Scr.,* XVI, p. 257).

[2] Dans des chartes tchèques de 1046, 1057, et 1088 (« pellifices albi et nigri, sutores mardurinarum pellium, *koselug* »). Voir Friedrich, *Codex dipl.,* I, pp. 56, 360, 384, et Kosmas, I, 5 (« coriorum sutores »), II, 11 (« sutores pellium diversarum »).

[3] Voir les détails dans *Živ. star. Slov.,* I, p. 409. Le nom du feutre (en vieux slave *plŭstĭ*) est slave commun et ancien, mais jusqu'ici on n'en trouve trace ni dans la littérature ni dans l'archéologie avant le XIVe siècle (*Živ. star. Slov.,* I, p. 411).

[4] Cf. gr. λίνον, lat. *linum,* ir. *lin,* cym. *lliain,* bret. *lien,* v. h. all. *lin,* lit. *linai,* sl. *lĭnŭ.*

[5] Ibrâhîm, éd. Westberg, p. 54 ; Helmold, I, chap. 12, 14, 38.

[6] Voir *Živ. star. Slov.,* I, p. 409, III, p. 333 *(libra lini, toppus lini).* Le slave *platĭno* est le plus souvent rendu dans les comp'es des tributs par les termes *paltena, palta, phalta,* à côté de *pannus de lino, lodix lini.*

[7] *Izbornik* du prince Svjatoslav, *Vie* de Théodose par Nestor, et *Chronique,* version Laurentine (année 980). Voir *Živ. star. Slov.,* I, p. 410 et Sreznevskij, Матеріалы, I, col. 380.

[8] *Živ. star. Slov.,* I, pp. 410-411.

ce qu'Hérodote dit des Thraces [1]. On a trouvé à Wilmersdorf [2], en Germanie orientale, des graines de chanvre antérieures à l'ère chrétienne. Par ailleurs le chanvre n'est attesté chez les Slaves, à côté du lin, qu'à partir du XIe siècle, dans le Règlement ecclésiastique de Jaroslav (§ 24).

Fourrures et étoffes de fabrication domestique constituaient en somme tout le vêtement slave, ainsi que l'atteste la source commune du Géographe persan et de Kardîzî [3]. Ces étoffes étaient de couleur blanchâtre ou grise, car on ne savait pas suffisamment les blanchir. Les étoffes de couleur, les rouges en particulier, et toutes les étoffes de luxe n'arrivaient aux Slaves que par le commerce, surtout par Byzance et l'Orient (voir le chapitre X). Et, seuls, les princes et les gens riches pouvaient en faire l'achat ou se les procurer par voie d'échange. Telle était, en premier lieu, la soie qui avait droit de cité chez les Slaves dès la fin de l'époque païenne, puisque les noms qui la désignent (*godovablĭ* et *svila*) sont anciens et communs à plusieurs langues slaves [4]. Des documents nous apprennent que, dès le VIIIe siècle, les Slaves des Balkans échangeaient leurs prisonniers grecs contre des vêtements de soie, et la *Chronique*, à l'année 907, mentionne des voiles de soie sur les embarcations russes [5]. Outre la soie, les Slaves recevaient encore différentes sortes de lourd brocart, de velours entremêlé de dessins d'or et d'argent, ou encore des étoffes d'un tissu très fin et transparent, des étoffes teintes artificiellement en plusieurs couleurs dont l'ancienneté en pays slave est attestée tant à la fin de l'époque païenne que dans les siècles suivants. La saga de Knytling signale dans le trésor du temple slave de Korenica à Rujana : « sericum, bombyces et purpurum » [6]. Les sépultures nous ont également livré des restes d'étoffes de luxe, surtout dans les tumuli du sud des gouvernements de Kiev, Černigov et Poltava. Cependant les documents historiques concernant l'importation de ces étoffes étrangères n'ont pas encore été rassemblés comme il convient [7]. Nous savons, du moins, que du IXe siècle au XIe

---

[1] Hérodote, IV, 74.

[2] *Verhandl. Berl. anthr. Ges.*, 1897, 223.

[3] Éd. Tumanskij, p. 135, et éd. Bartold, p. 123.

[4] Le slave *godovablĭ* est emprunté au germanique **godawebbi*, **gudawebi*, tandis que *svila* est indigène (*Živ. star. Slov.*, I, pp. 412-413). L'autre nom slave, à savoi *šelkŭ* (depuis le XIIe siècle), est plutôt d'origine orientale.

[5] Nikephoros, *Breviarium*, éd. Boor, p. 76 ; *Chronique*, version Laurentine, p. 31. Voir aussi p. 66.

[6] *M. G., Script.*, XXIX, p. 314.

[7] *Živ. star. Slov.*, I, pp. 412-417.

les points de départ de ce commerce ont été Byzance, Trébizonde et, plus encore, Cherson en Crimée ; les marchands, d'ailleurs, importaient aussi directement d'Asie, par la voie commerciale de la Caspienne et de la Volga.

Le vêtement en général.

Le vêtement des Slaves [1], dans l'ensemble comme dans les détails, se distinguait nettement de celui de leurs voisins, non seulement des Orientaux, dont la civilisation était si profondément différente de la leur, mais encore des Occidentaux, et en particulier des Germains [2]. Nous avons à cet égard des témoignages historiques de première main. Lorsqu'en 631 le roi allemand Dagobert envoya son ambassadeur Sichar à Samo qui régnait en Bohême, celui-ci ne voulut pas recevoir l'ambassadeur, tant qu'il n'aurait pas quitté ses vêtements étrangers pour paraître devant lui dans le costume du pays [2]. De même, chez les Slaves poméraniens à la fin de la période païenne, en 1124, l'auxiliaire de l'évêque Otton, l'allemand Heri- mann, pour arriver jusqu'au sanctuaire de Triglav à Stettin, revêtit un accou- trement slave, à savoir un chapeau de forme particulière et un manteau [3]. Il faut conclure de là que les Allemands arrivant en Poméranie étaient habillés autrement que les Slaves autochtones. La différence, à coup sûr, était encore plus grande entre le vêtement des Slaves et celui des étrangers venus de l'Orient lointain. Mais, qu'il s'agisse d'Occidentaux ou d'Orien- taux, nous n'avons aucune précision sur ce qui constituait cette différence.

Prokopios [4] est le premier à nous apprendre, au VIᵉ siècle, que certains Slaves n'ont pas de tunique ni même de manteau (τριϐώνιον), mais qu'ils sont vêtus de simples pantalons (ἀναξυρίδες) qui leur montent jusqu'aux reins, et que c'est même ainsi qu'ils vont au combat. Cet unique témoignage de Prokopios est suivi d'un long silence : il nous faut aller jusqu'aux sources orientales des Xᵉ et XIᵉ siècles pour trouver de nouvelles données. Mais ces données, qui tantôt distinguent, tantôt confondent les Slaves de l'Est et les Russes scandinaves, ne peuvent être utilisées qu'avec précaution, car, dès le Xᵉ siècle, les Slaves de Russie avaient déjà sensiblement rapproché leur façon de s'habiller de celle des Russes de Scandinavie. Il faut signaler

---

[1] Les mots anciens pour désigner le vêtement chez les Slaves étaient : *rucho, oděžda, rǫbŭ, porty*, à côté d'autres termes locaux (*Živ. star. Slov.*, I, p. 436).

[2] Fredegar, *Chron.*, IV, 68.

[3] Ebbo, II, 13. Voir aussi comment en 1138 la princesse allemande Christine se moquait du costume polonais (Boguphal, II, 31, Bielowski, *Mon. Polon. hist.*, II, 519).

[4] Prokopios, *B. G.*, III, 14.

en tout cas les renseignements pittoresques qui nous sont fournis par Fadlân : les marchands russes de la Volga n'ont ni veste ni kaftan, mais une simple couverture enroulée autour du corps ; par contre, le vêtement dont les parents d'un seigneur russe le revêtent après sa mort se compose d'une veste, d'un magnifique kaftan avec boutons d'or, de larges pantalons,

Fig. 11. — Meurtre de saint Venceslas par son frère Boleslav (Codex de Wolfenbüttel).

de bas, de souliers découverts et d'un haut bonnet magnifique [1]. Parmi les autres chroniqueurs de la même époque, Istakhrî et Ibn Haukal notent que les Russes portent des vestes courtes, alors que les Bulgares et les Khazars en portent de longues, et la source inconnue à laquelle ont puisé le Géographe persan, Kardîzî et Ibn Rosteh mentionne que les Slaves portent des chemises, des souliers montant jusqu'à la cheville et ressemblant à ceux du Tabaristan, et que leur vêtement est généralement en laine ; cette dernière

---

[1] Harkavi, Сказанія, pp. 93-98. Voir aussi la traduction du professeur R. Dvořák dans *Živ. star. Slov.*, I, p. 378.

source ajoute, à propos des Russes, qu'ils portent un vêtement de dessus,
de larges pantalons liés au dessus du genou *(šaravary)* et un long bonnet

Fig. 12. — Le prince russe Jaropolk avec sa femme et sa mère (Codex Gertrudianus).

de laine dont le fond pend en arrière. Un chroniqueur très important,
Ibrâhîm ibn Ja'kûb, observe seulement que les Slaves portent des vête-

ments larges et que leurs pantalons sont étroits dans le bas [1]. Voilà tout ce que nous apprennent les documents anciens ; les autres sont trop tardifs pour nous renseigner utilement [2]. Il convient encore de remarquer que le costume polonais ne se distinguait guère du costume tchèque [3] aux XIᵉ et XIIᵉ siècles. Il était différent par contre du costume russe, comme nous le donne à entendre une allusion de la *Chronique* de Kiev (année 1074), où le diable apparaît à un moine des Grottes de Kiev en costume polonais (лянискій).

Ces données, on le voit, sont à la fois bien pauvres et peu claires. Elles ne nous fourniraient qu'une image insuffisante du costume slave, tel qu'il était du IXᵉ siècle au XIᵉ, si nous ne pouvions les compléter par les découvertes archéologiques et surtout par les images que nous offrent quelques vieilles miniatures. Les découvertes archéologiques nous permettent de juger de la façon dont on agrafait les vestes ; elles nous renseignent sur la forme des ceintures, sur les bordures ornementées, sur la forme de la chaussure de cuir et enfin sur la coiffure. Parmi les miniatures représentant des personnages en pied, les plus importantes sont celles de la légende de saint Venceslas du manuscrit de Wolfenbüttel (fin du Xᵉ siècle ou commencement du XIᵉ), que nous pouvons, sans doute, tenir pour exactes [4], et les fresques de la chapelle de Znojmo en Moravie. Ces dernières, encore qu'elles soient de la fin du XIIᵉ siècle ou du début du XIIIᵉ, représentent une scène des temps païens d'après d'anciennes traditions : c'est l'appel de Přemysl au trône de Bohême [5]. Pour les Slaves de l'Est, les documents illustrés les plus importants sont d'abord le psautier de l'archevêque de Trèves, Egbert, appelé *Codex Gertrudianus*, datant du XIᵉ siècle, et qui contient un portrait du prince Jaropolk, de sa femme Irène et de sa mère Gertrude, et encore

---

[1] Harkavi, Сказанія, pp. 193, 221, 269 ; Kardîzî, éd. Bartold, p. 123 ; le Géographe persan, éd. Tumanskij, pp. 135, 136 ; Ibrâhîm, éd. Westberg, p. 59.

[2] Voir *Živ. star. Slov.*, I, p. 424. Le document le plus intéressant est celui qui est intitulé « Chronique autrichienne » (XIVᵉ siècle), où il est raconté (vers 20020 et suiv.) qu'un prince de Carinthie, nouvellement intronisé, endosse un vêtement traditionnel de paysan, à savoir des pantalons de drap gris, des souliers fixés au pied par des lanières de cuir, une veste de drap sans col et descendant jusqu'aux genoux, fendue par devant et par derrière, un manteau gris d'une seule pièce et un chapeau garni d'une houppe en quatre couleurs (*M. G., Deutsche Chroniken*, V, p. 265).

[3] Adam, II, 18 ; Helmold, I, 1.

[4] Le manuscrit fut acheté par Hemma, femme de Boleslav II (907-999). Il se trouve maintenant à la bibliothèque de Wolfenbüttel.

[5] Voir l'analyse qu'en a faite le professeur Matějček dans les *Památky arch.*, 1915, p. 208.

davantage l'*Izbornik* écrit pour le grand-prince Svjatoslav en 1073, orné d'un portrait de la famille du prince (pl. II). Il faudrait probablement y joindre aussi les portraits de la famille du prince Jaroslav en l'église Sainte-Sophie de Kiev (église élevée en 1037), si la copie n'en était fort imparfaite [1]. Parmi les manuscrits byzantins, un psautier grec du début du XIe siècle est particulièrement intéressant : une miniature nous y montre, en effet, les Bulgares aux pieds de l'empereur Basile II le Bulgaroktone, leur vainqueur (975-1025). Ce manuscrit se trouve aujourd'hui, à Venise, à la Bibliothèque de Saint-Marc. Un ménologe du même empereur (aujourd'hui au Vatican) contient deux portraits de Bulgares qui portent déjà un vêtement de caractère slave [2].

En fait de sculptures où nous soyons fondés à reconnaître des Slaves, il n'y a guère que la colonne dite de Svantovit à Cracovie, qui représente un homme en kaftan avec ceinture, en bonnet et en souliers. La statue de Holzgerlingen en Wurtemberg, les bas-reliefs de Bamberg et d'Altenkirchen et enfin la statuette de bronze de Svĕt ne sont pas très probants [4]. On ne peut davantage tenir pour des Slaves du IIe siècle les Barbares daces qui figurent sur la colonne Trajane et sur le monument d'Adamklissi en Dobroudja, malgré plusieurs rencontres de détails avec ce que nous savons du costume slave. On est tenu aussi à une grande prudence dans l'usage des matériaux ethnographiques en raison des multiples influences qui ont agi, dix siècles durant, jusque sur l'habillement du peuple des campagnes : or, cet habillement n'a pas fait jusqu'à présent l'objet d'un travail comparatif de quelque importance [5].

---

[1] Voir les reproductions et les détails dans *Živ. star. Slov.*, I, pp. 430-432. Le *Codex Gertrudianus* est conservé à Cividale. Il avait été commandé par l'archevêque Egbert (977-993) et contient encore quelques lettres écrites pour la princesse polonaise Gertrude, mère de Jaropolk. Voir l'édition de H. Sauerland et A. Haseloff (Trèves, 1901), et surtout l'importante analyse de N. Kondakov : Изображеніе русской княж. семьи въ миніатюрахъ XI вѣка (Снб., 1906). La dédicace de l'*Izbornik* de Svjatoslav se trouve dans les Древности Росс. Государства, IV, planche 2. Les autres portraits phototypiques de princes russes en costume de parade sont moins importants (*Živ. star. Slov.*, I, pp. 430-433).

[2] Il a été publié plusieurs reproductions de ce Psautier de Venise. Voir Ch. Diehl, *Manuel d'art byz.*, Paris, 1910, p. 376, et Labarte, *Hist. des arts*, II, pl. LXXXV. Voir la reproduction du Ménologe dans *Živ. star. Slov.*, I, přiloha IV.

[4] Voir à ce sujet les chapitres VI et XII, pp. 157-159 et 314.

[5] *Živ. star. Slov.*, I, p. 435.

Les parties du vêtement.

Le vêtement des Slaves n'était pas ample et ne permettait pas au corps de manifester la beauté de ses proportions et de ses mouvements. Il adhérait aux membres et était, somme toute, assez lourd : ce n'est que par la suite que les influences italo-grecques lui donnèrent plus d'ampleur et de légèreté.

Le vêtement masculin se composait depuis les temps anciens d'un pantalon, d'une sorte de chemise et d'un manteau qui recouvrait le tout. Le pantalon était retenu à la taille par une corde, et plus tard par une ceinture de cuir. Il était serré par un lien au-dessus de la cheville. Il était très étroit et collant : c'est ainsi que sont représentés les pantalons des Barbares du Nord dans les sculptures, les fresques et les miniatures anciennes, et nous en trouvons encore de nos jours de tout à fait analogues dans les Balkans et dans les Carpathes. Les chroniqueurs arabes parlent des larges pantalons que portaient les Russes, attachés sous le genou, et il semble qu'en Bohême aussi la mode se soit introduite de bonne heure des culottes courtes de type romano-germanique, pareillement attachées sous le genou. Le mollet était protégé par des jambières ou par des bandes. Le pantalon s'enlevait pour la nuit [1]. Trois mots anciens et d'un usage général le désignaient : *nogavica, gašti* (slave commun **gatja*) et *šaravary*. Le premier terme désignait plutôt toute sorte de pantalons, de préférence les pantalons étroits ; le deuxième, d'origine problématique, les pantalons larges ; le troisième, d'origine orientale, probablement [2] iranienne, désignait aussi des pantalons larges fortement plissés, tels qu'Ibn Rosteh et le Géographe persan nous les décrivent chez les Russes, et tels qu'en portaient aussi, d'après le témoignage du pape Nicolas (en 866), les Slaves des Balkans à l'exemple des Bulgares de la Volga [3]. Le nom de *šaravary* s'est conservé d'ailleurs chez tous les Slaves.

Les anciens Slaves avaient, pour la plupart, le dos et les épaules nus : suivant Prokopios, c'est même ainsi qu'ils allaient au combat [4] ; mais le

---

[1] Kosmas, I, 36. Le latin a pour cette pièce du vêtement les termes *braccae* et *femoralia*. Les *caligae* étaient une espèce de chaussures, mais, par la suite, le mot a pris en tchèque le sens de « pantalon » (*kalhoty*). De même le russe порты désignait le vêtement en général et aussi une couverture (*Živ. star. Slov.*, I, p. 436).

[2] Julius Polydeukes, VII, 59, X, 168. Voir aussi Hesychios, *s. v.* ; Isidorus, *Origines*, XIX, 23.

[3] *Responsa Nicolai*, LIX, éd. Mansi, *Sacr. conc.*, XV, p. 421.

[4] Voir plus loin, p. 276.

milieu dans lequel ils vivaient les avait forcés cependant à adopter un vêtement qui leur couvrît aussi le haut du corps. De fait, nous trouvons vers la fin de l'époque païenne, toute une série de mots qui désignent précisément des vêtements de ce genre : *rubŭ, čechlŭ, svita, sraka, suknja, košulja, kotyga* ; nous savons mal du reste en quoi ces divers vêtements se distinguaient les uns des autres, et nous ne pouvons que supposer qu'il s'agissait de différences dans la longueur, la coupe, la forme des manches, la nature de l'étoffe. Ces mots, dans les plus anciens documents slaves, traduisent indifféremment le grec ῥάκος, ἐσθής, ὀθόνη, χίτων, ἱμάτιον et le latin *vestis, tunica, camisia.*

Le principal vêtement de dessous était le *rubŭ* (sl. c. *rǫbŭ*, russe рубаха) : c'était une sorte de chemise grossière, de chanvre ou de laine, qui descendait jusqu'au genou. La coupe en était certainement très simple, à peu près celle que nous connaissons chez les Germains du IVe siècle après J.-C. avec des manches et une ouverture pour la tête[1]. Les données fournies par la littérature du XIIe siècle, la forme analogue constatée dans le vêtement des Barbares du monument d'Adamklissi et le rôle que le *rubaš* joue aujourd'hui chez les paysans slaves, par exemple aux enterrements, montre la haute antiquité de ce vêtement de dessous. Il en est de même du *čechlŭ* dont le rapport avec l'antique *rubašŭ* n'est pas clair, mais dont le sens était probablement le même[2].

A partir de l'époque romaine, il apparaît, dans les pays au nord des Carpathes, quantité de petites agrafes de fabrication romaine, et qui attestent qu'on y portait un vêtement d'étoffe légère fixé par une fibule sur l'épaule ou bien sous le menton ; il est vraisemblable que le vêtement pour lequel étaient faites ces agrafes métalliques avait pénétré en même temps que celles-ci dans le pays : ce devait être une tunique courte et légère. Il ne faudrait pas conclure de là que les Slaves ne connaissaient pas auparavant les vêtements courts. A vrai dire, nous n'en savons rien. Il est seulement certain qu'à partir de l'époque romaine, sous l'influence de Rome ou, dans les pays de l'Est, sous celle de Byzance, la tunique courte, légère et ample est devenue peu à peu à la mode chez les Slaves en même temps sans doute que d'autres sortes de vestes et mantelets. Ainsi la *sraka, sračica,* dont il est fréquemment question dans les textes du XIe siècle, était déjà une

---

[1] Voir une représentation de ce vêtement dans Heyne, *Deutsche Hausaltertümer,* III, p. 257. Voir aussi les tuniques grecques primitives (Studniczka, *Beiträge zur Geschichte des altgriech. Tracht,* Wien, 1886, p. 13).

[2] Voir *Živ. star. Slov.,* I, p. 444.

tunique plus courte que le *rubaš*, et les bords en étaient souvent plus richement ornés [1]. Ainsi encore la robe dite *suknja, sukno, sukŭmanŭ*, était,
comme son nom l'indique, une tunique « de drap » assez grossier. La
chemise *(košulja*, du latin *casula)*
était un vêtement de dessous,
une chemise qui, bientôt, dans
les classes aisées, remplaça le
čechlŭ et le *rubašŭ* d'autrefois [2]. Le
chroniqueur Kosmas cite déjà
au début du XIIe siècle le pro-
verbe bien connu : « camisia
proprior sit corpori quam tunica »[3]. Les petites agrafes, cependant, sont en voie de disparition
du IXe siècle au XIe : la *košulja*,
la *sraka* et la *suknja* se fixent au
cou à l'aide de rubans ou encore
de boutons. Herbord signale des
chemises brodées (« camisiae au-
rifigio ornatae ») chez les Slaves
de Poméranie [4].

Par dessus ces vêtements légers, les Slaves en mettaient de
plus lourds. La robe *(sukno)*
devait être employée à cet usage
en raison même du drap dont
elle était faite, et nous savons
que, plus tard, dans certaines
régions, elle l'a été en effet. Il 'y

Fig. 13. — Saint Venceslas vêtu de la *sraka*
brodée (Codex de Vyšehrad).

---

[1] Le terme *sraka* (slave commun **sorka*) semble emprunté au moyen latin *sarca* (cf.
aussi le germ. *serkr*, **sarko*). Voir *Živ. star. Slov.*, I, pp. 446-447, où l'on trouvera d'autres
précisions sur la *sraka* et la *suknja*. Le mot *suknja* est passé par la suite en Occident
(vieux français *soucanie, sousquenie*, etc., all. *suckenie*), en Grèce (σουκανία) et en Hongrie
(*szoknya*).

[2] Le terme *košulja* commence à apparaître dans les documents à partir du XIe siècle.
Il apparaît aussi à la même époque certain genre de tunique appelée *kotyga* (du lat. *cotuca*
« tunica clerici »), ceci dans les sources orientales et méridionales. Voir *Živ. star. Slov.*,
I, pp. 450-451.

[3] Kosmas, III, 58.

[4] Herbord, II, 27.

avait, en outre, toute une série de vêtements de dessus, de « surtouts »,
avec ou sans manches, fendus par devant, ou avec une simple ouverture
pour laisser passer la tête. Des boutons ou des
brandebourgs les fermaient sous le menton. Parmi ces vêtements lourds et faits d'étoffes grossières,
il faut nommer d'abord la *svita* slave, longue veste
d'origine indigène dont le nom, dans les plus anciennes traductions slaves, rend le grec χιτών, ἐσθής
et aussi ἱμάτιον. Ce vêtement avait des manches :
il se portait au XIe siècle en Russie, où il s'est
maintenu jusqu'à présent (du moins en Petite
Russie) ainsi que dans les Balkans[1]. Les Barbares
de l'ancienne Dacie, représentés sur le monument d'Adamkilissi, comme ceux que nous voyons
à Rome sur la colonne Trajane, portent des vêtements semblables à la *svita* : le professeur P. Bieńkowski a conclu de là que c'étaient des Slaves. La
chose n'est pas impossible en soi, mais l'argument
invoqué est insuffisant[2].

Fig. 14. — Diable vêtu
de la *sraka* (codex de
Vyšehrad).

Dès les Xe et XIe siècles, les Slaves avaient encore, sous les noms de
kabatŭ et *županŭ*, d'autres surtouts, de type long, à col droit ou rabattu,
fermés à l'aide de brandebourgs ou de boutons, et munis d'une ceinture.
Les noms sont d'origine étrangère : orientale ou grecque[3]. On a trouvé
dans des tombes russes, avec des boutons et des cols provenant de ces
surtouts, des restes d'étoffes étrangères, bordées et brodées : il est
évident que ces formes de vêtements étaient venues aux Slaves de l'étranger, tant de Byzance que de l'Orient. Les Bulgares du Ménologe du Vatican, comme ceux du Psautier de la bibliothèque de Saint-Marc, portent
également ce costume avec des brandebourgs et des ceintures ; on en
voit des spécimens particulièrement jolis dans une série de portraits des
princes russes et de leur famille, et dans la miniature déjà mentionnée de

---

[1] Voir les précisions dans *Živ. star. Slov.*, I, pp. 453 et suiv. Kosmas mentionne des
svity bariolées au Xe siècle (*Arkiv za pov. jugosl.*, IV, 84).

[2] Bieńkowski, dans les Comptes-rendus du IIIe Congrès des historiens polonais (Cracovie,
1900).

[3] *Kabatŭ* est un mot commun à toutes les langues slaves, emprunté au grec καβάδιον,
καβάδης, καβάδι et à l'osmanli *kabâ* (il est déjà dans Constantin Porphyrogénète, *De ceremoniis*, II, 52 ; voir Ebersolt, *Les arts*, p. 76) ; *županŭ* est tiré du grec ζιπούνι et de l'osmanli *zubun*.

Planche II. — Svjatoslav avec sa famille
(d'après l'*Izbornik* peint pour ce prince en 1073)

l'*Izbornik* de Svjatoslav (1073). La fresque de l'église Sainte-Sophie de Kiev qui représente la famille du prince Jaroslav, les portraits anciens des princes Boris et Glěb et d'autres encore nous offrent des modèles de ce costume [1]. Fadlân, à son tour, constate qu'au Ve siècle les Slaves russes se distinguaient des marchands scandinaves par de longs surtouts [2]. Il n'est pas douteux que les Slaves de l'Ouest tenaient

Fig. 15. — Les Bulgares du Ménologe basilien (Bibliothèque du Vatican).

leurs chemises et leurs surtouts plus somptueux de l'Italie et de l'Allemagne, comme ceux de l'Est et du Sud avaient reçu les leurs de Byzance et de l'Orient. Quand Otto de Bamberg alla en Poméranie pour y baptiser les Slaves de cette région, il apportait avec lui, entre autres présents, des étoffes et des vêtements précieux qu'il distribua à ses néophytes, ainsi que des ceintures dorées et des chaussures ornées de broderies [3]. L'idole d'Arcona portait une riche tunique, et la statue dite de Svantovit, qu'on voit

[1] Voir les reproductions dans *Živ. star. Slov.*, I, pp. 432 et suiv., et 454.
[2] Harkavi, Ckasaniñ, p. 94.
[3] Herbord, II, 28, 29, III, 1.

sur une colonne de l'Académie de Cracovie, porte un long kaftan muni d'une ceinture [1].

D'une façon générale, l'influence étrangère sur le costume des Slaves fut très forte à partir du moment où ils se trouvèrent en relations avec Rome, Constantinople et, en Orient, avec les Bulgares, les Khazars et les Pétchénègues. Les classes aisées s'y prêtèrent le plus volontiers ; elles laissèrent l'ancien costume au peuple, bien qu'à vrai dire celui-ci fît aussi accueil aux produits étrangers. Les vêtements de drap d'or, de brocart et de soie, en particulier, venaient du Midi et de l'Orient, et avec eux toute une nomenclature de vêtements, d'étoffes et d'objets de toilette : nous retrouvons les mots et les objets dans les siècles qui suivent [2]. En outre, comme nous le verrons plus loin (p. 83), les princes slaves avaient emprunté à la cour de Byzance tous les costumes de cérémonie.

Les surtouts dont nous venons de parler étaient également bordés de fourrures ; ils en étaient même doublés et formaient ainsi de véritables pelisses auxquelles les Slaves donnaient, à côté du nom indigène de *kožuchŭ* le nom oriental de *šuba*[3]. La pelisse se portait beaucoup chez les Slaves, alors même qu'elle n'était plus en usage chez les autres peuples. Ceci explique les paroles dédaigneuses de l'empereur Nicéphore II (963-969) à l'adresse du prince bulgare : « Dites à votre chef vêtu de peaux de bêtes... »[4]. Ces différents vêtements étaient tous munis d'une ceinture sans boucle (sl. *pojasŭ*, *opasŭ*), fixée à la taille par un simple nœud, et à laquelle étaient suspendues des armes, une bourse contenant un briquet et un couteau, et un nécessaire de toilette (fig. 15). La besace (vieux-slave врѣтище) était l'attribut typique du paysan slave. Il faut noter ici que les gants *(rukavica)* sont attestés chez les Slaves dès le XIe siècle.

Le simple peuple se protégeait contre le froid ou les intempéries en s'entourant le corps d'une grande pièce de laine grossière ou d'une peau de mouton, d'ours ou de loup convenablement préparée. Les anciens Slaves

---

[1] Saxo Gram., éd. Holder, p. 565 ; *Živ. star. Slov.*, II, pp. 144 et 145. Voir la figure plus loin, au chapitre VI.

[2] Voir *Živ. star. Slov.*, I, pp. 414, 456 et 460-461. Les anciens termes panslaves pour désigner les boutons : *gombŭ*, *pogy*, *pogva* viennent également du grec κόμβος et πουγγί, latin médiéval *punga*. Savvaitov a recueilli beaucoup de matériaux sur ce sujet dans son Описаніе.

[3] *Kožuchŭ*, de *koža* « peau » ; *šuba* est venu, par l'intermédiaire de l'allemand, de l'arabe *džubbah* que Kardîzî applique au vêtement des Burtas et des Magyars (éd. Bartold, pp. 121, 122).

[4] Léon le Diacre, IV, 5.

avaient déjà, pour cette espèce de manteau, le nom de *plaštĭ* et, pour le manteau de parade en fourrures, celui de *krzno, kŭrzno* : les deux mots sont attestés dans des documents du Xe siècle et du XIe. Le deuxième terme est particulièrement intéressant, car des chartes d'Otton II, datées de 937, 970 et 983, nous apprennent que les Slaves polabes payaient aux Allemands la dîme en *krzno (crusina, crusna)*[1]. Le *krzno* slave fut adopté volontiers en Allemagne *(kürsen)* et en Europe occidentale, où il fut plus tard connu sous le nom de *sclavina, sclavonica,* franc. *esclavine*, all. *slavenîe*. Il est clair d'autre part que les Slaves empruntèrent à leur tour divers modèles de manteaux étrangers, en particulier ceux qu'on portait dans les armées byzantine et romaine de basse époque. La луда russe (č. *lúda*) vient du nordique *lodha* ; le мятьль russe du grec μαντήλιον ; le slave куколь, кукла, du latin *cucullus* ; le slave *guna* vient du latin-grec γούννα ; et le serbo-bulgare сай, сая, санче n'est pas autre chose, comme l'a montré Kondakov, que le vieux latin-grec *sagum*, σάγιον[2]. Ces manteaux se portaient attachés à l'épaule ou sous le menton par une agrafe, un bouton ou une boucle.

La *riza* slave est ancienne, mais d'origine et de forme incertaines. Le mot est attesté à partir du Xe siècle, comme désignant un manteau large, de couleurs variées, et garni d'une ceinture. Il est entré dans le vocabulaire de l'Église slave d'Orient où il corres-

Fig. 16. — Le prince Boris (dans le manuscrit des *Besědy* de Jean Chrysostome).

---

[1] Voir les détails dans *Živ. star. Slov.*, I, p. 471.
[2] *Živ. star. Slov.*, I, p. 473.

pond au grec φαιλόνης (d'un ancien φαινώλης) venu lui-même du latin *paenula*. Plus tard, il a été appliqué par les diverses langues slaves à des vêtements différents[1].

Le vêtement des femmes se composait d'abord, comme celui des hommes, du *rubašǔ*, longue chemise de toile grossière de lin ou de chanvre qui était sans doute le plus souvent leur unique vêtement, comme c'est encore aujourd'hui le cas, en été, dans certaines régions des Balkans. La coupe de cette chemise n'est pas exactement connue, mais il s'agissait probablement d'une pièce d'étoffe cousue qui faisait le tour du corps et était retenue sur les épaules par une ou deux bandes. Tel est l'aspect qu'a de nos jours le *rubáš* des femmes des Carpathes[2]. Par-dessus le *rubašǔ* les femmes mettaient en cas de besoin un vêtement de dessus à savoir : sur la partie inférieure du *rubašǔ*, une sorte de tablier qui descendait de la ceinture devant et derrière et, sur la partie supérieure, diverses espèces de souquenilles ou casaquins[3]. Parfois il n'y avait guère de différence entre ces vêtements et ceux des hommes, et il est probable qu'à l'origine la coupe et l'ornementation étaient identiques pour les deux sexes. Le mot ancien *oplečie*, commun à toutes les langues slaves, désigne partout une pièce de vêtement féminin qui couvrait les épaules : il est donc probable que les femmes portaient cette pièce — gilet ou tour de cou — dès l'époque slave commune ; mais toute preuve positive fait défaut sur ce point.

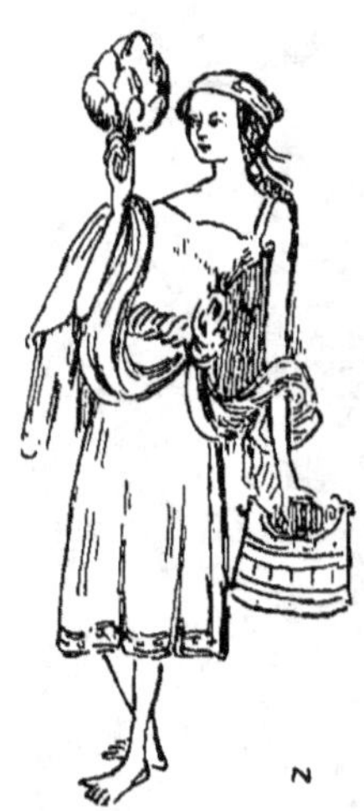

Fig. 17. — Jeune fille en *rubáš* (miniature tchèque du XIVe siècle).

Au reste, la femme étant astreinte au travail tout le long du jour, son vêtement de dessus devait être tel qu'il ne gênât pas la liberté de ses mouvements ; et, de fait, il est demeuré longtemps très élémentaire. Il ne se portait d'ailleurs, je le suppose, et pour la même raison, que rarement.

---

[1] Voir les détails dans *Živ. star. Slov.*, I, pp. 476-480, et dans Jagić, *Entstehungsgeschichte der kirchenslavischen Sprache*, 2° éd., pp. 321 et suiv., et 392.

[2] Des miniatures tchèques du XIVe siècle offrent des échantillons de ce *rubáš* (*Živ. star. Slov.*, I, p. 481).

[3] La *suknja* des femmes passa également en France sous le nom de *souquenille* (v. fr. *sousquanie*), comme nous en avons la preuve dans les auteurs des XIIe et XIIIe siècles (Partonopeus de Blois, Guillaume de Loris, Gautier de Coincy, etc.). Voir *Živ. star. Slov.*, I, p. 483.

L'hiver, femmes et jeunes filles s'enveloppaient dans des pelisses ou dans
une espèce de couverture, la *ponjava*, dont le nom est attesté dès le XIe siècle ;
ce mot, de nos jours encore, dans certaines régions de la Russie, désigne un
large tablier attaché par derrière et tombant sur les côtés [1].

La chaussure.

Nous sommes plus riches en données historiques et archéologiques sur
la chaussure. La chaussure primitive était certainement l'escarpin, un
morceau de cuir dont les bords légèrement relevés étaient maintenus réunis
par la tille, ou par une bandelette, ou par une lanière de cuir, tel en
somme que le portent encore les Slaves de certaines régions des Carpathes

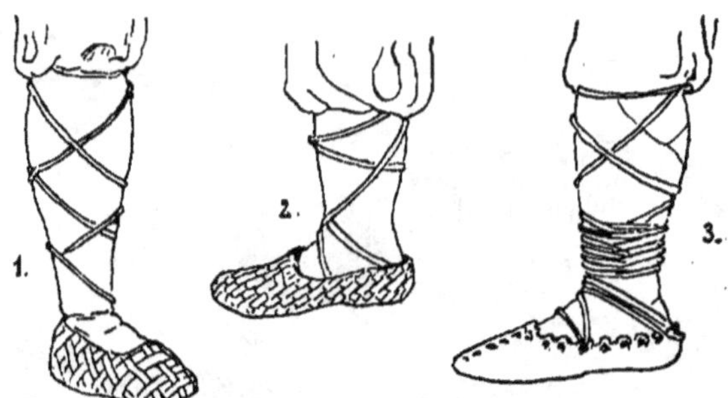

Fig. 18. — Souliers de tille russes.

ou des Balkans. Le nom de cette chaussure était sans doute *krpce* (vieux-
slave *krŭpa*) [2] ou encore *opanky* (vieux-slave *opĭnŭky*). La chaussure de
tille s'appelait, par contre, et depuis longtemps, *lapŭtĭ* (pluriel *lapŭti*).
Cette chaussure est attestée dès le XIe siècle par les chroniques, et la tradition tchèque, consignée par Kosmas, chaussait le prince Přemysl de
lapti de tille [3]. L'escarpin, au sens actuel du mot, est cependant déjà
attesté lui aussi au Xe siècle par Constantin Porphyrogénète qui l'appelle
du nom de σέρβουλα, simple transcription grecque du slave *červĭjĭ*, bulg.

---

[1] *Živ. star. Slov.*, I, p. 485.
[2] Le mot *krŭpa* a son ancienneté attestée par ses correspondants indo-européens :
gr. χρηπίς, lat. *carpisculum*, lett. *kŭrpe*. Le mot *obuvĭ* « la chaussure » est aussi ancien et
slave commun.
[3] *Chronique*, version Laurentine, p. 82 (à l'année 985) ; Kosmas, I, 7.

цървули [1]. Ce sont peut-être aussi ces souliers montant jusqu'à la cheville que signalent le Géographe persan et Kardîzî. Suivant les vieilles légendes, saint Venceslas et saint Vojtěch (Adalbert) portaient des escarpins. Kosmas parle d'escarpins à lanières de cuir en pays polabe pour l'année 1087 et en Bohême pour l'année 1090. Les mots latins employés sont : *coturni, calcei, calciamenta* [2].

Le simple peuple n'avait pas de meilleures chaussures. Mais la fabrication étrangère avait fourni de bonne heure aux riches des escarpins brodés et des souliers bas fendus, comme nous en voyons dans les miniatures du Xe siècle. Le trésor de saint Venceslas qui se trouve dans l'église de Stará Boleslav renferme des escarpins brodés sans doute pareils à ceux que l'évêque Otto de Bamberg distribuait aux seigneurs de Poméranie [3]. On a trouvé des souliers fendus par devant et munis d'œillets dans les sépul-

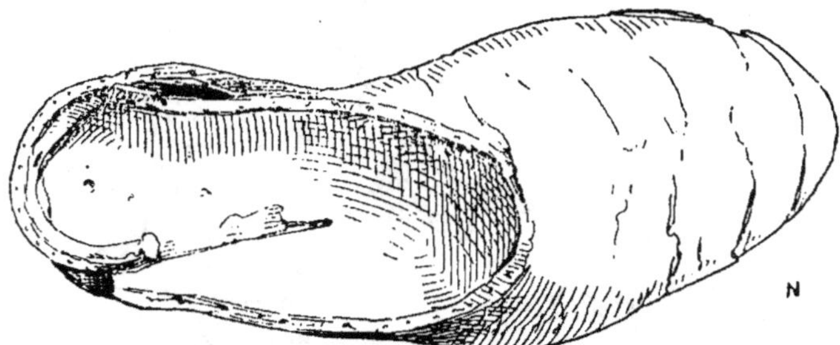

Fig. 19. — Escarpin de cuir trouvé à Šargorod (gouvernement de Kiev).

tures de l'ancien camp fortifié de Šargorod, près de Vasil'kov (gouvernement de Kiev).

Outre les escarpins et les souliers bas, on portait déjà au Xe siècle des souliers hauts non fendus et qui couvraient tout le mollet, c'est-à-dire des bottes. Nous avons pour les désigner deux vieux mots : le premier, *sapogŭ*, attesté au Xe siècle dans le *Paterik* de Rome, dans les plus anciennes traduc-

---

[1] *De adm. imp.*, 32. Nous lisons чресла pour ὑποδήματα dans le *Paterik* de Rome du IXe-Xe siècle, et черевии dans des documents russes du XIe siècle (voir *Živ. star. Slov.*, I, p. 488).

[2] Kardîzî, éd. Bartold, p. 123 ; le Géographe persan, éd. Tumanskij, p. 135 ; *Fontes rer. bohem.*, I, pp. 131, 241 et 318 ; Kosmas, II, 39, 42.

[3] Herbord, II, 28.

tions de la Sainte Écriture et chez le Bulgare Jean l'Exarque [1] ; le second, *škornja*, dont la diffusion chez tous les Slaves atteste l'antiquité. Nous voyons ces bottes figurer dans les plus anciens portraits des princes russes des XIe et XIIe siècles, et l'on en rencontre aussi dans les trouvailles archéologiques de la même époque [2]. Ce genre de chaussure me paraît avoir été emprunté aux nomades orientaux, notamment les bottes de cuir vert ou rouge.

Le soulier ne protégeait que le pied ; il se complétait par des bandes ou des courroies qui s'enroulaient autour du mollet. Saint Venceslas en est muni dans le manuscrit de Wolfenbüttel, où il est représenté en guerrier à cheval avec des éperons [3]. Les bas de laine sont attestés par les découvertes des tombes du XIIe siècle, et le *kopytce* (копытьце) des sources russes du XIe siècle est vraisemblablement un bas qui montait jusqu'au dessous du genou [4].

La coiffure.

C'était certainement une très ancienne habitude chez les Slaves de condition libre de porter les cheveux longs, rabattus sur les tempes, comme nous les voyons chez les personnages du manuscrit de Wolfenbüttel ou sur les fresques de la chapelle de Znojmo. Si, vers la fin de l'époque païenne, des précisions différentes nous sont données sur les Slaves de l'île de Rujana et sur les Moraves, c'est que des influences étrangères avaient agi sur ces derniers. Les habitants de Rujana avaient la figure rasée et les cheveux tondus ; les Moraves se rasaient complètement selon la coutume des Magyars ; un document l'affirme explicitement [5]. Par ailleurs, les cheveux tondus furent longtemps chez les Slaves le signe de la servitude, et le fait de couper à quelqu'un les cheveux ou la barbe était puni comme un crime [6].

---

[1] *Živ. star. Slov.*, I, p. 489 (pour traduire le grec ὑποδήμα).

[2] Dans les comptes rendus archéologiques il est souvent fait mention de restes de chaussures trouvés dans les sépultures, mais il est souvent difficile d'identifier de quel genre de chaussures il s'agit. A Šargorod on a trouvé des escarpins de cuir et des souliers fendus, ailleurs des bottines ou bottes entières, cousues, avec bout relevé en haut et une couture sur la semelle ou sur le côté (*Živ. star. Slov.*, I, pp. 491-492).

[3] Voir la planche I, en tête du livre.

[4] Voir *Živ. star. Slov.*, I, p. 493.

[5] Saxo Gramm., éd. Holder, p. 565 ; lettre de l'archevêque Theotmar de l'an 900 (Friedrich, *Cod. dipl. Bohem.*, I, p. 32). Pour la Hongrie, voir aussi Luitprand, *M. G., Script.*, III, p. 351.

[6] Voir *Živ. star. Slov.*, I, p. 495.

Le prince russe Svjatoslav, cependant, fait exception à la coutume, car, d'après la description que donne de lui Léon le Diacre (IX, 11), il avait la figure et la tête rasées, sauf une seule mèche qui lui tombait sur la tempe et d'épaisses moustaches. Le port de nattes tressées, si fréquent chez les peuples ouralo-altaïques (par exemple chez les Awars, les Mongols, les Magyars), n'est pas attesté chez les Slaves ; si ce type de coiffure masculine se constate aujourd'hui chez quelques-uns d'entre eux, il faut l'attribuer, à n'en pas douter, à des influences étrangères [1] ; il n'est d'usage ancien et normal que chez les jeunes filles, ainsi qu'on le verra plus loin.

La barbe, pour autant que nous pouvons en suivre l'histoire, n'avait pas une coupe uniforme. Ainsi nous lisons que les Slaves de Russie se rasaient la barbe ou bien la tressaient en nattes. Svjatoslav portait des moustaches, comme en ont aussi certains princes sur les monnaies les plus anciennes, alors que les autres princes des miniatures russes apparaissent avec toute leur barbe. Les Tchèques, suivant les plus vieilles légendes, portaient également la barbe, mais les miniatures du manuscrit de Wolfenbüttel nous présentent des personnages à moustache à côté de Venceslas qui a toute la barbe. Il en est de même pour les fresques de Znojmo (scène de Přemysl). Les Slaves baltiques de Rujana se rasaient, et, seul, le grand-prêtre de Svantovit portait de longs cheveux et une longue barbe[2]. Il n'y avait donc pas une règle unique en cette matière, mais le port de la barbe, que l'on appelait *brada*, ou tout au moins de la moustache, était sans nul doute le plus communément répandu avant le XIe siècle.

Les hommes portaient différentes sortes de bonnets dont, chez les Slaves de l'Ouest, nous pouvons classer les échantillons à partir du XIIIe siècle ;

Fig. 20. — Slovaque de Detva
aux nattes tressées.

---

[1] Ce type de coiffure masculine est attesté pour les Awars et les Magyars ; les personnages figurant sur les pierres tombales d'origine turco-tatare nous montrent aussi les guerriers avec trois nattes flottantes. Voir *Živ. star. Slov.*, I, p. 406.

[2] *Živ. star. Slov.*, I, p. 497.

chez les Slaves de l'Est et du Sud, nous voyons (surtout chez les princes), dès le Xe et le XIe siècles, des bonnets plus ou moins hauts (voir notamment l'image qui se trouve en tête de *l'Izbornik* de Svjatoslav), bordés de fourrure, avec des oreillettes et, en avant, une gaine à plumet [1]. Certains types au moins de ces couvre-chefs étaient particuliers aux Slaves : c'est ce que nous apprend Ebbo en notant que l'allemand Heriman, voulant s'introduire dans le temple de Triglav à Stettin, avait pris un manteau et un bonnet slaves (« pilliolum barbaricum ») [2]. Mais il va sans dire que les Slaves avaient aussi emprunté et portaient des coiffures d'origine et de forme étrangères. C'est ce qu'indiquent au moins deux des noms du chapeau communs à toutes les langues slaves, à savoir : *klobukŭ*, dont l'original turc est *kalpak*, et qui est attesté chez les Slaves dès le XIe siècle, et d'autre part *čapka*, *šapka* emprunté au latin médiéval *cappa* [3]. Les données archéolo-

Fig. 21. — Anciens bonnets russes et bulgares tirés des miniatures.

giques sont malheureusement peu nombreuses. Il faut retenir surtout, malgré l'époque relativement tardive (XIIe siècle), le beau bonnet du prince Vladimir Monomaque [4].

Les jeunes filles avaient la tête découverte ; leurs cheveux étaient tressés en nattes [5], et leurs seuls ornements étaient des diadèmes, des bandeaux et des anneaux pendants, le plus souvent en argent [6]. Les femmes, au contraire, avaient la tête couverte soit d'un voile *(namětŭka, zavoj, povoj, ubrusŭ)*, dont les coins tombaient sur la poitrine, soit d'un bonnet *(čepĭcĭ, čepecĭ)*, qui couvrait entièrement les cheveux coupés. Ce bonnet, au moins

---

[1] *Živ. star. Slov.*, I, pp. 499-500, et la planche II extraite de *l'Izbornik*.

[2] Ebbo, II, 13.

[3] *Živ. star. Slov.*, I, pp. 503 et 504. Dans la *Vie* de Théodose écrite par Nestor, il est fait mention de *klobuki* tressés ; ailleurs *klobuk* indique les bonnets de parade, et dans les traductions de l'Écriture il rend le grec κίδαρις ou τίαρα.

[4] Sur ce bonnet, voir *Živ. star. Slov.*, I, p. 522, Kondakov, Древ. русскія, V, p. 40, et dans les Древности Росс. Гос., II, planches 1-2.

[5] On a trouvé dans les tombes des nattes tombantes ou enroulées autour de la tête (à Radim, en Bohême).

[6] Voir plus loin, p. 88.

6

dans la portion orientale du domaine, devait subir fortement les influences de Byzance et de l'Orient (ainsi pour la кика et le кокошникъ russes, etc.). Les peines les plus sévères étaient réservées à qui aurait osé enlever le bonnet ou le voile d'une femme.

Fig. 22. — Bonnet féminin trouvé à Bělgorodka (gouvernement de Kiev).

Les femmes savaient confectionner elles-mêmes les vêtements peu compliqués qui viennent d'être décrits. Elles se servaient, pour cela, d'aiguilles

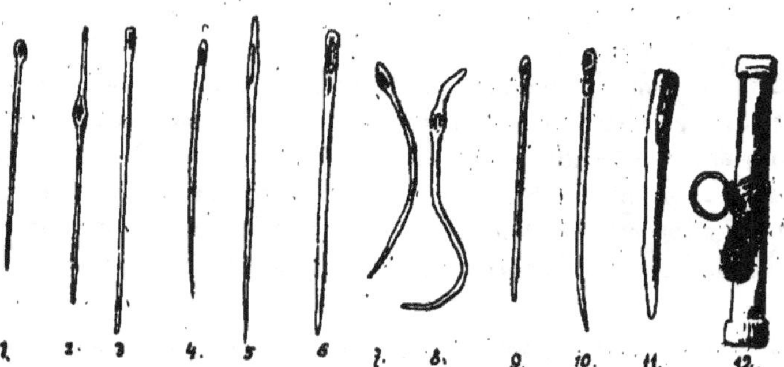

Fig. 23. — Aiguilles et porte-aiguille des tombes russes.

en fer ou en os dont on a trouvé nombre d'exemplaires dans les tombes. Elles savaient aussi orner leur vêtement si simple de broderies de diverses couleurs : nous n'en saurions douter pour la raison que les types de broderies si extraordinairement finis et stylisés, que les paysannes slaves font encore de nos jours, n'ont pu être obtenus que par des siècles de préparation.

Aussi bien, Kosmas nous parle-t-il des coussins brodés de Libuša, et Herbord des chemises brodées des Slaves de Poméranie ; d'autre part, les échantillons de broderies ne manquent pas non plus dans les *kurgany* russes[1].

Il va de soi, cependant, que les vêtements véritablement précieux, faits d'étoffes de prix et brodés d'argent et d'or avec des dentelles d'or[2], étaient tous de provenance étrangère : les princes se les procuraient notamment pour les circonstances où ils avaient à paraître devant leur peuple à l'occasion de grandes solennités. Nous ne voyons, au reste, ces vêtements somptueux que chez les Slaves de l'Est et du Sud au début de l'époque chrétienne ; mais on ne saurait douter que, dès avant l'adoption du christianisme, ceux-

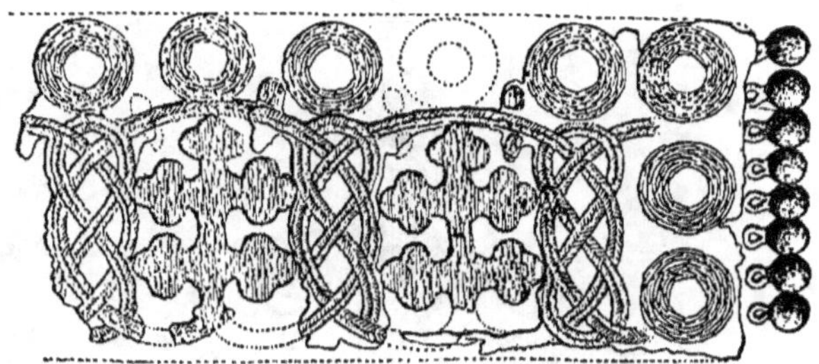

Fig. 24. — Collet brodé des tombes de Nabutovo.

ci aient connu quelque tenue analogue, en raison de leurs relations si étroites avec l'Orient et Constantinople. Les premiers costumes de parade connus des princes balkaniques et russes ne sont, à quelques détails près, qu'une imitation des vêtements de cérémonie de la cour de Byzance, ainsi que l'a montré Kondakov dans son étude sur les portraits des princes russes[3]. Les princes mettaient sur leur tête une couronne, soit le *stemma*, fait d'un bandeau métallique par dessus lequel deux autres bandes surmontées d'une croix formaient un arc, soit un magnifique bonnet bordé de fourrure et orné d'une croix (voir fig. 25). Ils portaient une longue tunique (διδητήσιον)

---

[1] Kosmas, I, 4 ; Herbord, II, 27 ; Samokvasov, Могилы русск. земли, p. 209. On exportait déjà au XIIe siècle les serviettes russes brodées (Kondakov, Древности, VI, p. 7).

[2] Les restes de dentelles qui ont été découverts sont en général de provenance étrangère (*Živ. star. Slov.*, I, p. 515).

[3] Kondakov, Изображенія русской княжеской семьи въ миніатюрахъ XI в. Спб., 1906. Voir aussi le livre de J. Ebersolt, *Les arts somptuaires de Byzance*, Paris, 1923, pp. 139, 142.

percée d'une ouverture pour la tête, garnie d'une large bordure et serrée à la taille par une ceinture, et un manteau de pourpre (χλαμύς, σάγιον, σαγομαντίον) boutonné sur l'épaule ou sur la poitrine. Les princesses portaient, elles aussi, le costume patricien de Byzance avec sa lourde et splendide écharpe qui faisait le tour du corps en passant par dessus le bras gauche (λῶρος), et elles avaient sur la tête une couronne [1]. Nous ne trouvons pas trace en Occident de cette imitation du cérémonial byzantin. Là, à en juger par les miniatures et notamment par le manuscrit de Wolfenbüttel, les princes slaves ont toujours eu un costume plus proche de celui de leur

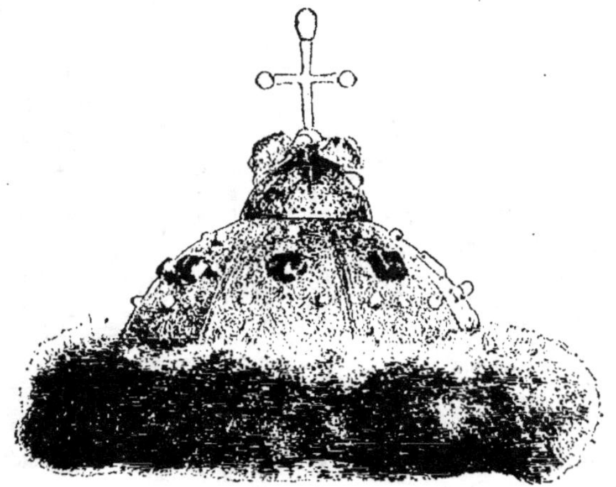

Fig. 25. — Bonnet princier attribué à Vladimir Monomaque.

peuple. Ce costume était, il est vrai, d'étoffe plus précieuse, mais d'une coupe plutôt légère et courte.

Je ne saurais terminer ces considérations sur le vêtement sans ajouter qu'il n'est aucun costume slave d'aujourd'hui, quelque apparence primitive qu'il puisse offrir, que nous soyons en droit de faire remonter sans plus à l'époque que nous étudions. Il est vrai que les costumes de certaines régions montagneuses très éloignées des centres, comme les Balkans et les Carpathes, ont gardé des particularités anciennes : sandales, pantalon, caleçon, chemise, tabliers de femmes, voiles de tête ; mais, à côté de ces détails, ils en présentent

---

[1] Voir *Živ. star. Slov.*, I, p. 524 ; Kondakov, *op. cit.*, p. 16, et le portrait du prince Jaropolk et de sa femme Irène dans le *Codex Gertrudianus* (voir plus haut, p. 66).

beaucoup d'autres qu'on ne peut imputer à un passé ancien. Il reste seulement que, dans leur ensemble, ils donnent en effet une impression de haute antiquité, et qu'on peut imaginer qu'un paysan des Carpathes occidentaux, par exemple, a, de nos jours encore, à peu près l'apparence d'un Slave du Xe siècle.

La parure.

On pourrait s'étendre longuement sur les bijoux slaves de l'époque qui va du IXe siècle au XIe, car il nous en a été conservé un nombre considérable d'exemplaires. Les objets parvenus jusqu'à nous suffisent à établir que les anciens Slaves, tout comme les autres peuples, prenaient soin de leur parure, de la parure féminine surtout, autant que le leur permettaient leurs moyens. Il n'y a pas de chapitre de leur civilisation matérielle dont on puisse pousser aussi avant le détail que celui de cette industrie d'art.

Mais les proportions et le caractère de ce livre nous interdisent d'étudier aussi minutieusement toutes les espèces de diadèmes, de boucles d'oreilles, d'anneaux, de colliers, de bracelets, de bagues et autres ornements. Cette étude ne serait possible d'ailleurs qu'avec un appareil important d'illustrations que nous ne saurions donner ici. Aussi me vois-je obligé de renvoyer le lecteur à la partie de mon ouvrage en tchèque qui traite de manière approfondie de toute cette question [1]. Je me bornerai ici à des indications de caractère général dont certaines, comme celles qui concernent l'orfèvrerie et l'émaillerie, seront complétées dans les chapitres suivants [2].

Il faut d'abord constater que nous ne connaissons pas aux Slaves d'industrie d'orfèvrerie remontant à l'époque la plus ancienne. Presque tout ce qui caractérise leurs bijoux à la fin de l'époque païenne n'apparaît que du VIIIe siècle au XIe, alors qu'ils commencent à subir fortement les influences byzantine, orientale, nordique et de plus, dans les pays de l'Ouest, l'influence franque. La pauvreté la plus complète était jusqu'alors leur lot. Les cimetières du Ve siècle et des trois siècles suivants sont encore en grande majorité si dépourvus d'industrie et de bijoux qu'ils trahissent un dénûment de civilisation résultant sans doute des mouvements de migrations et des bourrasques de cette époque et de la précédente. C'est seulement à partir du VIIIe siècle, et surtout du IXe, que l'on commence à découvrir dans les tombes slaves des bijoux étrangers ou indigènes, de plus en plus nombreux. La civilisation matérielle se révèle, dès lors, en progrès.

---

[1] *Živ. star. Slov.*, I, pp. 529-682.
[2] Voir plus loin chap. IX, pp. 211-232, et chap. XII, pp. 316-322.

Il faut noter ensuite qu'à dater du IXe siècle les bijoux slaves offrent une remarquable variété. A peu d'exceptions près, il n'y a pas unité ni d'objets, ni de formes, ni de techniques. Les divers pays slaves se différencient déjà sensiblement les uns des autres, ceux de l'Ouest, en particulier, de ceux de l'Est [1]. Dans ces derniers les styles byzantin et oriental s'implantent fermement avec leurs techniques. Le caractère oriental est prépondérant au IXe et au Xe siècles, et le caractère byzantin à partir du XIe. L'argent, apporté par les Arabes, est devenu le métal le plus usuel des bijoux slaves, encore que, parmi ceux-ci, on en trouve également de bronze, de cuivre et d'or. Le type le plus répandu est celui de l'objet d'argent, mince et léger, en filigrane. C'est celui qui caractérise le goût des Slaves des Xe et XIe siècles et les différencie de leurs voisins, le filigrane étant d'ailleurs d'origine étrangère. La femme slave de Russie, en particulier, se distinguait nettement, grâce à ses élégants bijoux d'argent, de la femme finnoise ou letto-lituanienne.

Les bijoux qui doivent appeler principalement notre attention sont les bagues, les bracelets, les colliers massifs, les boucles d'oreille. Ils nous apparaissent en grand nombre et sous les formes les plus variées. L'agrafe et la boucle, par contre, si importantes à l'époque la plus ancienne, deviennent rares et n'offrent pas un grand développement de formes [2].

C'est par le commerce romain que la plupart des diverses fibules avaient pénétré dans les pays slaves : la provenance en était d'ailleurs généralement provinciale. Entre le Ier et le IVe siècles après J.-C., elles avaient été répandues largement des pays de l'Elbe et du Danube jusqu'à l'intérieur des régions occupées alors par les Slaves. A partir du IVe siècle, les fibules dites gothiques (que j'aimerais mieux nommer autrement) avaient commencé à pénétrer du littoral de la Mer Noire jusque dans la Russie centrale, où leurs dérivés se maintinrent au moins sporadiquement jusqu'aux VIIe et VIIIe siècles. Il arrivait en même temps du pays de la Baltique quelques échantillons de fibules de forme et de technique particulières, en émail notamment, et enfin, au IXe et au Xe siècles, il venait de Bornholm des fibules scandinaves, apportées pour la plupart par les compagnies des princes russo-varègues. Dans l'ensemble, cependant, la fibule est très rare à la fin de l'époque païenne, et les Slaves ne s'en sont pas créé de type nettement différencié. Ils donnaient visiblement la préférence aux boutons et aux bran-

---

[1] Les Slaves des Balkans, à l'exception des Croates, nous ont fourni jusqu'ici peu de matériaux, mais il n'est pas douteux qu'ils aient incliné également vers l'Orient.

[2] Voir tous les détails sur l'évolution des formes de ces bijoux, avec les planches qui s'y rapportent, dans *Živ. star. Slov.*, I, pp. 529-679, et planches XX-XLI.

Fig. 26. — Tête coiffée d'un diadème et ornée de pendentifs, trouvée à Brovarki (Poltava).

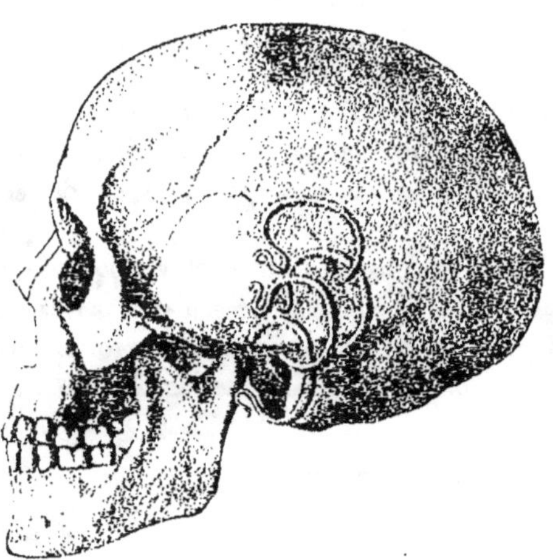

Fig. 27. — Crâne d'une tombe slave de Kaldus (Poméranie).

debourgs. C'est uniquement chez les Slaves des Alpes qu'on trouve avec quelque fréquence un type de fibule arrondie offrant un motif original (type de Kettlach) ; mais j'incline à voir là plutôt des produits de l'industrie franque.

La boucle et l'agrafe étaient plus répandues. La boucle était également de provenance romaine : on s'en servait pour les ceintures et les cuirs en général. Elle ne s'est pas maintenue, à vrai dire, chez les Slaves de l'Ouest ni chez ceux du Sud (du moins les tombes en fournissent peu d'échantillons). Mais elle est restée très en faveur chez les Slaves de l'Est tant sous la forme slave proprement dite que sous diverses formes étrangères d'origine baltique, scandinave, finnoise et turco-tartare. Il ne m'est malheureusement pas possible d'examiner ici dans le détail ces différents types d'agrafes : on en trouvera la description dans « La vie des anciens Slaves »[1].

Parmi les bijoux destinés uniquement à la parure, ce sont surtout les diadèmes qui sont caractéristiques pour les Slaves. Nous avons déjà vu plus haut[2] l'importance qu'avaient et qu'ont encore aujourd'hui, dans la vie des jeunes filles, la couronne et le diadème, symboles de la virginité. L'archéologie nous fournit une série d'échantillons intéressants de ces parures, trouvés presque exclusivement en Russie. Ce sont notamment les tombes du gouvernement de Poltava qui ont livré les échantillons les plus curieux de véritables ceintures de tête auxquelles sont suspendus de menus coraux, de petits anneaux et des coquilles. On en a trouvé de plus beaux encore, en or et en émail, dans quelques trésors découverts à Kiev et à Sachnovka près de Kanev, mais ceux-ci sont généralement d'origine byzantine et appartiennent déjà à une époque plus tardive, aux XIIe et XIIIe siècles.

Les boucles d'oreilles abondent aussi dans les tombes : elles sont de genres très variés. Aux Xe et XIe siècles, ce sont surtout des boucles d'oreilles en filigrane, qui se composent de fines paillettes d'or ou d'argent entrelacées et de petites boules ajourées. La région de Kiev, les Balkans, la Dalmatie sont, à cet égard, particulièrement riches ; mais on en trouve aussi, au moins sporadiquement, dans les autres pays slaves, en Bohême notamment et en Pologne.

Les colliers trouvés dans les tombes slaves sont de deux sortes : d'abord des colliers de perles de verre mêlées à des perles de métal et d'ambre, d'autre part des colliers métalliques massifs de formes très différentes appelés *grivĭny* (le mot *grivĭna* figure déjà dans les documents du Xe siècle). Il faut

---

[1] *Živ. star. Slov.*, I, pp. 557 et suiv.
[2] Voir plus haut, p. 81.

y joindre, comme objets du même style, des bracelets et de fines bagues de modèles très variés, que je ne puis malheureusement étudier ici en détail, et dont quelques-uns sont des pièces fort intéressantes [1].

Le bijou le plus caractéristique, parmi ceux qui étaient en usage chez les Slaves, est l'anneau pendentif retombant sur les cheveux, des deux côtés de la tête, devant et derrière les oreilles (d'où le terme archéologique de *zaušnica*, d'après *uši* « les oreilles »), sur les tempes ou même jusque sur les épaules. Les anneaux de cette sorte étaient sans doute suspendus à un bandeau ou à un diadème enserrant la tête, à moins qu'ils ne fussent accrochés librement aux boucles des cheveux. Les bijoux qui s'en rapprochent le plus sont les chaînettes suspendues aux couronnes et diadèmes byzantins [2].

Ce genre de parure pour la tête est certainement ancien, mais il ne nous est attesté chez les Slaves qu'à partir du IXe siècle.

Fig. 28. — Les anneaux pendentifs d'une miniature de la bible de Velislav.

Aux XIe et XIIe siècles, il offre une grande variété de formes, dont les unes sont communes à tous les pays slaves et les autres propres à certains d'entre eux seulement ; en particulier, il fournit, dans le domaine oriental, un moyen de différenciation archéologique des régions (ce sont les височныя кольца des archéologues russes).

Il y a un autre type fondamental de bijou, qui accompagne partout les Slaves, et qui est devenu comme un des signes certains de leur costume et permet de définir les limites de leur habitat entre le VIIIe et le XIIe siècles : c'est l'anneau en *S*, à savoir un anneau plus ou moins grand, habituellement en bronze et souvent plaqué d'argent, dont l'une des extrémités est ter-

---

[1] *Živ. star. Slov.*, pp. 545, 614, 648, 663 et 670.

[2] Voir Ebersolt, *Les arts somptuaires de Byzance*, p. 34 : ces chaînettes s'appellent κατασειστά.

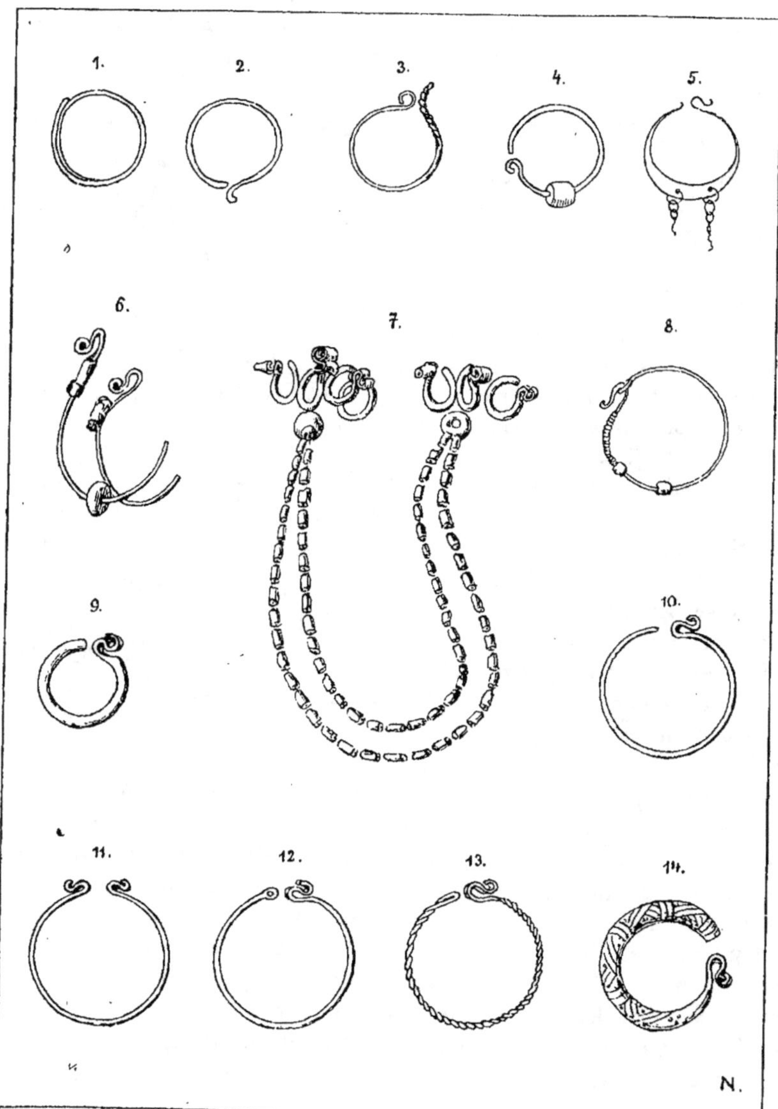

Fig. 29. — Types divers d'anneaux temporaux.

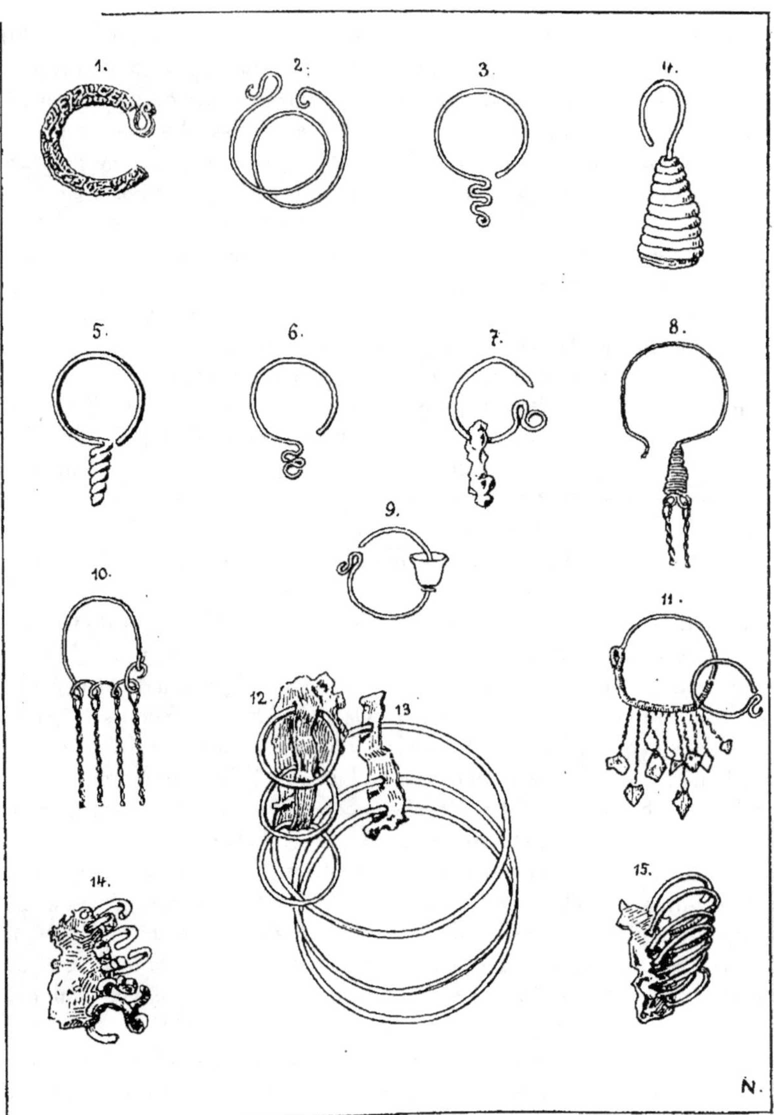

Fig. 30. — Types divers d'anneaux temporaux.
(Les figures 12-15 présentent ces anneaux accrochés à un bandeau de cuir).

minée par un plein et l'autre battue et retournée en forme de *S* (fig. 27-30). Ce type d'anneau est répandu depuis la Save, les Alpes et la Saale jusqu'au fond de la Russie ; mais la statistique des fouilles montre qu'il était surtout fréquent dans l'Ouest, où il avait également atteint sa plus grande perfection. C'est là, en Occident, que, selon toute apparence, il faut en chercher l'origine. Cette origine pourtant est encore obscure. Je suppose, pour ma part, que les Slaves ont dès longtemps porté dans leurs cheveux de simples anneaux, mais qu'ils n'ont connu les anneaux terminés en forme de *S* qu'à une époque plus tardive, dans les marches septentrionales de l'Empire romain, où l'on en trouve, en effet, les premiers spécimens avant l'ère chrétienne, spécimens de plus en plus nombreux durant les siècles suivants (en Bosnie, en Istrie, dans le Tyrol) : ces anneaux leur ont plu, et ils leur ont témoigné une telle faveur qu'ils en ont fait avec le temps un bijou purement slave. Du reste, ce cas de « nationalisation » n'est pas isolé. Les choses se sont passées à peu près de même pour la céramique romaine, que les Slaves ont empruntée au moins en partie et qu'ils ont transformée en une céramique typiquement slave [1].

Le simple anneau en *S* atteignit d'ailleurs, par endroits, un développement nouveau. Il se transforma, compliqua son incurvation ou son extrémité ; on y enfila des perles de verre ou de métal ; on lui donna des dimensions diverses ; on lui appliqua une technique différente. Dans les pays de l'Ouest, jusqu'au XIIIᵉ siècle, on en portait un ou plusieurs (de huit à dix) suspendus à un bandeau sur les côtés de la tête. De l'Occident, la mode se répandit vers l'Est, jusqu'en Russie : c'est ainsi qu'on le rencontre fréquemment dans le bassin du Dniéper. Mais, là-bas, loin vers l'Est et le Nord, l'anneau pendentif subit une évolution locale encore plus poussée : ce n'est plus, dans la Russie des XIᵉ et XIIᵉ siècles, le simple cercle battu que nous connaissons, mais un anneau dont la partie inférieure se change en un disque articulé en forme d'étoile ou de spatules (palettes). Ce modèle, généralement en argent, nous est offert surtout par le pays des Radimitches et des Viatitches russes [2]. Mais on trouve aussi, dans d'autres parties de la Russie, des anneaux pendentifs de formes variées et aberrantes, qui ne sont d'ailleurs nulle part aussi riches que dans le bassin de l'Oka (fig. 31).

Il faut cependant reconnaître, en faisant le bilan de ces vêtements et de ces bijoux, que l'ensemble est loin d'être somptueux. La parure des Slaves

---

[1] Voir *Živ. star. Slov.*, I, pp. 591 et suiv., et ici même, plus loin, pp. 225-230.

[2] Voir *Manuel de l'antiquité slave*, I, p. 222, et pour les détails archéologiques, *Živ. star. Slov.*, I, pp. 603 et suiv.

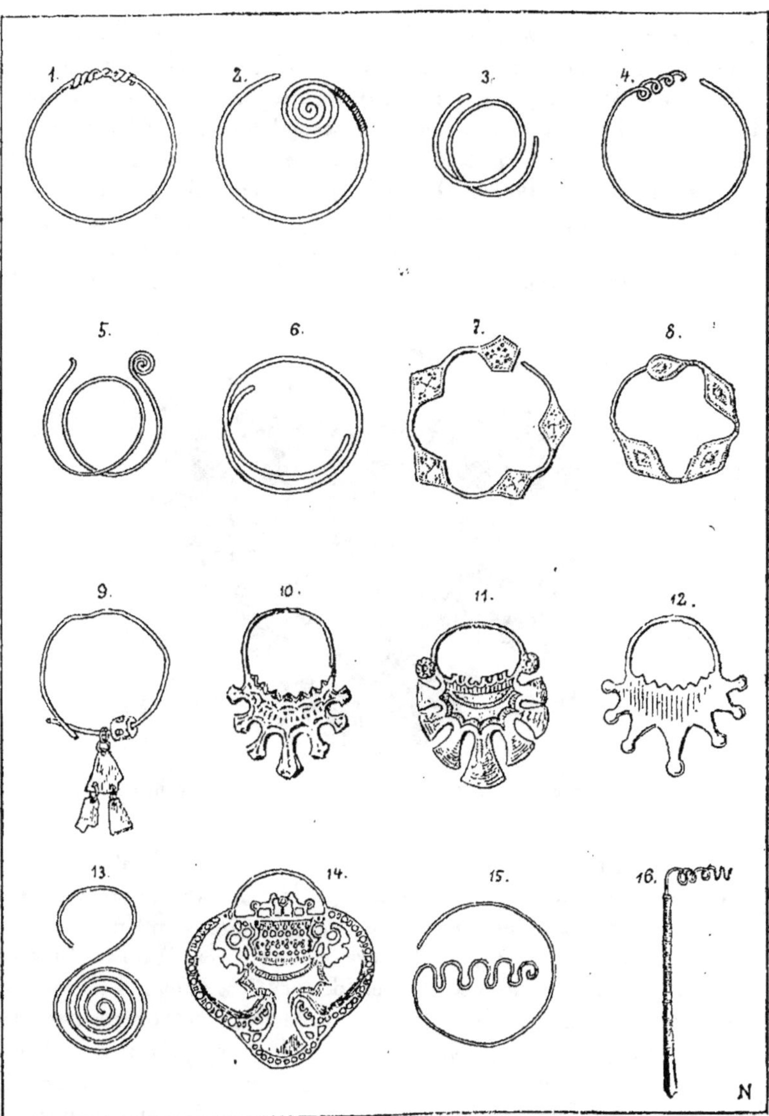

Fig. 31. — Types divers d'anneaux pendentifs des tombes russes.
(Fig. 10-12 et 14 : anneaux des Radimitches et des Viatitches ; fig. 15-16 :
anneaux non slaves).

restait encore pauvre à la fin de l'époque païenne et au commencement de la chrétienne, si nous la comparons avec celle de certains domaines voisins. Elle procède de la simplicité générale du peuple. En ce temps-là, l'industrie de l'or et de l'argent avait commencé sans doute à se développer mais elle restait limitée à quelques centres peu commerçants et éloignés les uns des autres : Prague, Prěslav, Kiev, Suzdal' et Novgorod. Si les habitants de ces quelques villes vivaient plus richement et se paraient avec plus de luxe, par ailleurs, tant en Bohême qu'en Pologne et en Russie occidentale, les Slaves restaient pauvres en or et en argent. Les tombes de la

Fig. 32. — Anneau pendentif des tombes du gouvernement de Moscou.

fin de l'époque païenne que l'on trouve dans ces pays se signalent, en général, de l'avis commun des archéologues, par leur grande pauvreté, si on les compare aux tombes germaniques ou turco-tatares contemporaines. Le luxe de la parure n'a pris plus de développement que là où les Slaves se trouvaient en contact immédiat avec des voisins finnois, turco-tatars, prusso-lituaniens et nordiques : c'est là seulement que l'on constate dans les tombes une plus grande abondance et une plus grande variété de bijoux, et notamment une évolution plus riche des anneaux pendentifs, des diadèmes, des boucles, des bagues, des bracelets, des fibules, qui, ailleurs, sont très pauvres. Aux Xe et XIe siècles, l'argent de l'Oural est la matière préférée, et le filigrane constitue le type d'ornementation le plus apprécié. Si nous considérons, par exemple, la tombe d'un certain prince ou boïar russe du

xe siècle trouvée à Tagança, près de Kiev, nous n'y voyons presque que des objets en argent ou plaqués d'argent [1]. Et, en 1209 encore, nous lisons au début de la première chronique de Sophie à propos des habitants de Kiev : « Ils ne donnaient pas d'anneaux d'or à leurs femmes, mais celles-ci en portaient d'argent ».

Il en est tout autrement, à la même époque, chez les peuples letto-lituaniens, finnois et bulgares, sur l'Oka, la Kama et la Volga. Nous trouvons là bien plus de bijoux, mais, il est vrai, plus lourds, plus gauches et de goût inférieur ; nous apercevons des parures de tête disgracieuses, de pesantes

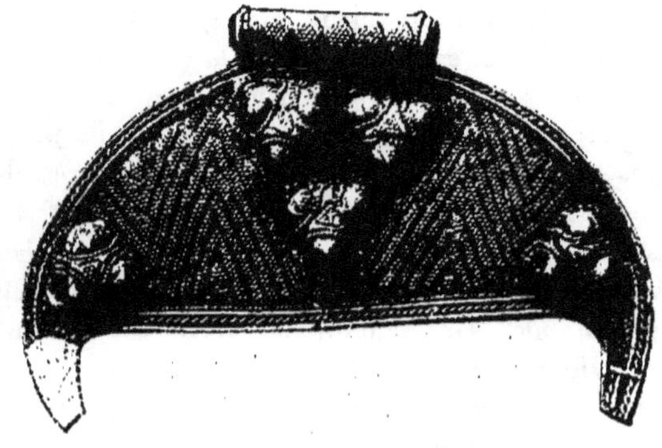

Fig. 33. — Pendeloque en forme de lune ornée de filigrane granulé, trouvée à Gnězdovo.

pendeloques bruyantes ; nous rencontrons la technique de l'imitation des cordelettes tressées ; nous voyons des colliers massifs (parfois superposés les uns aux autres), de grosses agrafes et des fibules aux formes bizarres, d'énormes bracelets (parfois dix au même bras). C'est, en un mot, un tout autre monde, dont la parure luxueuse fait contraste avec la simplicité slave, mais c'est aussi un monde dont le sens artistique est moins affiné. Les jeunes filles et les femmes slaves, avec leurs bijoux d'argent légers, gracieux et délicats, soutiennent parfaitement la comparaison avec leurs opulentes voisines.

[1] Voir fig. 133 dans *Živ. star. Slov.*, III, p. 575, et, ici même, plus loin, fig. 103.
[2] Полное собрание русск. лѣтописей, V, p. 87.

CHAPITRE V.

La maison et la ferme.

La nature obligeait les Slaves, dans leur habitat primitif, à se construire des abris et des bâtiments à l'épreuve du froid, de la pluie et du vent. Comme les autres habitants de l'Europe centrale et septentrionale, dont le développement nous est mieux connu, ils durent commencer par se faire de simples refuges, en creusant dans la terre une fosse d'un mètre et plus de profondeur qu'ils couvraient simplement d'un toit de perches, de feuilles, de roseaux, d'arbres et de terre glaise ; ils préparaient sans doute des fosses du même genre pour leurs réserves de céréales. La construction de la maison ou plutôt du toit était plus ou moins légère suivant que le séjour sur l'emplacement choisi était de plus ou moins longue durée, car les Slaves menèrent longtemps, et jusqu'au début de l'époque historique, une vie mobile, ainsi qu'on le verra au chapitre VIII. On trouve sur les territoires slaves de tels abris, tout pareils à ceux du reste de l'Europe, depuis les temps les plus reculés. Les Slaves en creusaient même encore, mais à vrai dire de manière moins primitive, vers la fin de l'époque païenne et au début de l'ère chrétienne ; et la pratique s'en est conservée jusqu'au cours du XIX⁰ siècle en quelques endroits de la Péninsule balkanique, de la Pologne et de la Russie[1], où ces abris souterrains sont appelés respectivement *ziemianka*, землянка, земуница. Cette appellation était certainement ancienne et même slave commune, à côté du mot iranien *kata* emprunté par le slave commun sous la forme *chata*. Parfois, au-dessus de la fosse, on élevait des murs bas, faits de troncs d'arbres enduits de terre glaise et sur lesquels on posait un toit. A l'intérieur et au centre de cette habitation d'une simplicité rudimentaire, il y avait un foyer d'où la fumée s'échappait par un simple trou percé dans le toit ; autour du foyer, le long des parois de la fosse, des bancs bas, en terre glaise, servaient à la fois de sièges et de lit. On a déjà trouvé, dans les pays slaves, beaucoup de ces fosses-abris, d'une dimension de 1ᵐ,50 sur

---

[1] En Bulgarie ils portent le nom de бурдель, du roumain *bordeiu*. Il y en a beaucoup surtout aux environs de Vidin et dans ceux de Lom : il y en avait jusqu'à ces derniers temps beaucoup plus que d'habitations à l'air extérieur. Voir là-dessus *Ziv. star. Slov.*, I, p. 703.

Fig. 34. — Village souterrain près de Lom, en Bulgarie.

4 mètres, datant des VIIIe, IXe et Xe siècles[1]. Ce sont vraisemblablement elles qu'avait en vue la source orientale à laquelle ont puisé Ibn Rosteh et le Géographe persan anonyme. Rosteh, il est vrai, les décrit comme des « bains » souterrains avec un toit pointu, mais on ne peut douter que la description se rapporte également à une habitation. Le Géographe persan écrit seulement : « Les Slaves passent l'hiver dans des fosses et dans des huttes souterraines »[2]. Il n'existe pas d'autres données plus détaillées se rapportant à l'époque ancienne. Prokopios et la légende de saint Démétrios, en effet, se bornent à mentionner les pauvres cabanes des Slaves (καλύβαι οἰκτραί, κάσαι, σκηναί) ; et l'affirmation de Maurikios, suivant laquelle les maisons slaves auraient offert de nombreuses sorties, ne peut de toute évidence être appliquée qu'à un ensemble fortifié d'habitations et non pas à une habitation unique[3]. Nous n'avons de données sur les Slaves de l'Ouest que pour la fin de l'époque païenne ; mais Helmold souligne encore la pauvreté des cabanes slaves faites de branches d'arbres entrelacées, et Herbord juge de même les maisons de Rujana, encore que par ailleurs, dans les villes de Poméranie, on en fût arrivé à bâtir des maisons de bois avec un étage, sans doute en raison du manque de place à l'intérieur de l'enceinte fortifiée entourée d'un fossé[4].

Il va sans dire qu'à côté de ces abris souterrains complétés par une super-structure en bois les Slaves élevaient aussi des cabanes légères sans fossés, dans le genre de la *koliba* ou de la *kuča*[5] des bergers des Carpathes ou des Balkans, avec des parois faites de branches entrelacées.

---

[1] Voir *Živ. star. Slov.*, I, p. 696, et de plus les nouvelles découvertes de Kostrzyn sur la Warta (*Zeitschrift für Ethnol.*, 1915, p. 880), de Siedlemin et de Poznań (*Rocznik Towarzystwa nauk w Poznani*, 1917, p. 115), de Neuendorf et Fohrde en Prusse (*Mannus*, VII, p. 127), de Paračov dans la Bohême du Sud (*Památky arch.*, 1914, p. 223), de Hasenfelde et de Lebus (*Praehist. Zeitschr.*, III, p. 287).

[2] Rosteh, éd. Harkavi, Сказания, p. 266 ; le Géographe persan, éd. Tumanskij, p. 135. Dans un autre passage Rosteh note que les Slaves de Salonique habitent dans les forêts des maisons de bois.

[3] Prokopios, III, 14 ; Légende de Démétrios, éd. Touzard, *Histoire profane*, pp. 185, 191 ; Maurikios, *Strat.*, XI, 5. Le Bulgare Jean l'Exarque, au début du *Šestodnev*, parle aussi des pauvres huttes de paille des Slaves.

[4] Helmold, II, 13 ; Herbord, II, 24, 41, III, 5, 30 ; Ebbo, III, 7. Il faut encore remarquer ici que, d'après Fadlân (Harkavi, Сказания, p. 94), les marchands russes qui arrivèrent en 922, par la Volga, chez les Bulgares élevèrent sur le bord de la rivière des tentes légères et de grandes maisons de bois contenant jusqu'à vingt personnes.

[5] Le mot *koliba* vient du grec καλύβη. Pour *kuča*, voir plus loin, pp. 103 et 113. Le mot slave *salaš* est d'origine turco-magyare (*Živ. star. Slov.*, I, p. 706).

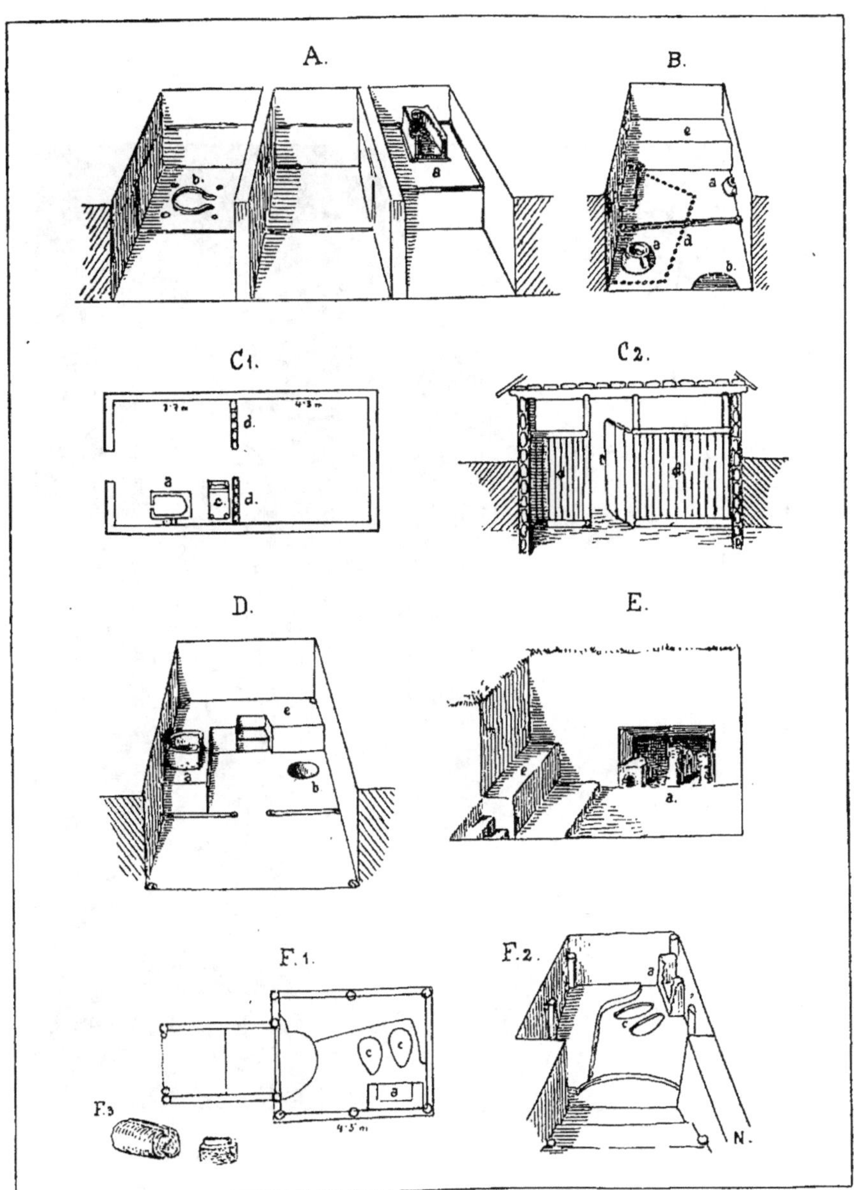

Fig. 35. — Intérieurs de maisons slaves des Xᵉ et XIᵉ siècles découverts à Kiev (A, C, D, E) et à Bělgorod (B, E, F).

Fig. 36. — Plan d'une maison souterraine avec un four
(fouilles de N. Makarenko, à Monastyrišče, gouvernement de Poltava).

Ce serait pourtant une erreur de s'imaginer que l'habitation slave d'il y a dix siècles n'était pas arrivée à dépasser le stade de l'abri souterrain et de la hutte, et cela bien qu'elle offre encore de nos jours ces formes primitives en quelques régions perdues. Cette erreur n'est plus possible après les découvertes faites à Kiev et à Bělgorod par V. Chvojka, conser-vateur du Musée de Kiev, à Monastyrišče, près de Romny, par N. Makarenko, et, dans une moindre mesure, dans les régions slaves de l'Ouest près de Hasenfelde [1]. Toutes ces découvertes, nous reportant en partie à une époque antérieure au XIe siècle, témoignent du progrès de la construction (vestibule, étage) et de l'aménagement intérieur des maisons (four remplaçant le foyer ouvert). De plus, les données historiques et, avec elles, quantité d'expressions anciennes communes à toutes les langues slaves s'accordent pour nous confirmer que l'habitation du IXe et du Xe siècles avait atteint un degré notable de développement, pour autant du moins que le propriétaire se trouvait dans des conditions favorables, et sans parler, bien entendu, de la maison des princes. L'abri des pauvres devait évidemment demeurer longtemps primitif, et il est tel encore par endroits jusqu'à nos jours [2]. Quant à l'habitation normale, le progrès n'en a pas été suspendu [3].

L'évolution se marque tout d'abord par l'établissement d'une nouvelle pièce à l'entrée, protégeant la pièce principale de l'influence immédiate de la pluie, de la neige et du froid. Cette petite pièce, qu'on appellerait aujourd'hui « antichambre », fut obtenue soit en dédoublant l'intérieur de la cabane par une cloison, soit en construisant devant l'entrée du souterrain ou de la hutte à ciel ouvert une sorte de porche qui était d'ailleurs fermé dans les régions à climat rigoureux. Les abris slaves du

[1] Voir, sur ces découvertes, *Živ. star. Slov.*, I, pp. 700-702, et ici même, fig. 35. Les maisons slaves de Hasenfelde (Kr. Lebus) n'ont qu'un foyer, mais présentent aussi un vestibule séparé de la pièce principale par une cloison.

[2] On rencontre encore aujourd'hui, dans les Carpathes et dans les Balkans, de ces maisons primitives à une seule pièce où le feu flambe à même le foyer et où parfois l'homme habite côte à côte avec le bétail et la volaille : voir *Živ. star. Slov.*, I, p. 720.

[3] Pour les travaux relatifs à l'habitation, voir mon aperçu bibliographique dans *Živ. star. Slov.*, I, p. 711. Les principaux mémoires de caractère analytique et historique sont les suivants : M. Murko, « Zur Geschichte des volkstümlichen Hauses bei den Südslaven » (*Mittheil. anthr. Ges. in Wien.*, XXXV-XXXVI, 1906) ; R. Meringer, « Das volkstüml. Haus in Bosnien und Herzegowina » (*Wiss. Mittheil. aus Bosnien*, VII, 1900, Wien) ; K. Rhamm, « Altslaw. Wohnhaus » (*Ethnol. Beiträge zur germ. slaw. Altertumskunde*, II, Braunschweig, 1910). Pour la comparaison, voir aussi U. Sirelius, *Über die primit. Wohnungen der finn. und ugrischen Völker*, Helsingfors, 1910.

xe siècle et même d'avant le xe siècle (Hasenfelde) présentent ces deux types d'antichambres couverts, et nous les retrouvons encore l'un et l'autre dans la maison d'aujourd'hui. Nous sommes fondés à supposer que les deux types se sont partout développés indépendamment dans le courant du premier millénaire après J.-C. Les termes anciens qui les désignent sont *sěnĭ* (de *sěnĭ* « ombre ») et *pritvorŭ* (de *pritvoriti* « créer à côté, bâtir à côté »), attestés tous deux dans des textes du xe siècle ; nous les traduirons par le mot « vestibule ».

Le vestibule apparut donc d'abord devant l'abri souterrain. Mais lorsque l'habitation en vint à se construire entièrement au niveau du sol, il cessa d'être une partie de l'habitation adventice et uniquement destinée à la préserver des intempéries du dehors : il devint plus spacieux, et l'on en fit une pièce indépendante, où l'on déposa divers objets et où l'on abrita le bétail ; à l'occasion même, il put faire une chambre d'été.

Dans l'ancienne Russie, du xe siècle au xie, le vestibule (*sěnĭ*, habituellement au pluriel : *sěni*) était déjà une grande pièce où l'on recevait les hôtes et où l'on festoyait ; il était également en communication avec une sorte de terrasse située au premier étage, à laquelle on avait accès par un escalier [2]. Les fouilles de Chvojka, qui n'ont mis à jour que des maisons de petite dimension, témoignent des dimensions importantes de cette nouvelle pièce. Les textes, d'ailleurs, distinguent de manière précise la pièce froide appelée *sěnĭ*, *sěni* de l'*istba* (истьба) [3], qui contenait le foyer et le four. La caractéristique de la *sěnĭ* était donc de n'avoir pas de foyer, et telle elle est restée jusqu'à nos jours. On trouve ce vestibule fermé dans les maisons slaves du Nord et de l'Ouest, jusque chez les Slovaques et les Slovènes. Il conserve généralement le vieux nom de *sěnĭ*, mais il a reçu dans certaines régions des appellations nouvelles, soit étrangères (surtout empruntées à l'allemand), soit indigènes : la plus intéressante de ces dernières est celle de *věža* « tour », qui est assez énigmatique [4]. Seuls, les Croates, les Serbes et les Bulgares n'ont pas connu anciennement le vestibule ; ils ne l'ont adopté que tardivement, et le désignent

---

[1] *Živ. star. Slov.*, I, pp. 718-179.

[2] Voir la *Chronique* de Kiev aux années 983, 1097, 1147, 1175 (version Laurentine, pp. 81, 250, 301, 350, et version Hypatienne, année 1150). On peut se figurer ces escaliers d'après ceux des maisons actuelles du type grand-russe le plus simple. Voir l'image d'une maison de Boroviči (gouvernement de Novgorod) dans *Živ. star. Slov.*, I, p. 722, ou du gouvernement d'Archangelsk, pl. LI.

[3] Voir plus loin, p. 105.

[4] Voir *Živ. star. Slov.*, I, p. 718.

par des noms pour la plupart empruntés au turc. Il est donc à supposer
que les Slaves du Sud ont quitté leur habitat septentrional primitif avant
que le vestibule fût devenu dans les régions du Nord une partie intégrante
et importante de l'habitation. Ce progrès, d'ailleurs, n'était guère possible
tant que la population vivait à l'état semi-nomade et ne construisait pas
d'abris fixes, spacieux et solides. Or, ce n'est que du vi[e] siècle au xie que
s'est accompli le passage à la vie sédentaire, c'est-à-dire à une époque
où le gros des Slaves du Sud était déjà descendu vers le Danube et plus
loin même encore vers le Sud[1]. C'est pourquoi l'habitation typique
ancienne des Slaves des Balkans ne se présente que comme une hutte
(*kuča*) avec de petites annexes ou un auvent.

Telle était l'habitation slave quand elle cessa d'être souterraine pour
s'établir à la surface même du sol ; elle était faite d'une pièce, au milieu
de laquelle se trouvait le foyer, et d'un vestibule assez vaste, avec une
cloison séparant ces deux éléments. A. Charuzin suppose que ce type
encore primitif était partout appelé *kuča*, *koča* (slave commun **kǫtja*,
vieux-slave *kǫšta*), hypothèse naturellement indémontrable.

Au vestibule, qui est à l'intérieur de la maison, s'ajoute bientôt l'auvent
placé au-dessus du seuil et formant par conséquent non pas une nouvelle
division intérieure, mais simplement une entrée couverte. Nous trouvons
un auvent pareil dans les abris souterrains découverts par Chvojka. Lorsque
le vestibule de la maison slave se convertit en une pièce intérieure habi-
table, il fallut bien faire un nouvel effort pour en protéger à son tour l'entrée,
et l'on imagina alors un auvent couvert, de telle sorte que l'habitation se trouva ainsi dotée d'un « prévestibule ». Mais c'est là une création
procédant d'une évolution postérieure. Il n'y a pas lieu, pour l'expliquer,
de faire appel à une influence étrangère, puisque le développement, comme
nous venons de le voir, en est tout naturel ; il est curieux pourtant de
remarquer que le vieux mot slave *pritvorŭ* a presque partout disparu
et que les prévestibules, chez les Slaves du Nord, ont reçu souvent des
noms allemands, et chez ceux des Balkans des noms turcs. A quelle époque
ces noms ont-ils été adoptés ? Nous l'ignorons, sauf pour quelques cas [2].

---

[1] Voir *Manuel de l'antiquité slave*, I, pp. 49 et suiv.

[2] *Živ. star. Slov.*, I, p. 725. La plus intéressante de ces exceptions est le latin *solarium*
qui nous est donnée comme une véranda dans les maisons du temps de Charles le Grand
(*M. G.*, *Leges*, I, p. 179 : « casa solariis tota circumdata »), et que nous trouvons déjà dans
les gloses tchèques et vieux-bulgares des *Dialogues* de saint Grégoire Ier d'après un manuscrit du xiie siècle, sous la forme *žole* (pour *žoler?*), et plus tard en tchèque sous la forme
žoléř, *želéř*, *žoldr*, de l'allemand *Söller* (aujourd'hui *žudr* en Moravie).

Il est hors de doute, tout au moins, que le vestibule russe comportait un perron (крыльцо) dès le XIe siècle ; la tendance est donc certainement fort ancienne de prolonger le toit en auvent devant l'entrée et d'étayer cet auvent par des colonnes. Peut-être faut-il aussi rattacher à cette construction le *trem* des Balkans [1].

L'habitation avait fait un autre grand progrès dès avant le Xe siècle, mais cette fois sous l'action d'une influence étrangère : c'était la création, à l'intérieur de la maison, de l'*izba* avec son poêle et, bientôt après, de la cuisine.

Fig. 37. — Maison russe à une chambre et un vestibule *(sěnĭ)* à Boroviči (gouvernement de Novgorod).

Il n'y avait à l'origine dans la maison slave qu'un seul feu brûlant dans un foyer ouvert : le vestibule, adjoint à la pièce où était ce foyer, était, nous l'avons vu, une pièce froide et sans feu. Mais cette construction n'était pas la seule en usage. Les maisons russes découvertes par N. Makarenko et V. Chvojka [2] présentent déjà un foyer qui n'est plus ouvert, mais surmonté d'une voûte d'argile, sous laquelle le feu brûlait tout en la chauffant, de telle sorte que le four ainsi formé non seulement donnait à la maison une chaleur régulière, mais pouvait encore servir à cuire le pain [3]. Nous lisons, d'autre part, dans les textes que les Slaves de Russie,

---

[1] Voir plus loin, p. 112.
[2] Voir plus haut, p. 101.
[3] D'où le nom slave ancien de *peštĭ*, du verbe *pešti* (de **pekti*) « cuire » : cf. *Živ.star. Slov.*, I, p. 845. Voir plus loin les détails sur le four, p. 120.

aux Xᵉ et XIᵉ siècles, appelaient la pièce munie d'un fourneau истъба ou истобъка. L'archéologie, à vrai dire, ne nous a rien appris sur ce point quant aux Slaves de l'Ouest, mais des données historiques du Xᵉ siècle nous montrent de manière certaine que ceux-ci connaissaient pareillement l'*istŭba* (č. *jizba*) ; il en était de même des Bulgares [1].

Cette *istŭba* ou *izba* de la vieille maison slave n'est autre chose, de l'avis unanime des philologues [2], que la *stuba* allemande (nord. *stofa*), qui, nous le savons par des documents, était connue des Germains dès avant le Xᵉ siècle en tant que salle de bain munie d'un poêle couvert, sur lequel on versait de l'eau pour obtenir de la vapeur [3]. Si le mot *stuba* apparaît sous la forme *istŭba* chez les Slaves avec le sens de « pièce pour le bain munie d'un poêle », et en général de « pièce chaude », on ne peut douter qu'il ne leur soit venu de l'étranger, plus particulièrement de leurs voisins immédiats, Allemands et Germains nordiques, et cela avant le Xᵉ siècle, car dès alors précisément il est attesté sur trois des points extrêmes du domaine slave, à savoir en Bohême, en Russie et en Bulgarie. Les Slaves ont dû connaître l'organisation de la *stuba* comme salle de bain, puis simplement comme pièce chaude, et ils en ont adopté et répandu l'usage dans leurs diverses provinces. L'extension considérable de l'*istŭba* au Xᵉ siècle, depuis la Bohême jusqu'à Kiev à l'Est et jusqu'en Bulgarie au Sud, indique qu'il s'agit d'un emprunt très antérieur à l'époque où il est attesté ; pour ma part, je suis disposé à le reporter pour le moins jusqu'au Vᵉ ou au VIᵉ siècle, époque à laquelle la présence de Slaves sur les frontières de l'empire franc est suffisamment prouvée [4].

Cet emprunt de la pièce chaude avec son four s'accompagne plus tard chez les Slaves de l'Ouest d'une autre transformation : le four de la nouvelle *istŭba* n'est plus entretenu de l'intérieur même de la pièce ; l'ouverture s'en trouve dans le vestibule, et tout naturellement, à côté de l'ouverture destinée à recevoir le combustible et à retirer les cendres, on

---

[1] Sur les témoignages de la *Chronique* et de Mas'ûdî pour les Xᵉ et XIᵉ siècles, voir plus haut, pp. 26-27. En Bohême la légende de saint Venceslas d'après Christian parle d'un « assum balneum quod *populari lingua* stuba vocatur » (*Fontes rer. boh.*, I, p. 223), et l'on trouve des « calefactores stubae » dans des chartes du XIᵉ siècle. Voir les détails dans *Živ. star. Slov.*, I, pp. 131, 139, 743. En Bulgarie on a une mention de l'*istŭba* dans le *Šestodnev* de Jean l'Exarque (Miklosich, *Lexicon palaeoslov.*, p. 271).

[2] Voir les détails dans *Živ. star. Slov.*, I, p. 738. Le germanique *stuba* est venu du latin *extufa*, comme le français *étuve* et l'italien *stufa*.

[3] Voir plus haut, p. 26.

[4] Voir *Manuel de l'antiquité slave*, I, pp. 79, 130.

a installé sur un piédestal, un second foyer. En un mot, il y a là un nouvel aménagement du chauffage de l'*istŭba* et, du même coup, un foyer nouveau dans le vestibule qui, par là même, devient cuisine. Nous avons dès lors, au lieu de l'habitation primitive avec sa pièce chaude et son antichambre froide, une maison à deux feux.

Les ethnographes allemands expliquent cette grande transformation par une influence germanique : nordique chez les Russes (Rhamm, Lutsch), franque chez les Slaves de l'Ouest (Henning, Meitzen) ; de même, notre collègue slovène M. Murko. D'où les expressions courantes de maison « *franque* » et « *vieux-haut-allemande,* » de « *zweifeuriges Haus* » ou encore de « *Küchenstubenhaus* » [1]. Seuls, les Slaves de la partie occidentale de la péninsule balkanique (Dalmatie, Herzégovine, Monténégro et, en partie, Macédoine) ont emprunté un type d'habitation roman, avec un seul foyer contre le mur et une cheminée surmontant le toit. Les choses, suivant ces savants, se seraient passées ainsi : la *stuba* franque aurait été adjointe, comme un tout complet et nouveau, au vestibule, celui-ci étant considéré comme la pièce à feu essentielle de l'habitation slave.

Je suis d'accord en principe avec eux pour attribuer l'origine de l'*istŭba* et de la cuisine à une influence franque, comme l'attestent du reste et l'extension territoriale de cette transformation et les mots allemands de *stuba* > *istŭba*, *chukhĭna* (du latin médiéval *coquina*) > *kuchyně*, *kammer* (lat. *camera*) > *komora*, et encore toute une terminologie se rapportant à des détails d'architecture, à l'intérieur de la maison et à de nouveaux ustensiles de cuisine [2]. Mais je me représente tout autrement le procès de cette transformation. Il faut, à mon sens, distinguer dans les influences allemandes deux phases. Dans la première les Slaves ont appris à connaître la *stuba* allemande comme salle de bains avec un four [3], mais ils ne l'ont pas adjointe à un vestibule muni d'un foyer, le vestibule étant chez eux originellement dépourvu de foyer : ils ont simplement transformé en *stuba* leur ancienne pièce chaude, leur *kuča*. Ce changement a dû être réalisé, d'après les données archéologiques exposées plus haut, bien avant

---

[1] Outre les travaux cités de Rhamm et de Murko, il faut mentionner ici ceux de R. Henning, *Das deutsche Haus in seiner hist. Entwickelung* (Strassburg, 1882) et de Meitzen, *Das deutsche Haus in seinen volkstümlichen Formen* (Berlin, 1882). Voir le reste de la bibliographie dans *Živ. star. Slov.*, I, p. 730.

[2] Voir *Živ. star. Slov.*, I, pp. 737-738.

[3] De plus il n'est pas exclu, selon moi, qu'ils aient connu déjà auparavant le four lui-même grâce à leurs relations directes avec les Romains et les villes grecques du Pont. Voir plus loin ce qui concerne le four, pp. 120-122.

le xe siècle, pour le moins à partir du ve siècle. C'est seulement dans la deuxième phase, à savoir après le xe siècle, que la cuisine a commencé

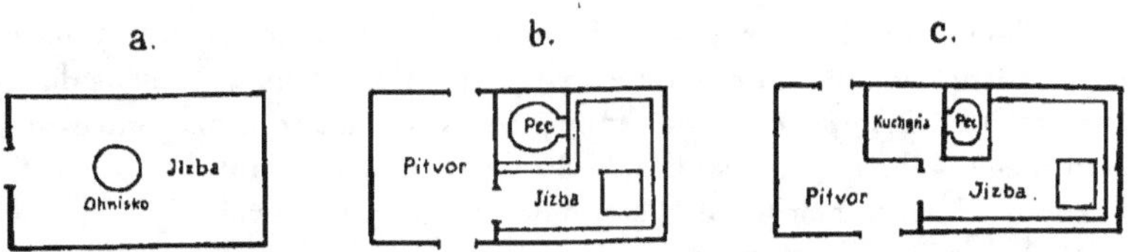

Fig. 38. — Trois degrés de l'évolution d'une maison slovaque dans les Carpathes occidentaux : *jizba* « chambre », *ohnisko* « foyer », *pitvor* « antichambre », *pec* « fourneau », *kuchyňa* « cuisine ».

à se former par l'installation d'un nouveau foyer dans la pièce froide (sous l'influence de modèles francs) en même temps que par la construction

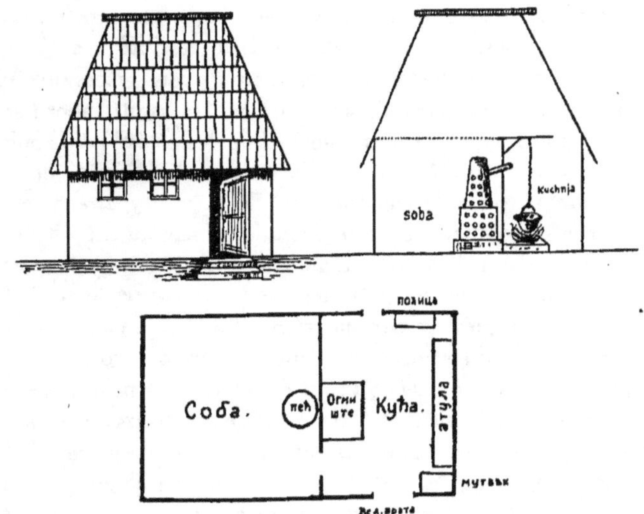

Fig. 39. — Maison serbe *(kuća)* de Bosnie.
(соба « chambre à poêle », куħа « cuisine à foyer »).

dans l'*istŭba* d'un poêle en faïence que l'on chauffait du vestibule. Ce n'est qu'alors que la nouvelle organisation de la maison reçut un caractère pleinement franc. Mais cette transformation du vestibule en cuisine ne s'est pas réalisée chez tous les Slaves, et elle n'est pas antérieure au xie siècle.

On ne la constate pas, notamment, chez les Russes, chez une partie des Polonais et chez les Slovaques qui ont maintenu au vestibule son caractère de pièce froide [1].

L'influence nordique apporta à la maison grand-russe un autre progrès : la construction fut toute entière exhaussée d'un étage au dessus du sol (подполье). L'importance de l'influence nordique sur la maison russe est confirmée d'ailleurs par quantité de détails et de noms dont il sera question plus loin : c'est le mérite de Rhamm de l'avoir mise en valeur [2].

Un dernier grand changement était déjà en voie de se produire vers la fin de l'époque païenne : c'est l'addition d'une troisième pièce à l'*istŭba* et à la *sěnĭ*. Il s'agit d'une pièce sans foyer qui servait de dépôt pour le mobilier en même temps que d'étable et aussi de chambre à coucher pour les jeunes gens et les membres de la famille récemment mariés. Les Slaves avaient résolu le problème du logement en édifiant à côté de leur propre maison une petite pièce froide dont l'appellation indigène ancienne était *klětĭ* [3]. Cette construction finit, elle aussi, avec le temps, par être rattachée à la maison : elle fut adossée non à l'*istŭba*, mais au vestibule ; et l'on eut ainsi un nouveau type fondamental d'habitation à trois pièces juxtaposées : *klětĭ* (plus tard appelée *komora*), *sěnĭ* et *istŭba*. On avait d'abord accès à la *klětĭ* par une porte placée sur l'un quelconque des côtés ; par la suite, après la réunion à la maison, on y pénétra de l'intérieur de la *sěnĭ*. Toute une longue série de constructions du même type, à divers stades, ne permet pas de douter de cette évolution, bien qu'elle ait été parfois contestée. On a, d'autre part, le témoignage de documents anciens. En Russie, notamment, la *klětĭ* est attestée par la *Chronique* de Kiev dès l'année 946, où il en est question pour la première fois, puis par la Vie de Théodose, les Pandectes d'Antioche et d'autres sources encore du XIe siècle, ensuite par la *Russkaja Pravda* où sont énumérées les peines prévues pour les vols commis dans la *klětĭ*, etc[4]. Il ressort de ces divers textes que la *klětĭ*, servant, à côté de la maison, de magasin, d'étable et de pièce d'habitation, avait de plus un étage que l'on utilisait comme grenier à foin et à céréales, alors que les autres objets et le bétail étaient enfermés en bas, au

---

[1] *Živ. star. Slov.*, I, p. 746. Dans les Balkans aussi l'influence franque se traduit par l'adjonction de la *soba* (соба) à la *kuća* (*ibid.*, p. 747). Mais ce changement ne date que du XIXe siècle.

[2] Dans l'ouvrage cité plus haut (voir ci-dessus p. 101, note 3).

[3] Voir *Živ. star. Slov.*, I, p. 748. Šachmatov regardait le mot comme un emprunt celtique.

[4] *Živ. star. Slov.*, I, pp. 750 et suiv.

rez-de-chaussée. Le local supérieur, auquel on avait accès par une échelle, se nommait *gornica* « pièce d'en haut » (горница) [1].

Dans les pays de l'Ouest, les anciennes *klĕti*, sous l'influence allemande, ont perdu leur vieux nom slave et reçu un nom étranger, le plus souvent celui de *komora* qui est latino-germanique : *camara, kammer*. Seul, le mot *srub*, en Bohême et en Silésie, est ancien et indigène.

La *klĕti* existe encore et prospère, comme construction indépendante, même quand elle est sous le même toit, chez les Russes et, dans les Balkans, chez les Serbes ; ceux-ci la connaissaient certainement déjà aux VIe et VIIe siècles, lorsqu'ils arrivèrent dans les Balkans [2]. Elle se présente partout tantôt comme un magasin, tantôt comme une pièce sans foyer destinée spécialement aux jeunes ménages. Dans les fermes serbes appartenant à une *zadruga*, on compte autant de *klijeti* autour de la *kuća* familiale qu'il y a de ménages à loger [3] : on les appelle клијет ou encore вајат, зграда, колиба, стаја.

On ne saurait donc douter que l'habitation slave, en Russie et dans les Balkans, dès les Xe et XIe siècles, ait eu parfois une annexe sans foyer et sans poêle (magasin, étable ou chambre à coucher), qui, dans la suite, adossée au vestibule, a pu devenir partie intégrale de la maison. Nous n'avons pas sur la partie occidentale du domaine des données aussi anciennes, mais il est vraisemblable que là aussi il en a été de même. Deux traits particuliers seulement sont à retenir : d'une part, des noms étrangers se sont substitués au vieux mot slave *klĕti* (comme d'ailleurs, à une époque plus tardive, dans les Balkans), et, d'autre part, le changement de la *klĕti* en une petite pièce habitée a dû être très rapide. Cette pièce, ne contenant ni foyer ni fourneau, était toujours plus propre et plus blanche ; de là, lui sont venus, à côté de *komora* les appellations de « la blanche, la claire » ; on l'appelait encore « petite » ou « chambre d'été », par opposition avec la vieille *istŭba* « d'hiver », « grande » et « noire ». Les noms de cette annexe se sont d'ailleurs modifiés suivant les régions : ils sont allemands vers l'Ouest, grecs et turcs dans le Sud [4]. L'influence nordique s'est affirmée une fois de plus dans la Russie du Nord où, d'après Rhamm, elle a respectivement donné à des

---

[1] *Ibid.*, p. 751.

[2] Le prêtre bulgare Kosmas en parle au Xe siècle (*Arkiv za povj. jugoslav.*, IV, p. 91). En Lituanie et en Lettonie, il y a également des *klete* de même modèle et de même usage que celles de la Russie (*Živ. star. Slov.*, I, p. 757).

[3] Voir le plan d'une ferme serbe du canton d'Užice dans *Živ. star. Slov.*, planche XLVII.

[4] Voir les détails dans *Živ. star. Slov.*, I, pp. 758-771, et sur la *komora*, pp. 762 et suiv.

annexes de la *sěnĭ* et de la *klětĭ* les noms de чуланъ et de шолнушъ[1].

C'est ainsi que nous apparaît, du point de vue historique, la constitution d'une maison slave normale. La maison-type n'était pas encore à trois compartiments *(komora, sěnĭ, istŭba)* : elle en comptait deux seulement : la *sěnĭ* et l'*istŭba*, puisque la *klětĭ* était, au moins en règle générale, indépendante. L'exhaussement de la maison au-dessus du niveau du sol[2] avait été déjà réalisé au moins dans la Russie septentrionale et dans les villes maritimes des Slaves de la Baltique[3]. Il n'est pas nécessaire de voir là, pour ces dernières, l'effet d'une influence étrangère : l'affluence de la population, l'exiguïté relative des logements, les limites imposées par les remparts de l'enceinte fortifiée suffisaient à déterminer ce progrès. Pour la Russie, par contre, il faut en juger autrement. On constate, en effet, qu'au nord d'une ligne passant par Valdaj-Vjazma-Kaluga-Rjazan' non seulement le grenier de la *klětĭ* mais encore la maison elle-même se trouvent exhaussés à la hauteur d'un premier étage, et ceci, semble-t-il, sans aucune nécessité. D'ailleurs, on soupçonne ici d'autres indices d'influence nordique, par exemple, outre le *solnušŭ* et le *čulanŭ* (déjà cités), le ярусъ « étage », le голбецъ « trappe dans le plancher conduisant au rez-de-chaussée », le шеломъ « faîte du toit », les полати et le полъ « soupente en bois ». Ce sont là autant de raisons de penser, avec Rhamm, que l'influence nordique a eu une grande action dans ces régions, où elle a pénétré vraisemblablement avec les Russes de Scandinavie aux Xe et XIe siècles, et que c'est grâce à elle que, dès cette époque, la maison de la Russie septentrionale a eu son étage au-dessus d'un rez-de-chaussée plus ou moins élevé (подполье) servant d'étable et de dépôt de provisions[4].

Il convient de remarquer que, dès la fin de l'époque païenne, outre les maisons d'usage privé, il y avait des maisons pour le public où le marchand étranger *(gostĭ)* pouvait loger et où les gens du pays venaient boire du *kvas* ou de l'hydromel. Au IXe siècle et au Xe on rencontre déjà les expressions *gostinica, gospoda, kŭrčma* correspondant au grec ξενοδοχεῖον, πανδοχεῖον, καπηλεῖον ; et, à partir du XIe siècle, on trouve les premières mentions des « tavernes » où l'on servait des boissons enivrantes. L'hospi-

---

[1] *Živ. star. Slov.*, I, p. 760.

[2] Voir ci-dessus, p. 108.

[3] Saxo Gram., éd. Holder, p. 577.

[4] Rhamm, *Altslaw. Haus*, pp. 5, 129, 348 (*Živ. star. Slov.*, I, p. 776). Mais certains des noms cités ne sont pas d'origine nordique ou bien sont douteux (полъ, шеломъ, полати). Pour avoir une idée de cette maison à étage de la Russie du Nord, voir ici fig. 40 (gouvernement d'Archangelsk) et fig. 37 (gouvernement de Novgorod).

talité bien connue des Slaves assurant par ailleurs à l'hôte étranger le vivre et le couvert dans toutes les maisons, l'origine de ces auberges publiques doit être cherchée dans une influence de Rome et de Byzance. C'est ainsi, par exemple, que, dès le Xe siècle, les marchands russes avaient déjà leur hôtellerie à eux à Constantinople et que, d'après Fadlân, ils s'étaient aménagé eux-mêmes de pareils établissements chez les Bulgares de la Volga[1]. Il est inutile d'ajouter que de bonne heure ces auberges, avec leurs hôtes pris d'ivresse, devinrent tapageuses : dès 1039, Břetislav les interdit sous des peines sévères, et le chroniqueur Kosmas, louant ce geste, formule cette sage remarque : « Taberna est radix omnium malorum. » Un texte du XIe siècle[2] fait même allusion à des intrigues amoureuses avec les hôtelières. Il y avait à Stettin d'autres maisons où les nobles de Poméranie s'assemblaient pour danser, boire et jouer : ainsi la *kontina (contina)*, dont parle Herbord[3].

La maison du prince.

Telle était l'ancienne maison du simple paysan. Les riches, les nobles, par exemple les boïars russes et, avant tous autres, cela va de soi, les princes se bâtissaient des maisons plus grandes et plus compliquées ; et cela même quand ils ne mandaient pas d'architecte de l'étranger, comme ils le faisaient parfois, ainsi qu'on le verra plus loin.

La maison princière était beaucoup plus grande, car les princes avaient une nombreuse domesticité, une suite et des harems ; elle était aussi plus compliquée en ce sens qu'à côté des pièces essentielles d'habitation et du vestibule, elle en comprenait une série d'autres, dont le paysan n'avait pas besoin. C'est ainsi que les palais russes avaient de grands magasins, des « trésors » pour l'argent et les fourrures, de grandes caves avec des tonneaux d'hydromel et de bière ; ils avaient aussi des bains, une série de « réserves » *(klĕti)* pour les provisions, des lieux d'aisance et même des prisons. Le vestibule était spacieux, et l'on accédait par des escaliers au premier étage. C'était à l'origine la гридьница, dont parle la *Chronique* de Kiev (année 996), qui était la grande salle réservée aux festins du prince et de sa suite ; elle procédait sans doute, comme son nom l'indique[4], des salles de festins du

---

[1] *Chronique*, version Laurentine, pp. 31, 48, et Harkavi, Сказанія, p. 94.

[2] Voir les détails dans *Ẑiv. star. Slov.*, I, pp. 883 et suiv.

[3] Herbord, II, 32.

[4] De *gridŭ* du nordique *grid* « membre de la suite du prince » (Rhamm, *Altslaw. Wohnhaus*, p. 417). Par la suite on oublia en Russie la *gridnica* pour la remplacer par de spacieuses *sĕni*.

nord de la Germanie, vastes halls dont le plafond reposait sur des colonnes. Des salles de ce genre *(stupa, pirale)* nous sont signalées aussi chez les Slaves de la Baltique, par exemple dans le palais princier de Volin [1]. Dans les pays de l'Ouest, il y avait la *dvornica*, qui devait être une salle de ce type destinée aux officiers : les Allemands ont emprunté le mot, au cours du Moyen-Age, sous la forme *turniz* en vieux haut-allemand, *durnitze, dorntze* en moyen haut-allemand et *dwarneiz* dans le pays des Wendes [2]. D'autre part, chez les Slaves de l'Est et du Sud, une série de mots spéciaux désignait la chambre à coucher : одрина, повалуша, ложница et чертогъ du persan *čârtâk*. Pour les harems, on bâtit des tours de plusieurs étages appelées *teremŭ, trĕmŭ* (mot dont G. A. Il'inskij s'est appliqué à démontrer l'origine slave, mais qui ne paraît être que le τέρεμνον byzantin [3]). Nous savons que, dans le palais du prince à Kiev, dès 945 et 980 [4], il y avait une « cour des terems ». Quant aux bains, il en a été déjà traité plus haut [5]. Les fouilles archéologiques ont commencé à mettre au jour de vieux palais princiers tant en Bohême (à Boleslav, Levý Hradec, Libušín, Budeč et Vraclav) qu'en Russie (à Černigov, Suzdal', Vladimir, Novgorod, Kiev et Bĕlgorod) ; mais les résultats en sont sans importance en ce qui touche la Bohême, et, quant aux fouilles russes, les publications les faisant connaître ne sont pas accessibles [6]. Le palais le mieux dégagé, et dont nous avons la meilleure description, est celui d'Aboba, près de Šumen, en Bulgarie : c'est un monument des IXe-Xe siècles, de style bulgaro-byzantin et dont le type, par conséquent, ne peut être retenu comme celui d'un palais slave [7].

Les Slaves appelaient leur habitation d'un nom indo-européen et slave commun : *domŭ* ; mais ils n'en avaient pas moins emprunté à leurs voisins d'autres appellations : aux Germains *chyzŭ, chyža* < *hûs, buda* < *buode, kotŭ* < *cot* ; aux Iraniens *chata* < *kata* et aux Grecs, à une époque ancienne, *koliba* et *chalupa* < καλύβη, mots qui désignent en général de petites

---

[1] Herbord, II, 24.

[2] *Živ. star. Slov.*, I, p. 781.

[3] *Ibid.*, pp. 783-785. De même Al. Brückner le tient pour un mot indigène (*Encyclop. polska*, IV, 2, p. 193). Le mot *trem* signifie aujourd'hui dans les Balkans : « bâtiment annexe » près de la porte.

[4] *Chronique*, version Laurentine, pp. 54, 55, 76, 77.

[5] Voir ci-dessus, p. 27.

[6] Voir *Živ. star. Slov.*, I, pp. 785-787.

[7] Voir la publication de l'Institut archéologique russe de Constantinople parue sous le titre Абоба-Плиска (Софія, 1905).

maisons de construction légère [1]. Ils avaient aussi d'autres mots indigènes désignant à l'origine la maison, comme le vieux slave *chramŭ*, russe хоромъ, attesté dans plusieurs textes dès la fin du IXe siècle, et le slave commun *kǫtja*, vieux slave *kǫšta* [2], lequel a peut-être désigné à l'origine l'habitation slave à une seule pièce [3]. Le sens de certains vocables s'est modifié au cours de l'histoire, soit qu'il ait été réduit à la désignation de la seule *istŭba*, soit qu'au contraire (comme le nom même de l'*izba*) il ait été étendu à toute la maison. Le mot *chrám*, en tchèque, désigne à présent l'église ; de même храмъ, en russe, signifie « le temple ».

La cour.

Les bâtiments affectés aux besoins agricoles formaient avec la maison une cour (vieux-slave *dvorŭ*), qui était entourée d'une haie vive ou d'une clôture de lattes ou de branches (*ograda, zagrada, plotŭ, oplotŭ*), et à laquelle un portail (*vrata*) donnait accès. Les annexes étaient essentiellement, à l'origine, les fosses pour les céréales, les fosses pour les détritus provenant de la cuisine et le parc pour les bestiaux. Nous suivons les traces de ces diverses installations dans toute l'Europe centrale au cours de la période préhistorique. A la fin de l'époque païenne, cependant, les Slaves étaient depuis longtemps déjà sortis de cette phase primitive. Ils se servaient encore parfois, il est vrai, aux Xe et XIe siècles, de fosses souterraines pour les provisions [4] et pour les déchets de la cuisine, mais ils avaient aussi à cette époque des magasins élevés au-dessus du sol et des étables couvertes pour le bétail ; la grange même avait fait son apparition chez eux, avec son aire, ainsi que le séchoir pour les grains et les fruits : c'étaient là autant de bâtiments indépendants.

Les magasins étaient soit des constructions faites de branches de buissons entrelacées autour de pieux (*koši*), comme celles que l'on voit de nos jours encore dans les Balkans et dans la partie petit-russe de la Galicie, soit des

---

[1] Voir les détails sur ces appellations dans *Živ. star. Slov.*, I, pp. 792-797. Le mot slave *kotŭ* est apparenté lui aussi avec l'iranien *kata* ; on le regarde parfois comme un terme issu, parallèlement au mot iranien, du fonds indo-européen.

[2] Ne faut-il pas encore citer ici les *continae* des Slaves poméraniens (Herbord, II, 32)? Voir plus haut, p. 111.

[3] Voir plus haut, p. 103.

[4] Ces fosses à grains aux murs passés au feu se sont conservées jusqu'à présent par exemple dans le Banat et en Bulgarie. Maurikios les signale dès l'antiquité (*Strat.*, XI, 5). Il en est question également chez Helmold et dans la Русская Правда.

constructions en terre glaise ou bien en poutrelles de bois solidement jointes ensemble. Ils avaient toujours une porte et étaient fermés au moyen d'une clef. Leur nom est, suivant les diverses langues slaves, indigène ou emprunté [1]. Le terme de *žitnica* nous est attesté à l'époque ancienne (à partir du Xe siècle), ainsi que le slave commun *sǫsěkǔ*, désignant des compartiments de cette construction ou bien divers coffres à grains. La *žitnica* finit tantôt par se confondre avec la *klětĭ* ou le *srub* des Slaves de l'Ouest [2], tantôt par se constituer en bâtiment agricole indépendant où l'on battait le blé.

Il y avait cependant, pour cette opération, un emplacement spécial qui, à l'origine, se trouvait dans la cour même, en plein air : on l'appelait *gumĭno*, mais, comme le blé non encore battu devait être abrité de la pluie, on avait bâti de bonne heure, à côté de l'aire, un auvent sous lequel, naturellement, on abritait aussi le grain. C'est ainsi que la *žitnica* a pu se fondre avec l'aire. Le nouveau bâtiment a gardé le nom de l'ancienne aire : *gumĭno* ; ou bien il a reçu un nom allemand, celui de *stadal* (tchèque *stodola*) ou celui de *scheune* (slovène et croate *skedenj*, *škadanj*). Ces annexes à l'aire sont mentionnées dans des textes latins du XIIe siècle *(horreum)* [3].

Les étables pour la garde du gros bétail étaient d'abord, et partout, de simples enclos sans toit. Mais la rigueur du climat rendit de bonne heure nécessaire la construction d'une baraque en bois avec des parois latérales et un toit. Cette baraque porte dans toutes les langues slaves le nom de *chlěvǔ*, qui a été emprunté au gothique *hlija* (σκήνη) ou *hlaiw* (τάφος). Il s'agit donc là d'une innovation due à cette influence germanique qui a été très forte. Il faut remarquer d'ailleurs que le slave *chlěvina* désignait à l'origine et la maison d'habitation et l'abri pour le bétail [4].

Le séchoir était une annexe importante et intéressante : destinée aux céréales et sans doute aussi aux fruits, elle portait en Russie et également ailleurs le nom d'овинъ. On y plaçait à l'intérieur, sur des claies, les céréales humides et probablement les fruits, et l'on allumait du feu par dessous ; les gens du peuple, jusqu'au XIIe siècle, accompagnaient cette opération

---

[1] Voir *Živ. star. Slov.*, I, pp. 800 et suiv.

[2] Voir plus haut, p. 109.

[3] *Živ. star. Slov.*, I, p. 807. Le mot *stodola* se trouve dans une charte silésienne du duc Boleslav II de 1244.

[4] Les deux sens sont attestés dès le Xe siècle dans les plus anciennes traductions de l'Écriture et dans les écrits du prêtre bulgare Kosmas. Voir *Živ. star. Slov.*, I, p. 808. Deux autres vieux mots slaves désignaient le parc aux bestiaux, à savoir : *staja* (de *stati* « être debout ») et *skotnica* (de *skotǔ* « bétail »).

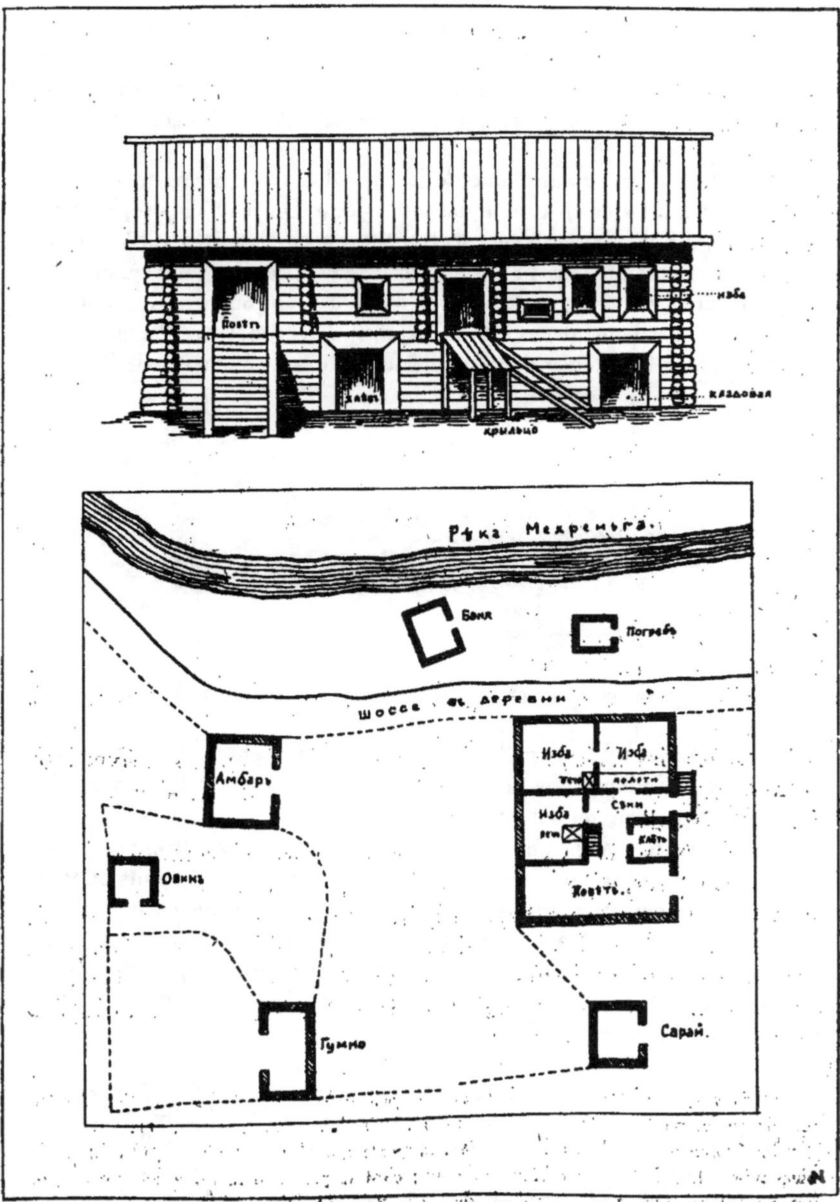

Fig. 40. — Maison grand-russe et plan d'une cour *(dvorù)* à Majnema
(gouvernement d'Archangelsk).

de prières d'après une ancienne habitude païenne [1]. La disposition de cet *ovinŭ* devait être celle des séchoirs primitifs que l'on trouve encore en Russie : une fosse pour le feu et, au-dessus, une construction rudimentaire où les paysans, de nos jours encore, vont volontiers s'asseoir et dormir auprès du feu.

Un dernier élément autonome de la cour doit être encore mentionné : c'est l'*odrina*, attestée en Russie dès le Xe siècle. On peut se la représenter, avec beaucoup de vraisemblance, comme une sorte de toit destiné à abriter le foin, et sous lequel aussi l'on pouvait coucher, de telle sorte qu'en russe одрина et одръ ont pris le sens de « chambre à coucher » et de « lit ». Tel n'était certainement pas le sens primitif de ces mots, car nous ne saurions supposer l'existence de véritables chambres à coucher pour l'époque

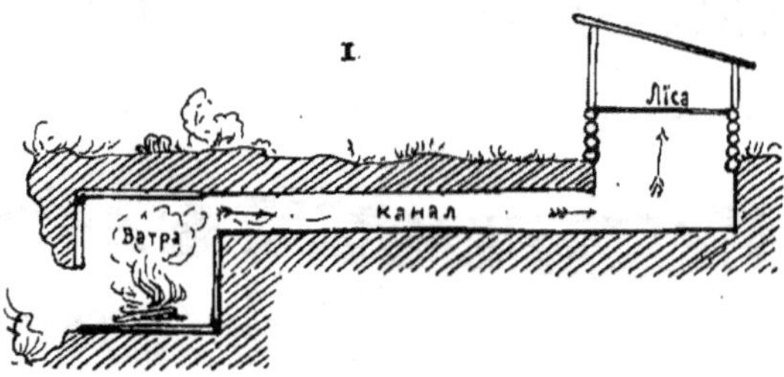

Fig. 41. — Coupe d'un séchoir (ватра « feu », лїса « soupente en claies »).

païenne, à moins d'identifier l'*odrina* avec la *klět̆i*. D'après son étymologie le mot одръ indique une construction en bois d'une certaine hauteur : il semble être d'origine nordique [2].

Les découvertes faites à Staraja Ladoga et à Bělgorod montrent qu'à l'intérieur de la cour, et à une place convenable, on creusait des puits dont les parois étaient ensuite revêtues de bois. Bělgorod offre un puits carré de quinze mètres de profondeur qui date de Vladimir le Grand. Ces puits, dans les plus anciens documents, sont appelés soit du nom purement slave de *studenĭci*, soit du nom d'origine gothique de *kladęzi*, *kladenĭci* (de *kaldinga*).

---

[1] D'après le Règlement ecclésiastique du prince Vsevolod (1125-1136) et d'autres recueils russes plus récents de caractère moral. Voir *Živ. star. Slov.*, I, p. 811.

[2] La *Chronique* de Kiev, à l'année 946, rapporte que dans la ville des Drévlianes les pigeonniers, les *klět̆i* et les *odriny* brûlèrent ; c'est la première mention que nous ayons des poulaillers. Quant à l'étymologie de одръ, voir plus loin, p. 124.

Structure et aménagement intérieur de la maison.

Quant aux détails de la structure et de l'aménagement intérieur de la maison, nous n'avons que peu de données sur la période qui précède le XIᵉ siècle. La nature du climat décidait, pour chaque tribu, du choix des matériaux : terre glaise agrégée, claies enduites de glaise [1], ou poutrelles de bois solidement jointes, comme on en voit dans les vestiges d'anciennes constructions découvertes par V. Chvojka à Kiev et à Bělgorod. La manière de joindre ensemble les poutres était variable, et il est difficile, à ce qu'il me paraît, de savoir si tel procédé est indigène et tel autre d'origine germanique [2]. Cependant il est indiscutable que le procédé de fixer les poutres l'une à l'autre en les entaillant à leurs extrémités (voir fig. 37, 40) est très ancien chez les Slaves. Les fenêtres étaient fort exiguës, simples fentes agrandies entre les poutres, et il est curieux de remarquer à cet égard que le vieux mot slave qui les désigne, à savoir *okno*, coïncide avec *oko*, le nom de l'œil. Seuls les palais des princes avaient, dès le Xᵉ siècle, des fenêtres plus grandes et, mieux que cela, pourvues de vitres verdâtres importées de Byzance ou d'Italie, comme nous en offre le palais d'Aboba ou le plus ancien palais princier de Kiev [3]. Les portes *(dvĭrĭ)* se fermaient déjà, vers la fin de l'époque païenne, soit à l'aide d'un loquet soit au moyen d'une serrure munie de clef [4]. On a trouvé un assez grand nombre de ces clefs et serrures *(ključi, zamŭkŭ)* : ce sont, en général, des imitations des modèles romains. Le toit (vieux-slave *strěcha*) offrait toujours une inclinaison assez prononcée pour assurer l'écoulement de la pluie et de la neige, ainsi que Ibn Rosteh l'avait déjà remarqué au Xᵉ siècle. Les détails de cette construction ont une nomenclature fort ancienne et commune à toutes les langues slaves [5]. Les toits étaient recouverts de gazon ou de paille.

---

[1] Helmold (II, 13) signale des constructions de ce genre chez les Slaves de la Baltique (« casas de virgulis contexunt »). La construction en glaise pétrie était caractérisée par le verbe *zĭdati* (d'où **zĭdĭ* « mur de terre glaise », en tchèque *zed'* « mur »).

[2] Voir là-dessus *Živ. star. Slov.*, I, p. 822.

[3] *Živ. star. Slov.*, I, p. 833.

[4] Herbord dit en effet des Slaves poméraniens (II, 41) qu'ils ne connaissaient pas les serrures et ne mettaient pas leur bien sous clef, parce qu'ils avaient confiance les uns dans les autres ; mais nous ne pouvons généraliser cette observation. Elle ne saurait être appliquée à la Russie, comme l'attestent et les lois russes de l'époque, et ce que nous savons des magasins de blé, et enfin les découvertes de clefs et de serrures confirmées encore, notamment, par les tombes et les cimetières russes des Xᵉ, XIᵉ et XIIᵉ siècles (*Živ. star. Slov.*, I, p. 838).

[5] *Živ. star. Slov.*, I, pp. 825-826.

Fig. 42 et 43. — Restes de constructions en bois découvertes à Kiev, par V. Chvojka.

C'est la construction en bois que nous devons considérer comme ancienne et typique tant pour les villages que pour les villes et les palais[1]. Les Slaves ne pratiquèrent pas la construction en pierre jusqu'au Xᵉ siècle, à l'exception de celles de leurs tribus méridionales qui étaient arrivées vers le VIᵉ siècle dans les Balkans et sur les confins de l'Italie, où elle avaient eu sous les yeux des spécimens d'architecture byzantine et romaine. Ce n'est que plus tard, au IXᵉ siècle, que la construction en pierre commença à gagner vers le Nord, où elle reçut, en raison de sa provenance, le nom d'*opus romanum*. L'usage, ainsi qu'il est naturel, en fut d'abord restreint aux bâtiments d'une importance exceptionnelle, comme les églises chrétiennes et les palais des princes. Il en était ainsi à Kiev du temps de Vladimir et dans la Bulgarie du début du Xᵉ siècle (le palais d'Aboba, près de Šumen, était en pierre). En Bohême, Ibn Ja'kûb, au Xᵉ siècle, admirait la ville de Prague « bâtie en pierre »[2], mais Kosmas nous apprend, d'autre part, à quel point la chose était nouvelle : le peuple, écrit-il, refusait de bâtir autour du château de Boleslav un mur de pierre *opere romano*. Les gens disaient au prince : « Nous ne le savons pas, ni ne le voulons, car nos pères ne faisaient rien de pareil »[3]. C'est vraisemblablement avec le christianisme qu'était arrivée la nouvelle mode : Saint Venceslas avait fait venir de l'étranger, pour la construction de l'église de Prague, « artifices lapidum »[4]. Il dut en être de même ailleurs, chez les Slaves du Nord par exemple ; il arriva partout des ouvriers qui enseignèrent les procédés nouveaux[5], et l'on ne s'étonnera pas qu'ils aient apporté avec eux les termes particuliers qu'impliquaient ces procédés, notamment ceux de *stěna* « mur » (nord. *sten*, got. *steins*) et *cigla* « brique » (lat. *tegula*)[6]. Avant d'avoir reçu les leçons de ces étrangers, les Slaves ne bâtissaient en pierre, tout au plus, que les

---

[1] Voir Herbord, II, 24, III, 30, sur Rujana et Julin ; Kosmas, III, 40, 45, sur Kladsko et Vyšehrad ; Léon le Diacre, VIII, 7, sur Prěslav. J'ajouterai ici qu'à Korenica, dans l'île de Rujana, il y avait, d'après Saxo Grammaticus (éd. Holder, p. 577), des maisons ayant jusqu'à trois étages.

[2] Ibrâhîm, éd. Westberg, p. 53. Le chroniqueur de Kiev (années 945 et 989) parle des constructions en pierre du palais de cette ville ; cela est confirmé aussi par les découvertes récentes. La première enceinte fortifiée en pierre nous est attestée pour la Russie en 1044 à Novgorod la Grande (Полное собр. русскихъ лѣтописей, III, 211).

[3] Kosmas, I, 19.

[4] Légende *Oportet nos fratres...*, éd. Pekař, p. 403.

[5] De même à Kiev en 889 (*Chronique*, version Laurentine, p. 119), et à l'occasion de la construction du palais du prince croate Ljudevit, en 820 (*Annales Einhardi*, 820, 821) et du palais de Pribina en Pannonie, 850 (*Conversio Bag. et Carant.*, 11).

[6] *Živ. star. Slov.*, I, pp. 824, 831. La *stěna* est attestée à partir du Xᵉ siècle.

fondements, posant les pierres à sec ou sur de la glaise, mais ils n'employaient pas le mortier.

Dans l'aménagement intérieur de la maison, c'est le foyer, ou plus exactement le four, qui jouait le rôle le plus important. Le foyer primitif était découvert. Le four, par contre, comporte comme un socle, où l'on allume le feu, et, surmontant celui-ci, une voûte en terre glaise : cette voûte, une fois surchauffée, ne retient pas seulement la chaleur à l'intérieur, de telle sorte qu'on puisse y faire cuire divers aliments, mais elle la fait rayonner tout autour et chauffe ainsi toute la pièce plus régulièrement et plus longtemps qu'un feu découvert.

C'est un fourneau de ce genre que l'on trouve, à partir du IXe siècle, dans la vieille chambre à feu de la maison slave en Russie et dans les pays de l'Ouest ; et, comme le nom même d'*istŭba*, emprunté au germanique *stuba*[1], nous apparaît à date aussi ancienne que cette chambre elle-même, nous sommes amenés à penser qu'il s'agit là, pour la chose comme pour le mot, d'un emprunt à l'Occident germanique qui, lui-même, n'était sur ce point que le débiteur de la civilisation romaine. Cet emprunt, pourtant, n'est pas aussi certain qu'il paraît à première vue. Il est frappant, en particulier, que le slave possède, à côté du germanique *istŭba-stuba*, le vieux mot indigène *pecĭ*, *peštĭ*[2] « four », de *pešti* « cuire », et les trouvailles faites en Russie et en Pologne attestent la présence d'une espèce de four dans les habitations indigènes longtemps avant le Xe siècle[3], ce qui nous amènerait à admettre que les Slaves se sont bâti des fours à l'imitation des modèles romains avant de connaître la *stuba* germanique. C'est là, d'ailleurs, un problème qu'on ne pourra résoudre tant qu'on ne disposera pas d'une quantité suffisante de matériaux datés avec précision. Le premier four slave semble avoir été le four à cuire le pain, qui a d'ailleurs conservé son nom proprement slave.

La base du four était faite en partie de bois, mais recouverte de terre glaise

---

[1] Voir ci-dessus, p. 105.

[2] Attesté depuis le IXe siècle dans la *Vie* légendaire de Méthode et ensuite chez le prêtre bulgare Kosmas (*Živ. star. Slov.*, I, p. 845).

[3] On a trouvé, par exemple, des fours à cuire le pain à côté d'habitations datant de l'époque romaine, à Podbaba près de Prague (*Živ. star. Slov.*, I, p. 843), à Jarociń et à Kistrzyn (*Praehist. Zeitschr.*, VI, p. 303 ; *Przegląd arch.*, 1919, p. 143). Il est donc certain que le four était connu, entre le Ier et le IVe siècle après J.-C. bien au nord du Danube. Les découvertes faites par Chvojka à Letičevo, en Podolie, ainsi que le fourneau de Lepesovka près de Kremenec (Изв. арх. ком., XXIX, 57), nous font remonter pareillement jusqu'aux IIe-IVe siècles. Il s'agit seulement de savoir si ces trouvailles sont slaves.

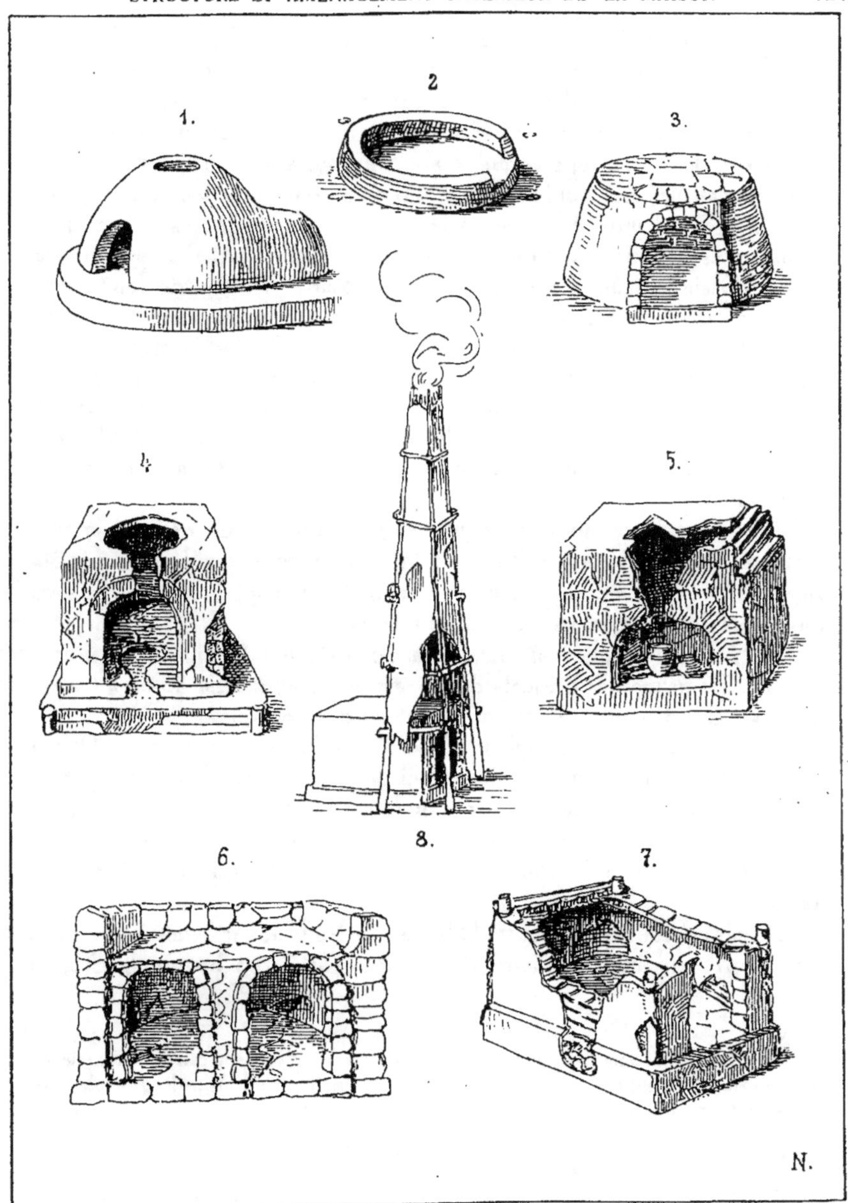

Fig. 44. — Anciens fours russes trouvés à : Monastyrišče (1) ; Kiev (2, 3, 7) ; Vitačevo (4) ; Bělgorodka (5) ; Konunča (6). Le n° 8 présente la reconstitution d'un four avec sa cheminée.

pour éviter l'incendie (qui, du reste, se produisait parfois). La partie supérieure [1] avait une forme arrondie ou conique, ou encore celle d'une caisse carrée comme l'ont montré les découvertes russes. On faisait d'abord le feu dans l'*istŭba*, sur le devant du four ; ce n'est qu'ensuite, sous l'influence de la maison franque, qu'on transporta le foyer pour cuire les aliments dans la pièce froide *(sěnĭ)*, d'où l'on entretenait le feu du four placé dans la pièce chaude. Le type ancien du foyer et du four s'est conservé jusqu'à présent dans les cabanes des montagnards des Carpathes, en Pologne et en Russie [2]. Seule l'antique *kuća* yougoslave n'a pas de four, mais uniquement un foyer, ce qui donne à penser, nous le savons [3], que les Slaves du Sud s'étaient mis en marche du Nord vers le Sud avant l'adoption du four ou du poêle. Le four apparaît, ainsi que nous l'avons vu, derrière la Warta et les Carpathes, avant le IVe siècle, mais les Slaves n'ont pas dû l'adopter largement avant le Ve siècle. Je ne vois pas d'arguments suffisants en faveur de l'antiquité plus reculée du four slave, telle que la suppose K. Rhamm.

L'introduction du four eut peut-être pour résultat de déterminer une manière nouvelle de faire la cuisine ; on peut supposer que l'usage de pots placés auprès du feu se substitua à celui de la suspension des aliments au-dessus du feu, mais ce n'est là qu'une hypothèse.

A la fin de l'époque païenne, on allumait le feu à l'aide d'un simple briquet. La forme des briquets d'alors est bien connue, car on en a trouvé un assez grand nombre dans les tombes de cette époque.

Le briquet slave se distinguait d'abord de celui des nomades de l'Orient dont on trouve fréquemment des échantillons en Russie méridionale et en Hongrie. Mais ce dernier ayant régulièrement une forme circulaire, quelquefois cubique, le briquet slave [4], par la suite, a pris aussi cette forme. Le mot slave primitif était **krěsilo*, **krěsalo*, de *krěsati* « battre le briquet ».

L'éclairage était assuré, outre le feu qui se trouvait sur le devant du four, par des roseaux ou des bûches enflammées *(luči)*. La bougie de cire, en

---

[1] Cette partie était faite de briques de terre cuite. Quant à la voûte en carreaux de faïence, les Germains l'avaient empruntée de bonne heure à l'Italie, avant même le VIe siècle, mais on ne peut dire quand ce genre de construction passa chez les Slaves : ce dut être beaucoup plus tard.

[2] Voir *Živ. star. Slov.*, I, pp. 848 et suiv.

[3] Voir ci-dessus, p. 120.

[4] Pour les détails, voir *Živ. star. Slov.*, I, p. 866.

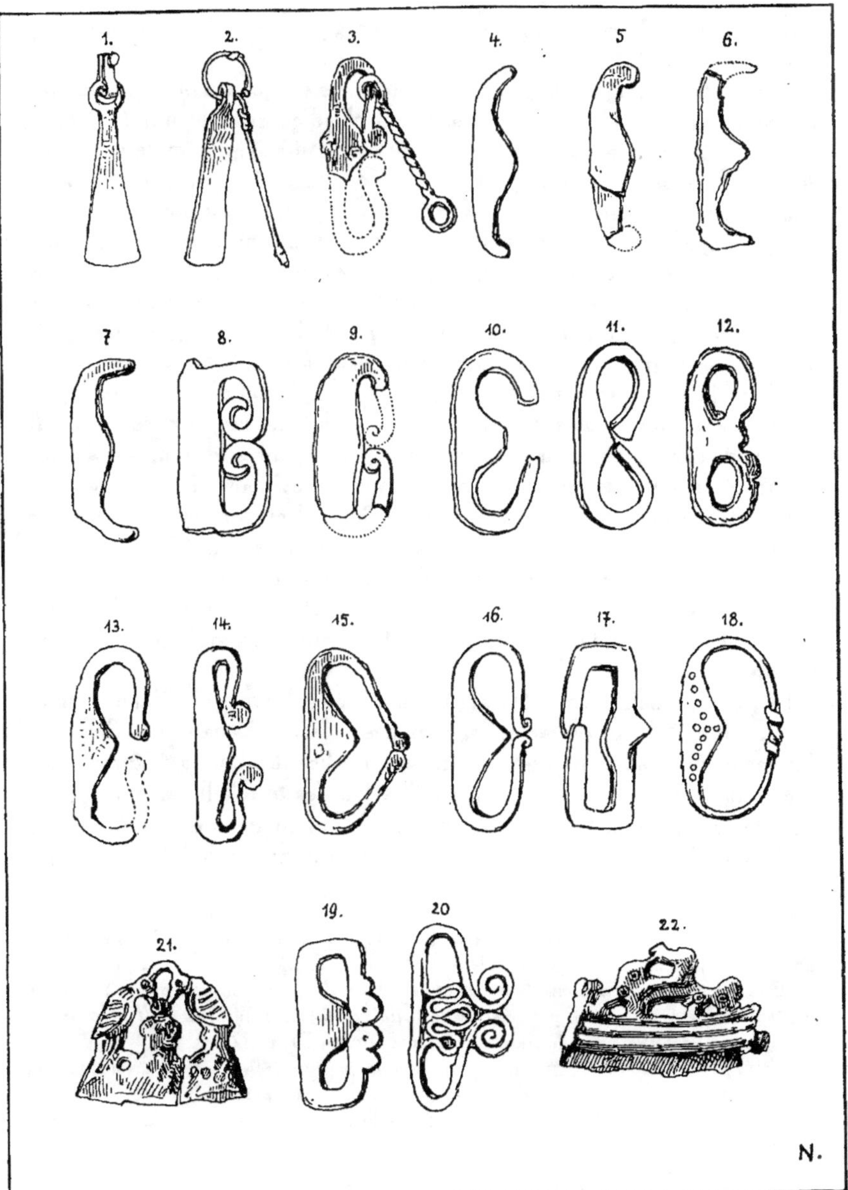

Fig. 45. — Briquets trouvés dans les pays slaves (depuis la période romaine jusqu'au XIIᵉ siècle).

slave commun *světja*, était aussi d'un usage ancien : elle est attestée à partir du Xᵉ siècle[1].

Nous savons fort peu de choses sur le reste de l'organisation de la maison. Contenait-elle une table, et cette table était-elle d'abord une simple planche posée sur le sol et autour de laquelle on se réunissait ? La table sur pieds élevés est en tout cas une acquisition postérieure[2]. Les bancs *(lava)* étaient nombreux : ils servaient de sièges et de lits. Il y avait aussi des coffres où l'on déposait les vêtements et même, en certains endroits, des lits spéciaux *(lože)* faits d'un assemblage de poutrelles, et pour lesquels nous avons des noms russes anciens venus de l'étranger. Ces noms prouvent que les Slaves avaient vu des sortes d'échafaudages de bois spécialement affectés à cet usage tant chez les Germains que dans les maisons grecques. On explique le mot одръ par un emprunt au nordique *etar*[3] ; le mot petit-russien полъ n'est pas autre chose, selon Rhamm, que le nordique *pallr* au sens d'échafaudage dans la pièce à feu ; par contre, le grand-russe полати, qui a le même sens, est une déformation évidente du grec παλάτιον emprunté avec divers sens par les Slaves du Sud et par ceux de l'Est. Le russe кровать est également un vieil emprunt au grec κραββάτι(ον)[4]. Quant à la chronologie, одръ apparaît déjà dans les plus anciens monuments littéraires, полъ et полати seulement plus tard, mais leur ancienneté n'est pas douteuse non plus[5]. L'origine nordique de полъ est discutable.

Le sol de la maison était de terre battue. Seules, les maisons riches avaient un plancher *(*dolga)* ou même un carrelage. V. Chvojka a trouvé à Bělgorod des carreaux émaillés non seulement dans l'église des Saints Apôtres, mais encore dans une maison particulière ; il a fait des trouvailles analogues sur l'emplacement de la forteresse de Šargorod. Les modèles en étaient venus du Sud ou de l'Orient, mais on les imitait déjà au XIᵉ siècle à Kiev[6].

---

[1] Dès le IXᵉ siècle, les Slaves polabes fournissaient comme tribut de la cire pour la fabrication des bougies. Voir le capitulaire *De villis*, de Charlemagne, 59, 62.

[2] Dans les meilleures maisons de boïars et de princes il y avait pourtant dès le XIᵉ siècle une table haute ; en Bulgarie plus tôt encore (*Živ. star. Slov.*, I, p. 879). Pour l'histoire de la table chez les Slaves, voir Murko, *Gesch. slav. Hauses*, III, p. 120.

[3] Voir A. Preobraženskij, Этимол. словарь русск. яз., pp. 640-641, et ci-dessus, p. 116.

[4] A côté du slave commun *lože* (de *ležati* « être couché »), il y avait encore, dès le Xᵉ siècle, le terme *posteľ, postelja* (de *stĭlati*, étendre). Sur le lit on mettait, outre les peaux, des nattes et des coussins de plume.

[5] *Živ. star. Slov.*, I, p. 873.

[6] Voir plus loin le chapitre IX.

Enfin, on ornait aussi les murs intérieurs et extérieurs de couleurs dont on a relevé des traces, par exemple, en Russie.

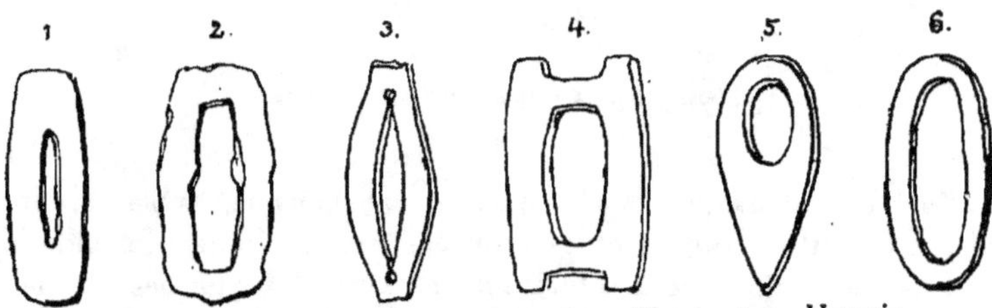

Fig. 46. — Briquets orientaux trouvés en Russie et en Hongrie.

CHAPITRE VI.

Religion, croyances et culte.

Il n'est pas douteux que, vers la fin de l'époque païenne, les Slaves, comme d'ailleurs les autres peuples indo-européens, avaient franchi le stade inférieur de la démonologie et de la magie pour s'élever à des formes supérieures de religion ; mais nous n'en savons que bien peu sur ce point. Nous entrevoyons par contre qu'un monde très riche de démons inférieurs les entourait encore, et qu'ils pratiquaient largement la magie comme l'unique intermédiaire entre l'homme et les démons : telle était certainement l'essence de leur religion depuis les temps préhistoriques jusqu'au déclin du paganisme. Il apparaît bien, au-dessus de ce monde démoniaque, certaines conceptions s'élevant jusqu'à des êtres d'une catégorie supérieure, d'une signification plus large et doués d'une grande puissance ; et ces conceptions atteignent presque jusqu'à celle d'un Dieu unique placé au-dessus de tout. Mais les témoignages anciens dignes de quelque créance ne nous indiquent ces conceptions que chez certains des peuples slaves, et cela d'une manière tout insuffisante, sans les préciser davantage. Et encore le peu que l'on croyait pouvoir retenir a-t-il été mis en doute récemment par le criticisme de certains mythologues modernes [1] : l'existence, admise jusqu'alors, de plusieurs membres de l'Olympe slave s'est trouvée ébranlée, et, à vrai dire il ne nous reste plus qu'un petit nombre de figures de dieux, et qui sont en partie d'origine étrangère.

Si l'on compare la civilisation slave en son ensemble, à l'époque qui a précédé l'adoption du christianisme, avec celle des peuples environnants et apparentés, il est difficile d'admettre que, seuls des Indo-Européens, les Slaves soient restés tellement en arrière dans leur évolution religieuse qu'ils n'aient eu aucune notion d'un système de dieux, de temples et de rites appropriés. Il faut pourtant reconnaître que les sources sont muettes ou

---

[1] Je pense ici tout d'abord à Al. Brückner qui a été le plus loin dans la négation : voir *Encyclopedja polska*, IV, 2, p. 149 (1912), *Mitologja słowiańska* (Kraków, 1918), *Mitologja polska* (Kraków, 1924) et l'article « Mythologische Thesen » (*Archiv. für slav. Philologie*, 1925, 1-2) que je n'ai pu utiliser ici. D'autres, comme St. Rożniecki, E. Aničkov, V. Mansikka et A. Pogodin, ont été moins hardis.

ne fournissent que des renseignements si rares et si incomplets[1] que
l'Olympe slave, expurgé de ses éléments faux ou contestés, apparaît singulièrement pauvre, et cette pauvreté ne saurait être entièrement imputée au
silence fortuit des sources. Il faut donc reconnaître que les Slaves, dans le
domaine religieux, sont restés quelque peu en arrière des autres peuples.
Ils ne sont pas parvenus à se constituer un système de dieux aussi développé
que celui de tels ou tels de leurs voisins appartenant à la même race indo-
européenne, mais plus proches des centres religieux de l'Orient et par là
même plus accessibles à leur influence. Leur religion païenne est indiscutablement moins riche que celle des Iraniens, des Grecs, des Italiens, des
Celtes et même des Germains. Ce n'est qu'une démonologie primitive,
mais où cependant, dès une époque où l'unité slave commune subsistait
encore, certains démons s'élevaient au-dessus des autres et jouaient le rôle
de dieux individuels, — et de cette démonologie, vers la fin de l'époque
païenne, et du moins dans ceux des pays slaves qui étaient ouverts aux
influences étrangères, des systèmes de dieux devaient se dégager, systèmes
franchement locaux, dont les dieux avaient leur hiérarchie, leurs temples
et leur culte.

La démonologie primitive.

On dispose, pour l'étude de l'ancienne démonologie slave, outre les
quelques données fournies par les vieilles chroniques, de deux catégories
de sources, à savoir : 1º la littérature apologétique ancienne qui combat les
restes du paganisme ; 2º les très nombreuses survivances du passé païen
que l'on trouvait encore au cours du siècle dernier chez tous les peuples
slaves.

Lorsque les Slaves adoptèrent le christianisme, c'est-à-dire surtout
aux IXᵉ et Xᵉ siècles et même, pour certains d'entre eux, plus tard encore[2],

---

[1] Voir dans *Živ. star. Slov.* (II, pp. 7-17) un aperçu des sources concernant la mythologie slave ; en ce qui concerne la vieille Russie, consulter de préférence V. Mansikka,
Religion der Ostslaven, I, Quellen, Helsingfors, 1921. Quant aux travaux sur la mythologie,
on en trouvera l'aperçu dans *Živ. star. Slov.*, II, pp. 281-288. Parmi les travaux d'ensemble
les plus importants et de date relativement récente, je citerai J. Máchal : *Nákres slov. bá-
jesloví* (Praha, 1891) ; L. Leger, *La mythologie slave* (Paris, 1901) ; et le livre d'Alex. Brückner déjà mentionné. L'article d'Aničkov sur les derniers travaux touchant la mythologie
slave (*Slavia*, II, 1923, p. 527) est également important. Je dois signaler enfin l'article critique
de V. Jagić « Zur slavischen Mythologie », paru dans l'*Archiv für slav. Philologie*, XXXVII,
pp. 492 et suiv.

[2] Ce furent les Slaves du Sud qui reçurent les premiers le christianisme, d'abord les
Slovènes des Alpes aux VIIIᵉ et IXᵉ siècles, puis les Croates et les Serbes, vers la même époque,

ils ne devinrent pas naturellement tout d'un coup de parfaits chrétiens. La vieille religion païenne se maintint longtemps encore, et avec tant d'opiniâtreté que l'Église fut obligée partout de la combattre, comme d'ailleurs la « double religion», que l'on appelle en russe двоевѣріе, c'est-à-dire le christianisme mêlé de paganisme. Nous sommes renseignés à cet égard par des témoignages historiques précieux, concernant tant les Slaves de l'Ouest que ceux du Sud, et surtout par divers sermons, interdictions, instructions et *Vies* de saints de la vieille Russie du XIe au XIIIe siècle et même au delà (1). Ces dernières sources sont celles où nous pouvons puiser avec le plus de profit, et c'est le grand mérite d'E. V. Aničkov et de V. Mansikka de les avoir rassemblées et d'en avoir critiqué l'antiquité et l'authenticité [2].

Mais le folklore slave aussi est d'un prix inestimable pour l'étude de la vieille religion païenne. Il n'en a malheureusement pas encore été fait une critique convenable qui permette d'y discerner ce qu'il offre jusqu'à nos jours d'ancien et de païen et ce qu'il a reçu d'apports secondaires venus d'ailleurs, par exemple dans les cultes. Néanmoins l'appui que donnent au folklore les sources historiques est si fort que nous pouvons reporter la majeure partie de la démonologie slave moderne jusqu'à l'époque païenne en la complétant par des données anciennes. Nous voyons ainsi que la religion d'il y a dix siècles subsiste aujourd'hui encore telle qu'autrefois et, dans l'ensemble, nous sommes en droit de tenir pour anciens et d'origine

et bientôt après le peuple bulgare. Boris fut baptisé en 864. Mais au XIe siècle il y avait encore des païens dans les Rhodopes et dans d'autres régions montagneuses. Les Slaves de Bohême et de Moravie commencèrent à être baptisés par les apôtres Constantin et Méthode arrivés en 863 ; le christianisme avait cependant déjà pénétré en Bohême; apporté par le clergé bavarois de Ratisbonne. En Pologne, le prince Mieszko reçoit le baptême en 965. Les Slaves du Main sont mentionnés par une charte de 846 comme un peuple nouvellement converti à la foi, mais chez les Slaves polabes et poméraniens le paganisme résista longtemps encore avant d'être vaincu aux XIe et XIIe siècles. Sa résistance fut efficace en Russie. Vladimir reçut le baptême à Kiev, en 988, avec sa suite, puis ce fut le tour des habitants de Kiev et de toute la région. D'autres centres de tribus suivirent bientôt le mouvement : Černigov, Smolensk, Novgorod, Pskov, Ladoga. Mais certaines tribus plus éloignées ne furent pas atteintes, et nous savons par la *Chronique* de Kiev que les Viatitches, les Radimitches et d'autres persistaient encore dans le paganisme à la fin du XIe siècle et au commencement du XIIe. Bien plus, à l'intérieur de la Russie slave il y avait des régions païennes entre le XIIIe siècle et le XVe, et il s'en trouvait encore aux environs de Novgorod au XVIe siècle (voir *Živ. star. Slov.*, I, pp. 231-236, et II, p. 264).

[1] Voir les détails dans *Živ. star. Slov.*, II, pp. 9-12.

[2] E. V. Aničkov, Язычество и древняя Русь, Спб., 1914 ; V. Mansikka, *Die Religion der Ostslaven*, I, Quellen, Helsingfors, 1921. Je ne connais pas le nouveau livre de Galikovskij : Борьба христіанства съ остатками язычества въ древней Руси.

païenne même des faits dont, par hasard, seulement, nous n'avons pas d'attestation ancienne.

Les Slaves étaient animistes : il prêtaient une âme aux éléments de la nature dans laquelle ils vivaient. Les deux catégories de sources ci-dessus indiquées nous en fournissent une abondante série de preuves. Le témoignage le plus ancien est celui de Prokopios, et son importance est telle pour l'étude de la mythologie slave que je crois devoir le rappeler ci-dessous *in extenso* [1]. Nous apprenons par lui que les Slaves qui envahirent les Balkans au VIe siècle — et c'étaient des Slaves du Sud et de l'Est (les Antes) — honoraient, à côté d'un dieu suprême, dont il sera question plus loin, des démons des bois et des eaux, et d'autres démons encore auxquels ils offraient des sacrifices et de qui ils réclamaient des oracles. Ce témoignage du VIe siècle nous est confirmé, quelques siècles plus tard, par toute une série de textes d'origine russe, bulgare, polonaise, tchèque, baltique, et qui portent tous, comme s'ils n'étaient que la copie les uns des autres, que les gens des pays slaves honoraient les rochers et les montagnes, les sources, les lacs, les buissons, les arbres, des bois entiers, des quadrupèdes, des oiseaux et enfin le feu, les étoiles, la lune et le soleil [2]. Et ils honoraient toutes ces choses, arbres, sources ou montagnes, non pas comme des objets sans vie, mais en tant qu'êtres à qui ils prêtaient une âme et la figure de personnes vivantes, — de démons [3]. Ils les honoraient, et, par voie de conséquence, ils leur demandaient aussi leur aide en diverses circonstances ; ils les remerciaient le cas échéant ; ils les craignaient parfois et se gardaient de leur influence.

La plupart de ces démons appartenaient, à n'en pas douter, à la caté-

---

[1] Prokopios, III, 14 : « Ils reconnaissent qu'il n'y a qu'un seul dieu, créateur de la foudre et maître de tout ; ils lui sacrifient du bétail et toute sorte d'animaux. Ils ne savent rien du destin, et ne pensent pas qu'il puisse avoir quelque pouvoir sur l'homme. Mais lorsque la mort les menace, lorsqu'ils sont accablés par la maladie ou qu'ils se préparent à la guerre, ils promettent, s'ils en réchappent, d'offrir aussitôt un sacrifice au dieu qui les aura sauvés. Une fois tirés de peine, ils offrent le sacrifice qu'ils ont promis, et ils croient qu'ils doivent leur salut à ce sacrifice. Ils adorent les fleuves, les nymphes et quelques autres démons. Ils leur offrent des sacrifices à tous et en sacrifiant attendent des oracles. »

[2] Voir *Živ. star. Slov.*, II, pp. 27-30.

[3] Nous ne connaissons pas le terme slave originel pour le grec δαιμόνιον. A la fin de l'époque païenne, il semble que c'étaient les mots *divŭ* et *běsŭ*. *Běsŭ* désigne aujourd'hui le diable, tel que nous le représente le christianisme ; mais à l'origine les *běsi* étaient des dieux païens en général, comme le montrent les anciennes sources. Le mot *divŭ* est ancien et de provenance indo-européenne : cf. iran, *div*, zend *daěva*, ind. *deva*, lat. *divus*, lett. *deive*, lit. *děvas*.

gorie des âmes défuntes des ancêtres [1]. Il y avait en outre quantité de
démons qu'on ne saurait considérer comme des mânes et dont on ne peut
expliquer la création que par une animisation, soit primitive, soit secondaire.
Tels étaient en particulier les corps célestes et les grands phénomènes de la
nature, comme le tonnerre, les éclairs, le vent, la pluie et le feu. Le soleil
et l'éclair, par exemple, évoquaient d'eux-mêmes, dans l'âme du Slave,
l'idée d'un esprit animant ces forces naturelles comme l'esprit commande
le corps de l'homme ou de l'animal ; la localisation dans ces forces des
âmes d'ancêtres disparus devenait du même coup inutile, et de fait la religion des Slaves ne nous en offre aucune trace.

Le premier groupe de démons est cependant plus nombreux. C'est celui
des âmes des ancêtres transportées en d'autres lieux et dotées de certaines
attributions. Les Slaves croyaient que l'âme était appelée à une autre vie.
Ce n'est pas là une hypothèse fondée sur ce que l'on constate chez d'autres
peuples. C'est un fait qui nous est attesté à la fois par plusieurs textes anciens
et par une foule de survivances à l'époque moderne : ainsi les rites funéraires compliqués dont nous avons vu plus haut les principaux traits, et
auxquels il faut ajouter les coutumes populaires — et en particulier les coutumes polonaises recueillies dernièrement par Ad. Fischer [2], — l'immolation
des femmes, des esclaves, des chiens et des chevaux, les aliments déposés
sur les tombes, le repas funèbre ou *tryzna*, sans compter toute une série de
vieilles superstitions, vivantes encore de nos jours, sur la sortie de l'âme de
la maison et son retour (le vampirisme), la participation des âmes aux
festins et aux beuveries données en l'honneur des ancêtres, la préparation
de bains pour les ancêtres, etc. Nous trouvons, en outre, quelques données
directes et anciennes sur cette croyance aux âmes des ancêtres chez Kosmas,
le chroniqueur tchèque, à l'année 1092 (III, 1). Les vieilles conceptions
du *navĭ* et du paradis se rapportent également à l'autre vie. *Navĭ* signifie
« le mort » et « le séjour des morts » [3] ; et *raj*, qui correspond au grec
παράδεισος, et cela, selon toute vraisemblance, dès l'époque païenne,
désigne pareillement « le séjour des morts » [4]. L'assertion de Thietmar, au

---

[1] Voir *Ziv. star. Slov.*, II, pp. 3[et 34.

[2] A. Fischer, *Zwyczaje pogrzebowe ludu polskiego*, Lwów, 1921.

[3] Voilà pourquoi un chroniqueur polonais du XV° siècle, Długosz, a créé lui-même
(à moins qu'il ne l'ait trouvé dans sa source) un dieu polonais du nom de *Nyj, Nyja*, qui
n'est pas attesté par ailleurs (éd. Przedziecki, I, p. 47).

[4] A vrai dire, l'idée du paradis ne nous est pas davantage connue. Il est douteux que le
cexte de Fadlân (922) sur un paradis, beau jardin verdoyant où les morts se trouvent en
kompagnie de leurs amis et de leurs serviteurs, se rapporte à une représentation slave (Harkavi, Сказаніи, p. 99).

XIe siècle, sur le matérialisme des Slaves (« Sclavi qui cum morte temporali omnia putant finiri », I, 7) contredit si formellement tout ce que nous savons par ailleurs qu'on ne saurait la prendre à la lettre. L'auteur voulait probablement dire, de son point de vue chrétien, que les Slaves n'avaient pas la notion de la résurrection chrétienne des morts ni celle de leur jugement selon leurs actions bonnes ou mauvaises en cette vie. C'est ce qu'indique d'ailleurs le commencement même de son chapitre : « Ut nullus Christo fidelium de futura mortuorum resurrectione diffidat... »

Cette croyance à une autre vie a déterminé chez les Slaves la croyance à la survie des ancêtres et le culte des mânes. Ce culte est attesté par quantité de témoignages anciens, en particulier pour les Slaves de la Baltique [1]. Quant aux Tchèques, une légende écrite se rapportant au début du XIIe siècle raconte que l'ancêtre Čech serait arrivé dans le pays de Bohême chargé, sur ses épaules, de ses pénates. Mas'ûdî observe, à propos des Slaves en général (mais, sans doute, plus particulièrement à propos des Slaves de l'Est) qu'ils brûlaient leurs morts et se prosternaient devant leurs cendres. Dans la Russie des XIe et XIIe siècles, nous le savons par divers témoignages, on croyait que les esprits des ancêtres habitaient la maison (хороможитель), on leur y préparait des bains, et l'on allumait du feu pour leur permettre de se réchauffer. La série des formes sous lesquelles apparaissent ces esprits est illustrée par nombre de données folkloriques ultérieures, du XIIIe siècle au XXe, sur une foule de petits démons du foyer et de la nature dont les noms, il est vrai, ne se rencontrent pas toujours à date ancienne, mais que nous n'en pouvons pas moins considérer comme des survivants d'un culte païen rendu aux âmes des ancêtres. Il ne s'agit pas, cela va de soi, de rapporter à l'époque païenne tous les noms sous lesquels nous sont aujourd'hui connus les démons du foyer, des bois et des eaux. Ces noms varient d'un peuple slave à l'autre ; la différenciation qu'ils accusent a pu se produire tardivement, mais la conception fondamentale dont ils procèdent doit être ancienne et remonter jusqu'au paganisme.

Parmi ces divinités inférieures qui séjournaient dans la maison, près du foyer, sous le seuil, ou encore dans la forêt, dans l'eau et parmi les blés [2], il en est dont l'existence à l'époque la plus reculée n'est pas douteuse, comme

---

[1] Thietmar, VIII, 69 (« domesticos colunt deos... hiis immolant ») ; Saxo Gram., éd. Holder, 547 ; Helmold, I, 52 (« nam praeter lucos et penates, quibus agri et oppida redundabant ») ; Kosmas, I, 2 ; *Homiliaire* d'Opatovice, éd. Hecht, 57 ; Mas'ûdî (Harkavi, Сказанія, p. 125).

[2] Voir des données détaillées dans *Živ. star. Slov.*, II, pp. 46 et suiv.

le *dĕdŭ* et la *baba*, ou dont les noms sont attestés à date ancienne, comme le *divŭ*, le *choromožiteli̇́*, le *domovoj*, le *lešij*, la *mora*, le *vlkodlak*, l'*upir*, le *zlyden*, le *zmek*, la *poludnica*, le *krzak*, la *dehna*. On connaissait aussi en Russie et en Pologne un serpent domestique, l'*uboźe*[1]. Une copie d'une vieille homélie de saint Jean Chrysostome nous laisse apercevoir encore certaines représentations russes sur lesquelles nous ne savons rien de précis : вела богиня, ядрѣй, попутникъ, кутны богъ, обилуха, mais cette copie et les suppléments qu'elle introduit sont du XVIᵉ siècle[2].

Les termes les plus fréquents, à partir du XIᵉ siècle, sont ceux de *bereginja*, *pereplutŭ*, puis de *rusalka* et *vila*. Nous ne savons pas exactement ce qu'étaient les *bereginje* : on peut voir en elles, suivant toute vraisemblance, des êtres vivant dans l'eau et apparentés aux *rusalky*. Nous ignorons tout du *pereplutŭ*, sinon que de vieilles instructions russes interdisent fréquemment de lui offrir des sacrifices non plus qu'aux *bereginje*[3]. On est mieux informé sur les *rusalky*, mais ici il faut bien distinguer. Les *rusalky* sont, jusque dans le folklore slave de nos jours, les âmes des jeunes filles ayant quitté ce monde, tout comme les мавки, навки, qui d'ailleurs leur ressemblent[4]. Elles vivent dans les eaux et sur les rives, se livrant à des divertissements et à la danse. Elles sont malveillantes à l'égard de l'homme, et c'est pourquoi le peuple cherche à se les concilier par divers petits sacrifices. Leur nom même de *rusalka* se rattache sans aucun doute à celui des anciennes « fêtes des roses » que l'on appelait *rosalia*, *pascha rosarum*. Ces fêtes se célébraient en été suivant des rites dramatiques, de tradition bachique ; malgré toute l'opposition que l'Église leur avait faite, elles s'étaient transmises à la nouvelle société chrétienne, et elles devaient se maintenir longtemps dans le peuple sous le nom de *rusalija* (русалія)[5]. On les trouve mentionnées en Russie dès le XIᵉ siècle et un peu plus tard dans les autres pays slaves. Les personnages féminins qui figuraient dans ces fêtes avaient reçu probablement le nom de *rusalky*, et par la suite ce nom en était venu à désigner en général des êtres d'origine manistique, des âmes d'enfants défunts, de jeunes filles et de femmes mortes prématurément, ainsi que l'a montré A. N. Veselovskij[6]. Les Slaves n'avaient adopté

---

[1] Voir la documentation dans *Živ. star. Slov.*, II, pp. 42-44.

[2] Voir Mansikka, *Religion*, I, p. 177.

[3] Notamment une homélie de saint Grégoire et de saint Jean Chrysostome (*Živ. star. Slov.*, II, p. 43). Le mot берегиня est en relation évidente avec берегъ « rive ».

[4] Voir *Živ. star. Slov.*, II, p. 38.

[5] Voir ici même, pp. 55 et 167.

[6] Voir Veselovskij, Разысканія, XIV, pp. 270-280 (Сборникъ отд. русск. яз. и

les « fêtes des roses » que vers la fin de l'époque païenne. Nous ne savons quand ils en ont dégagé les *rusalky*, mais ce ne fut certainement que plus tard. Le nom est donc étranger et récent, mais, en ce cas comme en tant d'autres, il ne fait que recouvrir une conception ancienne et familière aux Slaves depuis longtemps. Il faut nous souvenir ici du passage où Prokopios note qu'au VIe siècle les Slaves honoraient « les nymphes des eaux »[1] : c'est à ces nymphes dont nous ignorons l'ancien nom slave (*vodna žena?* ou *vila?* ou *bereginja?*) qu'est passé secondairement le nom de *rusalka*.

Les *vily* sont, à mon sens, plus anciennes que les *rusalky*. Leur origine manistique, il est vrai, n'est pas aussi claire, et elles offrent d'autres catégories que celles des *vily* des eaux : ainsi les *vily* de l'air ou des montagnes. On pense aussi communément que les *vily* sont nées à une époque relativement tardive dans les Balkans, et que de là elles ont gagné les Slaves de l'Est et de l'Ouest par l'intermédiaire de la littérature ; elles auraient été de la sorte étrangères au paganisme. V. Mansikka va même plus loin : il leur attribue une origine turco-tatare et non balkanique[2]. On ne saurait méconnaître, en vérité, que les *vily*, de nos jours, appartiennent essentiellement à la tradition populaire des Slaves du Sud[3], que les Russes les ignorent totalement et que la tradition des Slaves de l'Ouest ne les connaît que peu. Mais il y a plus : les *vily* apparaissent déjà dans les textes slaves des Balkans et dans les textes russes les plus anciens, ainsi que dans des pénitenciers russes postérieurs. Elles y figurent, à côté du *pereplutŭ*, de la *bereginja* et des vampires, parmi les êtres auxquels le peuple croyait, et cela de manière si précise que je ne puis admettre qu'elles n'aient eu en Russie qu'une existence purement littéraire. Elles sont également attestées en Bohême dès le XVe siècle[4]. Il est difficile, dans ces conditions, de leur supposer un point de départ balkanique, alors surtout qu'en Slovaquie la tradition de leur origine manistique s'est maintenue jusqu'à nos jours. Leur existence dans le paganisme slave me paraît certaine, et cela d'autant plus que leur nom même peut s'expliquer par le slave : c'est en raison de leur amour de la danse qu'elles ont dû être appelées *vila*, en liaison avec le

---

слов. , XLVI, 1890). Pour les *rusalii* dans les Balkans, voir le travail récent de M. Arnaudov, Кукери и русалии, София, 1920. Les *rusalky* russes ont été étudiées par Dm. Zelenin, dans les Очерки русской миѳологии, I, Спб., 1916.

[1] Passage cité plus haut, p. 129.

[2] Mansikka, *Religion*, pp. 153 et 160.

[3] Voir *Živ. star. Slov.*, II, pp. 43, 61. Dans les Balkans, outre le nom de *vila*, on rencontre chez les Serbes et les Bulgares ceux de *diva*, *samodiva* et *juda*.

[4] *Ibidem*, II, p. 62.

slave commun *viliti* « s'agiter, courir follement » et le vieux-tchèque *vila* « fou ». Si le peuple russe en a perdu le souvenir, c'est qu'une autre représentation s'est substituée à la leur, probablement celle des *rusalky* : elles ont disparu du folklore russe comme le *pereplutŭ* et la *bereginja* à qui elles paraissent apparentées. Voilà pourquoi je suis disposé à les rattacher au patrimoine primitif de la mythologie slave. Ne seraient-elles pas précisément les nymphes (νύμφαι) auxquelles Prokopios fait allusion ?

A côté des *vily*, il y a dans la nature quantité d'autres êtres mystérieux : des hommes et des femmes sauvages de toute sorte, aux noms divers, ayant pour habitat les bois, les chemins, les céréales, les eaux, le vent, les flammes et ne sortant qu'à une heure du jour déterminée, par exemple à midi ou le soir [1]. Il est difficile de dire de ces divers êtres jusqu'à quel point ils représentent originellement les âmes des ancêtres ou ne sont que de pures personnifications des forces de la nature. Je pencherais volontiers vers cette seconde interprétation en ce qui concerne le soleil, la lune, les étoiles et aussi les phénomènes atmosphériques, vent, éclair, tonnerre. Les Slaves les divinisaient en raison de la forte impression qu'ils en recevaient [2]. Le feu, de même, devait leur apparaître spontanément comme un être doué d'une grande puissance et qu'il n'était pas besoin d'animer en y logeant l'âme d'un ancêtre ; de fait, ils l'honoraient comme fils de Svarog ; les Russes le priaient dans les granges où ils faisaient sécher leurs céréales [3], et on allumait le feu saint, « le feu vivant », à la manière primitive, en frottant l'un contre l'autre deux morceaux de bois, ainsi qu'on le fait encore aujourd'hui dans certains cas. Il ne faudrait pas dire pourtant que les Slaves adoraient le feu comme les vieux Iraniens. Si certains chroniqueurs arabes (Kardîzî, Rosteh, le Géographe persan, Šukr-allah, Bakûvî, Abulfeda) les caractérisent comme des adorateurs du feu [4], ce ne peut être que l'effet d'une erreur ou bien la constatation d'une influence religieuse de l'Iran qui se serait affirmée chez les Slaves de l'Est à l'exclusion des autres.

Par contre, les génies domestiques qui régissaient la destinée des hommes étaient certainement d'origine manistique. Quelques-uns, à vrai dire, sont

---

[1] La *poludnica* tchèque est attestée depuis le XIIIe siècle dans une glose tchèque de la *Mater Verborum* ; quant au *poludnikŭ* russe (бѣсъ полуденный), voir Mansikka, *Religion*, I, p. 309.

[2] Voir les preuves du culte de ces divers êtres dans *Živ. star. Slov.*, II, pp. 78-80. Il faut cependant soigneusement distinguer l'ancienne tradition indigène des influences étrangères.

[3] Voir plus haut, p. 114.

[4] Voir *Živ. star. Slov.*, II, p. 84.

venus aux Slaves de l'antiquité classique. Ainsi les traditions relativement récentes sur les *sudičky* rappellent le mythe des Parques, et le destin personnifié remplace le *fatum* antique, la τύχη[1]. Mais dès le XIe siècle on honorait des génies semblables qui n'étaient originellement que les esprits des ancêtres. Ceux que l'on appelait *rožanica* ou *roždénica* avaient pour fonction d'assister les accouchées et n'étaient pas sans influence sur le sort du nouveau-né. On leur offrait des sacrifices, et on leur donnait les premiers cheveux de l'enfant, pour qu'ils accordassent à celui-ci une destinée favorable ; c'est ce que nous apprend toute une série d'instructions et de commentaires russes des XIe, XIIe et XIIIe siècles[2]. On ne sait exactement quels étaient l'origine et le rôle du démon nommé *rod* (naissance) que mentionnent les textes russes à côté de la *rožanica*. Peut être favorisait-il les bonnes couches.

Le culte des animaux était aussi répandu parmi les Slaves, mais nous n'avons que fort peu de témoignages le concernant[3]. Nous savons seulement qu'il existait quantité de superstitions se rapportant au coq et à la poule qui, comme on le sait, conservent aujourd'hui encore une grande part de leurs attributions magiques. Nous savons aussi que, chez les Slaves de la Baltique, les dieux les plus élevés en dignité, Svantovit à Arcona et Svarožič à Rethra, avaient des chevaux qui leur étaient consacrés et rendaient des oracles. Le culte du taureau, en tant que symbole de la force productrice, ne peut être que conjecturé. Quant au totémisme, c'est-à-dire au culte de certains animaux en tant que *totems* d'une race, tous documents sûrs nous font défaut : il est intéressant pourtant de constater que plusieurs tribus slaves portaient des noms d'animaux (« Loups », « Corbeaux », « Muzerains », « Lancrets ») et que sur de nombreux points du domaine l'ancêtre de la race était honoré sous la forme d'un serpent qui se tenait sous le seuil de la maison ou sous le foyer[4].

Les dieux slaves.

Les Slaves, en plus de ces nombreux génies du foyer et de la nature, connaissaient quelques êtres supérieurs auxquels ils donnaient le nom de *bogŭ* « dieu ». Ceux-ci étaient relativement peu nombreux, et encore plusieurs d'entre eux n'étaient pas d'origine slave, en ce sens qu'ils n'appartenaient

---

[1] Voir *Živ. star. Slov.*, II, pp. 66, 70.

[2] Voir *Živ. star. Slov.*, II, pp. 67-68.

[3] *Živ. star. Slov.*, II, p. 71.

[4] Mme J. Klawe explique une partie des emblèmes des blasons polonais par des conceptions totémiques (*Totemizm i pierw. zjawiska religijne w Polsce*, Warszawa, 1920).

pas en propre à la religion populaire des Slaves, mais qu'ils avaient été créés artificiellement ou pris à d'autres religions. Certains philologues estiment même que le mot *bogŭ* aurait été emprunté à l'iranien. Cette hypothèse me paraît peu vraisemblable : le slave *bogŭ*, comme le sanscrit *bhāgas*, le vieux perse *haga*, le phrygien Ζεύς βαγαῖος et l'arménien *bagin* ne sont que des formes diverses de l'héritage commun légué à la branche de *satem* par l'indo-européen [1]. Ces êtres supérieurs pour lesquels ce nom de *bogŭ* est attesté, soit directement par des sources slaves, soit indirectement par les sources grecques et latines (θεός, *deus*), sont nés, les uns dès l'époque de l'unité slave, et sont communs à tous les Slaves, — les autres à une époque plus tardive, et ceux-là sont particuliers à des régions déterminées et doivent leur existence tantôt à la caste sacerdotale, tantôt à l'influence d'une religion étrangère voisine.

On a pensé parfois que les Slaves, à l'époque où ils formaient encore un ensemble, n'étaient pas arrivés à se créer des dieux, et qu'il n'y avait pas de dieux « panslaves », puisqu'il n'en est pas qui soient attestés dans tous les pays slaves. Cette opinion me paraît peu fondée et, pour ma part, bien que l'indigence des sources ne nous permette pas d'établir l'existence de tel ou tel dieu dans toutes les tribus slaves, je n'en crois pas moins que plusieurs de ces dieux étaient communs à tous les Slaves vers la fin de l'époque païenne. Ainsi les dieux incarnant les phénomènes célestes essentiels ou les grandes étapes de la culture de la terre : nous avons sur eux des données concordantes et se rapportant à des points fort éloignés les uns des autres, ce qui prouve combien leur domaine était étendu. Mais il est vrai que les Slaves ne possédaient qu'un très petit nombre de ces dieux-là, et, à l'aube du christianisme, des dieux locaux nouveaux dûs à des échanges entre les tribus ou bien artificiellement créés avaient écarté les vieux dieux panslaves et s'étaient substitués à eux. En ce qui concerne ces divinités locales, deux cycles au moins appellent quelques remarques générales : celui des Slaves de la Baltique et celui des Slaves de Russie.

Seuls, les Slaves de la Baltique ont créé une famille de véritables dieux, avec des temples et une caste sacerdotale. Il faut, sans doute, voir là l'influence des Germains d'outre-mer qui étaient plus avancés dans le domaine religieux, et qui, bien avant le XIIe siècle, se trouvaient en contact perpétuel avec les Slaves des bords de la Baltique. De fait, le cycle des dieux de la Baltique est à part, et personne ne le nie ni ne saurait le nier.

---

[1] Voir les détails dans *Živ. star. Slov.*, II, p. 87. C'est ainsi qu'en a jugé récemment Jagić (*Archiv für slav. Philologie*, XXXVII, pp. 501-502).

Le second de ces cycles locaux, le cycle russe, est plus sujet à caution. Nous disposons cependant, à son sujet, de plusieurs témoignages dignes de foi. C'est d'abord celui de la *Chronique* de Kiev : le prince Vladimir tenta, en 980, de restaurer le vieux paganisme en face du christianisme naissant, et il éleva, à côté du palais princier, à l'endroit où fut bâtie plus tard l'église de saint Basile, une série d'idoles païennes *(Perun, Chors, Dažbog, Stribog, Simargl, Mokoš)* destinées à être honorées comme les symboles des dieux russes nationaux. Et, en effet, ajoute le chroniqueur, « le peuple leur offrait des sacrifices, en leur donnant le titre de dieux, il leur sacrifiait ses fils et ses filles, de telle sorte qu'il souilla par ces sacrifices le pays russe tout entier et la colline [où étaient ces images des dieux] [1] ». Mais tous ces dieux russes locaux ont eu maille à partir avec la critique : on a voulu reconnaître en eux soit des dieux étrangers, surtout d'origine germanique, soit des dieux importés tardivement de la Grèce et de l'Orient, et que le prince aurait installés parmi ses sujets sans que le peuple les eût honorés ni même connus auparavant. Il en est même que l'on regarde comme de pures fictions littéraires, ne correspondant à aucune réalité, et qui ne sont passés dans la *Chronique* et dans d'autres textes que par l'effet d'une erreur de l'écrivain [2].

Ce sont là des questions dont je traiterai par la suite plus en détail [3]. Qu'il me suffise d'indiquer pour l'instant que le travail critique de ces dernières années a été fécond en heureux résultats, et qu'il nous permet d'aborder le problème des dieux russes avec plus d'objectivité qu'auparavant et même qu'en 1915, à l'époque où j'écrivais le chapitre concernant la mythologie dans *La vie des anciens Slaves*. C'est ainsi qu'il est prouvé, comme on le verra, qu'il faut exclure Chors et Simargl du cercle de dieux slaves, et que Mokoš reste suspect. Il est certain aussi que la *družina* des princes varègues avait apporté à Kiev le culte de ses vieux dieux, et en particulier celui du *Thor* scandinave, dieu du tonnerre et de la foudre. Je ne partage pas l'avis de ceux qui regardent le *Perun* russe comme un Thor d'importation, *Dažbog, Stribog, Veles* comme des transformations d'Odin, et *Mokoš* comme le Freya des Germains, niant ainsi que le peuple slave ait créé et honoré ces dieux-là. Il me paraît, au contraire, que la seule existence de ces noms slaves de *Perun, Veles, Stribog, Dažbog* et *Mokoš* témoigne en

---

[1] *Chronique*, version Laurentine, 77, à l'année 980.
[2] Voir plus haut (pp. 127, 128) les travaux d'Aničkov précités, l'article de St. Rozniecki, « Perun und Thor », *Archiv. für slav. Philologie*, XXIII, p. 462, et le travail d'Al. Pogodin, Опыть языческой реставрацiн (tiré à part, Belgrade, 1922).
[3] Voir plus loin, p. 143.

faveur de conceptions indigènes anciennes auxquelles seulement la pratique de cultes étrangers, par la suite, était venue ajouter son apport. C'est la raison pourquoi je tiens *Perun* non pour le Thor germanique, mais pour un dieu indigène que les Varègues ont trouvé dans le pays en y arrivant. Ces maîtres scandinaves se sont comportés dans le domaine religieux à peu près comme dans le domaine social : ils ont adopté *Perun* en le confondant avec Thor, et ils ont dû pareillement confondre tels ou tels autres de leurs dieux avec *Dažbog*, *Stribog* et peut-être *Veles*. Comment expliquer autrement ces nouveaux noms qui ne figurent pas dans la mythologie nordique ? Et comment encore expliquer l'extension de *Perun* et de *Veles* dans le reste du vaste domaine slave ? Je crois donc qu'il existait déjà un cycle de dieux slaves lorsque les Varègues arrivèrent avec leurs propres dieux. Il va de soi, toutefois, que ces dieux n'avaient pas une situation comparable à celle des dieux polabes : ils ne possédaient ni caste de prêtres à leur service, ni centres religieux. Il fallut l'influence des Varègues pour faire surgir les statues des idoles et les sanctuaires.

Quels étaient, dans ces conditions, les dieux communs à tous les Slaves ? Quels étaient les dieux locaux ? C'est à ces deux questions que nous allons nous efforcer de répondre.

Les dieux communs à tous les Slaves.

Perun. — Le premier dieu commun à tout le monde slave est Perun. Il personnifiait le ciel d'orage avec le tonnerre et les éclairs. On ne peut, à vrai dire, démontrer rigoureusement qu'il ait existé chez tous les Slaves, mais nous sommes fondés du moins à affirmer qu'il n'était pas seulement un dieu local. Prokopios, dès le VIe siècle, donne comme dieu principal des Slaves du Sud le « maître de la foudre »[1] : il ne pouvait avoir en vue que ce même dieu que nous connaissons par les autres Slaves sous le nom de Perun.

Ce nom revient souvent vers la fin de l'époque païenne, mais ce n'est qu'en Russie qu'il figure parmi les noms des dieux païens, tant en maints passages de divers sermons, à partir du XIe siècle[2], que dans la *Chronique* de Kiev. Nous lisons en effet dans cette dernière, aux années 907, 945 et 971, que les Russes, alors qu'ils concluaient un traité, prêtaient serment devant Perun

---

[1] Prokopios, *B. G.*, III, 14 : « Θεὸν μὲν γὰρ ἕνα τὸν τῆς ἀστραπῆς δημιουργὸν ἁπάντων κύριον μόνον αὐτὸν νομίζουσι εἶναι ».

[2] Voir *Živ. star. Slov.*, II, p. 95 ; Mansikka, *Religion*, I, pp. 250-304.

et Veles, et que la statue de Perun se dressait, en 945, à Kiev, sur un mon-
ticule. Lorsqu'en 980 le grand prince Vladimir plaça des idoles près du palais
princier, il y avait parmi elles un Perun en bois, avec une tête d'argent et
une barbe d'or. Mais ce Perun ne devait pas rester là longtemps : en 988,
le prince Vladimir, ayant reçu le baptême et renversant toutes les idoles,
le fit traîner jusqu'au Dniéper, où la statue flotta quelque temps à la surface
de l'eau pour finir par s'enliser dans un bas-fond qui longtemps après garda
le nom de Perun. Un Perun semblable se dressait à Novgorod au-dessus
du Volchov : il fut renversé, lui aussi, par l'évêque Akim et précipité dans
la rivière[1].

Il est hors de doute que les traditions des Russes scandinaves, qui avaient
une représentation analogue de Thor, avaient influé sur le culte de ce
Perun. Mais Perun n'était pas pourtant un dieu purement germanique que
les Varègues auraient transporté à Kiev et à Novgorod. La preuve du contraire me paraît être dans la large expansion de son culte et sa vitalité dans
les croyances populaires des autres Slaves. Une homélie de saint Grégoire
le présente comme un dieu slave ancien, et qu'au XIIe siècle le peuple invoquait encore dans les régions les plus éloignées. Sa trace, par ailleurs, se
laisse suivre de manière évidente bien loin hors de Russie. Chez les Slaves
du Sud, d'abord, nous la trouvons, dans nombre de noms de lieux de la
péninsule balkanique [2] et dans le nom d'une plante *perùnika* (« iris germa-
nica L. ») ; le nom même de Perun se reconnaît dans celui de l'oracle de
Pyrin au VIIe siècle, et nous trouvons expressément Perun pour Zeus dans
une traduction de Jean Malalas (III, 13), au Xe siècle [3] ; enfin Prokopios,
nous l'avons vu, signale chez les Slaves qui arrivaient à cette époque dans
les Balkans le culte d'un dieu commandant à la foudre. Chez les Slaves de
l'Ouest, le nom de Perun s'est conservé parmi les Polabes, et dans quelques
noms de villes polonaises (un chêne de Perun sur une limite du diocèse de
Przemysl est mentionné dans une charte de l'année 1302), et dans certains
proverbes slovaques. De plus, deux faits attestés à date ancienne doivent
encore être rapportés au culte de Perun : les habitants de la ville poméra-
nienne de Korenica adoraient un dieu appelé en latin *Porenutius*[4], vraisem-

---

[1] *Chronique*, version Laurentine, 31, 52, 53, 72, 77, 78, 114, 116. De même les copies de
la légende de Gunnlaug sur le roi Olaf Tryggvesson (995-1000), qui fut l'hôte de Vladimir
à Kiev, font mention des idoles et du temple païen de Kiev. Voir Mansikka, *Religion*, I,
p. 344 (cit. *Antiquités russes*, I, pp. 394 et suiv.).

[2] Voir *Živ. star. Slov.*, II, p. 96.

[3] *Živ. star. Slov.*, II, p. 99.

[4] Saxo Gramm., éd. Holder, 578.

blablement Peruničč (cf. Svarožičč à Rethra), et les Slaves de l'Elbe inférieur nommaient le quatrième jour de la semaine *perundan*, c'est-à-dire le jour de Perun ; c'est là évidemment le *Donnerstag* germanique, mais avec la substitution à *Donar* du nom indigène de Perun[1]. C'en est assez, je crois, de tous ces éléments pour établir que le culte de Perun était largement répandu en dehors de la Russie, et que ce dieu était commun à tous les Slaves.

Le rôle de Perun est en tout cas évident, alors même que l'explication de son nom par une racine slave (*perun* « celui qui frappe fort ») est récusée par quelques philologues[2]. Perun personnifie le ciel pendant l'orage ; il est le dieu du tonnerre et de la foudre, comme le Thor germanique, le Ζεὺς κεραυνός des Grecs et le *Jupiter Fulgur* des Romains. Les Slaves l'ont sans doute connu dès l'époque indo-européenne.

Vers la fin de l'époque païenne, le développement des dieux locaux contribua à écarter la vieille représentation du dieu qui gouverne la foudre. En Russie seulement Perun resta le dieu principal aussi bien pour le peuple que pour la cour varègue ; le prince l'installait parmi les autres dieux russes nationaux devant son palais. Plus tard, lorsque le christianisme fut devenu prépondérant, la tradition populaire fit passer les attributions de Perun au prophète Élie *(Ilïja gromovnikŭ)*, ce prophète que la Bible dépeignait déjà comme maître des éléments et dont le culte, dans les pays helléniques, avait été fixé au treizième jour des Calendes. L'Église a-t-elle eu une influence directe sur cette substitution? On peut le supposer, mais non pas le démontrer.

Svarog et Dažbog. — Il est un autre dieu dont le rôle est plus large que celui de Perun : c'est Svarog, le dieu du soleil resplendissant ; il personnifiait un phénomène plus durable que l'orage et devait par là même avoir une large importance. De fait son existence est attestée chez les Slaves de l'Est et chez ceux de l'Ouest. La seule question est de savoir si ce dieu du soleil portait chez tous les Slaves le nom de *Svarog* ou si, seuls, les Russes et les Polabes le désignaient ainsi, tandis que les autres Slaves l'appelaient autrement.

Des textes russes dont les originaux remontent aux XIe, XIIe et XIIIe siècles présentent Svarog comme un survivant du vieux paganisme. La copie russe

---

[1] Miklosich, *Etymologisches Wörterbuch*, p. 244.

[2] *Živ. star. Slov.*, II, p. 101 ; *Archiv für slav. Philologie*, XXXVII, p. 501 ; Brückner, *Mitologja*, pp. 35 et suiv.

(XIIe siècle) de la traduction de la Chronique de Jean Malalas (traduite au
Xe siècle) appelle *Svarogŭ* l'Héphaïstos grec et nomme le soleil, son fils,
Dažĭbogŭ : si même il s'agit là, comme on le croit, d'une interpolation russe
étrangère à la traduction vieux-bulgare, il n'en reste pas moins prouvé que
la tradition russe connaissait le nom de *Svarogŭ* et son dérivé *Dažĭbogŭ*,
ainsi que le confirment d'ailleurs certaines instructions ecclésiastiques des
XIe et XIIe siècles[1]. Ces instructions nous apprennent encore que le peuple
russe priait et se prosternait devant le feu en l'appelant *Svarožič*, c'est-à-
dire « fils de Svarog »[2]. La *Chronique*, d'autre part, cite Dažĭbog parmi les
dieux placés, en 980, par le prince Vladimir sur la colline de Kiev[3].
Svarožič est également attesté à date ancienne, et du même coup Svarog
avec lui, chez les Slaves baltiques. A Radgost (Rethra), suivant Thietmar,
il était honoré à côté d'autres dieux (« dii quorum primus *Zuarasici* dicitur »),
et l'évêque Bruno le mentionne comme dieu païen (« *Zuarasiz* diabolus »)
dans une lettre à Henri II, datée de 1008[4].

En présence de tant de témoignages, et dignes de foi, il ne saurait y avoir
de doute sur l'existence de Svarožič et, par le fait même, sur celle de Svarog
dans les croyances des Slaves du Nord, et je ne puis, pour ma part, admettre
l'hypothèse suivant laquelle les témoignages russes ne procèderaient que
de pures inventions ou auraient été artificiellement apportés par des auteurs
ecclésiastiques, comme le soupçonnaient Jagić ou Aničkov[5]. Les Slaves,
à mon sens, adoraient de toute évidence la personne du soleil et de tels de
ses dérivés comme, par exemple, le feu qui flambait sur l'autel ou dans le
foyer domestique, et ils donnaient à cette personne le nom de *bog Svarog*
et à ses dérivés celui de *Svarožič*, c'est-à-dire « fils de Svarog ». Des influences
étrangères, d'ailleurs, avaient pu contribuer à créer cette généalogie.

Le nom de *Svarog* est obscur, surtout quant à son origine, mais il semble
désigner le soleil flamboyant et se rattacher à la racine indo-européenne
svar « ardeur, chaleur, éclat »[6]. Le nom de *Dažĭbogŭ* signifie « dieu dona-

---

[1] Voir Mansikka, *Religion*, I, p. 66.

[2] Voir *Živ. star. Slov.*, II, pp. 105-106.

[3] *Chronique*, version Laurentine, 77. Voir plus haut, p. 137.

[4] Thietmar, VI, 23 ; Bielowski, *Mon. Pol. hist.*, I, p. 226.

[5] Jagić, *Archiv für slav. Philologie*, IV, p. 418 ; Aničkov, Язычество, pp. 8 et 291.

[6] Voir *Živ. star. Slov.*, II, pp. 107, 108. Si, comme le pensait F. Korš, le nom de Svarog
a été pris aux Aryens orientaux, nous devrions regarder Svarog comme une divinité empruntée à une époque ancienne par les Slaves à quelqu'un de leurs voisins iraniens, Scythes,
Sarmates ou Alains (article de F. Korš dans le *Zbornik u slavu Vatroslava Jagića*,
p. 254).

teur » *(deus dator)* : c'est vraisemblablement une désignation russe locale de Svarog, le soleil qui fait mûrir les moissons et fertilise les champs.

Dans les pays slaves du Sud, Svarog n'est pas attesté. Il ne le serait que si l'on démontrait que l'interpolation de la Chronique de Malalas se trouvait déjà dans la traduction bulgare originelle de ce texte, et non pas seulement dans la copie russe qui en a été faite au XIIIᵉ siècle. Dažĭbog non plus n'est pas directement attesté, mais il a du moins comme correspondant un *Dabog*, qui désigne dans les traditions populaires serbes le dieu de la terre par opposition au dieu qui réside dans les cieux ; il n'est pas impossible que nous ayons en la personne de *Dabog (*Daj-bog)* un écho de l'ancien *Dažĭbogŭ* .

Veles, Volos. — C'était là un troisième dieu dont le culte était assez largement répandu chez les Slaves : *Veles* ou, sous la forme russe, *Volos*.

En 907 et en 971, la suite russe du grand prince prête serment devant Perun et Volos, « dieu du bétail »[1] ; deux autres sources russes, la *Vie de saint Vladimir* et celle de *saint Abraham de Rostov*, mentionnent une tradition sur les idoles de Veles qui se trouvaient à Kiev et à Rostov. D'autre part, le *Dit de la compagnie d'Igor* qualifie le chanteur Bojan de « petit-fils de Veles ». Enfin, plusieurs noms de lieux de Russie témoignent combien était répandu le culte de ce dieu ; d'après la *Chronique*, il avait pour attribution essentielle de protéger les troupeaux (скотїй богъ) et les bergers [2]. Veles figure de même dans une tradition tchèque des XVᵉ et XVIᵉ siècles sans attributions nettement définies, mais, à n'en pas douter, comme un génie procédant de l'ancien dieu païen [3]. Il n'est pas attesté chez les Slaves du Sud. C'en est pourtant assez des données russes et tchèques pour nous autoriser à considérer Veles comme ayant une grande expansion parmi les Slaves, sinon même comme un dieu panslave.

Mais comment définir le rapport entre les deux formes du nom de ce dieu : *Veles* et *Volos*? Il me semble, quant à moi, que la forme primitive doit être *Veles*, que nous trouvons dans le tchèque *Veles* et dans le lituanien *vele* « imago mortui » (cf. aussi *vélnas, vélnias* « diabolus »), et que, d'autre part, la représentation originelle de cet être surnaturel est celle d'un génie de la catégorie des pénates plus particulièrement préposé à la garde de l'exploitation rurale et des troupeaux [4], mais par la suite, en raison de

---

[1] Voir plus haut, p. 138.

[2] Voir *Žĭv. star. Slov.*, II, p. 112.

[3] *Ibidem*, II, p. 114.

[4] Dans une copie russe tardive d'une homélie de saint Jean Chrysostome, on voit

l'importance de ses fonctions, élevé peu à peu au rang des dieux. Quant à la forme russe *Volos*, l'origine en est obscure. Il peut s'agir soit d'une influence de la religion nordique qui connaît un démon *Volsi* (A. Pogodin), soit, ce qui est plus convainquant, d'une influence d'Asie Mineure qui aurait fourni le nom grec de saint Blaise (Βλάσιος) devenu régulièrement en russe Волосъ (de Βλασ-), en même temps que les attributions de « protecteur des troupeaux » de saint Blaise devenaient aussi celles de Veles ; l'épithète grecque de saint Blaise, Βουκόλος, serait elle-même passée en russe sous la formule скотїй богъ. Mais cette explication de la forme *Volos* n'exclut nullement ce que j'ai posé dès l'abord, à savoir qu'il existait dès une époque ancienne un génie du nom de *Veles* et qui ne devait pas son origine au nom grec de « Ἅγιος Βλάσιος » [1].

Les dieux du cycle russe.

A côté des dieux que nous venons d'énumérer, et dont le culte s'étendait sur tout le domaine slave, ou du moins sur la plus grande partie de ce domaine, nous trouvons d'autres dieux qui n'avaient qu'un rayonnement local, étant particuliers à certains peuples. Tel était surtout, comme je l'ai indiqué, le cas de certains dieux des Russes et des Polabes de la Baltique. Les autres Slaves, Bulgares, Serbes, Tchèques et Polonais, devaient bien, eux aussi, avoir leurs dieux locaux, mais, sauf quelques allusions peu claires et sujettes à caution, tous témoignages nous font défaut à leur sujet, et nous ne pouvons parler en connaissance de cause que des dieux russse et polabes.

Outres les grands dieux Perun, Svarog et Veles, le cycle des dieux russes comprenait encore *Stribog, Chors, Mokoš, Simarigl* et, jusqu'à un certain point, *Trojan*. De fait, tous ces dieux, à l'exception de Trojan, figuraient parmi les idoles que le prince Vladimir avait dressées à Kiev, en 980, sur la colline où devait plus tard s'élever l'église de Saint-Basile : les Kiéviens les appelaient « dieux », et ils leur sacrifiaient leurs fils et leurs filles [2].

Les deux derniers, Stribog et Mokoš, sont sans doute des dieux slaves. Stribog (Стрибогъ) est nommé dans l'homélie précitée de saint Chrysos-

apparaître, entre autres génies champêtres, une богиня Бела par ailleurs inconnue. Voir Mansikka, *Religion*, I, p. 177.

[1] Miklosich, Veselovskij (voir *Živ. star. Slov.*, II, p. 113) et Mansikka (*Religion*, I, p. 392) ont pensé que Veles ne devait son origine qu'au culte de saint Blaise transporté en Russie. De nouveaux arguments en faveur de cette opinion ont été donnés récemment par J. Aničkov dans *Slavia*, I, 1923, pp. 541 et suiv.

[2] Voir plus haut, p. 137.

tome à côté de Dažĭbog et, au XIIe siècle, le *Dit de la compagnie d'Igor* offre l'apostrophe connue : « O vents, petits-fils de Stribog ! ». Il ressort de cette apostrophe que Stribog n'était autre que la personnification du vent âpre et sifflant, ainsi que l'indique du reste la racine onomatopéique *stri-*[1]. L'explication du nom de Mokoš (Мокошь) est moins aisée. En dehors de la *Chronique*, nous trouvons cette déesse encore mentionnée dans les sermons russes contre le paganisme, mais elle n'est pas attestée ailleurs. Son rôle est énigmatique. Les anciens textes russes rapprochent son nom du grec μαλακία qui veut dire « langueur », et en particulier « langueur sexuelle » et aussi « onanisme » ; on peut être tenté par là de songer à la racine *mok-*, *močĭti* « mouiller », ce qui conduirait à supposer que Mokoš était une divinité semblable à Astarté ou à Aphrodite, dont le culte à Kiev procédait peut-être directement d'une influence orientale. La Mokoš de Kiev, en tous cas, n'était pas une pure fiction littéraire, car elle s'est maintenue jusqu'à nos jours dans le folklore de la Russie du Nord, quoique sous une forme bien évoluée : la *Mokuša* est aujourd'hui un être magique qui apparaît dans les veillées de Pâques[2].

On ne saurait guère, par contre, considérer comme originellement slaves les autres dieux nommés dans la *Chronique* : *Chors*, *Simarĭgl* et *Trojan*.

Le nom de *Chors* (Хорсъ, Хръсъ) n'est pas slave et vient probablement du persan *khores*, hébreu *cheres* (pehlvi *khorsed* « soleil »). Le nom de *Simarĭgl* (Симарьглъ) est si déformé que l'on ne sait même pas s'il faut lire *Simarĭgl* ou *Sim* et *Rĭgl*, comme il est écrit dans quelques manuscrits, et alors distinguer deux dieux. Qui étaient Chors et Simarĭgl, ces dieux certainement étrangers, admis par Vladimir parmi les dieux nationaux de Kiev, et quel était leur rôle ? C'est ce qu'on ne saurait dire. Nous pouvons constater seulement que Chors se rattachait de manière plus ou moins étroite à la divinisation du soleil, à en juger par l'identification qu'indique le poète du *Dit de la compagnie d'Igor*, au XIIe siècle, en nous apprenant à la manière épique que le prince Vseslav était arrivé à Tmutorokan' avant le lever du soleil : « Il avait devancé le grand Chors grâce à sa course de loup ». Nous ne savons absolument rien de Simarĭgl[3].

---

[1] Jagić, « Zur slavischen Mythologie », *Archiv für slav. Philologie*, XXXVII, p. 504.

[2] *Živ. star. Slov.*, I, p. 122.

[3] Pour les autres documents où figurent les noms de ces dieux, comme aussi pour les autres explications données du nom de Simarĭgl, voir *Živ. star. Slov.*, II, pp. 120, 124, et Jagić, « Zur slav. Mythologie », p. 505. Brückner, récemment, a partagé le nom de Simarĭgl en deux : *Sěm* et *Rĭgl* ; ce seraient là, suivant lui, deux dieux slaves ; le nom du second *(Rĭgl)* serait à rapprocher de celui de la commune de *Rgielsko*, près de Poznań (*Mitologja*, p. 92).

Fig. 47. — Fondements d'un sanctuaire païen à Kiev.

Trojan ne figure pas parmi les divinités mentionnées dans la *Chronique de Kiev*. Il apparaît seulement dans deux apocryphes du XIIe siècle, à côté de Perun, Chors et Veles. A la même époque, le *Dit de la compagnie d'Igor* mentionne « le pays de Trojan », « les traces et l'époque de Trojan »[1]. Ce Trojan, ainsi attesté dans la tradition russe, n'était pas, sans doute, un dieu véritable appartenant à la religion populaire des Russes, mais simplement le souvenir de Trajan comme divinisé par la légende à la suite des grandes victoires remportées par cet empereur pendant les années 101-102 et 105-106, victoires qui le rendaient maître de la Dacie et faisaient pénétrer son nom, comme celui d'un vainqueur puissant, dans des régions slaves.

Il est permis de conclure de ce qui vient d'être dit que, lorsque les Varègues arrivèrent en Russie avec leurs dieux, il existait déjà dans ce pays un cycle de dieux russes, mais sans caste sacerdotale, ni statues, ni centres religieux. Les Varègues complétèrent ce cycle en confondant les dieux slaves avec leurs propres dieux, et ce furent eux qui commencèrent à élever des idoles et à bâtir des temples. De ce point de vue, la tradition de la *Chronique* concernant les idoles de Vladimir ne signifie pas autre chose que la réunion des dieux indigènes et étrangers et leur consécration officielle.

Les dieux du cycle baltique.

Le cycle baltique des dieux slaves est à la fois plus riche et plus précis que le cycle russe. Les divers grands dieux n'y apparaissent pas seulement comme doués d'attributions spéciales et particulièrement honorés par telle tribu ou telle ville : ils ont leurs temples et une classe de prêtres à leur service qui leur sert d'intermédiaire entre eux et le peuple. Cette classe sacerdotale avait déjà élaboré vers la fin de l'époque païenne un culte remarquable auquel, dans certains endroits, des oracles étaient adjoints, et, de façon générale, elle avait réussi à créer des centres religieux que fréquentaient sans doute des représentants de tous les pays slaves de l'Ouest. Je penche à croire que les principaux dieux honorés dans les villes et les châteaux des Slaves de la Baltique, et dont chacun a son nom particulier, ne sont autres, en réalité, que les vieux dieux panslaves personnifiant les grands phéno-mènes célestes, à savoir Perun et Svarog : ce sont les prêtres qui, seuls, ont dû faire d'eux des dieux locaux dotés d'un culte spécial et d'un nom nouveau. Je ne vois donc dans ces dieux baltiques que des formes nouvelles des dieux anciens. Il va de soi qu'ici aussi des influences étrangères ont dû

---

[1] Voir les détails sur Trojan dans *Živ. star. Slov.*, II, p. 125.

s'exercer. La religion et le culte nordiques, d'abord, ont sans doute obtenu un certain droit de cité chez ces Slaves qui étaient en relations constantes et étroites avec le Danemark et les pays scandinaves. D'autres influences encore ont pu agir, car des ports comme Stettin et Arcona servaient de rendez-vous aux marchands des contrées les plus éloignées, et ces marchands apportaient toujours avec eux le culte de leurs propres dieux. Le fait est que la variété devait être grande dans le Panthéon baltique, puisque Thietmar écrivait au commencement du XIe siècle : « Quot regiones sunt in his partibus, tot templa et simulacra demonum singula ab infidelibus coluntur ». Helmold, de même signale les « multiforma Sclavorum numina »[1]. Il n'est malheureusement venu jusqu'à nous que les noms des dieux les plus importants des XIe et XIIe siècles, avec quelques précisions données par les historiens allemands et danois.

Svarožič-Radgost. — Le premier et le principal de ces dieux, en même temps que le souverain religieux de la grande tribu des Luticiens, était au XIe siècle celui que les historiens allemands Adam de Brême et Helmold appellent *Radgost (Redigost)*. Vers l'an 1000 ce dieu, dont le sanctuaire se trouvait dans le pays de la tribu luticienne des Ratari ou Rétranes, était encore appelé *Svarožič (Zuarasici)*. Si l'on en croit le témoignage de Thietmar (VI, 23), la place fortifiée où se trouvait le temple du dieu était appelé Radgost (*Riedegost*). Il est à présumer que ce dernier nom, celui du fort, était ajouté comme possessif au nom de Svarožič pour le distinguer des Svarog honorés en d'autres lieux ; c'est ainsi qu'on s'explique qu'Adam de Brême (II, 18) et Helmold (I, 2, 21, 23) mentionnent *Radgost* comme nom de dieu, alors que la ville où se trouvait le temple s'appelle chez eux Rethra. La description du temple chez ces auteurs diffère aussi de celle que donne Thietmar, et c'est en partie en raison du désaccord de ces historiens que, malgré toute la peine qu'ils y ont prise, les archéologues allemands de notre époque n'ont pas réussi jusqu'ici à trouver l'emplacement de la célèbre Rethra, qu'Adam appelle : « *vulgatissima civitas et metropolis Slavorum* ». On ne peut tenir pour convainquante même la tentative récemment faite par Schuchardt [2] d'identifier Rethra, qui se trouvait quelque part dans le sud du Mecklembourg, avec le Schlossberg près de Feldberg.

---

[1] Thietmar, VI, 25 ; Helmold, I, 52.
[2] K. Schuchardt, « Rethra auf Schlossberge bei Feldberg in Mecklenburg » (Berlin, 1923, *Sitzungsberichte* de l'Académie de Berlin, XXXIII).

La qualité originelle de ce dieu est évidente : elle est indiquée par le nom même de *Svarožič*, qui veut dire « fils de Svarog ». La caste sacerdotale qui le servait à Rethra le dota par la suite des attributions spéciales de dieu de la guerre, protecteur de la tribu des Luticiens ; il avait encore, d'après Thietmar, la vertu de rendre des oracles réputés par l'intermédiaire d'un cheval qui lui était consacré. Son temple et le lieu des oracles furent détruits, en 1068, par l'évêque Burchardt d'Halberstatt et, en 1121, par Lothaire [1].

Svantovit. — C'était un autre dieu, local il est vrai, mais honoré même en dehors de son domaine propre, l'île de Rujana. Il avait la primauté parmi les autres dieux (« deus deorum », dit de lui Helmold) ; ses oracles jouissaient de la plus grande autorité, et son temple était l'objet d'un tel culte qu'il n'était pas même permis de prêter serment sur cet édifice.

Le temple de Svantovit se dressait dans le château d'Arcona, sur la pointe nord-est de l'île de Rujana, dominant la mer. Il regorgeait de richesses, car les dîmes y affluaient de tous les pays slaves. Au milieu du temple s'élevait la grande statue du dieu, en bois : l'idole avait quatre têtes, une corne d'or dans une main et une panoplie à ses côtés. Svantovit possédait, lui aussi, un cheval sacré qui rendait des oracles avec l'aide des prêtres préposés au service du temple [2]. Ce temple, en même temps que le château d'Arcona, fut détruit par les Danois en 1168 ; le directeur du musée de Berlin, Karl Schuchardt, n'a trouvé en 1922 que quelques ruines insignifiantes et le piédestal de la statue, jadis si célèbre, du grand dieu baltique (fig. 51) [3].

De cette primauté historique, bien établie, de Svantovit parmi les dieux baltiques il ne faudrait cependant pas conclure qu'il fût le dieu suprême du panthéon baltique comme l'était par exemple Zeus-Jupiter dans les panthéons grec et latin. La primauté de Svantovit reposait seulement sur la puissance politique de Rujana aux XIe et XIIe siècles et aussi sur l'habileté de ses prêtres à exploiter l'oracle. Selon toute vraisemblance, Svantovit n'était à l'origine qu'une forme locale du dieu panslave Svarog, comme Svarožič

---

[1] Voir *Živ. star. Slov.*, II, p. 135 ; *Manuel de l'antiquité slave*, I, p. 150. Il faut ajouter que A. Brückner, en se fondant sur le désaccord des chroniqueurs, efface complètement Radgost de la série des dieux slaves (Voir la note de la page 126).

[2] On trouvera d'abondants renseignements sur le dieu, son temple et son idole dans Helmold (I, 6, 83, 52 ; II, 12 (I. 108) et surtout dans Saxo Grammaticus (éd. Holder, pp. 444, 505, 565). Voir *Živ. star. Slov.*, II, p. 137.

[3] Schuchardt, « Arkona und Rethra » (*Sitzungsberichte* de l'Académie de Berlin, 1922).

à Rethra ou Triglav à Stettin, par conséquent un dieu solaire ; ce n'est que par la suite que la caste sacerdotale en fit le dieu de la guerre.

Le nom de Svantovit est visiblement d'origine slave, encore qu'on n'en ait pas expliqué jusqu'à présent la finale *-vit* qui est fréquente dans d'autres noms propres slaves [1]. Au XIIe siècle une légende se créa qu'Helmold a consignée. Svantovit, à ce que l'on disait, n'était autre que saint Guy (*Vitus*), martyr chrétien du temps de Dioclétien que les moines du monastère de Corvey avaient transporté au IXe siècle à Rujana. Quelques savants modernes ont pris à leur compte cette légende, notamment Miklosich[2]. Je ne puis, pour ma part, les suivre : Svantovit n'est, à mon sens, encore une fois qu'une transformation ancienne de Svarog ; aussi bien les documents anciens ignorent la légende d'Helmold.

On verra plus loin [3] ce qu'il faut penser de la prétendue statue de Svantovit du musée de Cracovie.

Triglav. — Ce troisième dieu baltique était probablement aussi une forme rajeunie d'une ancienne divinité panslave (Svarog?). C'était le dieu principal de la tribu des Poméraniens (« summus deus », dit Ebbo) ; son temple, avec une idole à trois têtes d'argent, se trouvait dans la ville de Stettin, à l'embouchure de l'Oder. L'évêque Otto de Bamberg le détruisit en 1127. Comme les dieux de Rujana et de Rethra, Triglav était avant tout le dieu de la guerre [4], et il avait également un cheval qui lui était consacré et prononçait des oracles. Il existait d'autres Triglav pareils à celui-là, et auxquels on rendait le même culte, dans la village de Volin et dans le château de Brandebourg [5].

Outre les dieux en renom dont nous venons de parler, il y en avait quantité d'autres dans diverses villes et châteaux, comme le fait observer Thietmar [6]. Ainsi nous connaissons encore *Rugievit* à Korenica, dans l'île de Rujana, dont l'idole avait sept faces [7] ; *Gerovit (Jarovit)* à Volgast et à

---

[1] Voir *Živ. star. Slov.*, II, p. 142. La première partie du nom signifie aujourd'hui « saint », mais elle avait probablement à l'origine le sens de « fort », comme le slave *jarŭ* (cf. *Jarovit*).

[2] *Živ. star. Slov.*, II, p. 141.

[3] Voir p. 158.

[4] Ebbo, *Vita Ottonis*, II, 13 ; III, 1 ; Herbord, II, 32 ; Monachus Priefl., II, 11.

[5] Ebbo, *loc. cit.*, *Chronicon brandeburgense*, à l'année 1136.

[6] Voir plus haut, p. 147.

[7] On honorait encore à Korenica deux autres dieux *Porevit* et *Porenutius* (Perunič ?). Voir Saxo Grammaticus (éd. Holder, p. 577) et la *saga* de Knytling (*Mon. Germ., Scr.*, XXIX, p. 314) qui cite encore comme dieux *Rinvit, Turupit, Pizamar* et *Tiarnaglofi* (*Černoglav* « tête noire »).

Havelberg[1] ; le dieu *Pripegala* auquel on offrait des têtes de chrétiens[2] ; la déesse *Siva* dans le pays des Polabes ; le dieu *Prove* qui était honoré dans un bois de chênes près de Stargard dans le pays des Vagres ; et le dieu *Podaga* à Plun, dans la même région [3]. Et il y avait encore d'autres dieux et déesses, comme on l'entrevoit par plusieurs allusions des textes anciens, mais les noms ne nous en sont pas connus [4].

Deux dieux, cependant, méritent encore une mention spéciale : *Černobog* et *Bělbog*. Le premier est directement attesté par Helmold qui rapporte (I, 52) que les Slaves, lors de leurs festins, faisaient circuler une coupe autour de la table en invoquant un dieu bon ou méchant, auquel ils donnent le nom de *Černobog*, c'est-à-dire « niger deus ». *Bělbog*, par contre, « le dieu blanc », faisant antithèse au dieu noir, n'est mentionné nulle part en tant que tel, mais il existe une série de noms de lieux dérivés de son nom [5], de telle sorte qu'il ne saurait y avoir de doute au moins sur son existence. Il est évident, que cette opposition d'un dieu noir à un dieu blanc, c'est-à-dire d'un dieu mauvais à un dieu bon, procède d'une conception dualiste dont on ne rencontre pas par ailleurs d'indices clairs dans le paganisme slave. Aussi bien devons-nous en chercher l'origine dans une autre religion : il est possible que nous ayons ici un écho du dualisme iranien ou du chamanisme, mais j'incline plutôt à y reconnaître comme une application de la notion chrétienne d'un Dieu principe de tout bien et d'un Démon principe de tout mal, cette notion que les missionnaires avaient apportée dès le IXe siècle chez les Slaves de l'Ouest, de telle sorte qu'elle devait déjà leur être familière au XIIe siècle, du temps de Helmold.

Il en va autrement de la représentation d'un dieu suprême régnant dans les cieux et souverain de tous les autres dieux. Helmold parle précisément d'un tel dieu [6], et l'on pourrait être tenté de croire à une influence de la doctrine chrétienne du Dieu unique. Mais le témoignage de Helmold ne saurait s'interpréter sans être rapproché de celui de Prokopios, d'où il ressort que les Slaves, dès le VIe siècle, adoraient « un dieu unique, maître

---

[1] Ebbo, III, 8.
[2] Voir la lettre de l'archevêque Adelgott de l'année 1108 (Heinemann, *Codex Anhalt.*, I, p. 137) et *Živ. star. Slov.*, II, p. 155.
[3] Helmod, I, 52, 83.
[4] Voir *Živ. star. Slov.*, II, p. 152
[5] Voir *Živ. star. Slov.*, II, p. 160.
[6] Helmold, I, 83.

de la foudre et souverain du monde entier »[1]. C'en est assez de cette dernière indication pour nous empêcher de ne voir dans le témoignage de Helmold qu'un simple reflet du christianisme.

Nous ne savons pas clairement ce qu'était ce dieu suprême des Slaves. Mais nous sommes fondés à penser qu'il ne se confondait avec aucune de ces formes locales et secondaires de la divinité, telles que Svantovit à Arcona ou Radgost à Rethra ; ce ne pouvait être que l'un des vieux dieux panslaves exerçant son autorité sur tous les éléments (Svarog ou Perun). Il est remarquable à cet égard qu'une sorte d'équation mythologique indo-européenne, dont les termes sont le sanscrit *dyâuš pitâ*, le grec Ζεὺς Ἡατήρ, le latin *Juppiter*, le vieux germanique **Tiuz*, le vieil haut-allemand *ziu* (cf. lat. *divus*, gr. δῖος, lit. *dêvas*, slave *divŭ*), indique une croyance en un être céleste déjà commune aux Indo-européens et qui devait se rapporter à quelque grand phénomène céleste. C'est sans doute à la civilisation indo-européenne primitive que les Slaves doivent la notion d'un dieu suprême qu'incarnaient pour eux Perun ou Svarog.

Il va sans dire du reste que, lorsque le christianisme commença à faire sentir son influence, cette notion ancienne et latente d'un être suprême se trouva comme ranimée et rajeunie, si bien que le mot slave *bogŭ*, qui jusqu'alors n'avait désigné que divers génies ou dieux, prit dès le Xe siècle le sens de « Dieu suprême des chrétiens ». Nous lisons dans le traité russe de 945 que, si quelqu'un parmi les chrétiens viole le pacte, il sera puni « par Dieu » ; et c'est le mot *bogŭ* qui est bien appliqué ici au Dieu unique des chrétiens.

Les dieux des autres Slaves.

Ce que nous savons des dieux des Slaves du Sud — nous l'avons indiqué ci-dessus à propos du cycle russe — est fort peu de chose, si l'on met à part le renseignement de caractère si général donné par Prokopios.

Nous ne disposons également que de fort peu de données sur le paganisme des grands peuples slaves de l'Ouest, les Tchèques et les Polonais. Ainsi nous ne connaissons aucun dieu tchèque réellement ancien, et il n'a pas manqué de gens pour dénier aux Tchèques, comme d'ailleurs aux Polonais, la possession d'une divinité de quelque importance. Cette attitude entièrement négative n'est pas justifiée, car l'indigence générale de notre documentation sur l'époque païenne en Bohême suffit à expliquer notre ignorance. Les Tchèques ont eu certainement leurs dieux : leur

---

[1] Prokopios, III, 14 (voir plus haut, p. 129).

civilisation, aussi avancée à cette époque que celle des autres Slaves, nous en est garante, et c'est ce que nous confirment au moins les échos tardifs de Perun et de Veles dont il a été question plus haut [1]. C'est là une observation générale que n'infirment nullement les faux constatés à l'époque historique. On sait bien que les vieux dieux et déesses dont font mention certains chroniqueurs (comme Hájek de Libočany au XVIe siècle) ne sont que pures inventions (les déesses *Krosina* et *Klimba*) ; la déesse de la mort *Morana* ne doit son existence qu'aux gloses fausses du lexique de la *Mater verborum* (XIIIe siècle) et la déesse *Zelu*, attestée au XIVe siècle par le chroniqueur Neplach, est pour le moins fortement sujette à caution [2].

Nous sommes un peu mieux renseignés, à première vue, sur le paganisme polonais, car un chanoine de Cracovie, Jean Długosz (mort en 1480), nous a laissé dans le premier livre de sa *Chronique* une description de l'époque païenne en Pologne. Cette description ne repose pas, il est vrai, sur des sources historiques plus anciennes, mais elle reproduit quelques traditions populaires où figurent des noms d'anciens dieux que Długosz identifie avec les dieux de l'antiquité gréco-romaine : *Jesza* (Jupiter), *Lyada* (Mars), *Dzydzilelya* (Vénus), *Nya* (Pluton), *Pogoda* (Temperies), *Zywye* (deus vitae), *Dzewana* (Diane), *Marzyana* (Cérès).

La critique à laquelle Al. Brückner, en 1892 [3], a soumis le texte de Długosz a établi que la majeure partie de ces dieux est due à l'auteur même de la *Chronique*. Ce ne sont pas des divinités du Panthéon polonais, mais seulement, pour autant qu'ils ont existé, des génies inférieurs mentionnés dans les vieilles chansons rituelles du printemps et de l'été. Długosz n'a pas inventé leurs noms, car il les a trouvés, au XVe siècle, dans les croyances populaires où ils s'étaient introduits peut-être depuis longtemps : il s'est borné à les présenter comme des noms de divinités et à les rapprocher de ceux des dieux antiques. Il n'a fait en somme que nous transmettre une série de détails tirés des fêtes saisonnières rituelles et de l'ancienne démonologie polonaise. La même constatation s'applique aux quelques autres chroniques polonaises des XVe et XVIe siècles ; tantôt elles mentionnent les mêmes dieux, tantôt elles en complètent la liste par l'addition

---

[1] Voir ci-dessus, pp. 139, 142.

[2] Václav Hájek de Libočany publia, en 1541, une chronique tchèque jadis fort appréciée. J. Středovský fait preuve d'encore plus d'ingéniosité dans sa *Sacra Moraviae historia* qui date de 1710. Voir le texte de Neplach (mort en 1368) dans les *Fontes rerum bohem.*, III, p. 460.

[3] *Archiv für slav. Philologie*, XIV, p. 170. Voir aussi la récente *Mitologja* du même auteur et *Živ. star. Slov.*, II, pp. 167 et suiv.

Fig. 48. — Statue d'un dieu
païen, dite de Svantovit, trouvée
près de Husjatyn (Galicie).

de *Lel* et de *Polel*, qui, comme *Lada* et *Jesza*, apparaissent dès le XVe siècle dans les refrains et apostrophes généralement inintelligibles de chansons rituelles[1]. Que signifiaient à l'origine ces apostrophes et comment ont-elles pris place dans ces chansons ? C'est une question à laquelle nous sommes hors d'état de répondre présentement. Il n'est pas impossible que nous touchions là, au moins dans certains éléments, à un fonds païen véritablement mythologique.

[1] *Živ. star. Slov.*, II, p. 171. Le chroniqueur Miechowski identifiait de son côté *Lel* et *Polel* avec Castor et Pollux.

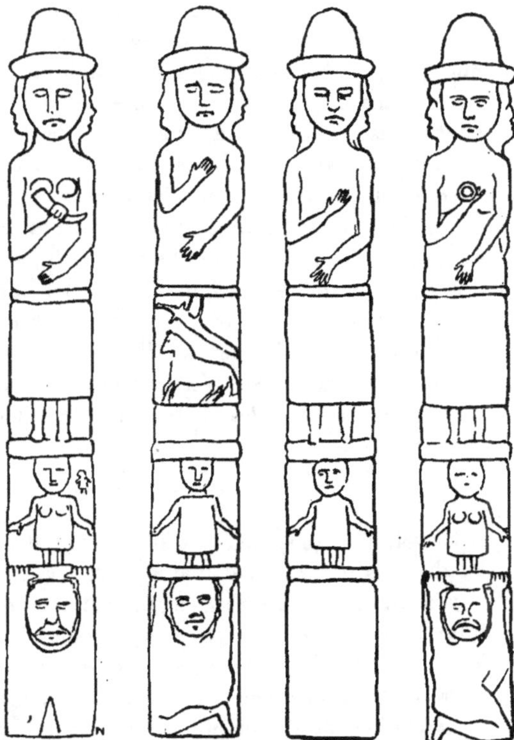

Fig. 49.
Les quatre côtés de la statue de Husjatyn.

Nous ne trouvons donc, en somme, dans ces témoignages sur le paganisme polonais, aucun dieu sûrement garanti. On ne saurait douter cependant qu'il y ait eu en Pologne au Xe siècle et des dieux et même des centres religieux et des temples à Kruszwica, à Poznań et à Gniezno.

De cet examen des questions essentielles que pose la mythologie slave les conclusions suivantes peuvent se dégager. Les Slaves païens ont toujours vécu au milieu d'un monde riche de démons et de génies d'origines diverses qui animaient le foyer domestique, la terre entière et le ciel. Parmi ces démons, certains avaient acquis, dès l'époque préhistorique, une autorité supérieure et étaient devenus l'objet d'une plus grande vénération, de telle sorte qu'ils s'étaient élevés au-dessus des autres démons et avaient pris la qualité de dieux. C'est avec ce patrimoine religieux que les Slaves avaient quitté leur habitat primitif pour se diriger vers leurs nouvelles résidences, où ils devaient se développer séparés les uns des autres et soumis à des influences diverses et multiples. L'individualisation de leurs dieux, dans ces conditions, ne pouvait que progresser. Le procès, cependant, nous en échappe en grande partie : nous n'en avons aucun aperçu ni pour les Slaves du Sud, ni pour les Tchèques et les Polonais ; nous ne faisons que l'entrevoir pour les Russes et les Slaves de la Baltique, mais à une époque où les uns et les autres ont déjà subi plusieurs influences étrangères : les premiers l'influence nordique et orientale, et les seconds les influences nordique, grecque et orientale. Lorsque le christianisme apparut à son tour parmi les Slaves, les vieilles croyances que le paganisme inspirait n'en subirent que légèrement l'atteinte. L'influence chrétienne sur la foi populaire ne devait être étendue et profonde qu'à une époque ultérieure qui n'entre pas dans les cadres de cette étude.

Le culte.

L'évolution religieuse s'était poursuivie de manière différente dans les diverses parties du domaine slave : le culte devait aussi différer d'une région à l'autre. Là où s'exerçait, comme en Russie et dans les pays baltiques, l'influence de cultes étrangers plus affinés, là où les dieux devenaient les dieux officiels de l'État et disposaient d'une caste de prêtres dont la tâche n'était pas seulement de les servir, mais encore de maintenir et d'exalter leur célébrité et leur puissance, le culte comme il va de soi, offrait une tout autre apparence que là où le peuple ne connaissait que des dieux domestiques aux prétentions modestes. Là les prières et les sacrifices

étaient plus solennels et même s'accompagnaient parfois de scènes sanglantes ; l'autel sur lequel on offrait les sacrifices était plus somptueuse-
ment bâti ; les idoles étaient couvertes d'or et d'argent et avaient une
figure et des attributs destinés à produire la plus forte impression possible
sur les fidèles assemblés ; les idoles ne se trouvaient pas en plein air, mais
étaient dans des temples en bois, aux parois sculptées, et décorés de peintures et même d'ornements métalliques.

Nous connaissons ces édifices par les centres religieux des Slaves baltiques. Il devait y en avoir aussi sous l'église de la Desjatina à Kiev [1],

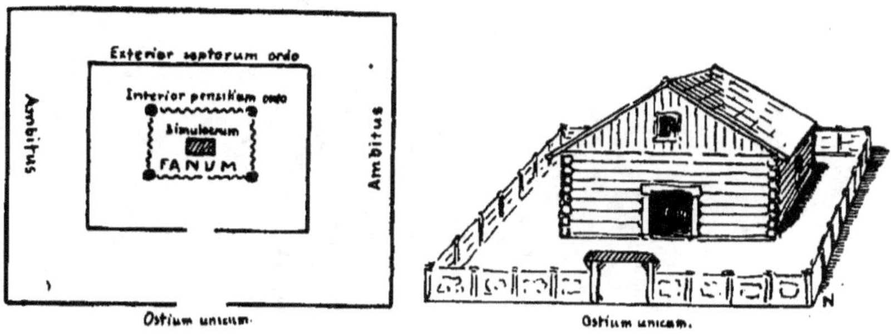

Fig. 50. — Plan et reconstitution du temple de Svantovit à Arcona.

comme le prouvent les allusions de certains textes russes et aussi la découverte d'un sanctuaire. Y en avait-il chez les autres Slaves ? C'est chose
probable, même en l'absence de témoignages anciens ; mais, en tous cas,
les sanctuaires tchèques ou polonais n'ont jamais eu l'importance du
temple de Svarožič à Rethra, ni de celui de Svantovit à Arcona dont Saxo
Grammaticus nous a conservé une description détaillée et dont, en 1922,
Karl Schuchardt [2] a mis au jour les fondations ainsi que quatre
colonnes à l'intérieur et un piédestal pour la statue du dieu.

[1] Sur cet emplacement, dont on trouvera la représentation sur la figure 47
p. 145, il y avait indiscutablement un sanctuaire. Était-ce un véritable temple ou seulement
un sanctuaire à ciel ouvert avec un autel ? On ne saurait le dire. Nous avons cependant des
allusions à un lieu pour l'offrande des sacrifices (капище, храмъ) dans la *Vie* de saint
Vladimir, dans l'Homélie du métropolite Hilarion, dans la saga d'Olaf Tryggvesson (voir
Živ. star. Slov., II, p. 190, et Mansikka, *Religion*, I, pp. 299 et suiv.).

[2] Saxo Gram., XIV, éd. Holder, p. 564 (*Živ. star. Slov.*, I, p. 289). Pour la découverte de
Schuchardt, voir plus haut, p. 148.

Les idoles étaient habituellement en bois, plus rarement en pierre. Elles étaient recouvertes de lames d'or ou d'argent et munies, selon le rôle du dieu, de divers attributs, notamment la coupe ou la corne à boire qu'ils tenaient à la main. La littérature ecclésiastique slave des Xe et XIe siècles les appelle *idolŭ* (du grec εἴδωλον), *bolvanŭ*, *istukanŭ*, *kumirŭ* et *stodŭ*, tous noms d'origine étrangère, surtout turco-tatare. Les noms indigènes étaient

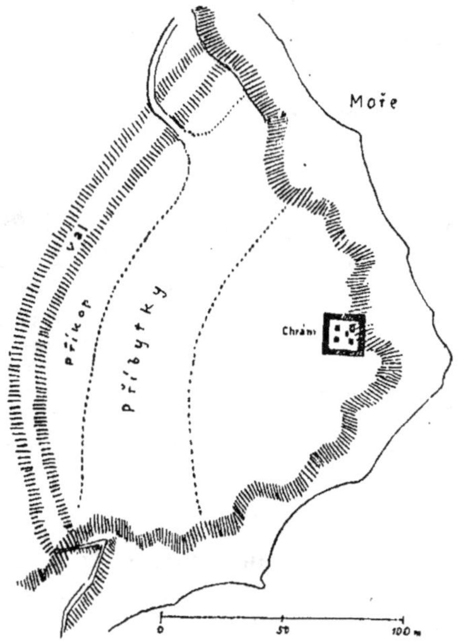

Fig. 51. — Fondements du temple du camp fortifié d'Arcona mis au jour par K. Schuchardt (*moře* « la mer », *chrám* « temple », *val* « fossé »).

modla, *kapŭ* et *socha*, qui ne sont pourtant pas tous attestés à époque ancienne [1]. Il y avait beaucoup d'idoles, en particulier chez les Slaves de l'Ouest, et l'évêque Herbert de Brandebourg en détruisait encore au commencement du XIIe siècle chez les Polabes : « multa atque innumerabilia idola » [2]. Helmold témoigne aussi que les forts et les villages slaves étaient

[1] Voir *Živ. star. Slov.*, II, p. 203.
[2] Riedel, *Codex diplom. brandenburgensis*, X, p. 69.

pleins d'idoles [1]. Outre les dieux, les génies de rang inférieur, les pénates avaient également dans les familles leurs petites statuettes placées soit dans l'âtre, soit dans le coin faisant face au fourneau ; et si, en Petite Russie, on appelle précisément ce coin et la niche où l'on place aujourd'hui les saintes icones божникъ et les icones elles-mêmes боги, c'est là, à n'en pas douter, une réminiscence de l'époque païenne [2].

Fig. 52. — Les idoles de Bamberg.

Les idoles des Slaves de la Baltique et de l'Elbe offraient un trait original : elles étaient souvent polycéphales, d'un type de polycéphalie d'origine inconnue qui les distingue des *baby* de pierre funéraires des peuples turco-tatares dont on a trouvé un si grand nombre dans la Russie du Sud, aux pieds du Caucase et jusque dans la région de l'Altaï [3]. Il ne nous a été conservé d'ailleurs qu'un fort petit nombre de ces idoles. La plus remar-

[1] Helmold, I, 52, 83.

[2] Quant aux idoles en bois dans l'ancienne Serbie, voir l'article de V. Čajkanović : « Студије из религије и фолклора » (Српски етнографски Зборник, XXXI, 1924).

[3] Voir *Živ. star. Slov.*, II, p. 146, et Wł. Demetrykiewicz dans le *Bulletin* de l'Académie de Cracovie, 1910, XV ; voir aussi plus loin le chap. XII, pp. 312-316.

quable est le « Svantovit » trouvé dans le lit du Zbruč, en Galicie orientale, et qui est aujourd'hui conservé dans les collections de l'Académie de Cracovie. La question de son authenticité et son identification ont suscité bien

Fig. 53. — La statue de Holzgerlingen.

des discussions[1]. C'est une colonne carrée en pierre calcaire, haute de 2 m. 70, dont le haut se termine par une tête à quatre faces. C'est, à mon avis, un monument authentique et que, dans l'ensemble, malgré certains détails orientaux et antiques, on est fondé à considérer comme la représentation de quelque divinité des pays slaves de l'Ouest. Ce n'est du reste pas Svantovit, et nous ignorons le nom du dieu qu'incarnait cette

Fig. 54. — Deux idoles fausses de Prilwitz.

idole. A côté de ce prétendu Svantovit, il existe encore quelques monuments en pierre que nous pouvons sans crainte attribuer aux Slaves en raison du lieu où ils ont été découverts, de leur style et de leurs attributs, parfois aussi de leur caractère polycéphale. Telles sont par exemple les idoles trouvées dans le Regnitz, près de Bamberg, la statue de Holzgerlingen, celle de Janków près de Mogilno et d'autres[2]. Mais il y a aussi bien des pièces douteuses et non authentiques ; il existe même des faux comme les statuettes dites de Prilwitz trouvées à la fin du XVIIe siècle, dans

[1] Voir *Živ. star. Slov.*, II, p. 144.
[2] Voir plus loin le chapitre XII (sur la sculpture, pp. 312-316) et *Živ. star. Slov.*, II, pp. 200 et suiv.

le village du Mecklembourg qui porte ce nom, par le pasteur S. F. Spon-holz[1].

Les offrandes faites aux dieux ou aux démons consistaient soit en fruits, soit en sacrifices sanglants où figuraient parfois des victimes humaines, notamment en Russie et dans l'Ouest[2]. Le culte rendu aux démons domestiques, à en juger par de fréquentes mentions, donnait lieu à de pareils sacrifices qui s'accompagnaient du don de pain, de fromage, de miel, de gâteaux, de poules, d'œufs, d'ail, etc. Les Slaves possédaient plusieurs termes indigènes (*trěba*, *žïrtva*) et étrangers[3] pour désigner les sacrifices. Pendant le sacrifice le prêtre, ou bien le père de famille et maître de la maison, invoquait les dieux en levant les mains et en accompagnant ce geste de la prière qui convenait (en vieux russe моленіе, en tchèque *modlitva*). Ibn Rosteh nous a conservé le contenu d'une de ces prières : le Slave, tendant dans sa main des grains de millet, demande une récolte abondante. De même Saxo Grammaticus nous montre le grand-prêtre de Svantovit à Arcona priant pour la prospérité du pays, l'accroissement des biens de ses compatriotes et de nouvelles victoires[4].

Les prêtres. — L'existence d'une caste sacerdotale n'est attestée que chez les Slaves baltiques. C'est à ces prêtres qu'il faut imputer le développement exceptionnel que nous avons constaté chez ces derniers : célébrité des dieux locaux, organisation d'un culte, construction de temples et création de grands centres religieux. Il ne semble pas que, par ailleurs, chez les autres Slaves, il y ait eu des prêtres comparables à ceux-là. C'était sans doute le père de famille, ou le chef de la maison, ou, le cas échéant, un chef de la tribu, qui accomplissait les rites religieux ; il est cependant possible que, dans les endroits réservés au culte, il existât des personnages chargés de la garde du sanctuaire, prêtant la main aux sacrifices et en

[1] Voir notamment les articles de Jagić dans l'*Archiv für slav. Philologie*, II, p. 388 ; V, p. 193.

[2] Il est fait mention de sacrifices sanglants à Kiev en l'honneur de Perun (voir *Chronique*, version Laurentine, 77, 80, les Instructions du métropolite Hilarion, de Cyrille de Turov et de l'évêque Sérapion et enfin les auteurs arabes Kardîzî et Ibn Rosteh), dans les Balkans chez les Bulgares (Kosmas le prêtre, éd. Kukuljević, *Arkiv*, IV, p. 75) et chez les Slaves baltiques dans le culte de Svarožič, de Svantovit, de Triglav, de Pripegala (voir plus haut, p. 150). Voir les détails dans *Živ. star. Slov.*, II, p. 237.

[3] Du mot *trěbiti* « sacrifier » (cf. *trěbište* « autel ») et du mot *žrěti* (cf. *žrĭcĭ* « sacrificateur, prêtre »). Parmi les noms étrangers le mot *trapeza* est venu à la fin de l'époque païenne et le vieux russe блутити vient du culte nordique. Voir *Živ. star. Slov.*, II, p. 186.

[4] Harkavi, Сказанія, p. 265 ; Saxo, éd. Holder, p. 566.

somme exerçant des fonctions toutes proches de celles des véritables prêtres [1].

Nous savons par contre que, dans le pays baltique, les dieux célèbres, tels que Svarožič à Rethra ou Svantovit à Rujana, étaient servis par de vraies troupes de prêtres, qui avaient à leur tête un grand-prêtre (« sacerdos maior, pontifex »). Tout ce monde s'occupait du culte, accomplissait les rites les plus importants, et faisait affluer les dîmes, et — c'était par là surtout qu'il avait une action sur le peuple — réglait les pratiques magiques et les oracles. Même les dieux qui n'avaient pas de temple, comme par exemple Prove dans son bois de chênes de Stargard, étaient dotés d'un grand-prêtre [2].

Qu'étaient ces oracles ? Thietmar nous l'apprend pour Rethra, Saxo Grammaticus pour Arcona et Herbord pour le Triglav de Stettin [3]. Le personnage principal en était partout un cheval sacré, que les prêtres conduisaient à travers une rangée de lances croisées ; on cherchait aussi des présages dans les boissons dont on remplissait les coupes placées dans la main des dieux, dans les éclats de bois, dans le vol des oiseaux, etc. [4] L'extase simulée était naturellement aussi mise en jeu.

Les sorciers. — Outre les prêtres véritables, il existait dans tout le domaine slave d'autres intermédiaires entre le peuple et les dieux ou les démons. Ceux-là travaillaient sans pompe, sans temples et sans sacrifices : ils n'en avaient pas pour cela moins d'action sur la croyance populaire et sur la conduite de la vie non seulement des individus, mais des familles et parfois de grands groupes de population. C'étaient les sorciers ou magiciens. Ils portaient habituellement le nom de *volchvi*, sing. *volchvŭ* [5] ; mais ils avaient aussi d'autres appellations suivant le genre de magie qu'ils pratiquaient : *čaroděj, korenitici, vědŭnŭ, věštij, hadači, bajalinikŭ, obavnikŭ, vorožeci, vrači, kudesnikŭ, nauznikŭ, kobnikŭ, kuzedlnikŭ,* etc. (toutes appellations que l'on trouve aussi au féminin). Ces mots sont remplacés dans les plus anciens textes slaves tantôt par des termes grecs, tantôt par

---

[1] Les documents latins appellent les prêtres slaves païens *sacerdotes* ou simplement *domestici*. L'expression slave ancienne, déjà attestée dans des textes des Xe et XIe siècles (voir *Živ. star. Slov.*, II, p. 231), était *žrec (žrici)*, c'est-à-dire « sacrificateur ».

[2] Voir les renseignements donnés à propos de chaque dieu.

[3] Thietmar, VI, 24 (17) ; Saxo, éd. Holder, pp. 565, 567 ; Herbord, II, 32-33.

[4] Voir pour les détails *Živ. star. Slov.*, II, p. 241.

[5] Voir *Živ. star. Slov.*, II, pp. 208-211.

des termes latins : μάγος, μάντευς, φαρμακός, ἐπαοιδός, *augur, sortilegus, phiton, carius, incantator, divinator, ariolus, veneficus*, etc.

La magie, c'est-à-dire le pouvoir de plier les démons par certains procédés à la volonté de l'homme, apparaît dans les cultures les plus primitives où il saurait à peine être déjà question de religion, par exemple celles qui sont encore au degré préanimiste. Elle se maintient même au stade de la religion proprement dite, et à côté de cultes organisés. Elle met en œuvre les ressources les plus variées que lui offre la sorcellerie, et dont plusieurs nous sont attestées dès l'époque païenne. C'est contre cette magie païenne que l'Église entreprit la lutte, car, alors qu'elle avait d'un seul coup écarté les dieux en mettant en pièces les idoles et en renversant les temples, elle n'avait pas porté atteinte au pouvoir des sorciers et se voyait réduite à continuer à le combattre opiniâtrement, mais sans succès. En effet, de nos jours encore, dans les régions éloignées où la civilisation ne pénètre pas, beaucoup de pratiques magiques se sont maintenues, qui ont parfois un caractère tout-à-fait primitif et païen. Il n'y a pas encore si longtemps que, dans un pays par ailleurs avancé, sur les montagnes de la frontière moravo-slovaque, une fille qui voulait anéantir ses rivales en amour modelait une figurine de glaise qu'elle piquait, puis séchait dans une fumée brûlante, et enfin brûlait dans le fourneau, persuadée que ses rivales ressentaient ce triple supplice. Nous avons là assurément une illustration caractéristique de la façon dont les notions primitives se conservent pendant des siècles.

Dès l'époque ancienne, les plus vieux chroniqueurs tchèques et polonais mentionnent des sorciers. Il en est de même chez les Bulgares. Mais les témoignages les plus nombreux et les plus intéressants nous viennent de Russie [1]. Dans les plus vénérables chroniques russes qui remontent aux Xe, XIe et XIIe siècles, le sorcier (ВОЛХВЪ) apparaît fort souvent, et de telle manière que nous pouvons nous rendre compte de son rôle et de son activité. Les sorciers russes constituaient un facteur social important : c'étaient eux qui représentaient et menaient la lutte contre le christianisme. L'Église, voyant leur influence sur le peuple, avait tourné sa force contre eux, mais non sans se heurter, au moins dans les premiers temps, à l'opposition tumultueuse et radicale de ces ennemis et de leur clientèle populaire. Je ne saurais exposer ici toutes les pratiques employées par les sor-

---

[1] *Živ. star. Slov.*, II, pp. 212-217. En Bohême, le prince Břetislav, en 1092, ordonna d'expulser tous les sorciers (Kosmas, III, 1) et le prince polonais Mieszko fit de même (Miechowski, *Chronica Polon.*, II, 2).

ciers et, sur une plus large échelle encore, par les sorcières : leur domination sur l'homme s'étendait depuis la naissance jusqu'à la mort ; on en
aura une idée par les matériaux nombreux que j'ai réunis ailleurs [1]. Il
importe, au reste, d'observer que la partie septentrionale de la Russie
a été fortement soumise à l'influence des sorciers finnois. C'est à ces derniers que les tombes slaves de cette région doivent une partie des objets

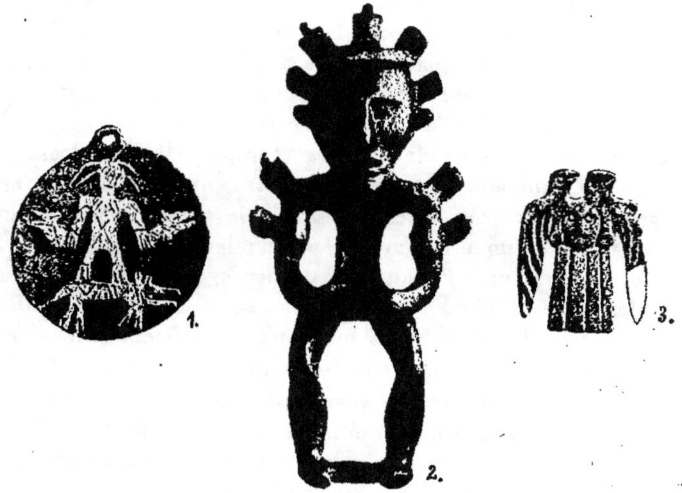

Fig. 55. — Attributs d'un sorcier chaman trouvés dans la Russie centrale :
1 et 3. Gladenovo ; 2. Galič.

que l'on y trouve : de petites figures d'hommes et d'animaux qui appartenaient sans doute à ces chamans [2]. Le fait est qu'on ne trouve pas ailleurs
de ces objets, et l'on n'est pas fondé à supposer que l'influence du chamanisme finnois se soit étendue à toute la Russie slave.

Fêtes anniversaires. — Le culte païen possédait encore une série de fêtes

[1] *Živ. star. Slov.*, II, pp. 218-229. Voir là ce qui a trait aux amulettes appelées *navuz*,
navęz, russe наузъ (traduction du latin *ligatura*). A Rostunovo (gouvernement de
Moscou) on a trouvé un tombeau de sorcier.

[2] *Ibidem*, II, pp. 225-227. La chronique nous apprend aussi que les Novgorodiens allaient
consulter les sorciers finnois leurs voisins (*Chronique* de Kiev, à l'année 1071, version Laurentine, 174).

et de cérémonies, certaines servant à honorer les ancêtres, mais la plupart ayant un caractère cosmologique et se rapportant à la fin de l'hiver, à la venue du printemps, aux solstices d'été et d'hiver, à la fin des travaux des champs et en général aux diverses phases de l'agriculture. Qu'il s'agît du printemps ou d'une autre saison, c'étaient toujours les labeurs de la campagne qui déterminaient le peuple à adresser aux démons et aux dieux intéressés certaines prières accompagnées de rites déterminés. C'était le soleil dont l'influence dominait toute la culture de la terre : de là l'importance croissante des dieux solaires ; de là aussi l'importance des solennités anniversaires correspondant aux principaux épisodes du cycle solaire, le début du printemps où le soleil anime la nature, puis l'époque où le soleil achève son rôle de bienfaiteur des champs, celle des récoltes d'été et d'automne. Quant aux rites observés durant ces solennités, ils ne faisaient que reproduire tels actes de sorcellerie ou de magie destinés à agir sur les forces cosmiques, afin d'en obtenir les résultats les plus favorables pour l'agriculture. Il faut dire d'ailleurs que, faute de posséder sur ces rites assez de témoignages anciens, nous sommes ordinairement réduits à constater les survivances qui nous apparaissent encore dans le folklore historique et contemporain. Mais les recherches ont été jusqu'à présent trop peu poussées dans ce sens pour que nous puissions, dans les fêtes d'aujourd'hui, faire le départ entre ce qu'elles doivent au paganisme indigène, ce qu'elles ont emprunté à date ancienne aux cultes étrangers et enfin ce qu'elles ont assimilé seulement à l'époque historique.

La fête essentielle de la période d'hiver est la *koleda*. C'est une tournée de maison en maison, où l'on promène un mannequin appelé *koleda*, en prononçant des formules et en chantant des chansons appropriées. La *koleda* nous est signalée chez les Slaves dès l'époque païenne [1]. Elle n'est pas cependant d'origine indigène : c'est la fête romaine des Calendes *(calendae)*, célébrée au début de la nouvelle année, qui a passé aux Slaves sous le nom de *koleda*, et cela dès avant l'adoption du christianisme. On en trouve aujourd'hui encore de nombreuses survivances. Les calendes romaines s'y confondaient originellement avec les restes de certaine fête indigène appartenant au solstice d'hiver, ainsi qu'en témoignent divers rites, comme en Russie le rite qui porte le nom de *usen'* ou *ovsen'*.

Il en est de même d'une autre fête ancienne, appelée *kračun* que l'on

---

[1] Dans une interdiction de l'Euchologe du Sinaï (art. 24) et dans une interdiction russe des Saints Pères, du XIe siècle (art. 105, 137). Pour les détails sur la *koleda*, voir *Živ. star. Slov.*, II, pp. 241-248.

trouve dans tout le domaine slave et qui est déjà attestée en Russie au XIIe siècle. Le *kračun* est sans doute aussi de provenance romaine : ce nom semble, en effet, n'être autre que le latin *creatio* au sens de « Nativité » ou « Noël »[1]. Il n'y avait dans la mythologie slave ni de dieu *Kračun* ni de *Koleda* ni d'*Usen'* : ce ne sont là que des noms de fêtes.

Parmi les fêtes printanières il y avait surtout le « transport de la mort », appelée pour cette circonstance *Marena* chez les Slaves du Nord (tchèque *Marena*, à côté de *Morena*, polonais *Marzana*, petit-russe *Marena*). Aujourd'hui encore, en pays slave, on fabrique, aux premiers jours du printemps, un mannequin de paille (que parfois l'on remplace par un arbuste), puis les gens du village le transportent avec des chants jusqu'à la rivière la plus proche, où ils le précipitent[2]. Cette cérémonie était certainement connue dès l'époque païenne, encore qu'elle ne soit pas attestée directement. De fait, elle est à peu près panslave, et des documents des XIVe et XVe siècles la signalent en Bohême et en Pologne comme un rite païen très ancien[3]. Le transport de Marena ou de la Mort[4] est sans aucun doute associé à l'expiration de l'hiver et à la venue du printemps : il représente un vestige du sacrifice offert à l'eau du printemps délivrée de sa prison de glace. Le mannequin appelé Marena a dû être à l'origine une victime véritable remplacée plus tard par une effigie. Mais il n'y avait pas de déesse Marena, au sens où l'entend Długosz[5].

Le groupe des fêtes estivales est plus riche, parce que c'est en été qu'ont lieu les grands travaux des champs, et aussi parce que la saison chaude est plus favorable à l'extension des jeux et des divertissements que l'époque du solstice d'hiver. C'est au solstice d'été que se rattachent le plus grand nombre des fêtes de l'année. Ces fêtes estivales sont débordantes de joie bruyante et de danses. Les principaux épisodes en sont : les sauts à travers le feu (vraisemblablement dans un but de purification), puis divers oracles, et, dans certaines régions, une scène dramatique analogue à la noyade de la Marena, à savoir le meurtre et l'enterrement symbolique d'un mannequin appelé de noms divers. Ces fêtes se célèbrent depuis longtemps chez

---

[1] *Živ. star. Slov.*, II, p. 248.

[2] *Ibid.*, II, pp. 249 et suiv.

[3] En Bohême, deux interdictions du transport de la mort, datées de 1366 et 1384, en Pologne une défense du diocèse de Poznań de 1420, et un passage de la *Chronique* de Długosz à l'année 965 (II, 1). Voir les textes dans *Živ. star. Slov.*, II, p. 250.

[4] Le nom coïncide étymologiquement avec le vieux slave *mrěti*, *morŭ* « mort » ; il a été joint par la suite à diverses formes slaves du nom de la mère de Dieu : *Marja-Marena*.

[5] Voir plus haut, p. 152.

tous les Slaves, au moment du solstice, le plus souvent la veille de la Saint-Jean-Baptiste (dans la nuit du 23 au 24 juin), ou encore à d'autres dates. Elles sont désignées par divers noms : en Russie, купало (ou au pluriel (купалы) ; en Pologne, *sobótka* ; en Bohême, *kupadlo* ; en Slovaquie, *kupadlo, vajanuo* ; chez les Slovènes, *kres* ; chez les Serbes, Ивандан ou крес ; chez les Bulgares Иванъ-день, etc. L'addition aux danses et aux réjouissances de la scène dramatique de l'enterrement du mannequin est d'usage en Russie ; mais le *Kupalo*, en certains endroits, est remplacé par l'effigie de *Jarilo*, de *Kostroma* ou *Kostruboniko*. Il en est ainsi chez les Bulgares où le mannequin était appelé *Kalojan* (Skalojan) ou *German* [1]. Cette scène dramatique, originellement, n'appartenait sans doute pas à la fête proprement dite de *Kupalo*, et c'est pourquoi aussi elle diffère sensiblement dans ses formes et dans sa chronologie d'une région à l'autre. On entrevoit là l'influence de cultes grecs et orientaux.

Tous ces rites de la fête du solstice d'été sont anciens et attestés, au moins indirectement, dès les XIe et XIIe siècles, car le chroniqueur Kosmas et le biographe de l'évêque Otto de Bamberg font mention l'un et l'autre, chez les Tchèques et les Poméraniens, de grandes solennités païennes qui se célébraient vers la Pentecôte, au mois de juin [2]. Les appellations de *kupalo* et de *sobótka* n'apparaissent qu'au XIIIe siècle, mais nous pouvons les suivre à partir de cette époque jusqu'à nos jours [3].

Ces fêtes ont une signification qui n'est pas absolument claire. J'y vois, pour ma part, une glorification de la nature au moment de son plus grand épanouissement, à la veille de la récolte, et je m'explique ainsi la force de l'émotion érotique qu'elles provoquaient et qu'elles provoquent encore, au point d'apparaître parfois comme des survivances d'un régime ancien d'hétaïrisme [4].

Les fêtes du *kupalo* ont pour parentes, au moins en raison de leur caractère et de l'époque à laquelle elles ont lieu, les « fêtes des roses » ou *rusalii*. Celles-ci, nous l'avons déjà vu [5], ont un vieux fond dû au culte des mânes

---

[1] Voir *Živ. star. Slov.*, II, pp. 252-257. Le dieu *Kupalo* qui apparaît dans les chroniques du XVIIe siècle ne doit son existence qu'à un contresens sur le nom même de la fête, comme aussi les dieux Jarilo et German (*ibidem*, p. 256).

[2] Kosmas, III, 1 ; Herbord, II, 14. Voir aussi le témoignage de Thietmar sur les fêtes du mont Sobótka en Silésie (Thietmar, VII, 44).

[3] *Živ. star. Slov.*, II, p. 255.

[4] Voir ce qui est dit plus haut (p. 21) et aussi l'article de A. Veselovskij « Гетеризмъ... въ купальской обрядности » (ЖК. М. Н. П., 1894, II, pp. 287, 315).

[5] Voir plus haut, pp. 55, 132. D'autres formes de ces fêtes apparaissent chez les Slaves du

et doivent leur nom à l'influence romaine de la « fête des roses », *rosalia, pascha rosarum*. On ne saurait douter que la fête estivale répandue à travers tout le domaine slave et appelée *rusalii, risale, rusalje, rusadla* soit autre chose que les *rosalia* romaines. L'influence gréco-romaine, ici, n'est pas contestable ; mais il n'est pas encore possible de déterminer la part de l'emprunt étranger ni celle du vieux rite indigène avec lequel cet emprunt est venu se confondre.

Le motif fondamental de la cérémonie est partout le même : on conduit par le village une fille en grand costume (vivante ou en effigie), et l'on porte un mannequin représentant un animal ; la marche du cortège est accompagnée de discours, de chants, de danses et de combats fictifs. Ces *rusalii* nous sont connues en Russie, dès les XIe et XIIe siècles, comme des jeux populaires de caractère excentrique auxquels l'Église s'opposait avec vigueur, mais visiblement sans succès [1]. Elles sont en usage aussi dans la Péninsule balkanique, et M. Arnaudov, notre collègue de Sofia, vient précisément de leur consacrer une vaste étude [2]. En Bohême, en Moravie et en Slovaquie, elles sont attestées par des documents qui remontent au XVIe siècle.

Le dernier grand groupe des rites cultuels de l'été et de l'automne était constitué à l'époque païenne par toutes les coutumes et fêtes se rattachant à la récolte et, de manière générale, à l'achèvement des travaux agricoles. Beaucoup de ces rites sont encore en vigueur dans les pays slaves, et la description de la fête de Svantovit à Arcona, que nous lisons chez Saxo Grammaticus, nous prouve qu'ils existaient sous le paganisme. Cette fête avait lieu une fois l'an, la moisson terminée : le prêtre de Svantovit, après avoir offert au dieu de nombreux sacrifices, prédisait, d'après la coupe placée dans la main de l'idole et d'après le vin qui s'y trouvait, ce que serait la récolte de l'année suivante [3]. Cette solennité clôturait vraisemblablement la saison agricole et la série des actes de supplication et de magie auxquels le Slave recourait toujours en s'adressant aux dieux donateurs de la récolte ; ces actes, d'ailleurs, se sont conservés en partie jusqu'à nos jours [4].

Sud sous le nom de *ružičalo* ou *družičalo*, chez les Russes sous le nom de радуница (du grec ῥοδώνια).

[1] *Živ. star. Slov.*, II, p. 201.

[2] M. Arnaudov, Кукери и русалии, София, 1920 (Сборникъ за народни умотворения, XXXIV).

[3] Saxo, éd. Holder, 565. Voir *Živ. star. Slov.*, II, p. 240.

[4] *Živ. star. Slov.*, III, p. 112 ; Bystroń, *Zwyczaje żniwiarskie w Polsce*, Kraków, 1916 ; Č. Zíbrt, *Obžinky*, Praha, 1910.

La fin du paganisme.

Le paganisme slave ne s'effondra pas tout d'un coup. Nous avons déjà
vu que la foi chrétienne n'avait été adoptée officiellement qu'à des époques
diverses, du VIIe au XIIe siècles, et encore cette adoption ne comportait-elle
pas que le peuple tout entier eût renoncé à ses anciennes croyances en accep-
tant les nouvelles. Partout, au contraire, les anciennes croyances devaient
se maintenir longtemps encore dans le peuple, tout chrétien qu'il fût devenu
extérieurement. Les vieux textes russes appellent cet état ambigu « ДВОСВѢ-
ріе », c'est-à-dire « la double foi ».

De fait, partout nous constatons des réactions sanglantes et des résolu-
tions en faveur du paganisme que prêtres et sorciers entretenaient dans le
peuple [1]. Cette « double foi », dans certaines régions, persista jusqu'aux
XIe-XIIe siècles, et même jusqu'à une époque très postérieure en Russie et en
Lituanie. Ce furent les dieux qui tombèrent les premiers dans l'oubli, en
particulier là où ils n'étaient que la création des prêtres et ne vivaient que
par ceux-ci. Mais la foule païenne des démons, qui emplissait la nature
toute entière, vécut longtemps, avec ses cultes propres, et c'est en vain
que le clergé la combattait. L'Église orthodoxe, d'ailleurs, eut à cet égard
une politique souvent différente de celle de l'Église romaine. Rome ne
cessa jamais de mener âprement la lutte contre le paganisme et elle réussit ainsi à rendre désuets nombre de rites anciens. Byzance, par contre, fut
à l'ordinaire plus tolérante, et souvent même chercha à s'adapter en quelque
mesure à la religion du passé, de telle sorte qu'elle nous en a davantage
conservé les traces. Ainsi la Péninsule balkanique nous offre encore aujour-
d'hui des popes qui, dans les cimetières, célèbrent la fête des morts à la
manière païenne en distribuant aux âmes des défunts du vin et des
aliments ; on rencontrait même, il n'y a pas longtemps, des popes qui
conjuraient les mauvais esprits et les vampires comme les sorciers les
conjuraient il y a quelque mille ans [2].

---

[1] *Živ. star. Slov.*, II, pp. 266 et suiv., et p. 274.

[2] *Ibidem*, I, p. 295, et plus haut, p. 55. Voir les faits rapportés par M. Murko (« Grab.
als Tisch », dans la revue *Wörter und Sachen*, II, 1910, pp. 84, 89, 110) et par Miličević.
(Живот Срба, I, p. 326).

CHAPITRE VII.

Les débuts du droit et de l'organisation de l'État.

La société.

Le triple fondement, à la fois économique et religieux, juridique et politique, de l'existence des anciens Slaves, était constitué par la famille, par le clan (ou communauté familiale), et enfin par la tribu [1], qui marquent les degrés de l'évolution des peuples et des États. Chacune de ces unités avait ses intérêts propres dans l'ordre de la parenté, de l'économie domestique et de la religion ; elle travaillait pour elle-même, se gouvernait elle-même et formait à elle seule une unité juridique. Il y avait bien des notions et des coutumes juridiques communes à tous les clans et à toutes les tribus slaves, mais elles n'obligeaient que ces seules unités. Tout membre d'une famille ou d'un clan y jouissait de tous les droits attachés à sa qualité de ressortissant à cette unité, et tout nouveau venu, Slave ou non, était regardé comme un étranger qui n'avait pas les droits des membres du clan ou de la tribu dont il était devenu l'hôte.

Cependant la pleine jouissance de tous les droits n'était assurée qu'aux hommes libres. Comme chez les autres peuples voisins, une tribu se composait chez les Slaves de trois catégories de personnes : 1° les *esclaves* ; 2° les *hommes libres* ; 3° une classe peu nombreuse de gens qui se distinguaient par leur naissance, leur richesse, ou leur situation au service du prince, et de laquelle devait sortir la *noblesse* de l'époque historique.

La classe des hommes non libres ou esclaves s'était formée au cours des siècles précédents. C'étaient des restes des populations autochtones que

[1] La science du droit slave forme un tout scientifique indépendant qui repose sur une foule de sources historiques indépendantes. Aussi ai-je demandé à Karel Kadlec, professeur à l'Université tchèque de Prague, et l'un des meilleurs spécialistes du droit slave, d'écrire dans la *Vie des anciens Slaves* le chapitre qui relève de sa compétence. Mais, comme ce chapitre n'a pas encore paru, je m'en suis tenu surtout aux conclusions de l'aperçu sommaire que K. Kadlec a publié dans l'*Encyclopedya polska*, t. IV, II⁰ partie (Kraków, 1912). L'exposé détaillé sera donné par le même auteur dans son *Introduction à l'histoire du droit slave*, prête à être mise sous presse (*Collection de Manuels de l'Institut d'Études slaves*). Je remercie K. Kadlec d'avoir bien voulu revoir le présent chapitre.

les Slaves avaient trouvées dans les pays qu'ils occupaient (ainsi dans les Balkans, dans les Alpes et aussi en Bohême) ; c'étaient encore des prisonniers capturés pendant les guerres incessantes des Slaves avec les peuplades étrangères *(plěnĭnĭkŭ)* ; c'étaient parfois des Slaves libres qui avaient été privés de la liberté pour n'avoir pas payé leurs dettes [1], ou bien des esclaves achetés par leur maître sur les marchés (comme nous le verrons plus loin)[2], ou bien des descendants de parents esclaves.

Nous ne savons pas exactement quelles étaient les relations entre le maître et l'esclave avant le xe siècle. En tout cas, le droit slave différait du droit romain en ce qu'il ne considérait pas l'esclave comme un simple objet, mais plutôt comme un membre de la famille jouissant seulement de droits réduits. Il est intéressant de remarquer à cet égard que les vieux noms slaves désignant les esclaves, *rabŭ (robŭ)* et *otrokŭ*, s'appliquaient aussi aux enfants [3].

Nous avons, d'autre part, des témoignages historiques directs d'où il ressort que les esclaves étaient traités avec ménagement, qu'il leur était permis de se racheter moyennant une rançon et dans un certain délai et que, ce délai expiré, s'ils ne s'étaient pas rachetés, ils demeuraient dans la communauté avec une liberté relative et sans être traités comme des ennemis [4]. Il y a bien, il est vrai, des documents donnant un tout autre son de cloche, mais ils sont plutôt tardifs, et il semble bien qu'à l'époque ancienne, au temps de la vie semi-nomade, le traitement des autochtones dépossédés et des prisonniers de guerre ait été plus doux que par la suite. On n'aperçoit pas encore ces sentiments de haine que les Allemands, notamment, devaient

[1] Kadlec, *Encyclopedya polska*, IV, 2, p. 100.

[2] Voir chapit e X, pp. 243-245.

[3] Kadlec, *Encyclopedya polska*, p. 91 ; Janko, *Pravěk*, p. 73. J. Janko donne l'explication suivante de l'identité des noms de « l'enfant » et de « l'esclave ». Dans la société slave, à l'époque préhistorique, les hommes et les jeunes gens s'adonnaient uniquement à la chasse, à l'élevage du bétail et à la guerre, tandis que le travail pénible des champs incombait exclusivement aux femmes et aux orphelins (*robŭ*, du slave commun **orbŭ*, cf. sanscrit *arbha* « petit, faible »). Avec le temps, le mot *robŭ* perdit sa signification première et commença à désigner celui qui est forcé d'accomplir les gros travaux, puis l'esclave. — Il est cependant peu probable, à mon avis, que les travaux les plus durs soient retombés même alors sur les orphelins : il y aurait eu là une contradiction avec les principes essentiels de la vie communautaire. Quant au mot *otrokŭ*, il signifiait tout d'abord « qui ne peut pas parler » (Miklosich, *Etymologisches Wörterbuch*, p. 274). C'en est assez pour nous expliquer que l'on ait donné le même nom aux enfants et aux prisonniers étrangers.

[4] Voir la relation de Maurikios, *Strategicon*, XI, 5 (du vi[e] siècle) et de Léon, *Tactica*, XVIII, 104. Quant au traitement pacifique des esclaves chez les Russes, voir aussi la relation de Ibn Rosteh (Harkavi, Сказания, p. 268).

provoquer en s'efforçant d'asservir, d'anéantir et de dénationaliser les
Polabes et les autres Slaves [1].

En face des esclaves, les hommes libres jouissaient de tous les droits.
Ils participaient aux assemblées et, en temps de guerre, servaient dans les
rangs des combattants réguliers. Ils possédaient tous les droits d'un sujet
et pouvaient, en particulier, acquérir des biens et se lier par des contrats.
Les hommes libres étaient appelés chez une partie des Slaves de l'Ouest
(Tchèques et Polonais) *dědici* ; chez les Polabes et les Slaves de l'Est, *smerdi*,
« *zmurdones, smardones* » [2]. Certains historiens du droit ont considéré ces
smerdi comme n'étant pas non plus de condition libre, mais, à en juger par
quelques données, il est préférable de les tenir pour une classe rurale
libre [3].

Il y avait une troisième classe, supérieure aux deux précédentes, et due
à l'organisation même des familles et des clans. Dans cette organisation,
le chef était naturellement quelqu'un qui jouissait d'une grande considé-
ration et avait une grande influence. Aussi ne faut-il pas s'étonner qu'à la
longue il ait acquis avec ses descendants une certaine supériorité à l'égard
des autres membres de la famille, du clan ou du district. La même différenciation se produisit plus tard, sous le régime de la propriété individuelle,
lorsque les liens familiaux se relâchèrent : le membre le plus âgé et le chef
du district cherchaient à s'assurer un lot plus considérable que les autres.
C'est cette classe plus influente et plus riche qui a donné naissance à une
partie de la noblesse slave. Elle existait déjà au VIᵉ siècle, car, dès cette
époque, on trouve dans les sources les termes de *primates, primi, priores,
primores, proceres, praestantiores, meliores, seniores* [4]. Parmi ces nobles,
les uns, lorsqu'était apparu le système monarchique, appartenaient à la
compagnie du prince *(družina)*, avaient pris en mains le commandement
de l'armée et l'administration de l'État et s'étaient installés dans les places
les plus en vue autour du prince. D'autres, dans certaines régions, appartenaient aussi à la compagnie du prince, mais ils étaient d'origine étrangère,

---

[1] Voir le chapitre XIII, pp. 338-341. Chez les Tchèques les rapports n'étaient pas non
plus très pacifiques au commencement de l'époque historique (Kosmas, III, 23, 62).

[2] Voir plus loin, p. 172.

[3] Kadlec, *Encyclopedya polska*, p. 71.

[4] Voir *Slov. star.*, II, p. 371 ; III, p. 105. Les « primates » slaves sont mentionnés pour
la première fois chez les Antes auprès du prince Boz (Jordanis, *Get.*, XLVIII, 247) et ensuite
chez les Slaves de Valachie auprès du prince Dauritas au VIᵉ siècle (Menander, XVI, éd.
Niehbuhr, 404.) Dans ce dernier passage ils sont appelés : « οἱ ἐν τέλει τοῦ ἔθνους »,
« Δαυρίτας καὶ οἱ ἡγεμόνες ».

et ils n'avaient fait qu'accompagner celui-ci jusqu'en pays slave, l'aidant à conquérir le pays et à s'emparer du pouvoir : tel était au moins le cas des Russes-Varègues de Rurik en Russie et des Bulgares d'Asparuch en Bulgarie (c'étaient ceux que les Grecs appellent βοιλάδες, βολιάδες, les Slaves боляринъ, avec l'épithète honorifique de βαγατούρ) ; et il est fort possible qu'ailleurs aussi la compagnie du prince ne fût pas toute d'origine slave, mais se composât d'éléments étrangers (ainsi en Pologne).

C'est de ces compagnies princières, indigènes ou étrangères, dispersées dans les châteaux ou du moins dans des camps fortifiés, qu'est issue une noblesse vivant partie dans l'entourage immédiat du prince, partie sur le reste du territoire. La classe des *vitězi* (polabe *vićaz, slave d'église *vitęzь*, lat. *vithasii*, *vethenici*, all. *witsezen* ou *knechte*), attestée dans le pays des Serbes de l'Elbe à partir des XIe et XIIe siècles, n'était autre chose qu'une petite noblesse militaire, servant à cheval, qui avait fait partie des anciennes compagnies princières[1]. De même les *župani*, que nous voyons à la même époque chez les Serbes du Sud et chez ceux du Nord, et ailleurs encore, appartenaient à cette vieille noblesse[2].

Le droit de propriété.

La propriété des biens immobiliers était d'abord collective. L'individu n'y pouvait participer qu'en tant que membre d'une communauté : famille ou clan. Ces groupes, fondés sur la parenté, étaient les premiers sujets titulaires de droits, et c'est à eux seuls originellement qu'appartenaient les immeubles. Tous les membres de la famille travaillaient la terre : ils défrichaient la forêt, labouraient, semaient, levaient les récoltes, et tous les produits étaient le bien de leur collectivité familiale ; chaque membre, marié ou non, en avait la jouissance commune. C'était là le régime de la *zadruga* slave, encore vivant chez les Slaves méridionaux, et qui portait autrefois, chez les Tchèques et les Polonais, le nom de *rodinný nedíl* « indivision familiale ».

---

[1] Voir Thietmar, *Chron.*, V. 6 (« satellites dicti slavonice *vethenici*). Une charte du monastère de Lautenberg de l'année 1181 distingue chez les Daleminci serbes les classes suivantes : 1° seniores villarum, quos lingua sua *supanos* vocant ; 2° « in equis servientes id est *withasii* » ; 3° « ceteri liti, videlicet hoc est *zmurdi* » ; 4° « hi qui censuales ecclesiae vel proprii sunt ». Voir encore une charte du monastère de Kaltenbrun de l'année 1122 qui distingue « eldesten, knechte, zmurde, lazze, heyen » (Knothe, *Archiv für sächs. Gesch.*, IV, 1883, 3). Sur l'origine du mot *vitęzi* voir plus loin, chap. XI. p. 269, et *Živ. star. Slov.*, III, pp. 487 et suiv.

[2] Voir plus loin, pp. 180-182.

Nous n'avons pas, il est vrai, de témoignages directs sur ce régime à l'époque ancienne ; mais nous pouvons du moins, de nos jours, en constater les survivances ; et l'évolution de la propriété, telle que nous la connaissons par ailleurs, nous autorise à penser que loin d'être apparu seulement à une époque tardive, comme l'a enseigné récemment J. Peisker [1], ce régime a bien été celui des Slaves durant la période préhistorique [2]. Helmold dit du duc Henri, fils de Gotschalk, qui soumit à la fin du XIe siècle les Slaves polabes, qu'il apprit aux paysans à cultiver « chacun son *propre* champ » et à travailler de manière plus convenable et plus utile ; c'est là une allusion évidente à l'abrogation du régime de l'ancienne *zadruga* [3].

Aussi bien il existait, depuis longtemps déjà, des embryons de propriété individuelle, et cela pour les biens meubles. Il est certain, par exemple, que les vêtements, les outils, les armes et autres objets portatifs étaient choses de première nécessité dont les individus ne pouvaient se passer, et avec lesquelles celui qui les avait fabriquées ou les portait avait le sentiment d'un rapport plus étroit, précisément parce qu'il en était l'auteur et le détenteur. Telle a été l'origine de la première propriété personnelle, comme le montrent les termes mêmes qui désignent la propriété : имѣніе, *mienie*, *majetek* « ce qu'on a dans la main ». Mais l'individualisation de la propriété en général, et en particulier de la propriété foncière, ne s'est produite que vers la fin de l'époque païenne. C'est alors seulement que l'ancienne communauté slave a commencé à se disloquer. A partir du Xe siècle, en effet, nous voyons désigner les villages et les maisons avec leurs dépen-

---

[1] La bibliographie concernant la nouvelle *zadruga* et la question de son ancienneté est importante. Voir, en particulier, Kadlec, *Rodinný nedíl čili zádruha v právu slovanském* (Praha, 1898) et du même auteur : « Rodinný nedíl ve světle dat dějin právních » (*Čas. Mat. Mor.*, Brno, 1901) ; voir aussi O. Balzer, « O zadrudze słowiańskiej » (*Kwartalnik histor.*, XIII, 1899), J. Peisker ; « Slovo o zádruze » (*Národopisný Sborník Českoslov.*, IV, p. 38), « Die serbische Zadruga » (*Zeitschr. für Social und Wirtschaftsgesch.* », VII, 1899) ; G. Cohn, « Gemeinderschaft und Hausgenossenschaft » (*Zeitschr. für vergl. Rechtswiss.*, XIII, 1899) ; Iv. Strohal, « Zadruge južnih Slovena » (*Glasnik zemal. muzeja u Bosni i Hercegovini*, XXI, 1909), S. Bobčev, Бълг. челядна задруга, София, 1907. On trouvera l'indication des autres publications, en majeure partie de caractère polémique, dans l'ouvrage cité de Kadlec. J. Janko a donné un beau tableau de la *zadruga* du point de vue linguistique dans son *Pravěk*, pp. 161-183.

[2] C'est visiblement au régime communautaire que déjà Prokopios (III, 14) fait allusion lorsque, après avoir noté « ἐν δημοκρατίᾳ βιοτεύουσι καὶ αὐτοῖς τῶν πραγμάτων ἀεὶ τά τε ξύμφορα καὶ τὰ δύσκολα ἐς κοινὸν ἄγεται », il ajoute encore : « ὁμοίως δὲ καὶ τὰ ἄλλα ὡς εἰπεῖν ἅπαντα ἑκατέροις ἐστί τε καὶ νενόμισται τούτοις ἄνωθεν τοῖς βαρβάροις ».

[3] Helmold, I, 34 (« precepit sclauorum populo ut coleret vir agrum suum »).

dances par des adjectifs d'appartenance en *-ov*, *-ova*, *-ovo* et *-in*, *-ina*, *-ino*, formés sur le nom du propriétaire. C'est l'indice que des membres se séparaient de la grande famille et entreprenaient à eux seuls une nouvelle exploitation rurale ; les grandes familles communautaires se morcelaient en simples familles. Le sol seul, sans doute, devenait d'abord la propriété de ces familles, le sol sur lequel s'élevait la maison et ses dépendances, ainsi que l'aire à battre le grain : le reste de la terre, les champs, les pâturages, les bois continuaient à être la propriété d'une collectivité plus large ; mais par la suite, sous l'influence de coutumes étrangères (rappelons-nous la relation d'Helmold sur l'ordonnance d'Henri, fils de Gotschalk), les champs furent divisés définitivement entre les diverses familles et les membres du groupement, cependant que les pâturages et les forêts demeuraient généralement, et cela jusqu'à nos jours, propriété commune [1]. En Russie, dans certaines régions, le partage périodique des champs s'est conservé jusqu'à notre époque, de telle sorte que le paysan n'est que le propriétaire temporaire de son champ.

C'est ainsi que s'est consommée, avant les XIIe-XIIIe siècles, la transformation radicale de la *zadruga*, et, du même coup, celle du régime de la propriété. Seuls, quelques vestiges juridiques rappellent l'ancienne propriété communautaire et les obligations qu'elle comportait : ainsi la responsabilité solidaire des habitants d'une commune (*opole* en Pologne, вервь en Russie, околина dans les Balkans, etc.), le droit commun de jouissance du village sur les pâturages et les bois, le droit d'intervention dans la vente des biens de famille et d'autres détails encore reflétant pareillement les droits et les devoirs communautaires de l'époque préhistorique [2].

Il importe, d'ailleurs, de remarquer qu'il s'était aussi accompli un rassemblement des éléments des villages en de grandes communautés qui ne s'était pas inspiré du principe de la parenté, mais de raisons purement économiques. C'est ainsi, par exemple, que les districts des villes russes (городъ) et aussi l'*opole* polonais étaient des unités territoriales dont les habitants n'appartenaient pas à un même clan.

Le droit familial.

Dans la famille slave, la différence de sexe avait une grande importance. Il n'existait d'égalité de droits pour les deux sexes ni à l'intérieur de la

---

[1] Sur l'ancien bornage des fonds, sur l'*újezd* et l'*ochoz*, voir Kadlec, *article cité*, p. 110.
[2] Voir p'us loin, p. 178, et Kadlec, *article cité*, p. 97.

famille ni en dehors d'elle. L'homme seul jouissait de tous les droits d'un membre de la communauté. Les relations entre l'homme et la femme étaient celles d'un souverain vis-à-vis d'un sujet. La femme, par exemple, avait l'obligation de rester fidèle à son mari, mais l'homme n'était pas tenu à la réciproque, et il pouvait prendre autant de concubines qu'il en voulait. La femme, après la mort du mari, était brûlée de même que les esclaves et les objets appartenant au défunt [1].

Néanmoins ce serait une erreur de croire que la femme fût une véritable esclave dans la famille et la société. Nous avons au contraire des textes indiquant que son rôle ne se bornait pas à tenir la maison en jouissant d'une certaine liberté, mais qu'elle participait à la vie publique. La princesse slave n'appartient pas seulement à la tradition des contes : elle a existé réellement. Thietmar, par exemple, nous parle d'une certaine princesse slave du nord de la Hongrie, au Xe siècle, qui savait fort bien monter à cheval et tenir la coupe comme les hommes [2]. C'était là une exception, dira-t-on, car il est naturel que la femme d'un prince ou d'un grand eût une autre situation qu'une femme du peuple. Il ne faudrait pas pourtant abaisser à l'excès la condition de cette dernière. Il va de soi qu'elle n'avait pas le droit, du vivant de son mari, de posséder des biens en propre ; elle ne pouvait considérer comme siens que des objets mobiliers, tels que vêtements, linge, joyaux, etc. [3] Mais, après la mort du mari, si ce dernier possédait quelque bien personnel, elle en recueillait la succession — nous le savons par divers témoignages — en pleine propriété, et elle devenait la tutrice des enfants mineurs et administrait les biens qui restaient. On se reportera avec intérêt aux indications que fournissent à ce sujet Herbord sur les Slaves de Poméranie et le « Recueil de Vies des Pères » de Kiev *(Paterik)* du XIe siècle sur les Russes [4]. La veuve était généralement traitée avec égards. Une instruction du prince Vladimir Monomaque recommande de prendre soin des orphelins et des veuves. Quant aux diverses modalités du mariage, monogamie et polygamie, enlèvement et rachat, cérémonies nuptiales, il en a déjà été question en détail au chapitre I de cet ouvrage [5]. Il faut seulement

[1] Voir à ce sujet plus haut, p. 47, Kadlec, *article cité*, p. 105 ; Janko, *Pravěk*, pp. 152-161. Certaines coutumes du cérémonial des noces laissent aussi apercevoir que la femme était anciennement la propriété personnelle de son mari.

[2] Thietmar, IX, 4 (VIII, 3). Voir encore un autre témoignage concernant une femme probablement slave qui était chef d'un village chez Priskos (Latyšev, *Scythica*, I, p. 824).

[3] Kadlec, *article cité*, p. 106.

[4] Herbord, II, 23 ; III, 5, 28 ; *Paterik* de Kiev, V, 7 (éd. Viktorova, p. 107).

[5] Voir ci-dessus, pp. 13 et suiv. ; on trouvera d'autres détails et une bibliographie dans Kadlec, *article cité*, pp. 102-104.

noter ici que l'enlèvement était la forme la plus ancienne du mariage ; le rachat ou, plus exactement, la vente de la fille était une modalité postérieure sur laquelle, vers la fin de l'époque païenne, une troisième modalité vint se greffer, à savoir l'apport par la fiancée [1] d'une dot (прид앙ное, *věno*).

Les relations entre les enfants et le père ne différaient pas beaucoup non plus de celles qui existaient entre les esclaves et leur maître. Les mots slaves désignant « les enfants » et « les esclaves » sont généralement les mêmes, nous l'avons déjà vu, et le collectif *čelęd̆* (челядь, чадь) s'appliquait, comme le latin *familia*, à toutes les personnes se trouvant dans la maison sous l'autorité du père, enfants et esclaves [2]. Le père (*starosta, gospodĭ, gospodarĭ*) avait sur ses enfants un droit de châtiment allant jusqu'à la peine de mort. Il lui arrivait, en Russie, de les vendre comme esclaves [3]. Mais la rigueur de ces droits paternels n'empêchait pas les garçons, une fois adultes, de participer à la propriété communautaire des biens familiaux et à ce titre d'intervenir dans les décisions relatives à ce bien. Tant que dura l'organisation communautaire, la question ne se posa pas de savoir qui devait protéger les mineurs et de quelle manière. La famille tout entière s'acquittait de ce devoir. Ce fut seulement lorsque la *zadruga* commença à se disloquer que le besoin de régler la tutelle se fit sentir. Ce fut la veuve, par conséquent la mère des enfants, ou une personne choisie parmi les plus proches parents, qui fut chargée de prendre à cet égard la place du père[4].

L'existence de la famille communautaire ne comportait pas de droit d'héritage : la famille, en tant que personne juridique, ne mourait pas, et les générations se succédaient, vivant l'une après l'autre sur le bien familial. Ce ne fut que lors de l'apparition de la propriété personnelle, d'abord exclusivement mobilière, puis aussi immobilière, qu'il fallut déterminer qui hériterait. De fait les biens meubles passaient, comme il est naturel, aux plus proches parents, en particulier si le défunt avait manifesté sa volonté à cet égard. Plus tard, le bien foncier de famille, à la mort du père, fut partagé entre les fils, qui en étaient déjà propriétaires avec le défunt[5] : tel est le système que l'on constate souvent au moins dans les familles princières (système des *udĕly*, c'est-à-dire des « apanages »).

---

[1] Kadlec, *article cité*, p. 104. Voir *Život. star. Slov.*, I, pp. 73-74.

[2] Kadlec, *article cité*, p. 106.

[3] Voir la Заповѣдь св. отецъ du XIe siècle dans Golubinskij, Ист. русской церкви, I², 2, p. 545, et Kazwinî dans Charmoy, *Relation*, p. 342. Voir aussi Jacob, *Handelsartikel*, 12.

[4] Kadlec, *article cité*, p. 107.

[5] Kadlec, *ibid*, p. 108.

Le droit pénal.

Le droit pénal fut d'abord exercé par l'organisation communautaire de la tribu ou de la *zadruga*. Les représailles sanglantes de famille à famille étaient habituellement considérées comme l'affaire de la communauté. Par la suite, lorsqu'une organisation d'État fut constituée, ce fut elle qui prit la défense de la société contre les violations de la justice et se chargea désormais de châtier les coupables.

Les Slaves apparaissent dans l'histoire à une époque où la *vendetta* sanglante sévissait encore avec toute sa rigueur. Maurikios nous confirme le fait pour le cas où quelqu'un avait fait tort à un hôte, et, jusqu'aux premiers temps du christianisme, nous avons des illustrations frappantes de ce régime de vengeance, par exemple dans l'histoire tchèque à l'occasion de la lutte des *Vršovci* avec les princes de Prague[1]. Ce fut d'abord, chez les Slaves comme partout ailleurs, la loi du talion qui prévalut exclusivement : œil pour œil, dent pour dent ; mais plus tard la vengeance prit des formes moins rudes : on commença à exiger du coupable une compensation matérielle, habituellement en argent, à laquelle on joignait un simulacre de vengeance accompagné de rites particuliers[2].

Ce système de la compensation était connu des Slaves dès le Xe siècle, comme le prouve l'ordonnance d'Oleg (по рускому закону) de l'an 912[3], mais, au sentiment de K. Kadlec, à titre encore tout exceptionnel à cette époque, sous l'influence des tendances nouvelles suivant lesquelles l'État commençait alors à s'organiser. Ce système, par la suite, devait se généraliser, mais il s'écoula un long temps avant que les princes n'eussent réussi à extirper complètement l'antique coutume des représailles[4]. Il va de soi qu'il ne saurait être question de taxes déterminées de compensation avant le Xe siècle.

Le droit slave connaissait dans une large mesure la voie de fait : lorsqu'on prenait un malfaiteur en flagrant délit, par exemple de vol ou bien d'adultère[5], le châtiment pouvait suivre sur le champ, et il ne devait entraîner

---

[1] Voir Maurikios, XI, 5 ; *Vita Sancti Adalberti*, auct. Canapario, 12, 19 ; Kosmas, I, 34, 42 ; III, 13, 23. Dans la *Vie* de saint Adalbert, il est question du droit d'asile, lequel est également attesté chez les Slaves baltiques (voir *Živ. star. Slov.*, II, p. 236).

[2] Kadlec, *article cité*, pp. 115-117.

[3] *Chronique*, version Laurentine, 33.

[4] Kadlec, *article cité*, pp. 119-120.

[5] Nous trouvons la première mention d'un châtiment pour vol, en 912, dans l'ordonnance précitée d'Oleg.

nulles représailles de la part de la famille, car il était considéré comme mérité par le coupable. Mais, dans ce cas aussi, l'autorité du prince, par la suite, s'efforça d'écarter la voie de fait pour la remplacer par un jugement régulier.

Une disposition caractéristique du droit pénal slave vaut encore d'être notée : c'est la solidarité des communautés en cas de crime, et cela même après la disparition de la vendetta familiale. C'était la famille tout entière ou la commune, ou même des communautés encore plus larges, par exemple des groupes entiers de population (rus. вервь, serbe околина, pol. *opole*, tchèque *honitva*), qui répondaient pour un acte criminel et étaient dans l'obligation de poursuivre le coupable : si la communauté ainsi responsable n'avait pas livré ce dernier, alors que sa trace était suivie jusque chez elle, elle devait nécessairement ou se résoudre à le livrer, ou bien payer une indemnité de compensation. En Bohême cette obligation de l'indemnité se maintint jusqu'à la fin du XIIe siècle. En Pologne nous la trouvons attestée par plusieurs témoignages dans un livre de droit du territoire des Chevaliers teutoniques daté du XIIIe siècle ; en Russie, par la *Russkaja Pravda* de Jaroslav ; dans les Balkans, par le code du tsar Dušan qui date du XIVe siècle [1].

L'organisation judiciaire.

Cette organisation reposait d'abord tout entière, elle aussi, sur les communautés familiales, et, dès l'époque ancienne, un certain code judiciaire s'était élaboré grâce à l'évolution graduelle des coutumes ; nous en trouvons même des vestiges dans les codes postérieurs. Les premiers juges furent le chef de la famille et le chef de la tribu. Pour les affaires pendantes entre des clans différents, il n'y avait à l'origine ni jugement ni juge, puisque, comme nous avons dit, les communautés intéressées assuraient elles-mêmes leur vengeance en mettant leur force au service de leur droit. Mais dès alors, cependant, des arbitres étaient parfois choisis pour mettre fin aux différends: ce furent là en quelque façon les premiers juges. De plus, tous les membres de la communauté, qui étaient solidairement responsables, participaient à la discussion ouverte, lorsqu'il s'agissait de prendre une décision dans le cas d'un préjudice porté ou subi par tel ou tel autre membre. Cette discussion aboutissait à une sorte de jugement collectif, mais où naturellement les plus âgés et les plus sages avaient la part essentielle.

---

[1] Voir d'autres détails dans Kadlec, *article cité*, pp. 122-127.

C'est ainsi que, dans les querelles des clans, il devait se constituer peu à peu un tribunal permanent de juges et de connaisseurs des traditions juridiques. Il en devait être de même dans les tribus et les districts (*župa*), lorsque ces unités plus larges se furent dégagées de l'évolution des clans [1]. Mais il va sans dire que le véritable tribunal permanent ne devint possible qu'avec la création d'États monarchiques. Ce tribunal fut celui du prince, qui avait alors à ses côtés des experts juridiques, comme aussi des conseillers, lorsqu'il lui fallait rendre un jugement. Cependant il existait chez les Slaves d'autres organes du pouvoir judiciaire dès avant le Xe siècle : c'est ce qu'attestent les termes anciens et panslaves de *sǫdŭ* « judicium », *sǫdĭj* « judex », *sǫditi* « judicare » [2]. Les textes anciens mentionnent aussi des hommes « bons » ou « meilleurs » (*boni homines*) qui n'étaient autres que des juges choisis parmi le peuple [3].

Ce n'est pas le lieu de traiter ici du développement postérieur de l'organisation judiciaire : l'appel en jugement, la forme de la plainte et du serment, les ordalies ou jugements de Dieu, les duels et les sentences [4]. On trouvera de ces diverses questions un exposé détaillé dans le mémoire de K. Kadlec qui a paru dans l'*Encyclopédie polonaise* et dans l'*Introduction à l'histoire du droit slave*, du même auteur, dont la première partie va être mise sous presse.

L'organisation politique des Slaves.

Les unités fondamentales étaient à l'époque ancienne les divers clans et tribus. Ces unités vivaient les unes auprès des autres, régies chacune par leurs propres coutumes suivant des traditions séculaires. « Имаху бо обычаи свои и законъ отецъ своихъ и преданья кождо свой нравъ », c'est-à-dire, suivant la caractéristique de ce stade primitif donnée par le chroniqueur russe : « Ils avaient leurs coutumes et la loi de

---

[1] Les premiers tribunaux constitués ainsi en grandes assemblées se tenaient sur des espaces libres, dans les enceintes fortifiées, aux endroits où l'on offrait les sacrifices et autres semblables.

[2] Miklosich, *Etymologisches Wörterbuch*, p. 315 ; Sreznevskij, Матеріалы, III, p. 603.

[3] Voir les détails dans Kadlec, *article cité*, pp. 128-132.

[4] Helmold (I, 83) signale déjà des ordalies chez les Slaves baltiques, Kosmas (II, 4) chez les Tchèques en 1039, la *Russkaja Pravda* chez les Russes ; on en trouve encore une mention dans un registre de la ville de Varad du XIII[o] siècle (Kadlec, *article cité*, p. 141), etc. Ce dernier texte mentionne leur nom slave : *pravda*.

leurs pères, et leurs traditions, comme aussi bien leurs mœurs propres »[1]. D'autres auteurs anciens nous décrivent de même le monde slave d'alors comme un conglomérat de petites unités tribales sans autorité unique, sans grand chef, sans cohésion. Ainsi Prokopios, chez qui nous lisons : « ἐν δημοκρατίᾳ ἐκ παλαιοῦ βιοτεύουσι καὶ διὰ τοῦτο αὐτοῖς τῶν πραγμάτων τά τε ξύμφορα καὶ δύσκολα ἐς κοινὸν ἄγεται » (2). De même Maurikios : « ἔθνη τῶν Σκλάβων καὶ Ἀντῶν εἰσι καὶ ἐλεύθερα μηδαμῶς δουλοῦσθαι ἢ ἄρχεσθαι πειθόμενα » et plus loin : « ἄναρχα δὲ καὶ μισάλληλα ὄντα... πολλῶν δε ὄντων ῥηγῶν καὶ ἀσυμφώνως ἐχόντων πρὸς ἀλλήλους[1] ».

C'en est assez de ces témoignages pour nous permettre d'affirmer que les Slaves, primitivement, tant qu'ils se trouvèrent dans les pays situés au nord du Danube, ne formaient pas de grandes monarchies, mais vivaient en clans et en tribus, unités juxtaposées et indépendantes. C'étaient là des unités économiques, juridiques, religieuses et politiques qui peut-être n'excluaient pas d'ailleurs des unités plus petites encore. C'est ainsi qu'il faut entendre les mots : « ἐν δημοκρατίᾳ βιοτεύουσι » de Prokopios et « ἄναρχα ὄντα » de Maurikios. Au XIᵉ siècle, l'auteur de la plus ancienne partie de la *Chronique* de Kiev nous dépeint un état de choses tout pareil chez les Slaves de Russie (4). Quant aux Balkans, Constantin Porphyrogénète nous apprend qu'au IXᵉ siècle encore les Croates et les Serbes n'avaient d'autre chef que leurs anciens appelés *župani*[5]. C'est cette organisation en clans qui a déterminé pour une bonne part le caractère lent et graduel de l'expansion des Slaves, sans grandes invasions offensives, sauf dans les Balkans où ils ont été menés par les Awars.

Il y eut cependant, avant le IXᵉ siècle, des tentatives de rassemblement de ces unités en vastes groupes sous l'autorité d'un chef unique et puissant. Ainsi, avant le VIᵉ siècle, chez les Antes et, au VIIᵉ siècle, en Bohême et dans la Serbie voisine[6]. Ces tentatives furent de courte durée, et le vieil esprit de discorde slave, dont se plaignent Maurikios et le chroniqueur de Kiev[7],

---

[1] *Chronique*, version Laurentine, 12.

[2] Prokopios, *B. G.*, III, 14.

[3] Maurikios, XI, 5. Voir aussi Léon, *Tactica*, XVIII.

[4] *Chronique* de Kiev, version Laurentine, 8 (« Поляне живаху кождо родомъ своимъ »).

[5] Constantin, *De adm. imp.*, 29, et *Vita Basilii*, 52 : « ἄρχοντας δὲ ὡς φασι ταῦτα τὰ ἔθνη μὴ ἔχει πλὴν ζουπάνους γέροντας καθὼς καὶ αἱ λοιπαὶ Σκλαβίνιαι ἔχουσι τύπον ». Ibrāhīm ibn Ja'kûb (éd. Westberg, 56) nous apprend aussi des Slaves poméraniens qu'ils n'ont pas de roi et n'obéissent pas à un seul homme, mais sont gouvernés par leurs anciens.

[6] Voir *Manuel de l'antiquité slave*, I, pp. 142, 190. En Bohême il y eut l'empire du Franc Samo.

[7] *Chronique*, version Laurentine, 18, à l'année 862.

empêcha longtemps les clans de se grouper et les tribus de s'associer.

Ce n'est qu'au cours des IXe et Xe siècles que se produit ce groupement et que des organisations politiques plus considérables sont fondées, de véritables États slaves. Ce sont, au IXe et au Xe siècle, l'État morave, puis les États tchèque et polonais, nés de la réunion des petites tribus des vallées de l'Elbe, de la Morava et de la Vistule ; ce sont, dans le Sud, à la même époque: les États bulgare et croate, à l'Est l'État russe et au Nord les États des Slaves baltiques dont les premières racines au moins plongent dans cette époque. Ces divers États étaient tous taillés sur un modèle étranger, à savoir germanique ou turco-tatar ; souvent même ils avaient pour fondateurs des chefs de sang germain ou turco-tatar. Mais ce n'en étaient pas moins des États slaves qui absorbaient rapidement les éléments allogènes, et qui, à l'exception de ceux du Nord-Ouest, devaient finalement rester entre les mains de princes slaves. Le déclin du régime de la propriété familiale et l'affirmation naissante du pouvoir individuel avaient favorisé cette transformation du régime des clans en un régime d'État [1].

Sous le régime des clans, comme sous celui des princes, il existait chez les Slaves certaines assemblées qui gouvernaient la tribu et prenaient les décisions essentielles, en particulier en matière d'expédition militaires. Ces assemblées, appelées *věče*, *wiece*, *sŭnĭmŭ* [2], persistèrent même là où un souverain unique avait imposé son autorité à toute une tribu ou à un groupe de tribus. Ce souverain est appelé dès le IXe siècle du nom de *knězĭ*, nom emprunté aux Germains (haut-all. *chuning*, sl. com. *kŭnęgŭ*, *kŭnędzĭ* [3]) et dans les documents étrangers, à dater du VIe siècle, ἄρχων, ἡγεμών, *princeps*, *dux*, *regulus*, *subregulus*, le grand *kŭnędzĭ* étant appelé *rex, rex superbus* [4]. Les assemblées avaient un caractère qui ne nous est qu'imparfaitement connu : elles étaient de composition plus ou moins aristocratique ou démocratique, suivant les pays, et comprenaient en tout état de cause les chefs des clans et des tribus et certainement aussi des membres

---

[1] Voir Kadlec, *article cité*, pp. 31-40.

[2] Sreznevskij, Матеріалы, I, p. 499, III, col. 780.

[3] Miklosich, *Etymologisches Wörterbuch*, p. 155 ; Berneker, *Etymologisches Wörterbuch*, I, p. 663. Le titre slave de *knězĭ* apparaît pour la première fois en 828 chez les Obodrites dans les Annales de saint Canut (*chnese*) et ensuite dans Khordadbeh (*knâh* : voir Harkavi Сказ., 48). Nous ne savons quel était le nom indigène originel. Mais les termes *vladyka* ou *velimoža* (pour le grec δεσπότης) figurent déjà dans les plus anciens textes slaves (voir Jagić, *Entstehungsgeschichte der kirchenslavischen Sprache*, pp. 330, 397 ; Sreznevskij, Матеріалы, I, col. 240, 267 ; Sobolevskij, Матеріалы, pp. 11, 57, 82, 97).

[4] *Slov. star.*, II, pp. 371-372 ; III, pp. 105-106.

de la compagnie du prince. Mais le fait est qu'en certaines régions elles limitaient singulièrement le pouvoir du prince [1]. C'est ce que nous constatons en particulier pour les Slaves baltiques, chez qui les assemblées avaient le plus souvent un rôle actif, décidant de la guerre, faisant connaître au roi allemand si elles étaient contentes de leur prince et même allant jusqu'à déposer celui-ci pour lui élire un remplaçant [1].

L'organisation politique des Slaves à la fin du Xe siècle, alors que partout déjà des principautés plus ou moins grandes s'étaient formées, nous apparaît à peu près comme suit [3]. La plus petite unité administrative était encore celle de la grande famille. Elle se composait d'un ou de plusieurs villages et d'un centre fortifié qui était le centre de toute la vie publique. A la tête de chaque grande famille il y avait un chef qui, de concert avec les membres les plus anciens, administrait les biens et en général toutes les affaires de la famille et, en temps de guerre, prenait le commandement de ses hommes armés. On ne sait exactement comment ce chef était appelé, mais nous avons l'habitude de le nommer *starosta*, *starešina*, traduction du latin *senior* employé en certains endroits comme synonyme de *župan* [4]. Ces petites unités s'étaient groupées pour des motifs économiques et politiques en groupes plus importants dont nous ignorons les noms ; nous savons seulement que, chez les Slaves des Balkans et des bords du Danube, ceux-ci étaient désignés au Xe siècle par le mot *župa* [5], et il est plus que probable que de semblables *župy* existaient également chez les Tchèques et les Sorabes qui ont gardé le terme *župan* jusqu'au XIIe siècle, comme l'atteste la charte précitée du margrave de Meissen Otto. Les chefs, dits *župani*, étaient sans doute les représentants des familles les plus considérables de la *župa*.

Les *župy* elles-mêmes étaient associées en un tout plus large, à savoir

[1] Kadlec, *article cité*, pp. 66, 70, 83, 84.

[2] Voir *Ann. Francorum*, aux années 823, 826.

[3] Kadlec, *article cité*, pp. 66 et suiv.

[4] Cf. plus haut, p. 172, une charte d'Otto, margrave de Meissen, datée de 1181, où on trouve les mots : « seniores villarum quos lingua sua *supanos* vocant », et Constantin Porphyrogénète, *loc. cit.* : « ζουπάνοι γέροντες ».

[5] Constantin Porphyrogénète, *De adm. imp.*, 30 (ζουπανίαι) et 29, 32 (ζουπάνοι). Voir encore *jopan Physso* dans une charte de Tassilo du monastère de Krems, datée de l'année 777 (*Slov. star.*, II, 351). Il a été beaucoup discuté sur l'origine de la *župa*, en particulier depuis que J. Peisker a émis la théorie que celles-ci n'étaient que des districts de pâturage gouvernés par un chef awar nommé *kopan*, d'où le mot *župan*. Moi-même je tiens aussi le slave *župan* pour un mot d'origine turco-tatare. Voir les détails chez A. Brückner, *Encyclopedya polska*, n. 2, p. 204.

la tribu, qui constituait ainsi comme le degré supérieur de l'organisation
de l'État. Il est fréquent, aux Xe et XIe siècles, de voir plusieurs tribus se
réunir soit pour se défendre contre les attaques d'ennemis puissants, soit
par l'effet de fortes tendances monarchiques. Dès le VIe siècle même, nous
entrevoyons pareille réunion de tribus dans l'empire des Antes [1].

Ces diverses unités, petites et grandes, présentent toutes les mêmes
couches sociales : des esclaves, des hommes libres et des hommes de premier plan devenus par la suite les « nobles ». Hommes libres et futurs
nobles, à l'origine, participaient également à la vie politique ; mais, avec
le temps, comme le pouvoir passait de plus en plus exclusivement aux
nobles, la classe des hommes libres, qui avait pourtant fourni le noyau
des organisations tribales, devait disparaître peu à peu, se fondant, peut-
être pour des motifs économiques, avec la classe des serfs. De fait, dès
le Xe siècle, les hommes libres devaient au prince maints services, à savoir,
outre les dîmes, l'établissement des routes, la construction des ponts et
des enceintes fortifiées, le percement des forêts, la corvée des gardes, etc.

[1] Voir plus haut, p. 180, et *Manuel de l'antiquité slave*, I, p. 189.

CHAPITRE VIII.

Le travail des champs et le village.

Longtemps, au moins jusqu'à la dislocation de leur unité préhistorique, les Slaves ne pratiquèrent le travail des champs qu'avec une certaine mobilité. Ils n'étaient pas fixés de façon stable sur le sol qu'ils cultivaient ; ils allaient d'un endroit à l'autre, par familles et par clans, cherchant toujours, suivant les régions, de nouveaux emplacements à défricher ou de nouveaux pâturages pour leurs troupeaux. Ils habitaient — ou du moins avant les migrations, une masse importante d'entre eux — dans un pays peu favorable à l'agriculture, où la terre était couverte d'eaux ou de forêts profondes (le Polěsje et la Russie centrale). Ils n'avaient, pour vivre là, d'autres ressources que la chasse, la pêche, l'élevage des abeilles et leurs troupeaux ; le travail des champs, au Xe siècle, était encore insignifiant dans cette région. Là où la terre s'y prêtait, ils savaient depuis longtemps la travailler et la rendre féconde, mais sans s'attacher, au moins à l'origine, à un seul et même champ. Ils allaient de place en place, mais ils n'étaient pas des nomades, au sens véritable du mot, tels, par exemple, que les Scythes et les Sarmates : ils différaient de ceux-ci en ce qu'ils ne passaient pas leur vie à cheval ni dans des chariots, au milieu de leurs troupeaux, mais menaient simplement une existence quelque peu mobile d'agriculteurs et de chasseurs. Tacite les avait déjà signalés à juste titre, en même temps que les Germains dont le genre de vie était pareil, comme distincts des nomades véritables, les Sarmates « in plaustro equoque viventibus »[1].

Ces mouvements et les déplacements d'habitat continuels ont déterminé le développement des Slaves et leur dispersion hors de l'habitat primitif. Ils ont persisté d'ailleurs, comme une sorte de glissement lent, jusque vers le VIe siècle[2]. Ce n'est qu'à cette époque que les Slaves commen-

---

[1] Tacite, *Germania*, 46.

[2] Tacite signale que les *Venedi* construisent bien des maisons, mais se meuvent (« pererrant ») sur des grandes étendues (*Germ.*, 46) entre la Finlande et les monts Carpathes. De même encore, au VIe siècle, Prokopios note que les Slaves habitent éparpillés dans des cabanes et changent l'emplacement de leur séjour (III, 14) ; et, un peu plus tard, Léon (*Tactica*,

cèrent à se stabiliser. Les grandes migrations touchaient à leur fin ; une situation nouvelle se dessinait dans l'Europe centrale et orientale. Les Slaves se trouvaient en contact avec des voisins plus civilisés, pratiquant le travail des champs de manière rationnelle et suivie. D'autre part, les attaques des Awars, puis le joug que ceux-ci leur imposèrent, les contraignaient à une plus grande cohésion et rendaient nécessaire la construction de centres fortifiés. La seconde moitié du premier millénaire de l'ère chrétienne nous offre en effet, sur les territoires occupés par les Slaves, quantité d'enceintes fortifiées entourées de palissades et de remparts : c'étaient là les points de résistance que se préparaient les clans et les tribus, passant ainsi d'une existence mobile à une existence sédentaire dans des habitats fixes disposés autour des enceintes sous la forme de petites agglomérations de quelques bâtiments ou de villages entiers. Les Slaves commençaient alors à cultiver de façon durable le même sol, ou plus exactement à échanger entre eux les mêmes champs dans une aire déterminée, jusqu'au jour où cette manière de faire, dont il existe encore aujourd'hui quelques survivances [1], disparut à son tour pour faire place au système de la résidence absolument fixe, suivant lequel chacun avait le lot permanent que la commune lui avait assigné et qu'il avait lui-même gagné par son travail. Toute famille avait sa maison avec les dépendances (*dvorŭ*), son champ, et le droit de pâture et de chasse sur toute l'étendue de la commune. Cette transformation s'est accomplie entre le VIe siècle et le IXe. Ce n'est qu'alors que le Slave est devenu un agriculteur sédentaire, tel que le représentent les conceptions littéraires du début du XIXe siècle, et encore ne l'est-il devenu à cette époque que là où le sol le permettait. Ainsi, dans des régions comme la Russie centrale et sur les bords de la Baltique, l'agriculture, au Xe siècle, n'avait encore aucun développement [2].

La mise en valeur de la terre variait d'un pays à l'autre. Là où il y avait suffisamment de sol arable (par exemple, dans la région des terres noires

---

XVIII, 79, 106) constate que les Slaves, avant de passer le Danube et de gagner les Balkans, vivaient à l'état nomade (νομαδικῶς), aimant ce libre genre de vie. En Bohême le chroniqueur Christian conservait aussi le souvenir de cette existence, et nous voyons également par la lettre de fondation de Tassilo, en 777, le nouveau genre de vie remplacer l'ancien (Christian, éd. Pekař, p. 184 ; Schumi, *Archiv für Heimatskunde*, I, 4 ; *Živ. star. Slov.*, III, p. 17).

[1] En certains endroits du Polěsje russe, le staroste, de nos jours encore, partage le sol tous les trois ans entre les paysans de la commune (G. Kyrle, *Mittheil. der anthrop. Gesellschaft in Wien*, 1918, p. 144).

[2] *Živ. star. Slov.*, III, p. 10.

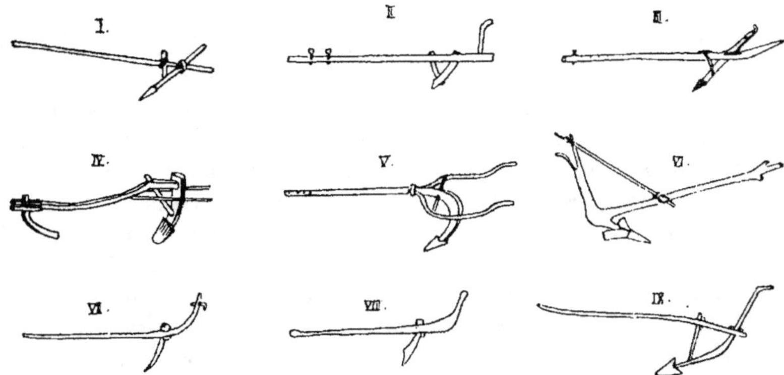

Fig. 56. — Araires slaves sans bois glissant.
(I, III : Pologne ; II : Ukraine ; IV : Nord de la Bohême ; V : Valachie morave ;
VI : Russie blanche ; VII, VIII : Slaves des Alpes ; IX : Herzégovine).

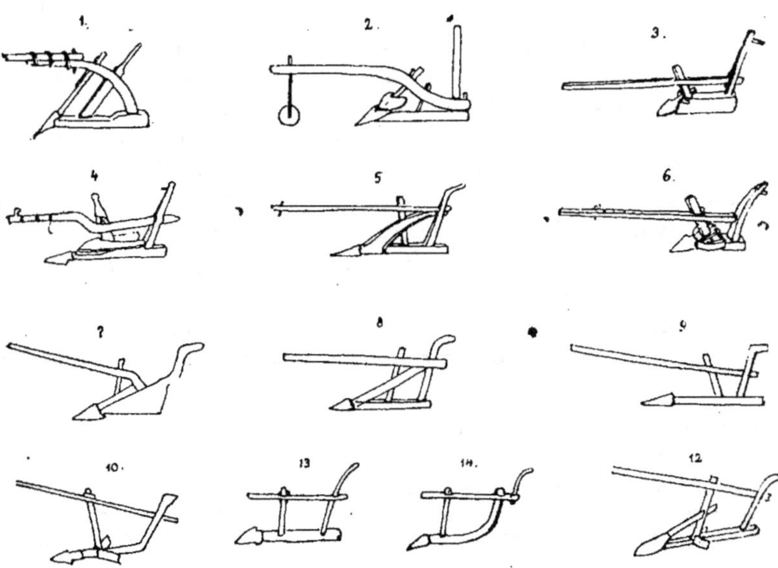

Fig. 57. — Araires slaves au bois glissant.
(I : Mecklembourg ; II : Bohême ; III : Moravie ; IV : Styrie ; V : Slavonie ;
VI : Bohême centrale ; VII-IX : Monténégro ; X-XII : Bulgarie ; XIII-XIV : Ukraine).

de la Russie du Sud), la culture était chose facile, car le sol n'exigeait pas
de grands travaux jusqu'à la moisson. Mais là où il fallait labourer un terrain pierreux et couvert d'arbres, la tâche était considérable. Les paysans
accomplissaient la conversion de pareils terrains en sol arable en brûlant
les arbres et en défrichant la terre, ainsi que l'attestent une foule de noms
de lieux qui se rapportent à ces opérations [1] ; la cendre servait au surplus
à améliorer le sol.

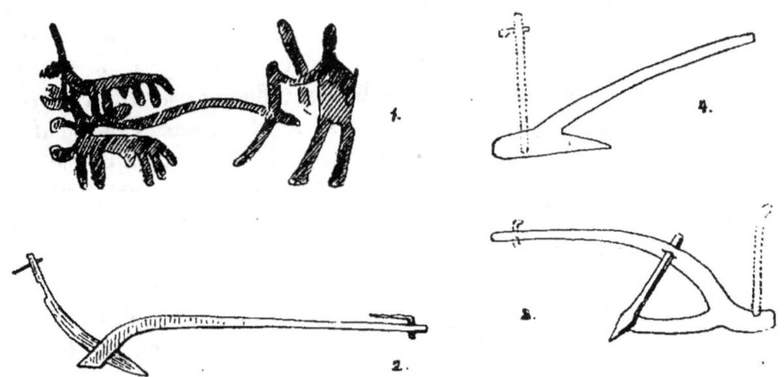

Fig. 58. — Araires préhistoriques : 1. Bohuslän ; 2. Döstrup ; 3. Dobrohošt ; 4. Papów.

Le labourage.

On cultivait d'abord le sol à l'aide d'instruments manuels, la pioche
et la bêche, qui sont demeurées les outils principaux pour le défrichement
de la forêt et la culture du jardin. Leur forme, pour autant qu'elles étaient
en fer, ne différait pas sensiblement de ce qu'elle est aujourd'hui ; elles
étaient d'ailleurs souvent tout en bois [2].

Mais à côté de ces outils, il avait été inventé, de bonne heure, des instruments particuliers spécialement destinés à un ameublissement plus perfectionné du sol. On les appelait dans l'antiquité, non seulement dans le
domaine slave, mais déjà dans le domaine indo-européen, d'un nom tiré
de la racine indo-européenne *ara-* : (cf. grec ἄροτρον, lat. *aratrum*, irlandais
arathar, vieil islandais *arthr*, lit. *arklas* (de *artlas*) et vieux-slave *ralo* (de

[1] Voir *Živ. star. Slov.*, III, pp. 28 et suiv., et 33.
[2] *Ibidem*, III, p. 36.

*ortlo « araire ») ; le verbe slave était *orati* « labourer », qui a donné les dérivés *orač, rataj, ratar* « laboureur ».

L'instrument servant primitivement à labourer la terre n'était qu'un morceau de tronc avec sa racine retournée en forme de croc et taillée en pointe. Mais, vers la fin de l'époque païenne, c'était déjà un instrument plus perfectionné, et qui devait garder sa forme essentielle jusqu'à nos jours, où on l'utilise encore dans les pays slaves. On l'appelle chez les Slaves de l'Est et du Sud *oralo* ou *ralo* et chez ceux de l'Ouest *radlo* « araire ». Le mot est attesté dans les textes les plus anciens, à côté de sa traduction latine *uncus* (germ. *hacke*), comme antérieur à la charrue (*aratrum*) : un seul cheval ou bien une paire de bœufs suffisaient à tirer l'araire, alors que la charrue exigeait deux chevaux ou deux paires de bœufs[1]. Cet araire comprenait, outre le simple crochet de bois, d'autres parties dont certaines nous sont attestées dès le Xe siècle, à savoir à l'extrémité du crochet, une sorte de soc ou bêche pointue en fer (*ralnik* ou *lemeš*) et, à la partie inférieure du tronc, deux timons permettant de tenir et de diriger l'instrument ; les autres parties qu'il offre aujourd'hui doivent être tenues pour des additions postérieures[2]. Les trouvailles archéologiques et les représentations anciennes que nous possédons permettent de se faire une idée de ces anciens araires légers. Outre les échantillons germaniques de Dostrup en Jütland et les sculptures de Bohuslän en Suède, il a été trouvé un *radlo* en pays slave, dans une tourbière de Papów près de Toruń, mais l'âge en est incertain ; un autre échantillon a été trouvé à Dabergotz, dans le Brandebourg : il appartient vraisemblablement à la période slave. Sur la fresque de la chapelle de Znojmo (commencement du XIIIe siècle), Přemysl se tient debout à côté d'un araire de ce type. On a, de plus, trouvé fréquemment en Bohême des socs en fer (*ralnik*) d'araires, et de même, en dehors de ce pays, dans des couches accusant le type de civilisation des Xe et XIe siècles[3].

[1] Voir les chartes des XIe et XIIe siècles mentionnées dans *Živ. star. Slov.*, III, p. 42. Parfois cependant le slave *radlo* est lui-même traduit dans les sources latines par *aratrum*, mais il est alors accompagné des adjectifs *parvum* ou *slavicum* destinés à le distinguer de la charrue : *aratrum magnum*. Voir une charte de Poznań de 1262 et une autre de 1288 (*Živ. star. Slov.*, III, p. 43). Dans la première nous lisons : « pro aratro parvo quod *radlo* dicitur lapidem cere pro magno autem, quod *plug* nominatur duos lapides cere persolvat ». La charrue fournissait un double travail, et c'est pourquoi elle était frappée d'un impôt deux fois plus élevé.

[2] Voir les charrues reproduites ici (fig. 56, 57) et dans *Živ. star. Slov.*, III, p. 44.

[3] Voir les reproductions dans *Živ. star. Slov.*, III, pp. 48-53. La freq e de Znojmo est reproduite en couleurs au frontispice du tome III.

La charrue proprement dite (slave *plugŭ*), tant ancienne que moderne, se distingue de l'araire en ce qu'elle est munie par devant de deux roues

Fig. 59. — 1. Le prince Přemysl à son araire (chapelle de Znojmo). — 2. Araire du calendrier des *Carmina Salisburgensia* (IXe siècle).

et porte en avant du soc un coultre (*čereslo*, *čertadlo*) qui fend le sol et facilite ainsi la tâche du soc. Enfin le soc (*radlica*) est disposé de manière à

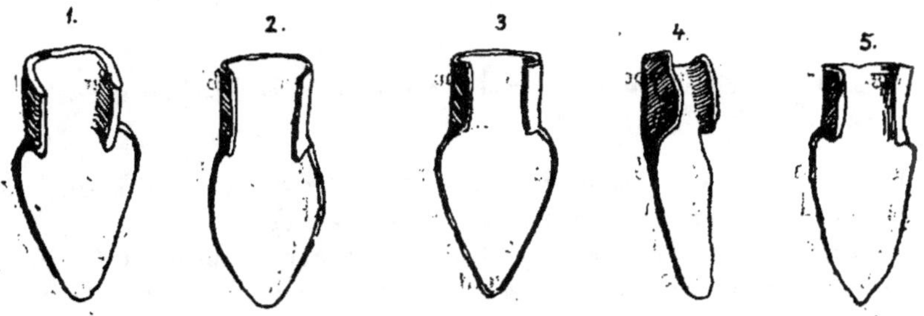

Fig. 60. — Socs d'araires slaves préhistoriques : 1. Moravie ; 2. Silésie ; 3, 4. Russie ; 5. Bohême.

non seulement fendre la terre, mais encore à l'arracher et à la retourner, en quoi il est aidé par une planchette qui lui est adjointe et qui porte en russe le nom expressif de *otvalŭ*[1]. La transformation de l'araire en charrue marque un grand progrès : elle procède d'une évolution dont pour l'Europe centrale nous n'apercevons pas les détails, mais il n'est pas douteux, à tenir compte des textes, des trouvailles archéologiques et des miniatures, que la charrue munie des roues et du coultre (*culter*) était déjà une acquisition de la civilisation romaine et que c'est par celle-ci qu'au début du Moyen Age, au plus tôt, elle a passé aux Germains du Danube et du Rhin et, grâce

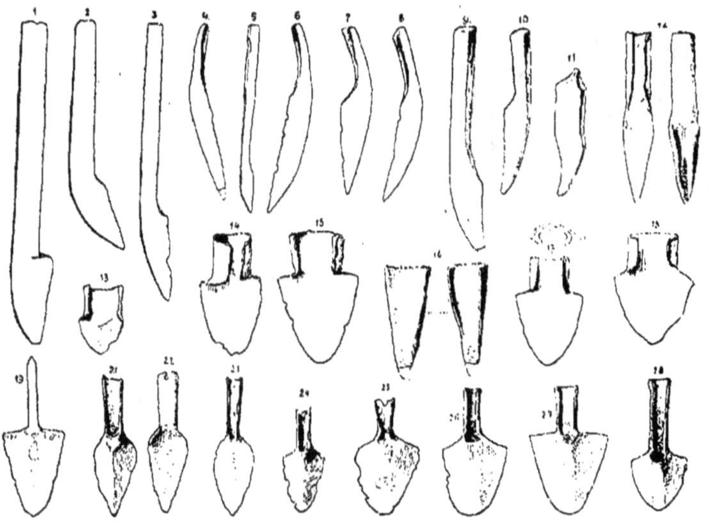

Fig. 61. — Coultres et socs romains des musées de Zagreb, Ljubljana et Sarajevo.

à ces derniers, vers l'époque carolingienne, aux Slaves de l'Ouest, puis, gagnant de proche en proche, aux Slaves de l'Est.

La question de l'origine de la charrue slave a été cependant l'objet de nombreuses discussions. Tels savants, comme Grimm, Krek, Jagić et, au début, J. Peisker voyaient dans la charrue une invention slave indigène que les Allemands auraient empruntée aux Slaves (*pflug* au slave *plugŭ*). Par contre, tels autres (Schrader, Uhlenbeck, Rhamm, Janko, Brückner, etc.)

---

[1] Les charrues les plus anciennes ont encore le soc symétrique et non pas, comme par la suite, asymétrique.

la tiennent pour un produit de la civilisation germanique [1]. La relation linguistique entre *pflug* et *plugŭ*, qui joue ici un rôle important,

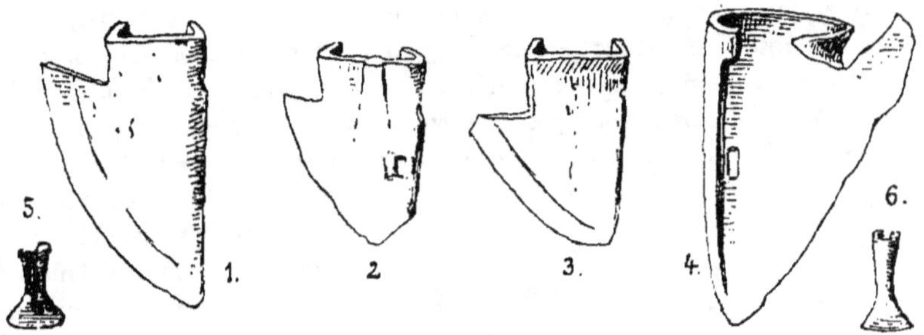

Fig. 62. — Socs asymétriques, vraisemblablement romains, trouvés en Bosnie (n°s 5-6 : spatules de fer).

Fig. 63. — Charrue de la tapisserie de Bayeux et d'un manuscrit français du XIIᵉ siècle (d'après Soph. Müller).

est ambiguë, car les deux partis en tirent argument. Mais tous les autres éléments dont nous disposons, représentations des plus anciennes charrues, trouvailles de coultres à côté de socs provenant de provinces de l'Empire

[1] Voir les détails dans *Živ. star. Slov.*, III, p. 75.

romain, témoignages d'auteurs anciens, Pline, Virgile, Varron, Palladius, concourent à établir de façon indéniable que, dès l'époque impériale, la charrue était en usage dans les provinces romaines du Nord[1]. Il n'y eut évidemment de charrue parfaite que le jour où le soc symétrique devint asymétrique, et surtout lorsque l'appareil fut modifié de telle sorte qu'il pût par lui-même creuser et retourner la terre sans l'aide de la planchette (*otvalŭ*). Nous ne savons pas au juste à quelle époque rapporter ces derniers perfectionnements. Les trouvailles slaves les attestant sont seulement de la fin du XIIIᵉ siècle et du commencement du XIVᵉ (découvertes faites dans le fort de Semonice en Bohême) ; je ne connais pas de trouvailles germaniques plus anciennes[2]. Le Musée de Sarajevo renferme bien quelques échantillons de socs asymétriques qui semblent être de l'époque romaine, mais dont, à dire vrai, l'origine romaine est encore à démontrer. Il est frappant, pourtant, que ce soit dans une province romaine des Balkans que le soc asymétrique apparaisse pour la première fois. Nous en devons conclure, bien que sous réserve du démenti que pourraient apporter de nouvelles trouvailles, que c'est encore à la civilisation romaine qu'est dû même ce dernier perfectionnement de l'araire devenu charrue, et que c'est par la colonisation romaine que le nouvel instrument a pénétré chez les Germains du Rhin, puis, de chez ceux-ci, à l'époque carolingienne, chez les Slaves. Ainsi s'explique la distinction mentionnée plus haut entre l'*aratrum magnum* des colons allemands et l'*aratrum slavicum quod radlo dicitur*. Dans ces conditions, nous devons supposer que le slave *plugŭ* est emprunté au vieil allemand *plog*, *pluog*, *pflug*, et non pas l'inverse. Seuls, les Slaves du Sud, arrivés dans les Balkans durant les VIᵉ et VIIᵉ siècles, ont pu connaître la charrue à date plus ancienne et sans intermédiaire ;

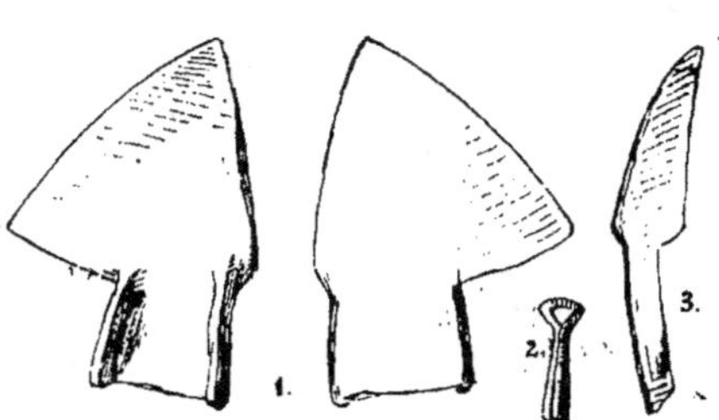

Fig. 64. — Soc, spatule et coultre de la fin du XIIIᵉ siècle trouvés à Semonice (Bohême).

---

[1] Voir Daremberg-Saglio, *Dict.*, I, p. 356 ; Varro, *De re rustica*, I, 29 ; Pline, XVIII, 171, 173 ; Virgile, *Géorgiques*, I, 169-175 ; Palladius, I, 43 (*Živ. star. Slov.*, III, pp. 63-64).

[2] *Ibidem*, p. 74. On a trouvé, dans un vieux village slave près de Neuendorf (West. Havelland), au fond d'une fosse, une espèce du soc triangulaire en fer, mais l'âge en est incertain.

cette présomption semble confirmée par la *Vie* de saint Clément, où nous lisons que, vers l'an 900, ce premier évêque d'Ochrid apprit aux Slaves de la Macédoine sud-occidentale à mieux travailler leurs terres [1] ; mais le texte invoqué ne nomme pas formellement la charrue.

Pour mettre en action l'araire ou la charrue, il fallait une force qui les fît avancer, et une force d'autant plus grande que le soc devait en même

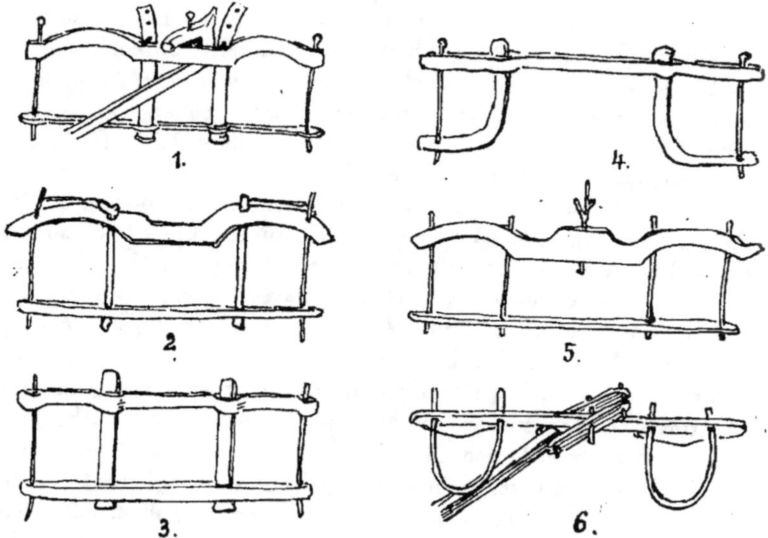

Fig. 65. — Jougs de bœufs : 1. Moravie ; 2. Ukraine ; 3. Drawehn (Lünebourg) ;
4. Russie Blanche ; 5. Bulgarie ; 6. Herzégovine.

temps pénétrer dans la terre. On avait recours, à la fin de l'époque païenne, à des animaux de trait, bœufs ou chevaux. Un cheval ou deux bœufs suffisaient pour l'araire ; il fallait pour la charrue, qui était plus lourde, une paire de chevaux ou deux paires de bœufs. Les chevaux étaient attelés au timon à l'aide de sangles qui leur prenaient la poitrine, ou bien à l'aide d'une sorte de collier en cuir auquel on donnait le nom de *chomutŭ*, attesté déjà dans des textes de Bohême du XIe siècle et commun à toutes les langues slaves, mais cependant d'origine obscure [2]. Sur les épaules des bœufs on

[1] *Vita Clementis*, 17, 18, 23.
[2] Voir *Živ. star. Slov.*, III, p. 82.

plaçait un joug appelé en vieux slave *ĭgo* (le mot est indo-européen commun), ou encore *jarĭmŭ*[1] ; nous ne connaissons pas de différence essentielle entre ces deux appellations qui apparaissent l'une et l'autre aux Xᵉ et XIᵉ siècles. Les animaux étaient stimulés par le moyen d'un aiguillon (sl. *ostĭnŭ*) ou d'une mince spatule de fer (sl. *otka* « curoir ») dont le cultivateur se servait pour nettoyer l'oreille de la charrue.

Le labourage se faisait par sillons. La forme des sillons était variable, suivant qu'on employait la charrue ou l'araire, car l'araire creusait la terre tout simplement alors que la charrue la retournait d'un côté[2]. Le champ tout entier était divisé en « planches » (*lěcha, zagonŭ*). Il est encore à remarquer que l'araire permettait de labourer en long et en large, et par là d'obtenir des parcelles plus larges et de forme quadrangulaire ; la charrue, au contraire, qui creusait de profonds sillons tournés d'un seul et même côté, déterminait la formation de parcelles plus longues qui prirent au Moyen Age, en Allemagne, la forme de longues bandes. Les Slaves adoptèrent ce système de bandes en même temps que le type de charrue allemand.

Le labourage donna naissance chez les Slaves à diverses mesures de surface désignées par divers noms. A la mesure primitive par « pas »[3] vint s'ajouter celle de l'espace labouré par *gonŭ*, c'est-à-dire par la distance qu'un animal pouvait parcourir d'un seul trait en traînant la charrue. D'autres unités de surface furent mises en cours par les laboureurs, à savoir le *poradlie* et le *poplužie*, c'est-à-dire la quantité de terre labourée avec la charrue ou l'araire durant une journée, ou simplement durant une matinée (cette dernière s'appelait *jutro*, d'après l'allemand *Morgen*). A partir du XIIᵉ siècle, où commença la grande colonisation allemande des pays slaves, et avec elle l'introduction des codes germaniques, les anciennes mesures slaves se trouvèrent éliminées par le *lan* ou arpent allemand (cf.

---

[1] *Ibidem.*, III, pp. 79 et suiv.

[2] On broyait les grosses mottes de terre avec la herse *(brana)*. Celle-ci, qui n'était originellement qu'un arbre auquel on avait laissé quelques branches pointues, se composait, dès avant le XIIᵉ siècle, d'un châssis muni de chevilles de fer ou de bois qu'on traînait sur le champ. C'est probablement d'Italie que cette dernière forme de herse était venue dans le Nord (*Živ. star. Slov.*, III, p. 86).

[3] Les petites mesures de longueur furent d'abord empruntées à la main et au bras de l'homme (doigt, paume de la main, coude, écartement des deux mains étendues) ou au pied (pas, plante du pied), toutes mesures auxquelles se joignirent plus tard des cordes et des baguettes de longueur déterminée dont on trouve mention depuis le Xᵉ siècle (*Živ. star. Slov.*, III, p. 91). Des arpenteurs sont signalés en Bohême au XIᵉ siècle. L'agriculture romaine exerça une forte influence sur le développement des mesures agraires.

lat. *laneus*, à côté de *mansus*, pour l'allemand *hôba, hube*), dont la valeur variait suivant les régions.

Les semailles.

Le sol ainsi labouré était cultivé, dès le Xᵉ siècle, par les Slaves de l'Ouest et des Alpes suivant le régime triennal, tel que le pratiquaient depuis long-temps Germains et Romains (c'est-à-dire le système suivant lequel on sème dans le même champ une première année, en automne, froment, seigle, — et la seconde année, au printemps, avoine, orge, — en laissant le sol en jachères durant la troisième année). En était-il de même chez les Slaves des Balkans et de l'Est? Nous ne pouvons le démontrer, mais c'est chose probable, car les expressions *ozimŭ* « blé semé en automne », *jarĭ, jarina* « blé de printemps » sont anciennes (on les trouve en Russie dans les plus anciens documents du XIIᵉ siècle) [1] et de plus communes à toutes les langues slaves.

Comme céréales, on semait à cette époque le blé (*pišenica*) et sa variété *pyrŭ* [2], le seigle (*rŭžĭ*), l'avoine (*ovĭsŭ*), l'orge (*jęčĭmy*) et surtout le millet (*proso* : « panicum milliaceum, panicum italicum ») qui est attesté comme l'aliment principal des Slaves à partir du VIᵉ siècle et même en Hongrie, à proprement parler, depuis le Vᵉ siècle, par le rhéteur Priskos [3]. La seule prière de l'époque païenne dont Ibn Rosteh nous ait conservé textuelle-ment les paroles contient précisément la demande d'une bonne récolte de millet [4]. Par ailleurs, les Slaves du Polěsje, où la culture des céréales était ingrate, se nourrissaient des fruits d'une herbe, la *glyceria fluitans*, qui croissait en quantité dans ce pays d'où elle était exportée encore au XIXᵉ siècle. Entre autres plantes, on cultivait aussi les pois, les lentilles, le lin, le chanvre et quelques plantes encore dont nous avons parlé plus haut [5].

Les céréales étaient fauchées à l'aide soit de la faucille, comme nous le prouvent une foule de découvertes faites dans des tombes d'hommes et de femmes, soit de la faux. Les deux instruments étaient déjà très sem-blables à ceux que nous avons aujourd'hui [6]. On coupait les tiges tantôt

---

[1] Voir les textes dans *Živ. star. Slov.*, III, p. 31.

[2] Quant aux textes, voir *Živ. star. Slov.*, III, pp. 93 et suiv. Le mot *žito* était à l'origine un terme désignant les céréales en général, et ce n'est que plus tard qu'il est passé dans cer-tains pays au sens de seigle ou de froment.

[3] Sur cette relation de l'an 448, voir *Manuel de l'antiquité slave*, I, p. 52.

[4] Harkavi, Сказанiя, p. 215.

[5] Voir ci-dessus, pp. 33, 35.

[6] Voir *Živ. star. Slov.*, III, pp. 102 et suiv.

par le milieu, tantôt à ras de terre. Les épis étaient mis en gerbes qu'on réunissait ensuite en meules (sl. *stogŭ*) ou qu'on mettait dans les granges[1]. Puis on battait les céréales sur l'aire (*gumĭno, tokŭ*) au moyen de fléaux (sing. *cĕpŭ*), ou encore on les faisait fouler par les sabots des animaux.

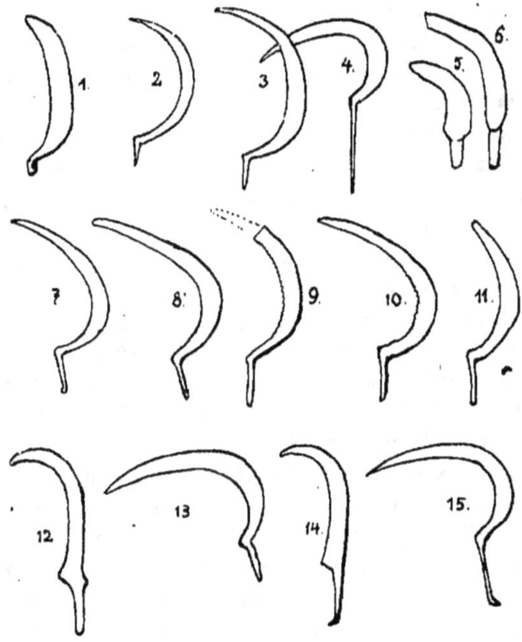

Fig. 66. — Faucilles préhistoriques de l'époque romaine à l'époque slave :
1, 7. Bohême ; 2, 3. Carnumtum ; 4. Cologne ; 5, 6. Aboba ; 8, 10, 11, 12. Russie ;
9, 14. Régions slaves de l'Allemagne ; 13. Lithuanie ; 15. Hongrie.

La balle était ensuite séparée du bon grain au moyen du van. On mesurait enfin le produit de la récolte dans des récipients en bois que les sources des XIe et XIIe siècles nomment ordinairement *mĕra* (*mĕrica*) ou *korĭcĭ*, appellations correspondant au latin *mensura* ou *modius*[2].

Ainsi trié, le blé était porté au moulin, ou bien on le broyait dans des

[1] Voir plus haut, p. 114.

[2] *Ibidem*, III, pp. 110-111. Il est également question d'autres mesures plus ou moins grandes. On mesurait aussi par chariots *(carrada frumenti)*.

mortiers faits d'une souche creuse. Le moulin n'était primitivement, chez les Slaves comme ailleurs, à l'époque préhistorique, qu'une pierre

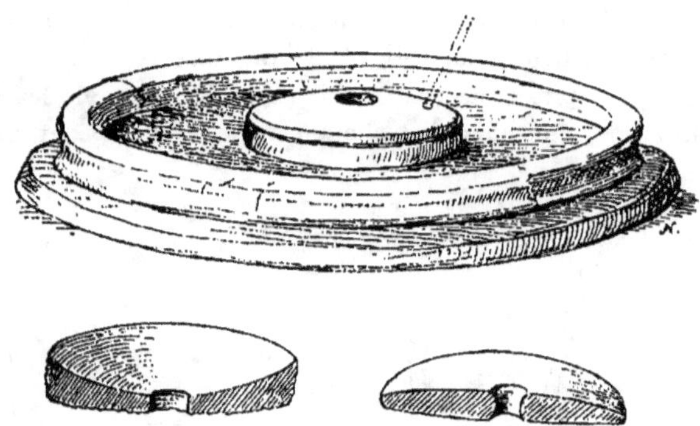

Fig. 67. — Ancien moulin slave trouvé à Rězaky (Möllendorf) en Lusace (environ en 1000 après J.-C.).

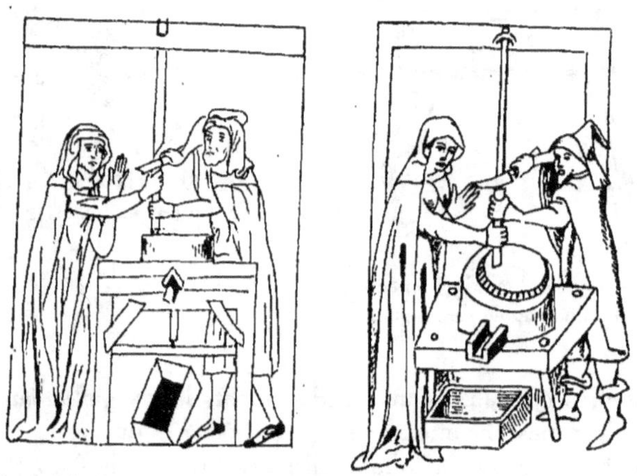

Fig. 68. — Moulins polonais des miniatures de la légende de sainte Jadwiga (XIVe et XVe siècles).

concave sur laquelle les grains étaient broyés au moyen d'une autre pierre que l'on tenait dans sa main. Mais, bien avant l'ère chrétienne, l'usage de moulins composés de deux pierres qui tournaient l'une sur l'autre autour d'un pivot était venu de Gaule et d'Italie jusque dans l'Europe centrale [1]. On ne trouve ce modèle chez les Slaves que vers la fin de l'époque païenne : il est attesté à la fois par la langue (le couple de pierres avait nom *žrŭny*, et chacune d'elles *žrŭnovŭ*) [2] et par l'archéologie à partir des Xe et XIe siècles. Dans son ensemble la construction de ce moulin ne différait pas beaucoup de celle que l'on observe encore aujourd'hui dans les régions les plus conservatrices, comme par exemple les Carpathes.

Outre ces moulins, que possédait chaque ménage, il apparut dans les vil-

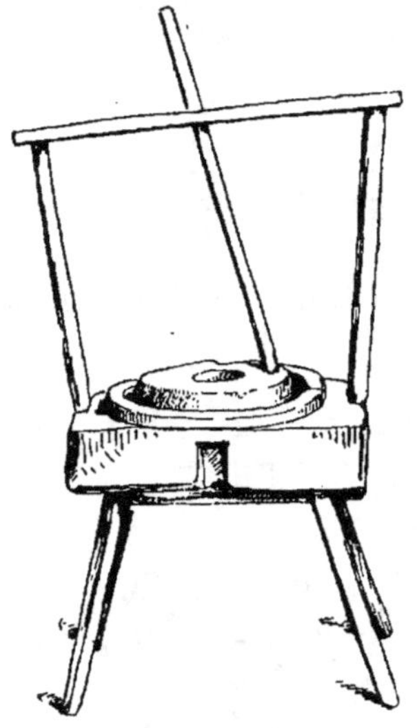

Fig. 70. — Mortier en bois
pour broyer le millet (Polěsje).

Fig. 69, — Ancien moulin tchèque.
(Musée d'ethnographie de Prague).

lages des moulins spéciaux (dans les documents latins *molendinum*, *molinum*) maniés par des meuniers experts (*molinarii*), qui étaient chargés de moudre le blé pour tout le village : il en est signalé chez les Slaves des Alpes dans des chartes des VIIIe et IXe siècles et chez les Slaves de l'Ouest

---

[1] A Bykov, en Silésie, on a trouvé un moulin semblable qui remonte à l'époque de Hallstatt.

[2] Sur le nom de la meule en indo-européen, et plus particulièrement en slave, voir l'étude de A. Meillet dans les *Mélanges publiés en l'honneur de M. Paul Boyer*, Paris, 1925, pp. 3 et suiv. (Collection des *Travaux publiés par l'Institut d'Études slaves*, tome II).

à partir du Xᵉ siècle. Des moulins à eau sont attestés pour la Bohême et les Slaves baltiques depuis le XIIᵉ siècle [1].

Les Slaves avaient pour occupation agricole essentielle la culture des céréales. Leur vie tout entière tournait autour du labour, des semailles et de la récolte, et une grande partie des rites religieux se rapportait aussi à ces travaux, comme nous le savons déjà. La culture des légumes et des fruits passait au second plan. Nous savons aussi, par le chapitre de l'alimentation, quels étaient ces légumes et ces fruits [2]. Il faut constater seulement qu'une fois de plus c'est à la civilisation romaine, par l'intermédiaire germanique, que les Slaves de l'Ouest avaient emprunté l'art de sélectionner les fruits [3], tandis que les Slaves de l'Est le devaient à Byzance qui exportait ses fruits rares jusqu'en Russie [4]. C'est aux mêmes influences que les Slaves sont redevables de la culture de la vigne. Les Slaves des Alpes et des Balkans l'avaient adoptée les premiers pour les besoins de l'Église chrétienne (textes des VIIIᵉ et IXᵉ siècles), puis, après eux, les Slaves de l'Ouest (textes des Xᵉ et XIᵉ siècles pour la Bohême et l'Allemagne centrale, du XIIᵉ siècle pour la Pologne et la Poméranie). Quant aux Russes, les témoignages dont nous disposons sont aussi des Xᵉ et XIᵉ siècles, mais il est probable que ceux-ci connaissaient la vigne bien auparavant, car les mots *vino*, *vinogradŭ* ont été empruntés aux Goths aux IIIᵉ et IVᵉ siècles. Les documents anciens relatifs à la vigne font aussi mention de pressoirs à raisin, d'origine probablement italienne, et de vignerons de métier. Dans une instruction russe de Théodose, du XIᵉ siècle, il est également question d'un pressoir destiné à extraire l'huile de lin et d'œillette : « точило масльное » [5].

L'élevage des animaux domestiques.

L'élevage existait en Europe dès l'époque néolithique et remontait à l'antiquité indo-européenne. Il n'est donc pas étonnant que les Slaves connussent depuis longtemps les animaux domestiques. De fait, le vocabulaire vieux-slave est riche en appellations les désignant, et, vers la fin

---

[1] Voir les textes dans *Živ. star. Slov.*, III, pp. 119-120.

[2] Voir plus haut, p. 35.

[3] *Živ. star. Slov.*, III, pp. 124 et suiv.

[4] Voir *Chronique*, aux années 907, 969 (version Laurentine, 31, 66). Voir aussi comment saint Clément, évêque d'Ochrid, enseigna aux Slaves bulgares à planter la vigne (*Vita Clementis*, 17, 18, 23).

[5] *Živ. star. Slov.*, III, pp. 126-130 ; c'est l'instruction de Théodose О казнихъ Божиихъ.

de l'époque païenne, l'élevage du bétail est attesté tant par plusieurs sources historiques que par les découvertes de nombreux ossements qui ont été faites sur l'emplacement des habitations et dans les tombes de cette époque [1]. Il ne saurait donc y avoir de doute sur la pratique de l'élevage du bétail et sur sa diffusion ; J. Peisker fait complètement erreur lorsqu'il les récuse chez les Slaves avant le Xe siècle et en fait une sorte de monopole de leurs voisins et maîtres, les Germains et les Turco-Tatars [2]. Il va de soi, d'ailleurs, que l'élevage du bétail n'était pas l'occupation unique, ni même principale, des Slaves à cette époque, et qu'il s'appliquait plus volontiers à tels ou tels animaux suivant les régions.

Les animaux que les Slaves élevaient étaient : le cochon (*veprĭ, prase, svinĭja*), la brebis, le mouton, le bélier (*ovŭ, ovĭca, baranŭ, jarŭ, jagnę*), le taureau, le bœuf, la vache (*turŭ, bykŭ, volŭ, krava, telę, unŭ, jalovica*) et le cheval (*konĭ, orjĭ, komonĭ, kobyla, žrěbę*) [3].

Le cheval est attesté chez tous les Slaves. Il était même très répandu dans certaines régions. Ainsi, en Silésie et en Poméranie, il y avait beaucoup de chevaux sauvages ; de même, dans la Russie centrale, où, au XIe siècle encore, le grand prince Vladimir Monomaque capturait à la chasse des troupeaux entiers de chevaux dans les environs de Černigov [4]. Le cheval était utilisé pour les travaux des champs, mais il servait surtout de monture. La cavalerie, nous le verrons, constituait partout une partie importante de l'armée slave, et des détachements slaves montés figuraient même dans l'armée byzantine [5]. Ibrâhîm ibn Ja'kûb rapporte qu'à Prague, au Xe siècle, on fabriquait des harnachements remarquables pour les chevaux [6].

Il y avait naturellement plus de bœufs que de chevaux. Aristote en signalait déjà l'existence dans le pays des Neurs ; Maurikios, au VIe siècle, confirme qu'ils étaient nombreux chez les Slaves [7] ; et aux Xe et XIe siècles les témoignages historiques et archéologiques sur ce point sont nombreux chez tous les Slaves. L'élevage des bœufs était d'une importance particulière pour la traction agricole. On élevait davantage encore de moutons et de

---

[1] Voir l'énumération des textes et des trouvailles dans *Živ. star. Slov.*, III, pp. 132-146.

[2] Voir plus loin, p. 201, et plus haut, p. 31.

[3] On trouvera d'autres détails linguistiques dans *Živ. star. Slov.*, III, pp. 151-152.

[4] Voir Herbord, II, 41 ; *Fontes rerum bohemicarum*, II, p. 216 ; *Chronique*, version Laurentine, 242, à l'année 1096, etc.

[5] Voir Prokopios, *B. G.*, I, 27 ; Michel le Syrien, *Chronica*, XI, 15. Voir plus loin, chap. XI, p. 268, note 7.

[6] Ibrâhîm III, I, 4 (éd. Westberg, 53).

[7] Claudius Aelianus, Περὶ ζώων, V, 27 ; XVI, 33 ; Maurikios, XI, 5.

porcs, en particulier dans la plaine comprise entre la Vistule et la Desna, où de grandes forêts de chênes fournissaient chaque année quantité de glands. Les voyageurs arabes du Xe siècle rapportent expressément que les Slaves de Russie élevaient, en effet, des moutons et des porcs [1]. Les Slaves, dès cette époque, connaissaient bien aussi la chèvre *(koza)*, mais elle était sans doute encore rare, de même que l'âne *(osĭlŭ)*. Tels autres animaux, comme le mulet et le chameau, n'apparaissent en Russie, au XIe siècle, qu'en tant qu'importés de l'étranger [2].

On gardait le bétail dans la cour, où il avait un parc spécial, et aussi, pour une part, dans des étables couvertes [3]. C'est de là qu'on le conduisait au pâturage où des bergers de profession (sl. *pastyrŭ, pastuchŭ*) veillaient à la garde de tous les troupeaux du village. Ces bergers avaient déjà, au Xe siècle, leur sac sur les épaules, et leur longue houlette à la main, et un pipeau ou une trompe faite en écorce roulée de tille, personnages typiques de la commune slave [4]. Le chien (sl. *pĭsŭ, pesŭ*), cela va sans dire, était dès lors le compagnon nécessaire du berger et de son troupeau.

Un savant tchèque, Jan Peisker, a cru devoir dénier la réalité de l'élevage chez les Slaves avant le Xe siècle, en raison de certains noms d'animaux domestiques qu'il tient pour des emprunts soit germaniques, à savoir *skotŭ* « bétail » (germ. **skattaz*), *nuta*, « bétail » (germ. **nauta*), *mlěko* « lait » (germ. **melka*), — soit turco-tatars, à savoir *bykŭ* « taureau » (turco-tat. *buqa*), *volŭ* « bœuf » (tchérém. *volik*, vog. *volova, vulu*, turc. *ulag*), *koza* « chèvre » (turc. *käzä, käči*), *tvarogŭ* « lait caillé » (džagat. *turak*, turc. *torak*) [5]. Ce même auteur a construit sur ces seuls mots un échafaudage artificiel de raisonnements qu'il couronne par la conclusion que les Slaves n'ont pas élevé de bétail, et qu'ils n'en ont connu que tardivement, grâce aux Germains et aux Turco-Tatars, alors qu'ils se trouvaient sous la domination de ces peuples (Bastarnes, Goths, Scythes, Huns, Awars, Bulgares, etc.). Le lecteur voudra bien se reporter à l'examen détaillé et à la réfutation de cette théorie qu'il trouvera dans la *Revue des Études Slaves* [6]. Il nous suffira

---

[1] Le Géographe persan anonyme (éd. Tumanskij, p. 135) et Ibn Rosteh (Harkavi, Сказанiя, p. 264).

[2] Voir *Živ. star. Slov.*, III, pp. 143-146.

[3] Voir plus haut, p. 114.

[4] Nous les voyons déjà ainsi dans les miniatures de cette époque (*Živ. star. Slov.*, III, p. 144).

[5] Voir là-dessus ce qui a déjà été dit plus haut, p. 31, ainsi que la bibliographie concernant cette question.

[6] Voir mon article « Des théories nouvelles de Jan Peisker sur les anciens Slaves » (*Revue des Études slaves*, II, 1922, pp. 19 et suiv.).

ici de rappeler que tant la multitude des témoignages historiques que l'abondance des termes slaves désignant les animaux domestiques attestent sans doute possible que les Slaves connaissaient depuis longtemps le bétail domestique, qu'ils en pratiquaient l'élevage, et qu'ils avaient même leur dieu spécial, Veles, comme protecteur des troupeaux [1]. Aussi bien les fondations mêmes de la théorie de Peisker sont-elles fragiles : *mlěko* « le lait » n'est pas d'origine germanique ; *tvarogŭ* « le fromage blanc » est douteux, car on peut l'expliquer par le slave ; et l'origine turco-tatare des autres termes est bien loin d'être établie [2]. Si la nomenclature indigène, tellement riche par ailleurs, offre quelques éléments germaniques ou turcs, c'en est assez pour en expliquer la présence des relations multiples des Slaves avec les peuples en question, relations tout à la fois militaires, pacifiques et commerciales qui ont favorisé naturellement l'emprunt de ces éléments entre beaucoup d'autres : le fait n'a pas la portée que prétend lui prêter Jan Peisker.

L'élevage du bétail déterminait le développement d'une industrie laitière qui devait être florissante. Nous n'avons pas, à vrai dire, de témoignages anciens sur l'emploi du lait comme boisson, mais le fromage *(syrŭ)* est déjà attesté dans des sources des Xe et XIe siècles comme l'un des principaux aliments, et nous avons tout lieu de supposer que l'usage en était bien antérieur [3].

En fait de volaille, on élevait dans les basses-cours des coqs et des poules, des oies, des canards et également des pigeons pour lesquels on avait des colombiers [4]. Quand Olga, princesse de Kiev, assiégeait Iskorosten', la forteresse des Drévlianes, elle en fit incendier les colombiers au moyen de pigeons lâchés au-dessus de l'ennemi, et l'incendie gagna toutes les fermes du village [5].

L'apiculture, la pêche et la chasse.

L'apiculture, la pêche et la chasse de toutes sortes d'animaux étaient un complément important de l'élevage et de l'agriculture.

L'élevage des abeilles était particulièrement en faveur dans les pays

---

[1] Voir plus haut, p. 142.

[2] *Ibid., article cité,* pp. 23-24.

[3] *Živ. star. Slov.,* III, p. 156. Sur l'usage comme boisson du lait de jument (*kumys*) chez un prince slave, nous avons l'unique témoignage de Ibn Rosteh, et il s'agit plutôt d'une dynastie turco-tatare, à peu près comme cela avait lieu en Esthonie suivant la relation du roi Alfred et une scolie sur Adam.

[4] *Živ. star. Slov.,* III, pp. 160-161.

[5] *Chronique,* version Laurentine, 57, à l'année 946.

transcarpathiques, renommés depuis les temps préhistoriques par leurs abeilles et leur miel. Hérodote en faisait déjà mention, et Pausanias assurait que le meilleur miel importé en Grèce venait du pays des Alazones sur le Dniester[1]. Il en était de même à l'époque historique, et les Slaves ont conservé cette réputation, pour une bonne part, jusqu'à nos jours. La population transcarpathique[2] élevait les abeilles soit en forêt, dans des arbres creux marqués par le propriétaire d'un signe spécial, soit encore au voisinage des fermes dans des troncs creux débités en morceaux et qui portaient le nom d'*ulij* ou de *bŭrtĭ*. La grande richesse en miel des Slaves de la Russie du Sud frappait Kardîzî qui rapporte qu'une seule ruche fournissait cinquante, soixante et jusqu'à cent *mens* de miel. Il n'est pas étonnant, dans ces conditions, que le miel et du même coup la cire fussent devenus

Fig. 71. — Tronc d'arbre servant de ruche en Polĕsje.

un des principaux articles d'exportation des pays slaves[3], ni qu'ils constituassent une partie des redevances en nature que les Slaves payaient aux seigneurs allemands[4], ni encore que le miel, sous forme d'hydromel fermenté, fût la boisson principale, ainsi que nous l'avons vu précédemment[5]. A partir du XIe siècle, les chartes mentionnent, auprès des villages, des ruchers communs entourés d'une clôture, « horti apum, mellificia », et bientôt apparaissent aussi des apiculteurs experts dans l'élevage des mouches à miel *(bortnikŭ)*.

La pêche, dans certaines régions riches en eau, était la première des industries. Le poisson était très abondant : on le pêchait soit à l'aide d'un hameçon

<hr>

[1] Hérodote, V, 10 ; Pausanias, I, 32, 1.

[2] *Ziv. star. Slov.*, III, p. 165.

[3] Voir plus loin, chapitre X, p. 240.

[4] Parmi les redevances payées par les Slaves en Allemagne, en Bohême et en Pologne, la mention revient constamment de « patena mellis, urna mellis, situla mellis », parfois aussi « lapis cerae ». Un riche Slave du ressort de l'abbaye de Nienburg se voit obligé de payer une redevance de cent vaisseaux de miel et deux chariots de poisson. Voir les textes dans *Ziv. star. Slov.*, III, pp. 163-164.

[5] Voir plus haut, pp. 37-38.

(sl. *ǫda, ǫdica*), de tout point semblable au nôtre, soit encore, au clair de lune, au moyen d'un harpon aigu (sl. *ostĭ*) à une ou plusieurs dents, soit enfin avec des filets ou des nasses en osier qui, eux non plus, n'étaient pas très différents de ceux dont on se sert aujourd'hui. L'archéologie ne nous en a pas conservé, mais nous savons par les textes qu'on avait également plusieurs sortes de filets dès les Xe et XIe siècles *(nevodŭ, vlakŭ, mrěža, sětĭ)* ; de même, les nasses en osier sont très anciennes, et *vrša* est un ancien terme lituano-slave[1]. De plus, on savait attirer et prendre le poisson dans des constructions spéciales en bois placées dans la rivière *(slupŭ, odra)*, que les documents latins de la Bohême et du Brandebourg, au XIIe siècle, désignent par les noms de « pali, tractus, tractiones, gurgusta seu piscaturae », et aussi « piscatoria, saepes, crates, piscina, clausura piscium »[2].

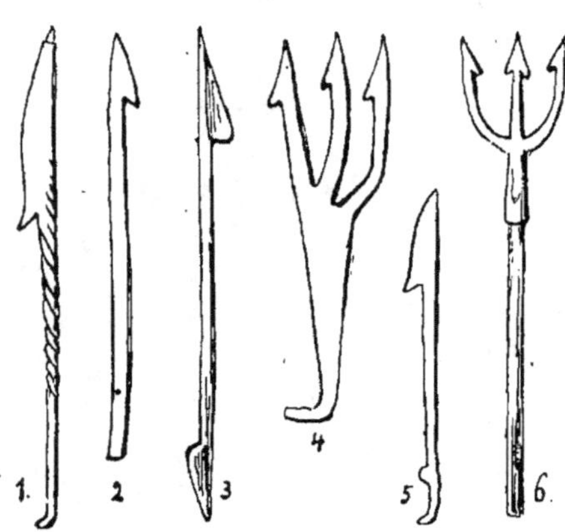

Fig. 72. — Harpons anciens et modernes provenant : 1, 2) du gouvernement de Pétersbourg ; 3) du gouvernement de Vladimir ; 4) de Ljucin ; 5) des Carpathes de Galicie.

Les poissons se vendaient soit frais, soit conservés ; nous savons, en effet, par la *Chronique* de Gallus (à l'année 1107) qu'on salait les poissons, par Ebbo qu'on les séchait pour l'hiver ; et il est vraisemblable que déjà l'on pratiquait aussi le boucanage. Nous ne connaissons pas, par ailleurs, les méthodes employées pour la conservation du poisson, mais elles ne différaient pas probablement de celles qui sont encore employées dans ces régions[3].

Il est inutile de s'étendre sur la chasse. On chassait tout ce qui pouvait fournir un aliment ou une bonne fourrure, les peaux étant également un

---

[1] *Živ. star. Slov.*, III, pp. 178-181.

[2] *Ibid.*, III, pp. 182-183. A partir du XIIe siècle, il existe une quantité de témoignages concernant l'existence de pêcheurs de profession.

[3] Gallus (Bielowski, *Mon. Polon. hist.*, I, p. 447) ; Ebbo, III, 4. Voir aussi ce qu'écrit Hérodote (IV, 53) sur la région du Dniéper (*Živ. star. Slov.*, III, p. 185).

des principaux articles d'exportation des pays slaves [1]. On se servait pour la chasse d'armes (épieux ou flèches) ou encore, et davantage, de divers engins, de grands filets, de pièges qui portent dans les vieux documents du XIe siècle les noms de *sĕtĭ, perevĕsŭ, teneto, proglo, prugŭ, osilo, silo* [2].

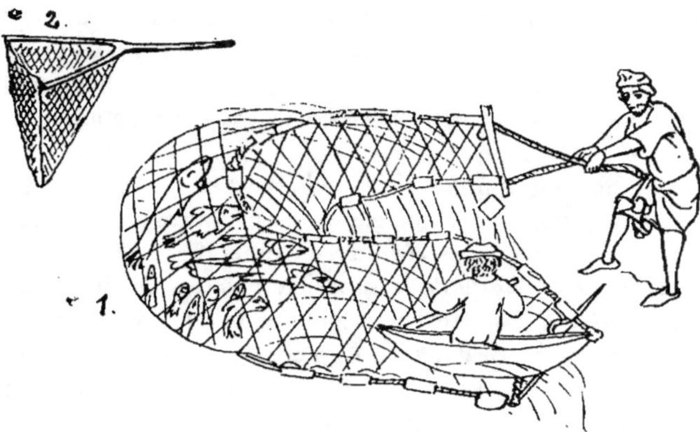

Fig 73. — Filets slaves : 1. Filet dit *nevod* dans la miniature de la légende de sainte Jadwiga (XIV[o] siècle) ; 2. Filet dit *sak*.

Les Slaves avaient aussi emprunté à l'Orient la chasse au faucon et à l'épervier. Dès le IXe siècle, le prince bulgare Boris faisait don aux fils du prince serbe Muntimir d'un couple de faucons, et le prince russe Monomaque, un peu plus tard, mentionne dans son *Instruction* à ses fils la chasse au faucon et à l'épervier [3].

Le village.

A l'époque primitive où les Slaves changeaient fréquemment d'habitat, leur résidence n'avait guère d'apparence ni de dimensions déterminées une fois pour toutes : elle variait suivant les besoins et la nature du terrain. Mais par la suite, après leur expansion, lorsqu'ils commencèrent à s'installer d'une façon stable dans certaines régions, la forme de leurs agglomérations et de leurs champs cultivés devint plus constante et tendit à se

---

[1] Voir le chapitre X, p. 240.
[2] Voir *Živ. star. Slov.*, III, p. 171.
[3] Constantin Porphyrogénète, *De adm. imp.*, 32 ; *Chronique*, version Laurentine, 242, à l'année 1096.

fixer. La tradition d'expériences séculaires portait là ses fruits. Il se développa un type fixe du village comme de la maison. Mais il était déjà trop tard pour que ce type fût unique pour tout le domaine slave. Les Slaves se trouvaient alors dans les conditions géographiques et économiques les plus diverses : leur existence domestique et, en particulier, la disposition de leurs agglomérations ne pouvaient pas être partout identiques. Les Slaves avaient-ils eu jadis, au temps lointain de leur unité, un type spécial de disposition de leurs agglomérations ? Cela est possible, mais nous l'ignorons ; et le fait est qu'à l'époque historique ils ne possèdent pas ce type unique, mais des types divers.

L'histoire ne nous apprend rien sur l'aspect des villages slaves de la fin de l'époque païenne, et l'archéologie ne nous a fourni jusqu'ici que fort peu d'indications. Nous sommes réduits aux résultats de l'ethnographie comparée et aussi de l'histoire de la propriété foncière qu'Aug. Meitzen a, le premier, étudiée de manière scientifique pour les Slaves, indiquant ainsi la voie à K. Inama-Sternegg, à Vl. Levec, à J. Peisker et tout dernièrement à O. Balzer [1]. Les travaux de ces savants font apparaître chez les Slaves, aujourd'hui comme à l'époque historique ancienne, trois types de village, à savoir : 1° un type « arrondi » (appelé *okolica, okrouhlice*), suivant lequel les maisons sont groupées autour de la place du village en forme de cercle ou de fer à cheval ; — 2° le type en forme de rue, suivant lequel les maisons sont rangées sur les deux côtés de la route ; — 3° le type dispersé, suivant lequel les habitations sont à distances inégales l'une de l'autre, chacune ayant autour d'elle ses propres champs. Le premier type se rencontrant dans l'Allemagne du centre, sur l'Elbe, partout où les Slaves étaient jadis établis, l'on a pensé que ce type arrondi (all. *Runddorf*) était le type proprement slave, le type dispersé *(Haufendorf)* et le type postérieur en forme de rue *(Strassendorf)* étant allemands [2]. Nous savons aujourd'hui que cette distinction n'est pas tout à fait exacte. Le village

---

[1] A. Meitzen, « Urkunden schles. Dörfer zur Geschichte der ländl. Verhältnisse » (*Codex dipl. Silesiae*, IV, Breslau, 1863), *Siedelung und Agrarwesen*, etc., I, p. 26, II, pp. 437, 492, 669 ; O. Balzer, « Chronologia najstarszych kształtów wsi słowiańskiej i polskiej » (*Kwartalnik historyczny*, 1910, XXIV, p. 363). Pour le reste de la bibliographie, voir *Živ. star. Slov.*, III, p. 187, et K. Potkański, *Pisma pośmiertne*, I, Kraków, 1922.

[2] Cette théorie a été énoncée en Allemagne par V. Jacobi (1845, 1856), J. Landau (1854, 1862), et empruntée ensuite par A. Šembera (1868), Vocel (1866) et d'autres. Voir *Živ. star. Slov.*, III, p. 188. Mais c'est à tort aussi que dernièrement Mielke regarde ce type arrondi sur l'Elbe comme un type d'origine germanique que les Slaves auraient emprunté (« Die Herkunft des Runddorfs », *Zeitschrift für Ethnol.*, 1921, pp. 273, 301).

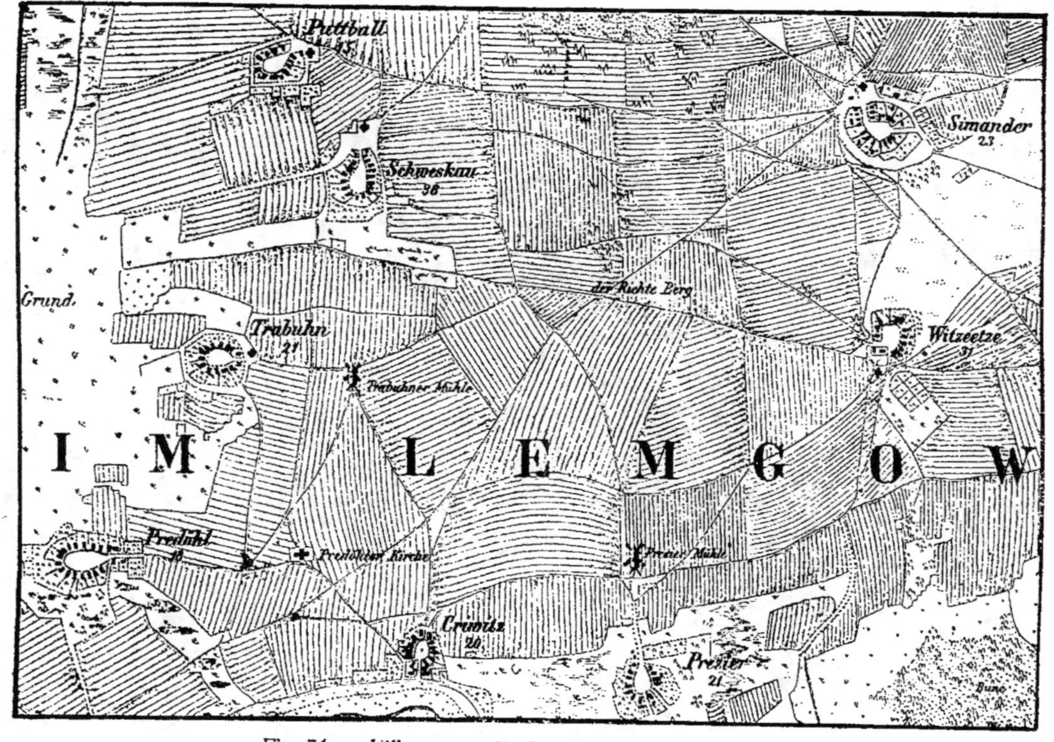

Fig. 74. — Villages arrondis dans le Wendland (Hannover).

arrondi se trouve bien dans la vallée de l'Elbe, il est vrai, au milieu d'un pays originellement slave, et l'on peut le regarder là comme un type propre aux Slaves de cette région ; mais nous le trouvons aussi en pays allemand et dans des villages ayant des noms allemands anciens ; nous le trouvons encore parfois en Bohême, en Moravie et en Silésie. Mais chez les autres Slaves, Polonais et Russes, et aussi Slaves du Sud, on n'en a pas, jusqu'à

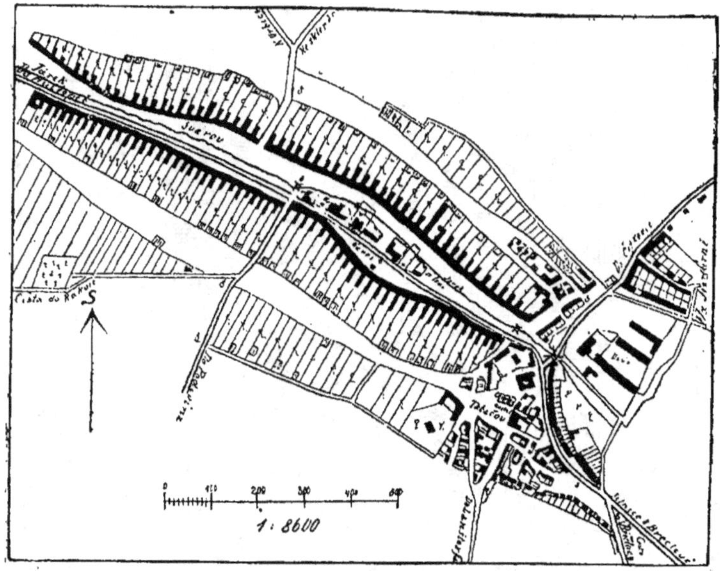

Fig. 75. — Village de Bilovice en Moravie (d'un type postérieur en forme de rue).

présent du moins, relevé la trace. C'est surtout le second type qui apparaît là-bas, et cela depuis longtemps. C'est pourquoi le village en forme de rue doit aussi être regardé comme représentant le type slave ancien, — sauf, bien entendu, le cas où nous voyons les champs allongés groupés derrière les maisons de façon si régulière que nous reconnaissons là l'effet d'une délimitation d'ensemble due au pouvoir civil ou ecclésiastique, à partir du XIIe siècle, sous l'influence des coutumes agraires de l'Allemagne. Quant au troisième type, celui du village dispersé, il s'est développé, lui aussi, tout spontanément chez les Slaves, et davantage là où les conditions topographiques l'exigeaient, en particulier dans les Balkans.

On voit par tout cela que le village slave n'a pas de type spécifique. Toutes les formes en existaient chez les Slaves, et elles se sont développées suivant les nécessités imposées par le terrain, et suivant que la commune procédait de l'épanouissement d'une seule famille, ou qu'elle avait été fondée tout d'un coup comme un ensemble. On ne peut dire non plus que tel ou tel type constitue nécessairement et toujours l'étape ancienne au prix de laquelle les autres types marqueraient des étapes ultérieures. Nous pouvons seulement supposer que le système des habitations isolées a été le plus ancien [1], et que la présence de ces habitations a provoqué, dans les endroits avantageux, le développement progressif d'agglomérations soit arrondies, soit en forme de rue. Quant au rapport chronologique entre le type arrondi et le type en forme de rue, il est intéressant d'observer que les recherches archéologiques opérées dans l'Allemagne centrale, et dont les auteurs, ces dernières années seulement, ont porté leur attention sur les vestiges et la forme des villages slaves entre le VIIe siècle et le XIe, n'ont généralement permis de constater jusqu'à présent que la forme arrondie [2] ; mais il serait prématuré d'en conclure que, toujours et partout, cette forme a précédé le type en forme de rue [3].

L'aspect d'ensemble du village slave était donc varié. C'étaient soit des habitations éparpillées et éloignées les unes des autres, dont les dépendances et tous les champs étaient toujours groupés autour de la maison, soit un ensemble de maisons formant cercle ou rangées le long d'une route, ayant derrière elles leurs dépendances, cependant que, d'autre part, le sol arable, disposé autour du village, était divisé en une série de grandes zones d'après la qualité, et de telle sorte que, dans chacune de ces zones (*campus*, dans les sources latines), tout membre de la commune reçût sa part, son champ (*ager*). Ces *campi* et *agri* étaient tout d'abord irrégulièrement situés, d'apparence et de dimension variées, le plus souvent quadrangulaires, si bien que la répartition du sol produisait l'effet d'un damier, et cela d'autant plus que le sol, suivant la coutume primitive, était labouré en long et en large [4].

---

[1] Voir comment Prokopios (III, 14) caractérisait les Slaves qui descendaient vers les Balkans : « οἰκοῦσι δὲ ἐν καλύβαις οἰκτραῖς διεσκηνημένοι πολλῷ μὲν ἀπ' ἀλλήλων ».

[2] Ce sont en particulier les recherches de Kiekebusch que j'ai en vue. Voir *Živ. star. Slov.*, III, p. 189.

[3] Dm. Samokvasov a défendu jadis la théorie suivant laquelle, en Russie, les villes fortifiées auraient été la forme première des établissements des Slaves (Сѣверянская земля, M., 1908, pp. 46, 57, et Древніе города Россіи, M., 1873). Cette théorie ne peut avoir une valeur générale, même pour la Russie.

[4] Voir plus haut, p. 194.

Le type des champs en longues bandes est dû, nous le savons, au nouvel arpentage en *mansi*, d'après les procédés allemands, que l'on constate à partir du XIIᵉ siècle et surtout du XIIIᵉ [1].

Entre ses champs, chaque village possédait, comme nous le voyons par des chartes du Xᵉ siècle et des siècles suivants, des pâturages communaux *(pascua)*, des chemins *(viae)*, la chasse dans la forêt *(venatio cum saepibus, clausurae)*, la pêche *(piscatio, piscatura)*, des ruchers *(hortus apum, mellificium)* et des moulins *(molendinum, mola)*. Tout cela est compris dans les chartes de cette époque sous les mots « villa cum appendiciis, pertinentiis suis, cum omnibus ad eam pertinentibus, cum omnibus utilitatibus », et autres expressions semblables [2].

La résidence du prince se distinguait du village en ce que tout y était concentré autour d'une ou de plusieurs cours, et que tout le travail des champs était partagé entre les serfs attachés au château. En conséquence, le château avait ses laboureurs, ses moissonneurs, ses vignerons, ses bergers pour les différentes sortes d'animaux domestiques, ses apiculteurs, ses pêcheurs, chasseurs, boulangers, meuniers et brasseurs, auxquels se joignait une foule d'artisans [3].

En ce qui concerne les noms des vieilles agglomérations slaves, on a longtemps pensé que les plus anciens étaient ceux qui, offrant une dénomination patronymique, désignaient les descendants d'un même ancêtre au moyen d'une finale *-iči, -ici, -ice*, par exemple *Stadice* (anciennement *Stadici)* « les descendants de Stad », *Drslavice* « les descendants de Drslav ». On regardait comme plus récents les noms possessifs formés sur le nom du possesseur du village à l'aide de la finale *-ov, -ova, -ovo* (pour un possesseur masculin) et *-in, -ina, -ino* (pour un possesseur féminin), ou par la mouillure d'une désinence de nom propre *(Holeš-ov, Radot-in, Budeč)*, ainsi que les noms caractérisant la situation géographique du village et d'autres encore [4].

S'il est vrai cependant que la plupart des noms offrant une dénomination patronymique soient vraiment anciens, il y a à côté d'eux des noms tout aussi anciens qui expriment la caractéristique géographique d'une localité. Seuls, la plupart des possessifs sont d'origine plus récente (mais non pas tous), et, il faut le reconnaître, une partie des patronymiques aussi ne remonte qu'aux XIIᵉ et XIIIᵉ siècles.

---

[1] Voir plus haut, p. 194.
[2] Voir *Živ. star. Slov.*, III, p. 199.
[3] Voir plus loin, p. 211.
[4] Voir *Živ. star. Slov.*, III, p. 201.

CHAPITRE IX.

Les métiers.

Nous n'avons indiqué jusqu'ici que les métiers se rapportant à la production des aliments (agriculteur, meunier, etc.). Il existait, dès une époque également ancienne, nombre d'autres métiers ayant, eux, pour objet, l'extraction des matières premières et la fabrication des objets nécessaires à l'existence domestique. Il va de soi qu'à l'origine chacun faisait soi-même à la maison ce dont il avait besoin : outils, ustensiles et étoffes pour vêtements ; on tressait soi-même ses paniers ; on extrayait soi-même les métaux et l'on se fabriquait ses outils et ses armes. Mais, avec le temps, dans tous ces domaines des gens habiles s'étaient formés qui se consacraient aussi pour les besoins des autres à telle ou telle industrie et en conservaient la technique dans leur famille. A quelle époque reporter cette spécialisation, nous ne le savons pas ; mais le fait est que les sources latines des XIe et XIIe siècles mentionnent déjà fréquemment ces divers artisans sous les noms de « sutores, pellifices (albi et nigri), pistores, coqui, molendinarii, carpentarii, murarii, pictores, lignarii, fabri, scutarii, scutellarum et cyphorum artifices, figulli, armarii, tornarii, rotarii, artifices, tornatores picariorum, sagittarii, lagenarii, picarii, caliciarii, plaustrifices, ferrarii, etc. [1] », parmi lesquels figurent aussi parfois quelques appellations slaves, telles que *rudnici* (« métallurgistes »), *pkelnici* (« ouvriers travaillant la poix »), *csassnici* (« ouvriers qui font des gobelets »), *zeleznici* (« ferronniers ») et *becsuari* (« tonneliers »).

J'ai déjà eu l'occasion de parler de quelques-uns de ces métiers, ceux de fourreur, cordonnier [2], tailleur de pierres et charpentier [3] ; je traiterai plus loin en détail de la fabrication des armes [4]. Il ne sera question ici que de la céramique, du tissage, de la charpenterie, de la tonnellerie et principalement de l'extraction des métaux et de la fabrication des objets métalliques dont les découvertes archéologiques nous permettent de connaître

[1] Voir *Živ. star. Slov.*, III, p. 205.
[2] Voir ci-dessus, pp. 62, 78.
[3] Voir ci-dessus, p. 119.
[4] Voir plus loin, chap. XI, pp. 214, 277.

le plus d'échantillons. Nous connaissons pour une part ces produits sortis
des ateliers des orfèvres[1]; mais il en est beaucoup d'autres encore sur lesquels nous pouvons être renseignés par l'histoire et par l'archéologie, et
en particulier en étudiant les conditions de l'extraction du minerai et
la technique des forgerons et des orfèvres.

Les métaux : leur extraction et leur traitement.

On ne peut douter que les Slaves aient connu dès avant leur dispersion
les principaux métaux, c'est-à-dire l'or, le cuivre, l'argent, l'étain et le fer.
L'or, le cuivre et l'étain étaient également en usage dans l'Europe centrale
et septentrionale dès la fin du troisième millénaire avant J.-C., et le fer à
partir de la fin du deuxième millénaire, bien que l'âge du fer proprement dit
ne commence que quelques siècles plus tard. Dans ces conditions, il est
impossible que ces métaux soient restés ignorés des Slaves même dans leur
habitat transcarpathique. C'est ce que nous confirme l'étude comparative
des langues indo-européennes. Il est vrai que deux des noms du cuivre et
de l'argent ont des correspondants dans plusieurs domaines linguistiques à
l'exception du slave (skr. *áyas*, avest. *ayah*, lat. *aes*, got. *aiz* « cuivre »;
skr. *rajátam*, avest. *erezatam*, arm. *arcath*, lat. *argentum*, ir. *argat* « argent »);
mais il est à présumer qu'il ne s'agit là que d'une disparition, la haute antiquité de l'or, de l'argent, du plomb et du fer étant attestée par les mots suivants communs aux Germains ou aux Baltes comme aux Slaves :

      sl. *želézo*, prus. *gelzo*, lit. *gelžis*, let. *dzels* « fer » ;
      sl. *zlato*, let. *zelts*, got. *gulþ* « or » ;
      sl. *sĭrebro*, lit. *sidâbras*, got. *silubr* « argent » ;
      sl. *olovo*, prus. *alvis*, let. *alva*, lit. *alvas* « plomb ».

Nous pouvons donc regarder comme slaves communs et anciens les
noms de l'or, de l'argent, du plomb et du fer et conclure du même coup
que les Slaves connaissaient ces métaux dès l'époque de leur unité. Il n'y
a que pour l'indo-européen *ajos* « cuivre » que le slave ait un nom qui lui
soit particulier, à savoir *mědĭ* ; mais c'est là aussi un nom ancien : il est
en effet slave commun et figure dans les plus vieux textes. Le mot *ruda*
« minerai » est également ancien, car, dès l'époque indo-européenne préhistorique, il était passé du sumérien *urudu* au finnois et, par celui-ci, au
groupe indo-européen le plus voisin, c'est-à-dire au slave[2]. Les termes

---

[1] Voir en particulier ce qui concerne les bijoux, pp. 85, 94.
[2] Voir d'autres détails dans *Živ. star. Slov.*, III, p. 207.

slaves désignant l'étain (*cinŭ*) et l'airain (*mosiądz*) sont des emprunts postérieurs au germanique.

Quant à l'exploitation des mines et au traitement des métaux, nous ne disposons de témoignages directs qu'à partir de l'époque historique. On n'a de données archéologiques irrécusables et abondantes qu'à dater de la seconde moitié du premier millénaire de l'ère chrétienne. Les objets de métal que l'on trouve dans les habitats et les tombes de cette époque étaient soit importés en pays slave par des commerçants étrangers, soit façonnés par les Slaves eux-mêmes, mais ceci surtout après le mouvement des grandes migrations, alors qu'installés déjà sur les territoires que nous leur connaissons à l'époque historique ils avaient continué l'exploitation des mines abandonnées par les autochtones et aussi ouvert des mines nouvelles [1].

Il y avait de l'or en assez grande quantité dans certaines rivières et dans certaines couches de terrains argileux, en Bohême, en Moravie, en Silésie, en Pologne, en Poméranie et surtout dans les anciennes mines romaines de Hongrie, de Transylvanie et des Balkans, toutes régions que les Slaves avaient atteintes aux VIe et VIIe siècles ; les quantités d'or les plus importantes venaient cependant de l'étranger, en particulier de l'Altaï, de l'Oural et de la Sibérie. L'argent, de même, qui abonde dans les trouvailles russes se rapportant aux Xe et XIe siècles, venait en grande partie d'Asie Mineure, d'Arménie et de Perse. Les Slaves du Sud et de l'Ouest avaient pourtant, à cette même époque, bon nombre de filons d'argent sur leur propre domaine ; les pays tchèques et polonais en particulier possédaient de nombreuses minés d'argent. En traitant l'argent, on obtenait aussi de la galénite le plomb qu'on trouve fréquemment comme alliage dans le bronze de cette époque et comme métal imitant l'argent à côté de l'étain. L'étain est attesté en Bohême (il s'agit sans doute des mines de Krušné Hory) par Ibrâhîm ibn Ja'kûb au Xe siècle [2] ; il était par ailleurs souvent importé de l'étranger, en alliage avec le cuivre dans le bronze. La provenance du bronze de la fin de l'époque païenne ne nous est pas bien connue : celui-ci est d'ailleurs peu représenté, car cette époque est celle où l'argent prédomine dans la parure. Le cuivre venait en Russie des mines de l'Oural et du Khorasan ; c'est de là aussi sans doute que le bronze arrivait

---

[1] Les termes slaves anciens désignant les mines, que nous rencontrons au Moyen Age, sont : *dolŭ* (plur. *doly*), *jama* et *bańa*, ce dernier répandu chez tous les Slaves, mais emprunté au latin *balnea*. Voir *Živ. star. Slov.*, III, p. 212.

[2] Ibrâhîm ibn Ja'kûb, éd. Westberg, 20. Le texte n'est cependant pas tout à fait clair.

tout préparé [1] ; il est à présumer que la fabrication indigène de cet alliage devait être de peu d'importance.

C'est l'extraction du fer qui avait pris le plus grand développement chez les Slaves. On le tirait des minerais de limonite, de magnétite et d'hématite que l'on trouvait en assez grande quantité dans tous les pays slaves ; on le fondait ensuite dans de petits fours de terre glaise, tels qu'on en voit en Bohême et en Pologne dès l'époque préromaine [2]. On obtenait ainsi soit du fer à forger, soit de l'acier qui, n'étant évidemment pas absolument purs, devaient ensuite passer par la forge.

Le façonnement des métaux comportait deux techniques fondamentales : d'une part, le martelage à chaud ou à froid, et, d'autre part, le coulage du métal en fusion dans des moules. Nous trouvons des traces de ces deux procédés chez les anciens Slaves.

Nous n'avons pas de données historiques sur la fonte des métaux, mais la pratique n'en saurait être mise en doute en raison des nombreux objets fondus, des bijoux surtout, qui ont été découverts. On n'a trouvé que peu de moules et sans grand intérêt [3]. Le travail de la forge, par contre, est largement attesté : il nous est parvenu une foule d'instruments et d'armes en fer ; nous avons des mentions historiques fréquentes d'ouvriers « forgerons » *(fabri, fabri armorum)* ; l'ancienneté est évidente du verbe *kovati* « forger » et de ses dérivés (*kovŭ, kovači, kovalĭ*, etc...) ; enfin, on a découvert des instruments de forgerons sur l'emplacement d'anciens forts slaves,

Fig. 76. — Enclume et tenailles de Vlaslav, en Bohême.

---

[1] Les bronzes de la Russie septentrionale des X[o], XIe et XII[o] siècles manquent totalement d'étain, mais ont par contre beaucoup de plomb et de zinc. Au contraire ceux de Perm et de Sibérie contiennent de 20 à 24 % d'étain, comme ceux de la Chine. On trouvera dans *Živ. star. Slov.* (III, pp. 212-222) des détails plus précis sur l'exploitation des diverses mines dans les pays slaves et dans les régions limitrophes.

[2] *Živ. star. Slov.*, III, pp. 224 et suiv. Des mines de fer *(ferrifodinae)* et des ouvriers en fer *(ferrarii)* sont signalés en Carinthie au X[o] siècle, et dans d'autres régions aux XIe et XII[o] siècles. On a trouvé beaucoup d'anciens fours destinés à la fonte du fer en Bohême, en Moravie, en Silésie, en Pologne et dans la Russie du Sud-Ouest ; mais il n'est pas possible le plus souvent d'en déterminer la chronologie de manière précise. Néanmoins il est intéressant de constater que leur construction est demeurée la même depuis les temps préhistoriques jusqu'au début de la période historique.

[3] *Živ. star. Slov.*, III, p. 231.

ainsi sur l'emplacement de Vlaslav près de Třebenice, en Bohême, où l'on a déterré une enclume avec de grandes tenailles.

Les objets fabriqués à la forge répondaient d'abord aux besoins de la maison et de la culture des champs. C'étaient des faux, faucilles, scies, haches, marteaux, tenailles, clous, chaînes, serrures, clefs, sonnettes, etc.

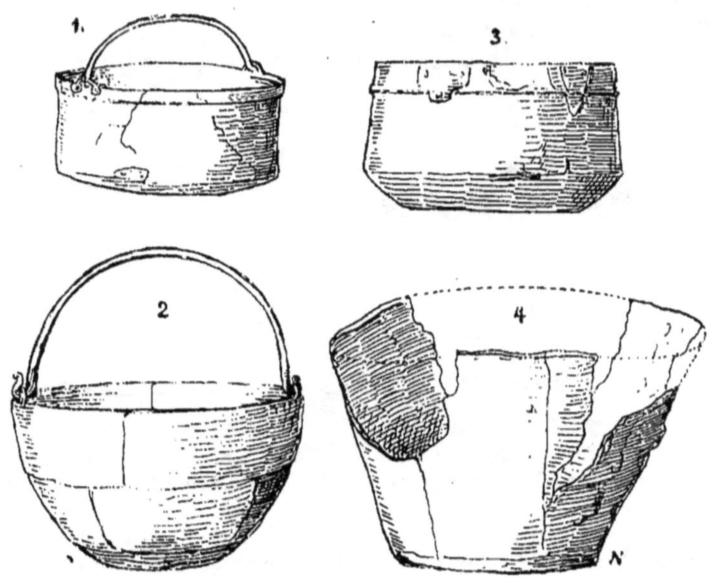

Fig. 77. — Chaudrons en fer et en cuivre trouvés dans des tumuli de Russie
(1, 2 : Sjazniga ; 3, 4 : Gnězdovo).

Puis venaient les armes dont il sera question en détail plus loin. Puis une série d'ustensiles domestiques : grands chaudrons en fer et en cuivre, destinés à être suspendus au dessus du feu, dont on a déjà trouvé plusieurs modèles dans les sépultures russes [1], ainsi que des cruches et des coupes finement travaillées. Ces dernières, pourtant, sont généralement de fabri-

---

[1] *Ibidem*, III, p. 239. Le chaudron de cuivre est aussi attesté dans la littérature à partir du XIe siècle ; un « Odolen caldarius » est mentionné en Bohême dans une charte du chapitre de Vyšehrad, datée de 1088.

cation étrangère et sont parvenues dans les pays slaves soit comme objets de commerce, soit, lorsqu'elles étaient en argent et en or, comme présents précieux. On sait en effet que les princes barbares recevaient pareils cadeaux des empereurs de Byzance. Les imitations qui ont été faites en pays slave sont en très petit nombre et d'époque tardive. La plus ancienne, qui n'est du reste qu'en argile, se trouve au musée de Gera et provient des fouilles opérées près de Kostrice [1].

Si les Slaves étaient encore quelque peu arriérés, même aux Xe et XIe siècles, dans la fabrication de ces ustensiles de métal, il n'en était pas

Fig. 78. — Gobelet en argent
d'un tombeau de Taganča.

Fig. 79. — Gobelet en argile
de Kostrice (Musée de Gera).

de même dans les petits travaux d'orfèvrerie en général. Ils s'étaient élevés là à une maîtrise assez honorable.

On ne peut parler d'un développement de l'industrie de l'orfèvrerie chez les Slaves avant le Xe siècle. Leur habitat primitif se trouvait en dehors des voies commerciales et des influences artistiques. Ce n'est qu'une fois sur le Danube, dans les Balkans et sur les bords de la Mer Noire, dans le voi-

---

[1] *Živ. star. Slov.*, III, p. 241. On a trouvé des vases d'or et d'argent soit isolés dans des tombeaux, par exemple à Taganča, dans le voisinage de Kanev, et dans une tombe située près de Kolín, en Bohême, soit dans les trésors que des princes slaves ou non slaves avaient cachés durant des périodes de guerre. Les plus remarquables de ces trésors sont celui qui a été découvert en 1799 à Nagy-Szent-Miklós en Hongrie (il remonte au IXe siècle), celui de Vrap en Albanie (1902), qui est du VIIIe siècle, et celui de Mala Pereščepina (1912), dans le gouvernement de Poltava, qui est du VIIIe siècle. Voir à ce sujet *Živ. star. Slov.*, III, p. 238. I. Smirnov a publié un ouvrage magnifique (Восточное серебро, Спб., 1909) sur les découvertes faites en Russie de vases en or et en argent de provenance orientale.

sinage immédiat des villes romaines et grecques, qu'ils devaient avoir sans cesse sous les yeux les multiples bijoux fabriqués dans les ateliers de ces villes et que, sans doute, le désir leur vint d'en avoir, eux aussi, de pareils, et qu'ils apprirent à les imiter. Mais l'archéologie ni l'histoire ne peuvent rien nous apprendre sur cette période initiale. Il est possible que certains échantillons trouvés en Russie de fibules grossières, de caractère gothique, sortent déjà d'ateliers slaves du Dniéper ou de l'Oka, mais cela ne peut se prouver. C'est seulement à partir du Xe siècle que l'existence d'ouvriers

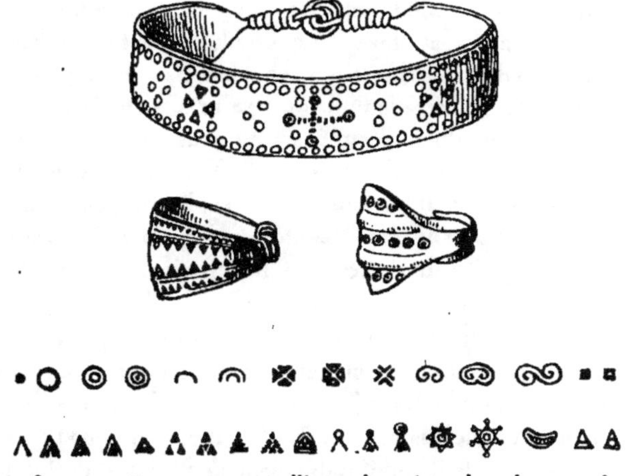

Fig. 80. — Éléments d'ornements métalliques frappés et bracelet avec deux bagues provenant de tumuli des environs de Gdov et de Pétersbourg.

« orfèvres » est attestée et que nous sommes fondés à parler d'une industrie indigène.

Les débuts de cette industrie correspondent, du côté de l'Occident, à l'épanouissement de l'orfèvrerie en Allemagne et à l'époque de Charlemagne et de ses successeurs, et, du côté de l'Orient, aux relations étroites que les Slaves avaient avec l'Asie et avec l'Empire byzantin du temps du prince Vladimir. C'est ainsi que nous lisons dans les légendes de Venceslas que ce prince tchèque faisait venir de l'étranger des « aurifices et argentarios » pour décorer l'église de Prague, alors que, dès le XIe siècle, il est question dans les chartes tchèques d'orfèvres indigènes et portant des noms slaves : « qui toreumata facit, Nema, — aurifex Coiata » (1046) ; « Prowod aurifex et filius eius » (1185). De même des « aurifices auri et argenti » figurent dans

des chartes polonaises des XIIe et XIIIe siècles [1]. Les somptueux bijoux
et les armes que portaient les idoles des dieux de Poméranie et de Rujana
étaient-ils des produits de l'art indigène ou venaient-ils de l'étranger, nous
ne saurions le dire ; mais la tête de ces mêmes idoles, couverte d'or et d'argent, comme aussi celle des idoles russes que Vladimir avait fait placer
sur la colline de Kiev [2], n'était certainement pas l'œuvre des orfèvres
chrétiens de Rome et de Byzance. Si nous regardons vers les Balkans, nous
constatons que l'archevêque de Spalato, Laurentius, envoyait, en 1060,
quelqu'un de ses gens à Antioche pour qu'il y apprît le métier d'orfèvre,
et, dans une charte de 1080, nous trouvons mentionné un certain « Grubiz,
orfèvre » dont le nom est slave [3]. Les fouilles opérées en Russie nous ont
révélé l'existence d'ateliers d'art remarquables dans ce pays aux Xe et XIe siècles. C'est le grand prince Vladimir qui avait rapporté de Korsun' (Cherson),
en 988, les premiers objets destinés au culte et qui fit venir aussi de Grèce
des maîtres orfèvres : ceux-ci créèrent à Kiev des ateliers permanents et
donnèrent la première impulsion à une école indigène d'orfèvrerie. Des
écoles analogues s'organisèrent bientôt également à Novgorod la Grande,
à Rjazan', à Suzdal' (où l'orfèvrerie fut particulièrement florissante aux
XIIe et XIIIe siècles et où venaient des maîtres de différents pays), à Vladimir
et à Černigov. Par ailleurs, nous lisons dans la *Chronique*, à l'année 996, que
Vladimir avait fait faire des cuillers d'argent pour toute sa *družina*. Et,
de fait, parmi les nombreux bijoux trouvés dans les tombeaux russes et sur
l'emplacement des anciens centres fortifiés des Xe, XIe et XIIe siècles, il en est
bon nombre qui portent indubitablement l'empreinte de l'industrie locale,
par exemple certains types de colliers, de bracelets, de bagues et en particulier de boucles d'oreilles et d'anneaux pour les cheveux [5]. Il s'y trouve
également des imitations évidentes de modèles étrangers, par exemple
d'émaux byzantins. Enfin, un archéologue de Kiev, V. Chvojka, a précisément trouvé sur l'emplacement du vieux palais de Kiev, près de l'église
des Dîmes (*Desjatinaja*), les restes d'un atelier d'orfèvrerie avec les creusets
qui servaient à fondre l'émail [6].

La technique de l'orfèvre se bornait à préparer la forme fondamentale

---

[1] Voir les détails concernant ces textes dans *Živ. star. Slov.*, III, p. 244. La charte tchèque
de l'église de Boleslav, datée de 104?, a été écrite un siècle plus tard.

[2] Voir ci-dessus, pp. 137, 139.

[3] Thomas, *Hist. salon.*, XVI ; charte de Pierre Črn (Rački, *Documenta*, VII, p. 131).

[4] *Chronique*, version Laurentine, 113, 119.

[5] Nous avons déjà traité de cette question au chapitre IV (voir ci-dessus, p. 92).

[6] *Živ. star. Slov.*, III, p. 246.

de l'objet, un bijou par exemple, soit en façonnant une petite enclume à l'aide d'instruments délicats, soit en coulant le métal dans un moule aux contours fortement en relief [1]. Le travail de fignolage de l'objet dégrossi était exécuté suivant des procédés d'importation étrangère qui avaient pris droit de cité chez les Slaves, dès que l'orfèvrerie avait acquis un certain développement.

Le filigrane avait chez les Slaves une place de choix. Il était de deux sortes : tantôt fils entrelacés ou chaînettes formant ornement à la surface

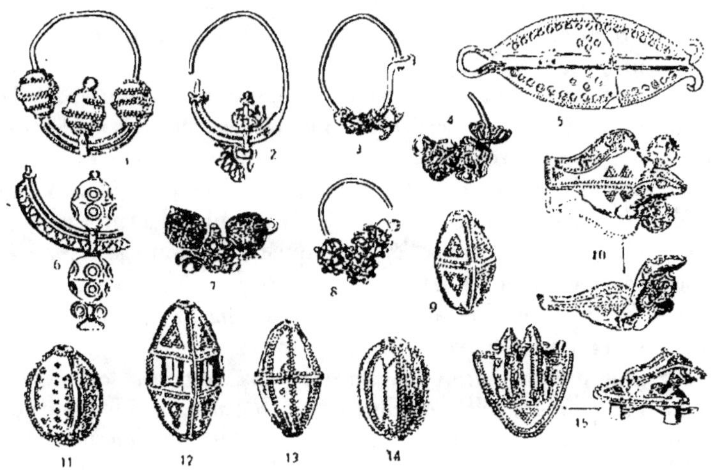

Fig. 81. — Bijoux d'argent du trésor oriental trouvé à Rudelsdorf, en Silésie.

d'un objet, tantôt petits grains soudés ensemble composant des lignes décoratives et des figures, le plus souvent en forme de triangle (filigrane granulé). Ces deux types sont anciens dans l'Europe méridionale et en Orient. Ils apparaissent dans l'Europe centrale à partir de la période de la Tène, et c'est de là qu'à l'époque romaine (mais plus tôt sans doute à l'est de la Mer Noire) le filigrane a commencé à pénétrer chez les Slaves : il ne devait d'ailleurs atteindre l'apogée de la faveur que du IXe au XIIe siècle durant la période où furent importés de l'Orient et de Byzance dans les pays slaves

[1] Les différents morceaux de l'objet étaient fixés l'un à l'autre par le martelage et des rivets, ou bien par la soudure. Nous voyons ces deux moyens employés dans les travaux slaves, mais le premier l'emportait. Voir *Ziv. star. Slov.*, III, pp. 248-250.

quantité de bijoux et autres objets précieux dont l'ornement habituel était plus particulièrement le filigrane granulé, en or et en argent. Surtout les bijoux qui se trouvent dans de nombreux trésors d'argent accompagnés de monnaies coufiques des IXe et Xe siècles sont en général décorés de filigrane granulé ou d'ouvrages en fil fin. Les Slaves avaient une telle prédilection pour les bijoux ainsi décorés que non seulement ils les achetaient et les portaient de préférence à tous autres, mais qu'encore ils en produisaient des contrefaçons. C'étaient surtout diverses pendeloques et boucles d'oreilles[1]. Celles qui étaient de provenance étrangère sont d'une finesse extraordinaire de travail (fig. 81, 82) : elles provenaient de l'Asie occidentale, mais d'un lieu de fabrication que nous ne connaissons pas encore exactement, peut-être de Samarkand[2].

A côté de l'ornement en filigrane, qui était soudé sur la surface de l'objet, on trouve parfois aussi l'ornement martelé, se présentant comme une série de points ou cercles, ou croix, ou triangles, ou étoiles qui étaient frappés sur la surface de l'objet au moyen d'un marteau-pilon. Ce second procédé est aussi d'origine étrangère, vraisemblablement gallo-germanique : il était devenu, depuis l'époque romaine, d'un usage assez fréquent dans les pays germaniques, et, par l'intermédiaire des artisans nordiques, avait passé aux Slaves du nord de la Russie (fig. 80) ; on ne le trouve guère chez les autres Slaves.

Les Slaves avaient encore devant les yeux certaines techniques permettant d'obtenir des effets de différentes couleurs sur un fond de bijou en or ou en argent[3] : tels étaient, — sans parler de l'incrustation ordinaire de divers métaux (surtout de l'or) dans d'autres métaux, procédé partout largement répandu —, l'incrustation de pierres précieuses ou de verre appelée verroterie cloisonnée, l'émaillage, le genre particulier d'incrustation qu'on appelle *tausia* (damasquinure) et *nielle*, tous autres procédés dont on constate plus ou moins fréquemment l'application dans l'industrie slave, du Xe au XIIe siècle, mais qui sont aussi d'origine étrangère.

C'est l'art de la verroterie cloisonnée qui a eu le moins de développement chez les Slaves, car sa période d'épanouissement était déjà terminée lorsque l'orfèvrerie commença à prendre chez les Slaves[4] une réelle importance. Cet antique mode de décoration, dont on trouve déjà des échan-

---

[1] Voir plus haut, p. 88.
[2] Pour plus de détails, voir *Živ. star. Slov.*, III, pp. 250, 260.
[3] Voir *Živ. star. Slov.*, III, pp. 292 et suiv.
[4] Voir *Živ. star. Slov.*, III, pp. 264-273.

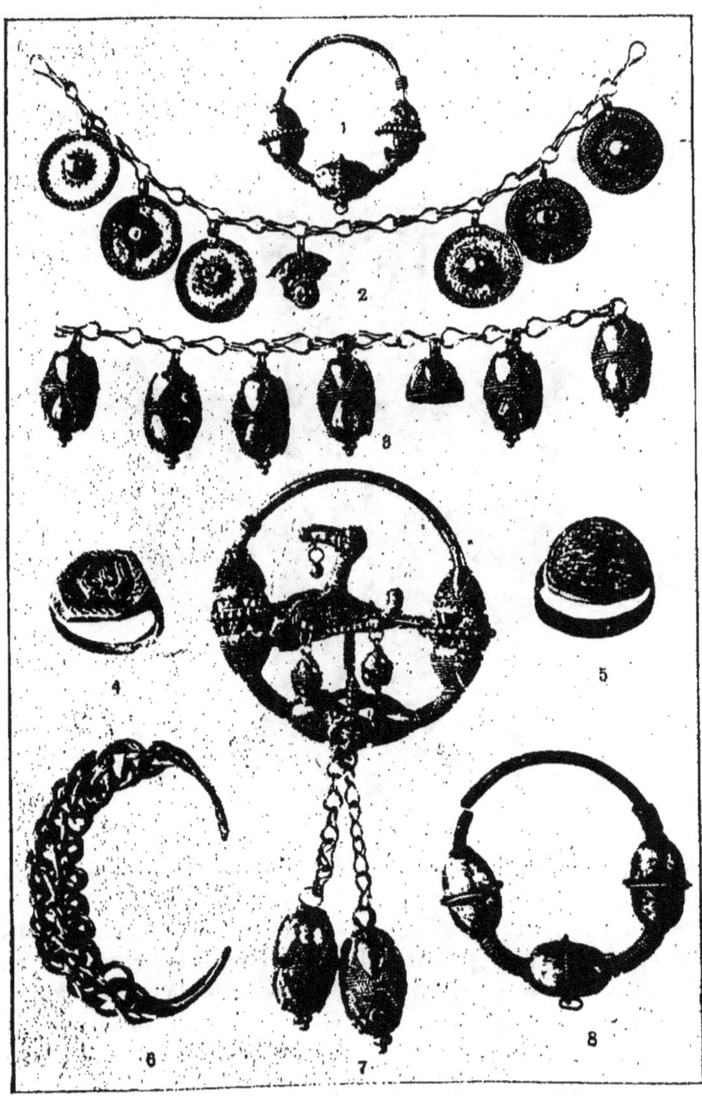

Fig. 82. — Trésor de bijoux en filigrane et nielle trouvés à Spassk, près de Kazan', en Russie.

tillons dans l'ancienne Égypte et en Chaldée, puis en Perse et dans le Turkestan, tous pays où il y avait abondance de pierres précieuses de couleur,
avait pénétré chez les Grecs et, dès les derniers siècles qui ont précédé
l'ère chrétienne, ces derniers fabriquaient pour les Barbares de la Russie
du Sud des objets incrustés de pierres précieuses (grenat, turquoise) ou

Fig. 83. — Croix émaillée (travail russe) trouvée à Bělocerkov (gouvernement de Kiev).

d'ambre et de verre. C'est alors, aux IIIe et IVe siècles, que des ateliers
de Panticapée sortit un type particulier d'orfèvrerie à incrustation qui se
répandit aux IVe et Ve siècles par toute l'Europe et persista jusqu'au VIIe siècle,
sous le nom de style gothique ou mérovingien. Certains bijoux ainsi ornés
parvinrent à cette époque jusqu'aux contrées habitées par les Slaves, ainsi
qu'il devait arriver, et comme d'ailleurs le confirment les découvertes
archéologiques [1]. Le succès, cependant, n'en fut pas grand : les tombeaux

[1] Ainsi en particulier, au centre de la Russie, puis dans la vallée du Danube et jusqu'en

slaves nous offrent très peu d'incrustations, bien que les Slaves aimassent le verre et que les colliers de verroterie fussent chez eux très en vogue.

A la verroterie cloisonnée les Slaves préféraient de beaucoup l'émail.

Durant la période ancienne, nous distinguons deux genres d'émail : l'émail *cloisonné* dans lequel la pâte de verre surchauffée était placée dans des cloisons de fils soudées à la surface du métal, et l'émail *champlevé* dans lequel cette même pâte était versée dans des fossettes creusées dans l'épaisseur du métal. Cet art aussi venait de l'Orient. Il existait en Égypte, pour le moins dès le temps des Ptolémées (les objets anciens ont seulement des petites plaquettes posées à froid), sinon même plus tôt encore, et c'est de là qu'il était arrivé jusqu'en Europe, et d'abord à Marseille, en Gaule, puis ensuite en Italie, où l'on fabriquait beaucoup d'objets pour les peuples barbares entre le Ier et le IVe siècles après J.-C. L'émail cloisonné était venu postérieurement à l'émail champlevé par la voie de la Perse, et il avait atteint dans l'Empire d'Orient, au Xe siècle et au XIe, un haut degré de perfection. Il n'y avait plus alors, dans le reste de l'Europe, que quelques vestiges de l'industrie des émaux romains. Les Slaves connurent ainsi l'émail à la fois grâce à l'Europe centrale et grâce à Byzance. C'est probablement d'ateliers allemands et du Haut Danube que proviennent les émaux connus sous le nom d'émaux de Kettlach, qui furent en faveur chez les Slaves des régions alpestres aux VIIIe et IXe siècles [1].

D'autre part, du Ve siècle au VIIe, des ateliers prusso-lituaniens avaient fourni aux Russes les émaux barbares du type de Moščina [2]. Enfin des ateliers byzantins en avaient pourvu les principales villes de Russie et du Caucase, suscitant partout, aux XIe et XIIe siècles, des imitations plus ou moins heureuses, bijoux d'or, croix, enkolpions, diadèmes, boucles d'oreille et *barmy*, sorte de médaillons pendeloques aux figures de saints. Il a été trouvé à Kiev, nous l'avons vu, par l'archéologue russe Chvojka, un véritable atelier d'émaillerie datant de cette époque [3]. Nous avons d'autre part un bel exemplaire de travail russe dans le casque émaillé du prince Jaroslav (environ 1200) [4] et dans la croix trouvée à Bělocerkov (fig. 83).

Bohême. Voir *Živ. star. Slov.*, III, p. 270, et Niederle, « Merovejská kultura v Čechách » (*Památky archcologické*, XXX, 1918, 1).

[1] On trouvera cette histoire de l'émail en Europe exposée tout au long dans *Živ. star. Slov.*, III, pp. 274-291.

[2] Voir l'étude du baron de Baye, *Les bronzes émaillés de Mostchina*, Paris, 1891. Le type de Kettlach est ainsi nommé d'après le cimetière slave de Kettlach en Basse-Autriche. Voir aussi ce qui a été dit plus haut sur ce sujet, p. 88.

[3] Voir plus haut, p. 218.

[4] Kondakov. Русскія древности, VI, p. 86, et ici même, fig. 118.

Outre la technique de l'émail, mais à une place plus modeste, les Slaves connaissaient les deux procédés de la *tausia* (« tauchie ») et du *nielle* consistant

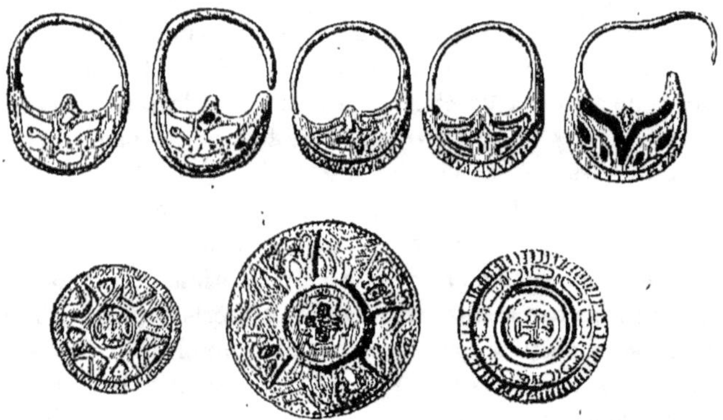

Fig. 84. — Boucles d'oreilles et fibules émaillées du type de Kettlach.

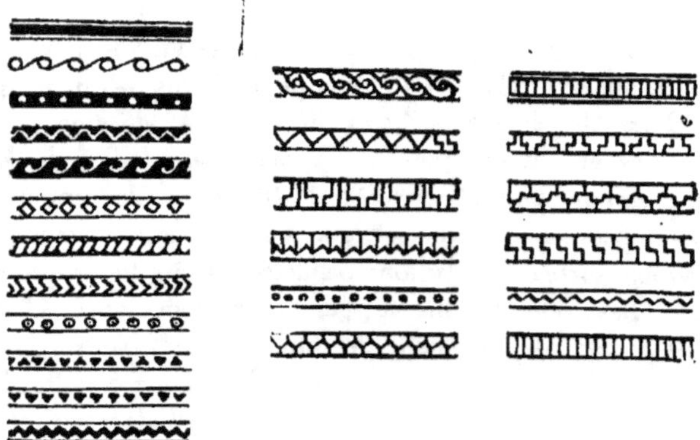

Fig. 85. — Éléments d'ornements en nielle et en tausia.

à tracer à froid sur une plaquette d'or, ou plus habituellement d'argent, des dessins en noir (*nielle*), ou bien, sur une plaquette de fer, des dessins en or ou en argent (*tausia*)[1]. Nous les trouvons l'un et l'autre très

[1] Pour les détails, voir *Živ. star. Slov.*, III, pp. 295-302.

répandus dans l'industrie romaine de l'époque impériale, principalement aux IIIe et IVe siècles après J.-C. La *tausia* devait prendre un développement considérable, au VIe siècle et au VIIIe, chez les Germains, mais elle se développa peu chez les Slaves, sauf chez ceux des Balkans qui l'ont conservée jusqu'à l'époque historique. Le nielle eut plus de succès, mais moins celui de Rome que celui de Byzance et de l'Orient aux Xe et XIe siècles; il est resté en honneur en Russie jusqu'à une époque tardive.

La céramique et les vases.

Nous ne connaissons pas encore la céramique préhistorique des Slaves, faute d'avoir pu déterminer jusqu'à présent ce qu'il y a de proprement slave dans les cultures préhistoriques de l'Europe centrale et orientale. La céramique slave ne nous apparaît comme telle de façon claire et précise que dans les trouvailles remontant à la période allant du IXe siècle au XIe, à laquelle les plus récentes recherches viennent d'ajouter une période plus ancienne qui va du VIe siècle au VIIIe. Tout ce qui est en deçà de cette limite dans le temps est incertain, et ce n'est pas le lieu d'examiner ici les théories qui attribuent aux Slaves les produits de différentes civilisations plus anciennes et du même coup diverses céramiques.

La céramique slave des Xe et XIe siècles est très remarquable, quoique simple. Ce sont en général des vases faits au tour et bien cuits : ils sont en forme de pots (les autres formes sont rares, par exemple celle de bouteille au col resserré), sans anses et avec un bord un peu rabattu, sous lequel figure comme ornement constant une ligne ondulée plusieurs fois répétée, ou bien parfois de simples raies horizontales, ou encore une série de rangées de lignes obliques, de points ou de croix imprimés au flanc du récipient. Plus le vase est récent, plus le rebord du vase est accentué et se profile de façon nette. Au fond on voit à l'ordinaire la marque du potier [1]. Tel est le type qu'ont en vue les archéologues, lorsqu'ils parlent de la céramique slave : c'est le type dit « des places fortifiées », en allemand *Burgwalltypus*, ainsi nommé parce qu'on le trouve régulièrement dans les couches de terrain des vieilles forteresses slaves. De fait, il se constate aux Xe et XIe siècles partout où les Slaves étaient installés et bâtissaient leurs enceintes fortifiées, sur tout le territoire qui s'étend du Main, de la Saale et de la Save au Danube, jusqu'à l'Oka et au lac Ladoga dans la Russie du Nord.

---

[1] Voir les détails dans *Ziv. star. Slov.*, III, pp. 303 et suiv.

LES MÉTIERS

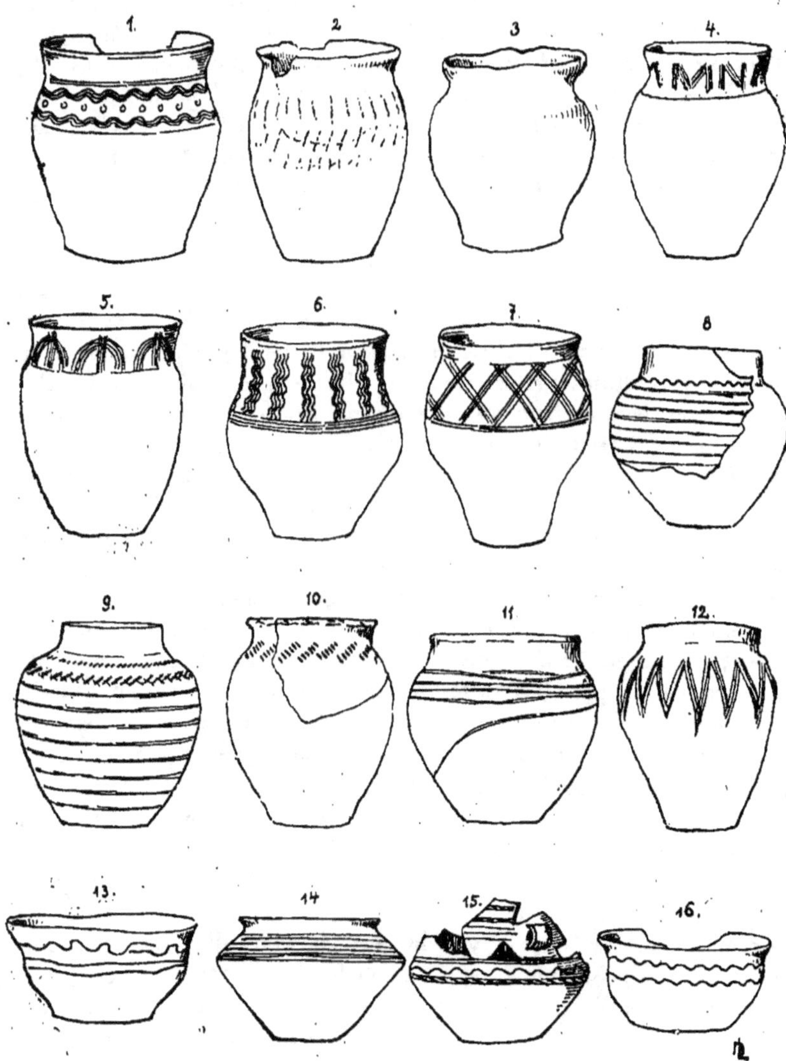

Fig. 86.

Céramique protoslave des vi[e]-viiie siècles, provenant de différents tombeaux slaves :
1. Varin ; 2. Mistelbach ; 3. Bogojeva ; 4-6. Fohrde ; 7. Neuendorf ;
8. Staryj Žukov ; 9. Rostkovo ; 10-12. Gnězdovo ; 13. Lössnig ; 14. Objezierze ;
15. Schwann ; 16. Třeboul.

Fig. 87. — Céramique slave des IX°-XI° siècles.

Il est cependant du premier intérêt de remarquer que ce type slave n'est autre au fond que celui du vase romain à l'ornement ondulé, tel que nous le trouvons abondamment représenté dans les provinces romaines du Nord, depuis le Danube inférieur jusqu'au Rhin. Les Slaves devaient évidemment avoir des relations avec la marche romaine du Danube à

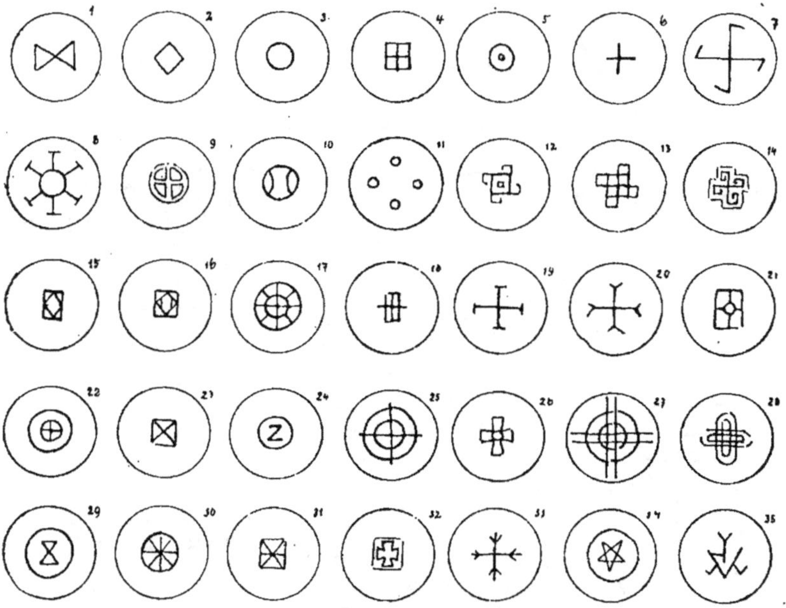

Fig. 88. — Marques de potiers au fond de vases slaves.

l'époque où ce type céramique florissait (du Ier au IVe siècle), et c'est ainsi qu'ils ont été amenés à l'adopter. La diffusion sur tout le domaine slave en a sans doute été postérieure : la vieille céramique indigène, voisine par sa forme de la nouvelle, s'est peu à peu transformée, cédant de plus en plus au nouveau type en faveur. La céramique slave ancienne des trouvailles datant de la période qui va du VIe siècle au VIIIe nous laisse entrevoir cette évolution ; elle offre en effet la forme d'un vase élevé, mais sans bord rabattu et avec un col orné de raies horizontales, ou de groupes de traits obliques, ou de croix plutôt que d'une ligne ondulée. C'est là un type de transition que nous ne connaissons que depuis peu, grâce à quelques découvertes récentes méthodiquement conduites en Allemagne et aussi en Russie [1].

Parmi les récipients fabriqués avec d'autres matières, il faut mentionner les cornes à boire, faites de cornes de bœufs, le plus souvent cerclées d'argent [2], puis quelques rares vases de métal dont il a été question plus

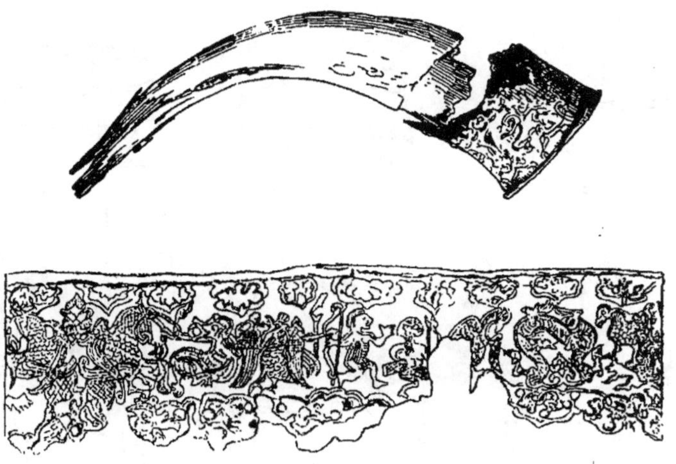

Fig. 89. — Corne de bœuf, cerclée d'argent, provenant du Tumulus noir, près de Černigov.

haut [3], et çà et là des vases en verre, qui étaient importés de l'étranger, car les Slaves ne fabriquaient pas d'objets en verre avant le Xe siècle [4]. Les coupes faites de crânes humains, parfois garnies d'or et d'argent, dont parle l'histoire, ne se rencontrent qu'exceptionnellement [5].

[1] *Živ. star. Slov.*, III, pp. 311 et suiv. Des potiers de profession (vieux slave *grnčarь* dans les sources latines *figulus*) sont signalés à partir du XIe siècle et dans la *Chronique de Novgorod* à partir du Xe (*Živ. star. Slov.*, III, p. 308).

[2] Pour les données historiques et les découvertes, voir *Živ. star. Slov.*, III, p. 315. Les statues des dieux slaves de la Poméranie baltique avaient aussi en main de ces cornes à boire. Le plus beau spécimen, avec une garniture d'argent et une ornementation de caractère oriental, a été trouvé par Dm. Samokvasov dans un tumulus slave du Xe siècle, appelé Черная могила (tumulus noir), près de Černigov (fig. 89).

[3] Voir plus haut, p. 215.

[4] *Živ. star. Slov.*, III, pp. 273, 318.

[5] *Živ. star. Slov.*, III, p. 319 : voir les découvertes faites dans les *tumuli* russes des Drévlianes et des Drégovitches.

Il y avait, pour désigner les récipients de petite dimension, un assez grand nombre de termes, les uns indigènes, à savoir : *gŭrnŭ* « pot », *sŭsǫdŭ* « vase », *čĭbanŭ* « cruche », *laty* « vase large », *črěpŭ* « puisoir », *ḳubŭ* « godet », *grotŭ* « petit vase pointu », — les autres étrangers, à savoir : *lagŭvĭ* (du

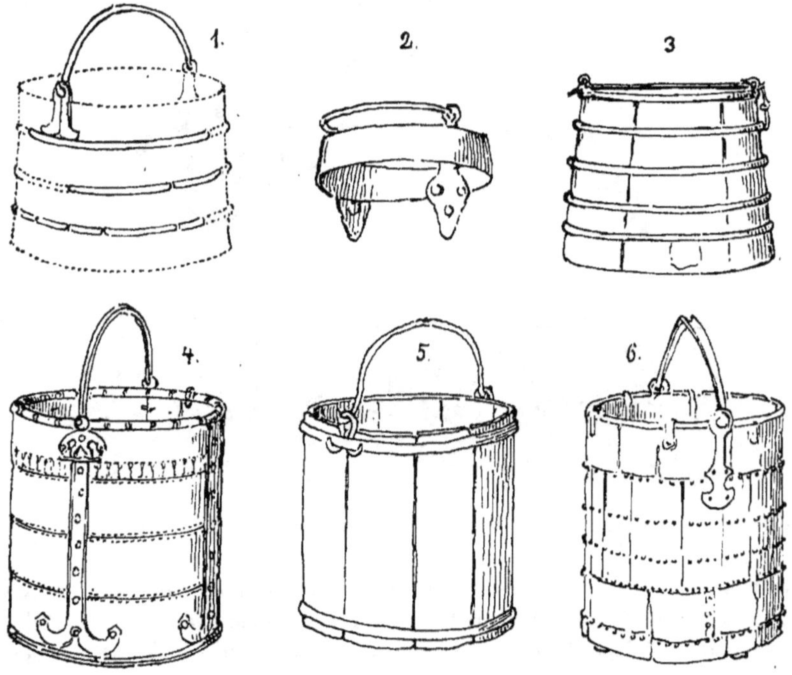

Fig. 90. — Seaux de bois trouvés dans des tombeaux slaves :
1. Gnězdovo ; 2. Velka Gorica ; 3. Volhynie ; 4. Szeląg ; 5. Zakolany ; 6. Ostroviany.

latin *lagena*) « bouteille », *čĭbŭrŭ* (de l'allemand *zwibar*, *zubar*) « petite cuve », *krŭčagŭ* (du turc *korčag*) « cruche », *bljudo* (gothique *biups*) « plat », *misa* (du gothique *mes*, latin *mensa*) « plat », *čaša* (de l'iranien) « gobelet », *kony* (de l'allemand *kanne*) « pot à anse », *krina* (du grec κρήνα) « cuvette ».

Les récipients de grande dimension étaient généralement en bois : c'étaient ou des troncs d'arbres creusés, ou des planchettes réunies par un cercle, ou encore des écorces d'arbres, l'intérieur étant toujours enduit de poix pour que l'eau ne pût s'en échapper. Le métier de tonnelier et

celui d'ouvrier en poix étaient exercés par de nombreux spécialistes [1].
Les formes de ces grands récipients étaient variées, comme d'ailleurs
les noms les désignant : *děža, vědro, okovŭ, korŭ, lokŭno, kadĭlbŭ*, qui sont
des mots slaves, alors qu'on a emprunté à l'étranger *bŭčĭvĭ, bŭčĭka* (de
l'allemand *boteche* ou du grec βοῦττις) « tonneau », d'où le nom de l'ouvrier (*bečvar*), *kadĭ* (du grec κάδος) « grande cuve », *kŭbĭlĭ* (all. *kübel*)
« baquet, cuveau », *nŭštvy* (de l'all. *nuosk*) « jatte », et d'autres encore [2].
Les plus usités parmi ces récipients étaient des seaux de bois cerclés de
fer, munis d'une anse mobile (fig. 90) : on les trouve constamment dans les
tombes du Xe au XIIe siècle, sur tout le domaine slave [3].

Le filage et le tissage des étoffes.

La fabrication des étoffes était l'une des
occupations constantes des femmes et des filles.
Celles-ci tiraient leur fil de la laine des brebis
ou des fibres du lin (« linum augustifolium »)
et du chanvre (« cannabis sativa »). Les témoignages littéraires et archéologiques abondent en
cette matière. Les pesons que la fileuse attachait
au fuseau sont très nombreux dans les trouvailles datant des IXe et Xe siècles, et nous en
connaissons même un, provenant de Kiev
(fig. 92), qui offre une inscription slave [4].

Le tissage se faisait, il y a dix siècles, sur
un métier évidemment plus rudimentaire que
celui que nous trouvons encore aujourd'hui
dans les villages slaves, mais dont pourtant
la structure générale était la même. La terminologie se rapportant au tissage (parties du
métier et du tissu, noms indiquant les procé-

Fig. 91. — Sainte Vierge
au fuseau
de Sainte-Sophie de Kiev.

dés du travail, etc.) est identique chez tous les Slaves et remonte à une
haute antiquité [5]. Elle est slave commune, et les Magyars l'ont adoptée

---

[1] Les ouvriers en poix (sing. *pkelnik* « picarius ») sont mentionnés dans des chartes du
XIe siècle (*Živ. star. Slov.*, III, p. 329).

[2] Pour de plus amples détails, voir *Živ. star. Slov.*, pp. 320, 326.

[3] *Živ. star. Slov.*, III, p. 329.

[4] *Ibidem*, III, p. 337.

[5] J'en ai dressé un tableau spécial dans *Živ. star. Slov.*, III, p. 336. Dans un travail ré-

aussitôt après leur arrivée dans l'Europe centrale [1] ; il n'est pas possible de supposer qu'elle ne se soit développée qu'à une époque postérieure. On ne saurait donc douter dans ces conditions, que, vers la fin de l'époque païenne, comme à l'époque historique, les femmes slaves aient su filer et tisser. Le fuseau (*vrěteno*) est dans la main des femmes le vieux symbole

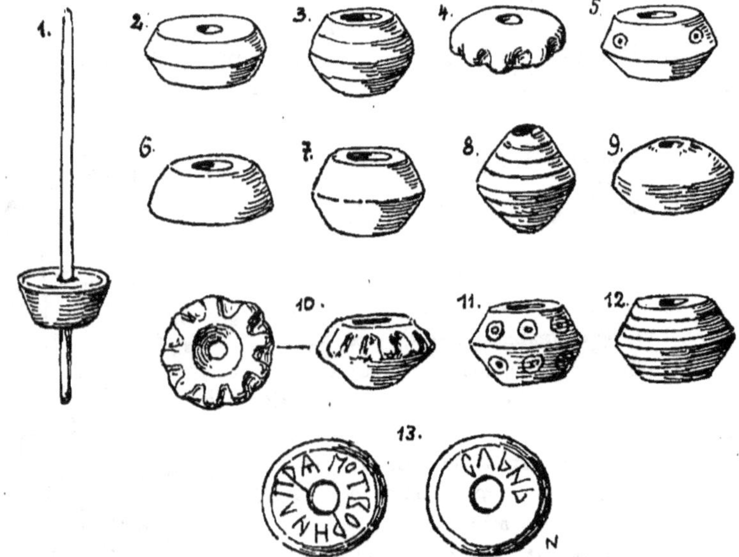

Fig. 92. — Pesons de fuseaux provenant de trouvailles slaves (le n° 13, trouvé à Kiev, est le peson portant une inscription slave).

attesté par les œuvres d'art aussi bien que par l'histoire. Le métier à tisser était selon toute vraisemblance un appareil qui se tenait « debout », comme son nom même l'indique : *stanŭ*, *stavŭ* (du verbe *stati* « se tenir debout »).

cent, M. Gavazzi, du Musée de Zagreb, a complété par de nouveaux détails nos connaissances sur le métier slave ancien, qui, à son avis, était plutôt horizontal (« Praslavenski tkalački stan », *Zbornik za nar. život*, XXVI, 1926).

[1] Voir Miklosich, *Denkschriften* de l'Académie de Vienne, *Phil. hist. Classe*, XXI, p. 15.

CHAPITRE X.

Le commerce.

Nous savons par divers indices qu'il y avait un certain commerce dans les pays slaves dès la fin de l'époque néolithique [1]. Pendant de longs siècles, pourtant, ce commerce fut loin d'être assez intense pour avoir une action efficace sur le développement de la civilisation. Il ne fut véritablement prospère ni à l'âge néolithique, ni à l'âge du bronze, et de fait ne créa rien dans le pays situé au nord des Carpathes. Plus tard même, à partir du VIe siècle, le commerce grec avec les colonies septentrionales du Pont pénétra bien jusqu'à l'intérieur de la Russie méridionale, mais cependant ne dépassa guère les régions-frontières du domaine slave et, là où il les dépassa, ne laissa pas de traces importantes : la civilisation des Slaves, si pauvre alors, n'en fut guère enrichie.

Ce fut le commerce romain qui, le premier, atteignit un haut degré de développement dans les pays slaves et leur apporta quantité d'éléments nouveaux.

A peine les Romains étaient-ils parvenus sur le Danube, et à peine leurs troupes avaient-elles commencé à passer le fleuve, pour effrayer les Barbares qui vivaient sur l'autre rive, que des marchands apparurent derrière les soldats, accourus là pour profiter de la situation : le commerce ainsi amorcé devait se répandre rapidement. Il se répandit plus loin encore par la suite, lorsque l'empereur Trajan, grâce à deux expéditions, se rendit en 105 maître de la Dacie et recula les frontières de l'Empire jusqu'à l'intérieur des terres situées des deux côtés des Carpathes orientaux [2].

Cette conquête eut pour effet de permettre au commerce romain de se développer, durant les IIe et IIIe siècles, de façon extraordinaire et notamment d'atteindre les peuples résidant au nord des Carpathes. Nous voyons en effet à cette époque, dans toute cette région, quantité d'artisans provenant d'ateliers des provinces romaines, en certains endroits même des

[1] C'est ce que prouvent les découvertes, faites dans la Transcarpathie du Nord, d'ambre et d'instruments en pierre spéciaux.

[2] Voir *Živ. star. Slov.*, II, p. 126, et *Manuel de l'antiquité slave*, I, p. 55.

marchandises venues de l'Italie, comme par exemple des vases de Campanie et d'Étrurie. C'est à cette époque aussi que se rapportent de nombreuses trouvailles de monnaies romaines et de trésors particuliers renfermant surtout des monnaies qui vont de Trajan à Septime Sévère [1]. En Russie ces trésors sont même si fréquents que l'historien et archéologue russe Dm. Samokvasov en est venu à supposer qu'il ne s'agirait pas là de vestiges du commerce romain, mais de provisions de monnaies romaines que les Slaves, se repliant de leur ancien habitat du Sud vers le Nord, auraient emportées avec eux [2].

Cependant, tout évident qu'il soit grâce aux découvertes archéologiques, ce commerce n'eut pas sur la civilisation slave l'action que l'on pouvait en attendre. Les Slaves, et avec eux d'autres Barbares, recevaient bien les produits de Rome, mais ils n'arrivaient pas à se les approprier ni à les imiter. Il n'y eut d'exception à cet égard que pour la céramique des provinces romaines favorablement accueillie par les Slaves dès son introduction et bientôt répandue largement sur tout leur domaine, au point de se substituer aux anciens types indigènes et de devenir dominante, dès la fin de l'époque païenne, dans tous les pays slaves [3]. Cette passivité relative vis-à-vis des produits romains s'explique surtout par le fait que les Slaves se trouvaient alors engagés dans leur mouvement de migration vers les habitats nouveaux où nous les trouvons à l'époque historique. Ce mouvement d'expansion les dispersait sur une immense étendue, à l'Ouest jusqu'à l'Elbe, la Saale, le Main supérieur et les Alpes ; au Sud jusqu'à la Mer Adriatique, la Mer Égée et la Mer Noire. Ces conditions, qui durèrent jusqu'au VIIe siècle, n'étaient pas favorables au développement d'une civilisation indigène. Les Slaves n'avaient pas alors le calme nécessaire pour pouvoir recevoir, adapter et imiter ce que le commerce romain leur apporta durant trois siècles.

Après la période d'épanouissement du commerce romain, durant les IIe et IIIe siècles, une stagnation se produisit. Le commerce byzantin devait être de peu d'importance au cours des siècles suivants, et cela pour les mêmes raisons. Le commerce avec le Nord et avec l'Orient ne faisait que commencer.

[1] Le plus récent aperçu général des découvertes faites en Europe centrale a été donné par K. Regling dans le *Zeitsch. für Numismatik*, XXIX, 1911.

[2] Сѣверянская земля, М., 1908, pp. 89 et suiv. ; Ист. русскаго права, Варшава, 1884, p. 140 ; Труды VIII apx. съѣзда, III, p. 40.

[3] C'est la céramique bien connue en forme de vase à rebord orné d'une ligne ondulée : voir plus haut, p. 228, et *Živ. star. Slov.*, III, p. 305.

Ce fut seulement vers le IXe siècle que le commerce prit à nouveau un grand essor, en même temps qu'il exerçait une influence notable sur la civilisation slave. La situation était déjà tout autre qu'à l'époque romaine. Les Slaves étaient fixés dans leurs nouveaux habitats ; ils avaient créé des États dotés de fortes dynasties ; ils avaient ouvert plusieurs grands centres d'échange où résidaient des princes et des nobles qui avaient généralement besoin des articles de luxe produits par une civilisation plus affinée que la leur. Il y avait aussi tout alentour d'autres États qui avaient intérêt, pour leurs finances, à ce que le commerce se développât. En Occident, dans son Empire franc, Charlemagne, par le capitulaire de Thionville de 805, réglementait le commerce avec les Slaves pour toute la ligne des villes de commerce s'étendant depuis l'Elbe inférieur jusqu'au Danube[1]. Au Sud et à l'Est, Constantinople déployait son activité et, dès 912 et 945, concluait avec les princes de Kiev des traités d'une haute importance [2].

Dans le Nord, les Russes scandinaves, dont les expéditions avaient pour but principal le négoce, s'avançaient à partir du VIIIe siècle [3], à travers la Russie, le long de la Volga, du Dniéper et du Don. En Orient, le nouvel et puissant État des Arabes, avec son centre de Damas, et l'Empire perse, sous la dynastie des Samanides, offraient les produits de tout l'Orient en échange de ceux des pays septentrionaux. Ce commerce arabo-perse avec les pays slaves était même si intense, et il a laissé tant de traces que la période où il a été le plus florissant, c'est-à-dire celle des IXe et Xe siècles, a reçu le nom significatif de « période du commerce arabe ».

[1] *Capitularia regum Franc.* (*M. G., Leg.,* section II, tome I, p. 122). C'étaient les villes de Bardowik, Schezla, Magdebourg, Erfurt, Halastat, Forchheim, Pfreimt, Ratisbonne, Lauriacum près de Linz. Voir *Slov. star.,* III, p. 70.

[2] *Chronique,* version Laurentine, aux années 912 et 945.

[3] Voir *Manuel de l'antiquité slave,* I, p. 203. Le point de départ du commerce nordique fut la colonie de Birka, dans l'île de Björkö, puis plus tard Gotland, où l'on a trouvé près de soixante-sept mille pièces de monnaie des Xe et XIe siècles, dont vingt-trois mille pièces coufiques. En Russie même, on a trouvé dans l'enceinte fortifiée de Staraja Ladoga, à l'embouchure du Volchov, une assez grande quantité de pièces de monnaie du VIIIe siècle, mais nous constatons surtout l'influence du commerce nordique aux IXe et Xe siècles dans les cimetières de Gnězdovo, près de Smolensk, et de Michajlovskoe, près de Jaroslav, et aussi à Kiev même. L'extension de l'influence nordique en Russie, telle que nous la révèle l'archéologie, a été brillamment étudiée par T. Arne dans son livre intitulé *La Suède et l'Orient* (Upsala, 1914). Quant au commerce nordique dans toute la mer Baltique, voir les articles d'Alex. Bugge dans le *Vierteljahrschrift für Social-und Wirtschaftgesch.,* IV, 1906, p. 227, et dans le *Reallexikon der germ. Altertumskunde,* II, 1913, pp. 420 et suiv.

Et, de même qu'à l'époque romaine, ce commerce arabe est attesté non seulement par l'histoire mais encore, dans le domaine de l'archéologie, par de nombreuses découvertes de monnaies orientales *(dirhem)* et de bijoux en argent ornés de filigrane granulé et à jour. Ces découvertes sont dispersées dans la partie nord du domaine slave, suivant la direction des voies commerciales ; les Balkans et la plaine du Danube participaient, par contre, au commerce byzantin. On a trouvé, en allant de l'Oder vers l'Est, dans le pays polabe, en Pologne et en Russie, surtout dans la Russie du Nord, plusieurs trésors, et parfois très considérables, qui contenaient de l'argent arabe[1]. C'est la Volga moyenne et supérieure que suivaient les marchands orientaux pour passer ensuite, tantôt à travers le Ladoga et le golfe de Finlande en Scandinavie, tantôt par la Dvina en Livonie et en Lituanie, puis, par le Haut Dniéper, chez les Slaves de l'Est. La Russie du Sud n'offre pas de ces trésors arabes : le commerce arabe ne suivait pas la route du Bas Dniéper ni du Don, en raison du danger que faisait courir aux caravanes la présence des Pétchénègues [2].

Il en fut ainsi jusqu'au début du XIe siècle, puis, vers cette époque, le commerce arabo-perse commença à décliner. Nous le constatons par les trouvailles, où les monnaies orientales cèdent la place à des monnaies de l'Europe occidentale, surtout allemandes et anglo-saxonnes, et aussi, cela va de soi, à des monnaies indigènes. Les trésors dont la Russie s'enorgueillit ne sont plus dès lors d'origine orientale, mais d'origine byzantine [3].

---

[1] C'est ainsi qu'on a trouvé à l'embouchure du Volchov un trésor de 115 kilogr. ; et à Velikie Luki (gouv. de Pskov) un autre trésor de 100 kilogr. Dans le trésor de la ville de Murom il y avait plus de 11.000 pièces de monnaie. Voir Arne, *La Suède et l'Orient*, pp. 76, 79, 81.

[2] De la riche bibliographie relative à ces découvertes je ne citerai que les travaux les plus récents et les plus importants : pour la Russie, A. Markov, Топографія кладовъ вост. монетъ, Спб., 1910 ; T. Arne, *La Suède et l'Orient*, Upsala, 1914, pp. 63-85 ; pour la Pologne, A. Szelągowski, *Najstarsze drogi z Polski na wschód*, Kraków, 1909 ; pour les pays des autres Slaves occidentaux, à défaut de travail d'ensemble qui soit récent, Jacob, *Handelsartikel*, p. 29. Pour la Russie il faut encore citer, comme gardant certaine importance, l'introduction à l'œuvre déjà ancienne de Saveljev, Мухамстанская нумизматика, Спб., 1876. On trouvera une bibliographie plus détaillée dans *Živ. star. Slov.*, III, p. 371.

[3] Voir là-dessus surtout les travaux N. P. Kondakov, Русскіе клады, Спб., 1896, tome I; et Русскія древности, V, pp. 101 et suiv.

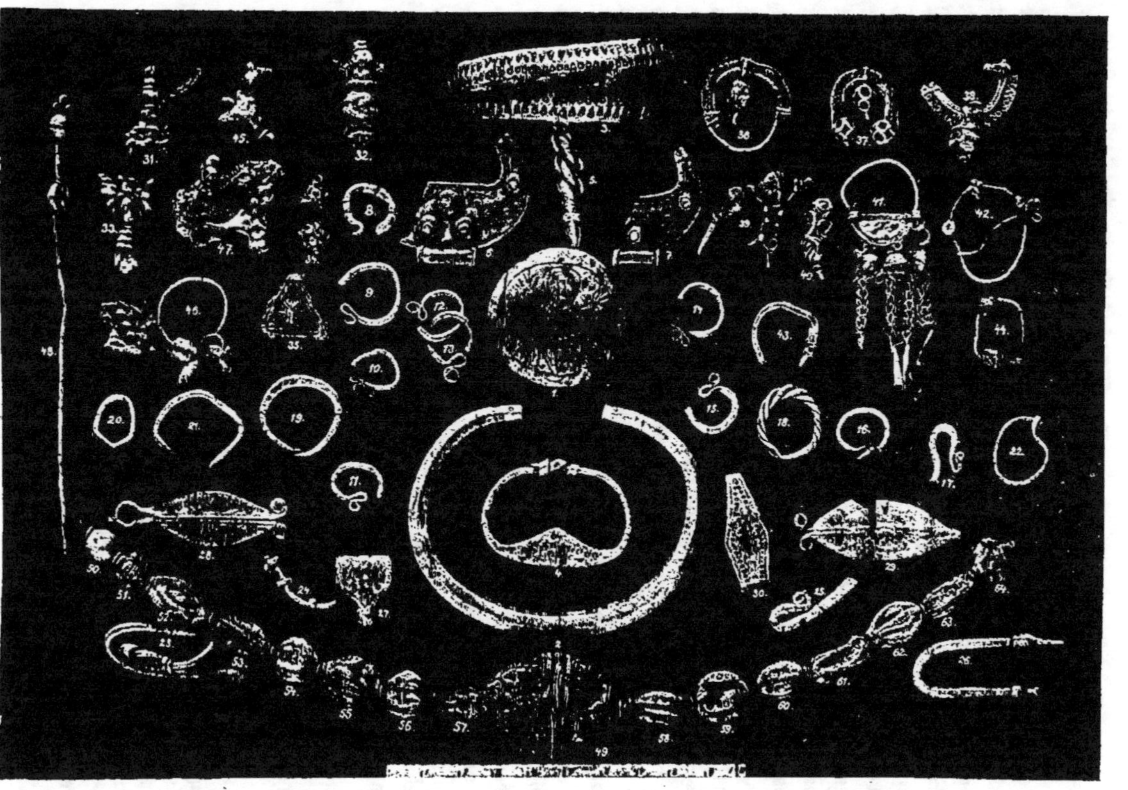

Fig. 93. — Bijoux d'argent provenant du trésor trouvé près de Francfort-sur-l'Oder (Leissower Mühle), d'après E. Friedel.

Articles d'importation et d'exportation.

Les commerçants arrivaient du Sud, à l'époque grecque comme à l'époque romaine, munis d'argent, mais le commerce avec les Slaves ne s'en faisait pas moins surtout par échange, par troc, marchandise contre marchandise [1]. Les Slaves achetaient peu de matières premières aux étrangers, sauf tel morceau de métal précieux, ou quelque épice, ou quelques fruits ; mais, par contre, ils acceptaient d'autant plus volontiers tous articles manufacturés, les bijoux d'or, d'argent et de verre, les tissus fins. Ils ne donnaient eux-mêmes en retour que ce que la terre leur apportait, car ils n'avaient pas de produits industriels originaux à proposer ; ils cédaient en outre des esclaves, et l'on trouvait de ceux-ci par tout le monde connu. Les principaux articles importés et exportés, autant que l'histoire et l'archéologie nous permettent d'en avoir un aperçu, étaient les suivants.

En fait d'armurerie, on importait surtout du royaume franc des épées et des cuirasses, ainsi qu'en témoignent et les écrivains arabes [2] et le capitulaire de Charlemagne de 805 portant interdiction de vendre aux Slaves « arma et brunias » [3]. Les fouilles nous apprennent d'autre part que les Slaves de Russie recevaient aussi beaucoup d'épées des pays nordiques et que ceux de la Russie méridionale au moins possédaient de plus des armes d'origine orientale, soit qu'ils les eussent conquises dans des combats, soit qu'ils les eussent achetées à des marchands : ce sont surtout des sabres recourbés et des heaumes pointus, comme nous le verrons en détail dans le chapitre suivant. On importait également à travers la Russie des harpons provenant de l'Azerbeïdjan.

Ce sont les ateliers de Byzance et de l'Orient qui fournissaient les étoffes précieuses et les vêtements tout faits. On en a trouvé une assez grande

---

[1] Le terme panslave actuel correspondant au vieux-slave *sŭbožĭje* « marchandise » avait originellement une autre signification : il indiquait le bien-être, la richesse, surtout l'abondance en céréales. C'est aussi à date tardive que le mot oriental *tovarŭ* a pris le sens de « marchandise » ; sa signification première était : « chargement d'une bête de somme ou d'un chariot ».

[2] Harkavi, Сказанія, p. 93 ; Jacob, *Handelsartikel*, pp. 65, 76 ; Westberg, Извѣстія de l'Académie de Saint-Pétersbourg, Ve série, XI, 4, p. 286. Certains textes mentionnent aussi l'exportation d'épées de Kiev et d'Urtáb (Harkavi, *op. cit.*, p. 49 ; Marquart, *Streifzüge*, p. 350 ; le Géographe persan, éd. Tumanskij, p. 136) et des épées de Salman en Khorasan (Harkavi, p. 268). Mukaddêsî signale l'exportation d'épées et de cuirasses de Bulgarie dans le Turkestan (Harkavi, p. 282).

[3] Voir ci-dessus, p. 235.

quantité dans diverses fouilles faites en Russie [1]. Le commerce en est, en outre, attesté par Ibrâhîm ibn Ja'kûb, Ibn Fadlân et par la *Chronique* de Kiev (à l'année 969) [2]. Suivant Istakhrî, le principal marché d'exportation en était Trébizonde, mais il y avait assurément d'autres centres. Les Croates et les Slovènes, de leur côté, achetaient des tissus aux ateliers de l'Italie du Nord.

Nous sommes renseignés sur l'importation des épices, des parfums et des huiles, de manière directe, par Ibn Khordâdbeh et par une charte de Vsevolod de l'année 1137 [3], et, de manière indirecte, par Theophanes et par Priskos. La principale source d'exportation en était l'Inde. L'origine grecque de l'huile nous est attestée par le mot d'emprunt slave-commun *olej*, vieux-slave *olěj*, qui n'est autre que le grec ἔλαιον.

Le gros de l'importation était constitué par les bijoux de métal et de verre. Les ateliers byzantins en fournissaient beaucoup en or et en argent, mais la plupart de ceux qui étaient en argent, et notamment les boucles d'oreilles en filigrane granulé, les anneaux à suspension et les pendeloques, étaient fournis, aux IXe et Xe siècles, par l'Orient, principalement par Samarkand, par Boukhara et par la Perse, comme le montrent les innombrables trésors accompagnés de dirhems arabes et persans dont il a été question précédemment [4]. Une quantité de vaisseaux d'argent venant de l'Iran étaient rassemblés par les marchands sur la Kama et la Vjatka et de là se répandait à travers l'Europe orientale [5]. L'Orient fournissait aussi des coquillages de mer de l'espèce de ceux de Chypre *(kauri)* et de la verroterie, surtout de Syrie, sous forme soit de perles pour colliers (vieux-slave *biserŭ*, de l'arabe *busra*), soit de pendentifs, parmi lesquels le pendentif en forme de croissant était typique, soit enfin de petits vases et de bracelets. A la fin du XIe siècle, on fabriquait à Kiev des imitations de ces objets de verre, comme le prouve l'atelier découvert par V. Chvojka sous les ruines du vieux palais princier.

[1] Voir plus haut, p. 63, et *Živ. star. Slov.*, I, pp. 411-416. Sur la vente des costumes aux Bulgares à Constantinople, voir plus loin, p. 251 : c'était là un monopole d'État.

[2] Ibrâhîm, éd. Westberg, p. 53 ; Fadlân, dans Harkavi, Сказанія, pp. 87-97 ; *Chronique*, version Laurentine, 66. Le mot *mithkâl*, dans Ibrâhîm, signifie « étoffe précieuse » et « pièce d'or » (arabe *miskâl*).

[3] Voir Westberg, *Beiträge*, p. 286 (Извѣстія de l'Académie de Saint-Pétersbourg, 1899, III, p. 331) ; Theophanes, éd. Boor, p. 278 ; Priskos,8.

[4] Voir plus haut, p. 236, et fig. 81, 82, 93.

[5] Voir la synthèse de ces objets dans le grand ouvrage de J. Smirnov, Восточное серебро, СПб., 1909.

L'importation du vin et des fruits, attestée déjà par Démosthène et par Strabon, l'est à nouveau par la *Chronique* de Kiev, à l'année 969 [1].

Quelques animaux venaient également de l'Orient : l'âne et le chameau, les faucons de chasse et les éperviers, qui arrivaient du Turkestan [2]. Les bêtes à cornes étaient fournies par les Pétchénègues du Donec et du Don [3].

Au premier rang des articles d'exportation figurent les fourrures et le miel. Les fourrures exportées étaient celles du castor, de l'hermine, de l'écureuil, de la martre, de la zibeline, du renard, de la loutre et de l'ours. Aussi bien est-ce par la voie de l'exportation que les noms mêmes de la martre et de l'écureuil avaient passé du slave au latin et au grec dès avant l'ère chrétienne : *viverra*, χαυνάχη. Ce commerce est attesté par toute une série de témoignages orientaux des x⁰ et xi⁰ siècles. Mas'ûdî regarde comme la plus précieuse des fourrures celle du renard noir de l'au-delà de la Volga, mais celles de l'hermine et du castor étaient aussi très appréciées [4]. Nous avons déjà eu l'occasion de voir que les pays slaves abondaient en abeilles [5], et que le miel était non seulement un aliment et une boisson en grand honneur, mais aussi comme la monnaie principale qui servait à payer le tribut aux princes indigènes et étrangers [6], et qu'enfin la cire s'exportait au loin. Dans l'antiquité déjà, c'est du pays des Alazones, sur le haut Dniester, que les Grecs relevaient leur meilleur miel. Plusieurs chroniqueurs arabes, d'accord avec la *Chronique* de Kiev et le *Livre du préfet* byzantin [7], témoignent de la survivance de ce commerce au x⁰ siècle. L'exportation de la cire sur le Danube est en outre attestée par une charte de Louis IV, de 903-906 [8].

Les céréales des Slaves, leurs poissons séchés, fumés et salés étaient, dans le Sud, des marchandises recherchées. Si la récolte avait été mauvaise chez les Slaves de Russie, les Bulgares, sur la moyenne Volga, fournissaient

---

[1] Strabon, XI, 2, 3 ; Démosthène, Μαρτυρίαι, 35 ; *Chronique*, version Laurentine, 66.

[2] Voir plus haut, p. 205.

[3] Constantin, *De adm. imp.*, 2.

[4] Harkavi, Скаѕанія, pp. 49, 219, 221, 251, 263, 264, 276 ; Kardîzî, éd. Bartold, p. 124. Voir surtout Jacob, *Handelsartikel*, pp. 25-23, 40-46, et *Waare*, p. 7.

[5] Hérodote, V, 10.

[6] Voir plus haut, p. 203.

[7] Jacob, *Waare*, p. 10 ; *Handelsartikel*, p. 58 ; *Chronique*, version Laurentine, à l'année 969. Quant au *Livre du préfet* byzantin du x⁰ siècle, voir l'article de J. Sakazov (pp. 198-200) cité plus loin, p. 251.

[8] Friedrich, *Codex dipl. Boh.*, I, p. 35.

le blé qui manquait [1]. Le commerce du poisson des rivières russes remontait à une très haute antiquité. Des confins de la mer Baltique aussi on exportait des harengs dès l'époque païenne [2].

L'exportation des métaux semble avoit été insignifiante, car les Slaves n'exploitaient pas leurs mines sur une grande échelle avant le XIe siècle [3]. Par contre, le vieil ambre baltique était resté un article d'exportation recherché, bien qu'à l'époque du commerce slave sa vieille renommée eût déjà passé [4]. On a découvert parfois de l'ambre dans les tombes slaves, mêlé à des colliers. Il est évident que le commerce dont il faisait l'objet passait toujours, en se dirigeant vers l'Orient, à travers le domaine slave. Il faut cependant rappeler que l'on a trouvé de l'ambre à l'intérieur même de ce domaine, sur la Narew et le Dniéper, près de Kiev et de Borislav : on ne sait si ces gisements peuvent être identifiés avec ceux que connaissait déjà Pline en Scythie [5].

Le sel était un article important, tantôt d'exportation, tantôt d'importation, suivant les divers pays slaves. Certaines régions en étaient dépourvues ; d'autres en possédaient en abondance : les premières devaient importer le minerai qui leur faisait défaut ; les secondes en faisaient naturellement le commerce et l'exportation.

Les Indo-européens connaissaient déjà le sel pour lequel ils avaient un terme commun [6]. Il n'est donc pas douteux que les Slaves le connaissaient aussi et s'en servaient dès l'époque préhistorique. Nous ne savons d'ailleurs, faute de disposer d'aucun témoignage sur ce point, comment ils se le procuraient : peut-être, comme d'autres peuples du Nord, versaient-ils de l'eau salée sur du bois brûlant, pour recueillir ensuite le sel mêlé à la cendre [7]. Les premières mentions que l'on ait sur l'utilisation par les Slaves du sel

---

[1] Hérodote, IV, 53 ; *Anon. periplus*, 88 ; Démosthène, *Discours contre Lacrite*, 31 ; Athenaios, Δειπνοσοφίσται, VI, 109 ; VII, 21 ; et enfin *Chronique* de Kiev, à l'année 1024.

[2] Saxo, éd. Holder, 869, 870 ; Helmold, II, 12 ; Arnold, III, 5 ; Herbord, II, 41. Voir *Živ. star. Slov.*, III, p. 185.

[3] C'est seulement de Bohême qu'on exportait déjà l'étain et l'argent (Ibrâhîm, éd Westberg, 20, 53 ; *Chronique* de Kiev, à l'année 969) et de Raguse en Italie l'argent et le plomb de Bosnie et d'Herzégovine (Jireček, *Handelstrassen*, pp. 47, 58, 69).

[4] Sur l'état présent des études concernant l'ambre antique, voir l'article de Wl. Antoniewicz dans la revue polonaise *Wiadomości archeologiczne*, VI, 1921, p. 199.

[5] Pline, XXXVII, 33, 40.

[6] Comparer grec ἅλς, lat. *sal*, got. *salt*, ir. *salann*, sl. *solĭ*, vieux prussien *sal*, lett. *sâls* arm. *al*.

[7] Pline, XXXI, 82 ; Varro, *De re rustica*, I, 7, 8.

comme assaisonnement et comme objet de commerce sont seulement du IXe siècle après J.-C. Les procédés d'extraction, à cette époque, étaient déjà multiples et variaient suivant la matière première dont on disposait dans chaque région. Ainsi, sur l'Adriatique, la mer Égée et la mer Noire, on avait adopté le système des anciennes salines, où l'eau s'évaporait au soleil. Ailleurs, et cela dans tout le domaine slave, on faisait évaporer dans de

Fig. 94. — Saunière ancienne à Tuzla en Bosnie.

grandes écuelles de fer l'eau de sources salées ou provenant de stratifications salines ; l'écuelle était appelée *sartago* en latin et *črěnŭ*, *čerenŭ* en slave. C'est de cette manière que l'on obtient encore le sel, par exemple, en Bosnie et en Galicie où l'on tire la matière saline d'une fosse dite *baña* et auparavant aussi *župa*[1]. On retirait de l'écuelle des morceaux de sel de la forme d'une miche de pain, que l'on divisait ensuite en morceaux plus petits dont quelques vieux noms ont été conservés : голважня, *krusz*, *gruda*. Ce procédé est attesté chez les Slaves par Kazwînî et par une série de chartes des XIe, XIIe et XIIIe siècles[2].

---

[1] Voir les détails dans le livre cité plus loin de Ciszewski, pp. 16 et suiv.
[2] Kazwînî, dans Charmoy, *Relation* de Mas'ûdî, *Mémoires de l'Académie de Saint-*

Les principales régions salifères étaient la côte baltique (avec Kolberg), puis la Galicie et la Hongrie du Nord qui approvisionnaient non seulement la Pologne, mais encore la Bohême et la Moravie [1] et même toute la Russie kiévienne, où le commerce de la mer Noire, auparavant si intense, avait cessé probablement en raison des dangers auxquels les convois étaient exposés à travers les steppes que dominaient au IXe siècle les Magyars et, durant le Xe siècle et les siècles suivants, les Pétchénègues, les Polovtses et les Tatars [2].

Les esclaves.

La traite des esclaves occupe une place à part dans le commerce slave. Les différentes tribus se vendaient les unes aux autres tant des esclaves de leur propre tribu que des esclaves étrangers, et, d'autre part, les marchands étrangers achetaient et vendaient des esclaves slaves sur les marchés indigènes et étrangers.

Les Slaves, dans leurs groupes communautaires, n'avaient pas, à l'origine, de membres privés de liberté. Il s'était bien formé, dans l'ancienne *zadruga*, une classe de gens plus opulents, mais tous participaient aux mêmes droits, et tous étaient libres [3]. Il n'y eut d'esclaves indigènes qu'après le déclin du régime de la *zadruga*. Mais il y avait des esclaves d'origine étrangère dès l'époque la plus reculée. Ces esclaves provenaient surtout des restes des populations autochtones que les Slaves avaient rencontrées lors de leur expansion, et qu'ils avaient soumises, et aussi des ennemis faits prisonniers à la guerre, Romains, Germains, Pétchénègues ; ils comprenaient aussi des prisonniers slaves des différents peuples slaves, en lutte perpétuelle les uns avec les autres [4], et enfin des esclaves employés surtout aux travaux des

---

Pétersbourg, 1834 : Ibrâhîm ibn Ja'kûb (éd. Werstberg, p. 54) parle seulement d'une « saunerie de Juifs » sur la Saale. On trouvera les textes des chartes au chapitre X de mon ouvrage *Živ. star. Slov.*, III, pp. 392 et suiv.

[1] Voir *Ann. Fuld.*, à l'année 892 (éd. Kurze, p. 121) et une charte de Louis IV de 903-906 (Friedrich, *Cod. Boh.*, I, p. 35). Le sel arrivait aussi en Bohême par l'Elbe (voir une charte de Spytihněv II de l'année 1057 dans Friedrich, *Codex*, I, p. 55). Pour les salines du nord de la Hongrie, voir la nouvelle étude de V. Chaloupecký, *Dvě studie k dějinám Podkarpatska* (Bratislava, 1925).

[2] Sur l'extension du commerce du sel il existe une littérature importante dont il suffira d'indiquer ici, outre l'ouvrage de W. Hehn, *Das Salz* (Berlin, 2e éd., 1901), le travail le plus important pour les Slaves, celui de Stan. Ciszewski, *Studja etnologiczne, I, Sól* (Warszawa, 1922).

[3] Voir plus haut, p. 170.

[4] Voir, par exemple : sur les combats avec les Romains, Prokopios (*B. G.*, III, 14, 29,

champs et au service de la maison, qui avaient été simplement achetés à des marchands étrangers, en particulier à des Juifs. Les témoignages ne manquent pas sur le trafic des esclaves sur les marchés de Prague, de Kertch, de Cherson, de Kiev ; ils sont nombreux surtout chez les chroniqueurs orientaux [1], ce qui nous indique que la traite des esclaves slaves se faisait surtout dans la direction de l'Orient et de l'Europe méridionale. Il est fait mention d'esclaves slaves depuis l'Espagne, où la Vie de l'Abbé Jean relate l'existence de *Sclavi cubicularii* [2], jusqu'en Égypte et à Bagdad où il y en avait en assez grand nombre, qui servaient d'interprètes, et jusqu'à Itil et en Bulgarie où il n'y en avait pas moins. Partout où ces esclaves arrivaient chez les Mahométans, ils étaient châtrés et employés comme eunuques. Toute cette traite des esclaves slaves, avec la castration qu'elle comportait fréquemment, était entre les mains des Juifs, comme nous le voyons par les documents où il en est question. Le *Judeus mercator* de la légende de saint Adalbert était un personnage typique des marchés slaves.

On comprend comment, en raison de cette diffusion des esclaves slaves à travers le monde, le nom même de « Slave » devait devenir synonyme d'esclave : all. *sklave*, angl. *slave*, holl. *slaef*, fr. *esclave*, espag. *sclavo*, port. *escravo*, ital. *schiavo*. Ce n'est donc pas la dénomination ethnique qui serait venue, comme jadis on l'a cru parfois, d'un mot signifiant l'esclavage. C'est, au contraire, la dénomination ethnique qui a fourni ce mot, comme dans l'ancienne Attique, les noms originairement ethniques de Δᾶος et de Γέτης

IV, 25), Maurikios (*Strat.*, XI, 5), Léon (*Tact.*, XVIII, 104), Ménandre (63) ; — sur les luttes des Slaves baltiques, Helmold (I, 34, 63, II, 5, 13), Herbord (II, 2, 4, III, 2, 5) ; — sur les Polonais, Gallus (III, 24) ; — sur les Tchèques, *Ann. Fuld.*, à l'année 869 (*Mon. Germ.*, I, 380), une charte de l'année 800 (Erben, *Regesta*, I, 6) et Kosmas (I, 40, II, 7) ; — sur les Russes, la *Chronique* de Kiev aux années 912 et 945. Il faut encore ajouter à tout cela Kardîzî, éd. Bartold, pp. 120, 123.

[1] Pour la Russie, entre autres documents, voir la *Chronique* de Kiev à l'année 969, Constantin Porphyrogénète (*De adm. imp.*, 9) ; — pour la Bohême, la *Vie* de saint Adalbert de Canaparius (chap. XII), la légende slave de saint Venceslas (éd. Pastrnek, 60), les *Vies* des saints Cyrille et Méthode (*Fontes rer. boh.*, I, pp. 31, 52, 90), Kosmas (III, 57) et une charte de Louis IV de 903 (Friedrich, *Codex*, I, pp. 35-36) ; — pour les Slaves du Sud la vie de saint Naum (éd. Lavrov, 4, 42) et les chartes croates (Rački, *Documenta*, VII, pp. 104, 127, 134) ; — pour les Polonais et les Polabes, Gallus (I, 19, II, 1, 35), Helmold (II, 5) et Thietmar (VI, 54, 36) et la *Vie* de saint Anskarius (XV), etc. Quant aux relations orientales, voir Jacob, *Handelsartikel* (pp. 4, 6-13, 46), Harkavi, Сказанія (pp. 48, 52, 126, 222, 234, 282), Marquart, *Streifzüge* (p. 467), Westberg, *Ibrâhîm* (p. 20). En Russie, au XIe siècle, les parents vendaient parfois leurs propres enfants en raison de leur misère (Charmoy, *Relation*, p. 342 ; voir Golubinskij, Исторія русской церкви, I, 2, p. 545, 2e éd.).

[2] *M. G., Scriptores*, IV, p. 371.

étaient devenus des substantifs communs désignant les esclaves en général.

Les termes indigènes désignant les esclaves étaient généralement : *rabŭ* ou *robŭ*, fém. *raba* (de *robiti, rabiti* « travailler »), ou encore *otrokŭ, otrokovica*, originellement « celui qui ne sait pas parler », par conséquent « l'enfant », et « l'ouvrier étranger »[1]. Ces mots sont anciens et attestés par les textes des Xe et XIe siècles[2]. Le mot indigène signifiant « eunuque » était probablement *cholstŭ*[3].

Les routes commerciales et les marchés.

Le commerce s'exerçait librement. Les marchands allaient de l'avant, là où ils pensaient trouver un passage facile ou bien connaissaient un chemin battu ; ils se frayaient au besoin leur route à travers les broussailles, cherchaient des gués et lançaient des ponts par dessus les torrents. Ils se protégeaient contre les agressions en voyageant ensemble et bien armés.

C'est ainsi qu'avaient été créées et que s'étaient fixées les routes familières aux marchands. Elles suivaient, en général, les grands cours d'eau. La défiance et l'hostilité, qui régnaient à l'origine dans les premiers rapports entre l'indigène et la caravane étrangère, avaient fait place avec le temps à d'autres sentiments. Les marchands, pour pouvoir traverser en sécurité les différents pays, entraient en pourparlers avec les indigènes : ils faisaient aux chefs des cadeaux prélevés sur leurs marchandises, moyennant quoi on les laissait passer. Et c'est ainsi qu'avait fini par s'établir une situation juridique nouvelle : les marchands payaient en cadeaux bénévoles, ou bien en taxes fixées à l'avance et obligatoires, la sécurité qui leur était assurée sur des routes déterminées. La charte précitée de Louis IV (de 903-906) donne à ces routes le nom de *strata legitima*[4]. C'est sur leur parcours que se trouvaient des marchés et des dépôts de marchandises, où l'on acquittait des droits de péage connus sous le nom de *myto*[5].

---

[1] Voir plus haut le chapitre sur le droit, pp. 170, 176.

[2] Le mot *sluga* est également ancien ; mais il est emprunté au celtique.

[3] Voir plus haut, p. 23.

[4] Friedrich, *Codex dipl. Boh.*, I, p. 35.

[5] Le mot vieux slave *trŭgŭ* « marché » est slave commun et ancien ; l'étymologie en est obscure. Le mot *myto* est également ancien et passe pour un emprunt au germanique (plus probablement au gothique *mōta*, slave commun **muto, myto*). On trouvera des détails sur les péages russes dans Aristov (Промышленность, pp. 221 et suiv.). L'emploi de plombs et de cachets apposés sur les marchandises se constate déjà au début du VIIIe siècle dans le commerce bulgaro-byzantin (Theophanes, 497). L'ancienneté des trouvailles de plombs

Il y avait aussi là des auberges où les marchands, qu'on appelait *gosti*
(sing. *gosti*), pouvaient prendre du repos[1]. Ces centres commerciaux
avaient, par ailleurs, une grande importance dans la vie de la population
indigène : ils servaient de centres à toute la vie de la tribu. C'est là qu'habi-
tait le prince, que se réunissait le peuple pour le culte des dieux et les fêtes,
qu'avaient lieu les assemblées et qu'arrivèrent aussi plus tard les missionnaires chrétiens pour annoncer la foi nouvelle et baptiser les païens.

C'est parce que les routes du commerce s'étaient établies ainsi qu'elles
sont généralement restées les mêmes depuis l'antiquité jusqu'au début de
la période historique. On suivait toujours les chemins connus et sur-
veillés, de telle sorte que ceux qu'avaient pratiqués les voyageurs antiques
continuaient à servir d'artères principales de la circulation au IXe et au
Xe siècles de notre ère. Ce furent toujours les mêmes voies qui, du Sud,
amenèrent les marchands jusqu'au Danube, leur première étape, puis du
Danube aux principaux autres cours d'eau coulant vers la mer Baltique,
à savoir, pour les pays slaves, à l'Oder et à la Vistule. Ce furent toujours les
mêmes voies qui les conduisirent de la mer Noire, par le Bug, le Dniester
et le Dniéper, au Pripet, à la Bérézina, au Niémen. Il y a là un système constant d'itinéraires que J. N. Sadowski avait bien discerné, malgré la pauvreté
des matériaux dont il disposait[2] ; aussi bien, aujourd'hui encore, sommes-
nous réduits à des conjectures.

Lorsque le domaine slave s'étendait à l'Ouest jusqu'à l'Elbe, à la Saale
et au Main, il offrait déjà plusieurs routes venant de l'Allemagne occidentale. Nous les entrevoyons grâce aux centres commerciaux que Charlemagne
établit en 805 sur la frontière germano-slave, pour servir de marchés aux
deux peuples[3]. Les principales de ces routes étaient les suivantes : l'une

faites près de Drogičin et de Borki et en d'autres endroits est cependant douteuse. D'après
le témoignage de la *Chronique* de Kiev, à l'année 945 (version Laurentine, 47), les marchands russes se servaient de sceaux en argent.

[1] Le terme panslave *gosti* au sens de « marchand étranger » est très ancien et s'identifie
avec le latin *hostis* (originellement employé avec le sens de « peregrinus »), goth. *gasts*,
vieil all. *gast* et peut-être avec le grec ξένος (Berneker, *Etym. Wörterbuch*, I, p. 337). Dans
les textes *gosti* et ses dérivés *gostiba* « commerce », *gostininica*, *pogostŭ*, *gostinnoj dvorŭ*
« auberge » apparaissent dès le Xe siècle. Outre le mot *gosti*, les Slaves avaient encore celui
de *kupici* de *kupiti*, mais ils l'avaient emprunté aux Germains, plus probablement aux
Gots (cf. got. *kaupon*, all. *kaufen*), qui l'avaient emprunté eux-mêmes au latin *caupo* «
aubergiste » (Berneker, *op. cit.*, I, p. 647).

[2] J. N. Sadowski, *Drogi handlowe greckie i rzymskie*, Kraków, 1877, et, en allemand,
Die Handelsstrassen der Griechen und Römer, Jena, 1877.

[3] Voir plus haut, p. 235. Ces marchés se trouvaient dans les villes de Bardowik, Schezla,
Magdebourg, Erfurt, Halastat, Forchheim, Pfreimt, Ratisbonne et Lorch, près de Linz.

conduisait par Magdebourg chez les Sorabes et les Luticiens ; une autre, par Erfurt, conduisait chez les mêmes peuples et, en outre, chez les Tchèques, à Prague ; une troisième route, très importante, allait de Ratisbonne, en suivant le Danube, jusqu'en Hongrie, jusqu'à l'embouchure de la Save. Toutes ces routes, en pays slave, bifurquaient dans des directions différentes que je ne puis suivre ici [1], mais par où l'on aboutissait toujours à des points de concentration du commerce ; ainsi, au Nord, les grandes villes maritimes des Obodrites, des Luticiens et des Poméraniens dont certaines, comme Lübeck *(Lubica)* ou Volin, étaient remplies de marchands étrangers, — et, à l'Ouest, Prague et Cracovie, où de grands marchés nous sont attestés par les relations arabes du Xe siècle [2]. De la vallée du Danube, qui semble avoir été la route du commerce la plus importante, les vieilles voies romaines bifurquaient au Sud vers les Alpes et la Save, et au Nord, à travers quelques passages des Carpathes, ceux surtout de Dukla, d'Užok, de Verecky et de Jablanica [3], vers la Pologne et la Galicie russe. Là, elles rejoignaient, près du San et de la Vistule, d'une part, les routes du Nord et de l'Occident et, d'autre part, celle de la Mer Noire par la vallée du Dniester. C'était principalement le commerce du sel qui maintenait les routes commerciales en usage permanent, car toute la Russie kiévienne s'approvisionnait en sel aux dépôts de Peremyšl [4].

La liaison entre les Slaves de Poméranie et de Pologne et ceux de Russie était assurée de plusieurs manières : le plus communément on allait, à tra-

---

[1] C'est Szelągowski qui a donné le plus vaste aperçu de ces routes dans son ouvrage : *Najstarsze drogi z Polski na wschód w okresie bizant. arabskim*, Kraków, 1909 ; voir aussi St. Lewicki : *Drogi handlowe w Polsce w wiekach srednich*, Kraków, 1906. Pour la Bohême, voir Novotný, *České dějiny*, I, p. 547.

[2] Sur Lübeck, voir Helmold, I, 48, 71, 76 ; sur Volin, Adam, II, 19 ; sur Prague, Ibrâhîm ibn Ja'kûb, éd. Westberg, p. 53 ; sur Cracovie Rosteh et Kardîzî (Marquart, *Streifzüge*, p. 468). Ibrâhîm écrit de Prague : « La ville de Frâga est bâtie en pierre et en chaux, et c'est une des villes les plus riches par son commerce. Les Russes et les Slaves y viennent de Cracovie avec des marchandises, et du pays des Turcs les Musulmans et les Juifs, et également les Turcs viennent aussi avec des marchandises et des *mithkâls* byzantins, et ils exportent de la farine, de l'étain et différentes fourrures. Leur pays est le meilleur des pays du Nord et le plus riche en moyens d'existence. On achète chez eux tant de farine pour un *knšer* que cela suffit à un homme pour un mois, et on achète avec un *knšâr* quarante jours d'avoine pour un cheval. On vend aussi dix poulets pour un *knšâr*. En outre, on fabrique dans la ville de Prague des selles, des brides et des boucliers dont on se sert dans ces pays ».

[3] Ces passages étaient déjà fréquentés à l'époque préhistorique, comme en témoignent les découvertes faites en ces endroits. La vallée de l'Hernad s'appelait encore au XIIIe siècle la « porte de la Russie ».

[4] Voir plus haut, p. 243.

vers la Mazovie, vers Lublin, Chełm et Vladimir de Volhynie, puis, par le
Haut Pripet, vers Brest d'où un *volok* conduisait aux sources de la Pina.
C'est par là que les troupes passaient sur des barques [1]. Cette liaison
était pourtant assez faible, comme le note, au XIe siècle, le chroniqueur polonais Gallus : « Regio Polonorum ab itineribus est remota et nisi transeuntibus in Russiam pro mercimonio paucis nota » [2].

Nous sommes mieux renseignés sur les principales routes de l'Europe
orientale dans l'antiquité, celles-là mêmes que suivaient encore les Slaves
au IXe siècle et au Xe. Deux grandes voies commerciales sont à distinguer,
qui dépassaient de beaucoup les autres en importance : celle de la Volga et
celle du Dniéper. Toutes deux avaient un rôle européen. La première reliait
l'Orient avec les marchés scandinaves de Birka et de Gotland et l'Europe
occidentale ; la seconde mettait en communication l'Europe septentrionale
avec Constantinople et l'Asie Mineure. La première route était plus
ancienne : les trouvailles archéologiques témoignent que le transport des
marchandises d'Orient avait lieu par la Volga dès le IIe siècle après J.-C.,
la pratique de cet itinéraire étant d'ailleurs certainement plus ancienne encore.
La deuxième route était en partie connue aussi dès la moitié du premier
millénaire de l'ère chrétienne, mais ce n'est qu'au IXe siècle qu'elle fut cou-
ramment utilisée et concourut à l'épanouissement du commerce.

Les deux routes avaient leur point de départ soit à l'embouchure de la
Néva, dans la mer de Finlande, soit mieux encore sur la rive méridionale
du lac Ladoga (le vieux *Nevo*), où, dès le VIIIe siècle, les Scandinaves avaient
une base commerciale fortifiée qui est aujourd'hui *Staraja Ladoga* (l'*Alda-
gen* des vieilles sagas scandinaves). De là les marchands gagnaient en bateau
Novgorod (en nordique *Holmgard*), par la Lovat', puis atteignaient, par
des *voloky*, les affluents supérieurs de la Volga et la Volga elle-même qu'ils
suivaient jusqu'à la mer Caspienne [3].

La *Chronique* de Kiev appelle cette route « путь въ Болгары и въ
Хвалисы » [4]. Les principaux marchés situés sur cette route étaient ceux
de Bulgâr, près de la Kazan' actuelle, d'Itil, chez les Khazars, près d'As-
trakhan, et d'Abeskun, sur la mer Caspienne. Les marchés de Bulgâr, où se
réunissaient non seulement les marchands russes et slaves, mais ceux de

---

[1] *Chronique*, version Laurentine, 150, à l'année 1041. De Pinsk à Vladimir il y avait aussi
un chemin en terre ferme.

[2] *Mon. Pol. hist.*, I, p. 394.

[3] Voir les détails dans Arne, *La Suède et l'Orient*, 15. Voir aussi *Manuel de l'antiquité
slave*, I, p. 203.

[4] *Chronique*, version Laurentine, 6.

toute l'Asie centrale[1], étaient, en même temps, les principaux marchés de la région qu'on appelait la Biarmie (*Biarmaland*, dans les sagas scandinaves) : cette région, célèbre par son commerce de fourrures et de métaux précieux (surtout l'argent), s'étendait sur un vaste réseau de cours d'eau comprenant la Vytchedga, la Pétchora, la Kama et la Vjatka ; elle avait son centre sur la Kama. On aperçoit là, même à l'âge de bronze, un foyer de civilisation important en relation, d'une part, avec le centre de l'Europe orientale et l'Occident et, d'autre part, avec l'Oural et la Sibérie centrale[2]. D'Itil les marchands continuaient leur route en traversant la mer Caspienne ou en suivant le littoral, et ils se rendaient, par le passage de Derbent, aux foires de l'Arménie, de la Perse, du Turkestan et jusqu'à Trébizonde[3].

L'autre grande route qui unissait le golfe de Finlande à Constantinople passait par Staraja Ladoga et Novgorod, la Lovat', l'Usvjat' et la Kaspla pour aboutir par un *volok* au Dniéper que les marchands descendaient alors jusqu'à son embouchure dans la Mer Noire, traversant ou contournant, suivant l'état des eaux, les rapides entre Alexandrovsk et Ekaterinoslav[4]. Les principales bases commerciales placées sur ce parcours, outre Novgorod et Staraja Ladoga déjà citées, étaient Smolensk (Gnězdovo), Ljubeč, Kiev, Vyšgorod, Vitičev et l'île de Chortica près d'Alexandrovsk [5]. C'est à Kiev, évidemment, que se trouvait le plus grand marché, et cette ville même était réputée au loin pour sa richesse dès la fin du Xe siècle[6]. Elle comptait, suivant Thietmar, quatre cents églises et huit marchés.

De cette route comme de la précédente il s'en détachait plusieurs autres, tant dans la direction de la mer Baltique (la Dvina et le Niémen) que vers l'Orient, dans la direction de la haute Volga, du Donec et du Don. Partout les *voloky*[7] jouaient un grand rôle, assurant la communication entre les divers bassins et par là même la jonction des différentes mers. Un groupe de ces routes secondaires conduisait du moyen Dniéper en

---

[1] Fadlân, à l'année 922, fait la description d'un marché où venaient les Russes (Harkavi, Сказанiя, p. 93).

[2] Voir *Slov. star.*, IV, 220, 221.

[3] *Chronique*, version Laurentine, 6.

[4] Sur ces rapides, voir *Manuel de l'antiquité slave*, I, p. 206, et également *Slov. star.*, IV, p. 107.

[5] Constantin Porphyr., *De adm. imp.*, 9.

[6] Voir Thietmar, *Chron.*, VIII, 16 (IX, 32), et Adam, II, 19.

[7] Les *voloky* (rus. sing. волокъ) étaient des bandes de terre étroites et basses destinées au transport des barques d'un cours d'eau à l'autre.

Crimée, où Cherson (russe Корсунь) était alors le marché le plus important, puis à la mer d'Azov, à Kertch et à Tmutorokan'-Tamatarcha et à l'embouchure du Don[1]. Il y avait là une route grecque, la route du sel, (сольный) et un chemin appelé залозный путь (le nom n'est pas clair), indiqué par la *Chronique* à l'année 1170[2], De même Khordadbeh signale des routes qui traversaient le Don pour aller à Itil et à Tmutorokan'[3].

Les Slaves de la Péninsule balkanique avaient en général continué à utiliser pour leur commerce les vieilles voies romaines bien connues, notamment les trois suivantes, dans trois directions différentes : 1° celle qui conduisait de la région de Viminacium (Kostolac) sur le Danube, par Niš, Srědec, Philippopoli et Andrinople, à Constantinople ; 2° celle qui à Niš bifurquait vers le Sud par Skoplje et suivait ensuite la vallée du Vardar pour aboutir à Salonique ; 3° celle que l'on appelait *via Egnatia*, conduisant de Salonique, par Edesse (Vodena), Lichnidus (Ochrid), Scampa (Elbassan), à Epidamnus (Drač, Durazzo). Entre ces routes s'étendait un réseau de chemins secondaires. Partout, dans ces contrées, le commerce byzantin avait droit de cité avec ses marchandises byzantines et orientales. C'est seulement sur l'Adriatique que l'Italie possédait deux centres commerciaux considérables : Venise et Raguse. Surtout le littoral entre Raguse et Durazzo était la région d'élection des relations commerciales des Slaves avec l'Italie : de là partaient les routes les plus importantes vers les pays de l'intérieur. Elles traversaient le Monténégro et l'Albanie septentrionale dans la direction de Peć (Ipek) et de Prizren et continuaient sur Lipljan, Niš et Srědec[4].

Parmi les marchés bulgares, la *Chronique* de Kiev, à l'année 969, célèbre celui de Prěslavec sur le Danube. Le prince de Kiev Svjatoslav y dit : « Je ne me plais pas à Kiev, je veux habiter Prěslavec sur le Danube, car c'est le centre de ma terre et toutes les richesses y affluent »[5]. Salonique aussi, cela va de soi, avait un rôle important, et c'est là que, du temps de Siméon,

---

[1] Voir *Manuel de l'antiquité slave*, I, p. 209.

[2] *Chronique*, version Hypatienne, 368. Voir aussi dans le même ouvrage, pp. 192, 429, à propos d'un chemin qui allait de Kiev au Don par Sula, Chorol, Psjol et la Vorskla.

[3] Harkavi, Сказанія, p. 49 ; voir aussi *loc. cit.* p. 251.

[4] Sur ces routes, voir en particulier l'étude de Constantin Jireček, « Handelstrassen und Bergwerke Serbiens und Bosniens während des Mittelalters » (Prag, 1879, *Abhandl. der Ges. der Wiss.*), et *Staat*, II, pp. 46 et suiv. Voir encore A. Erdeljanović, Тргов. центри и путеви по српској земљи (Београд, 1899), et K. Kostić, Тргов. центри и друмови срп. земљи (Београд, 1900), Стара срп. трговина (Београд, 1904).

[5] *Chronique*, version Laurentine, 66. La situation exacte de ce Prěslavec n'est pas certaine : ou Tulča, ou Černa voda, ou enfin Nicolicelu ?

les Grecs essayèrent de transporter le principal marché bulgare[1] qui était jadis à Constantinople. Des précisions intéressantes sur ce marché (on y faisait le trafic du miel, du lin, de la toile et des costumes) nous sont données dans une source grecque du Xe siècle, dite le *Livre du préfet*[2].

Les moyens techniques du commerce.

Les chemins. — La mise en état des chemins était des plus sommaires. Les marchands étaient, la plupart du temps, réduits à y pourvoir eux-mêmes en indiquant, aux carrefours, les diverses directions, en comblant les creux et en plaçant en travers des torrents des troncs d'arbres coupés dans la forêt. Cependant, avec le temps, tout chemin fréquenté tendait à devenir un chemin battu et entretenu, que les Slaves appelaient *cĕsta* ou **draga*. La direction y était indiquée par divers signes *(arbores signatae)* et, dans les endroits impraticables, on commençait à construire des ponts et des chaussées durables. Pour franchir les cours d'eau, on utilisait un gué, une barque ou encore un bac (vieux-slave *pramŭ* ou plutôt *plŭtĭ*, slave d'église *plotĭ)*[3], sur lequel les indigènes transportaient des voyageurs. Mais lorsqu'il n'y avait pas de gué et que le bac ne suffisait pas, on bâtissait des ponts (vieux-slave *mostŭ*), soit des ponts suspendus et sans piliers, sur les petits torrents, comme nous en voyons encore aujourd'hui dans les Carpathes, soit des ponts sur pilotis par-dessus les grands cours d'eau et les marais. Ces constructions sont attestées dans les pays slaves dès les IXe et Xe siècles, en particulier chez les Slaves de la Baltique et de l'Ouest comme aussi chez les Russes[4], et nous savons qu'au VIe siècle les Slaves aidaient les Awars à construire d'énormes ponts de bois sur la Save et sur le Danube[5]. Nous ne connaissons pas cependant de ponts de bateaux chez les Slaves de cette époque, et il n'est fait mention des ponts-levis qu'à dater du XIIe siècle[6]. Outre les ponts, on construisait sur les marais des levées de

---

[1] Voir M. Drinov, *Œuvres complètes* (en bulgare), I, p. 376.

[2] Voir J. Nicole, *Le livre du préfet* (Genève, 1893), et Ivan Sakazov dans la revue Извѣстия на истор. дружк., VI, София, 1924, p. 195.

[3] Le slave *plŭtĭ* « bac » semble avoir été conservé dès le VIe siècle dans le *Strategikon* de Maurikios (XI, 5) sous la forme grecque πλωτή. Voir le *Greek lexicon* de Sophocles au mot πλωτός.

[4] Voir l'énumération dans *Živ. star. Slov.*, III, pp. 434 et suiv.

[5] Menander, *Fragmenta*, 63-65 ; Jean d'Éphèse, VI, 24. Voir *Slov. star.*, II, p. 204, et Rački, *Documenta*, VII, p. 229.

[6] Helmold, I, 86, et, au XIVe siècle, Dalimil, *Kronika*, XV, LVI.

terre, sur un soubassement de bois entremêlé de fascines, et qui portaient chez les Slaves le nom de *gati*[1]. La nature du terrain obligeait souvent à des travaux de ce genre ; on l'a bien vu lors de la construction de la voie ferrée qui va de Petrikov à la station de Lyšči sur le Pripet : il a fallu là,

Fig. 95. — Une partie du pont traversant la vallée de la Sorge, près de Baumgart
(d'après H. Conwentz).

[1] Voir *Chronique* de Kiev, version Laurentine, à l'année 1144, p. 295, et une charte de 1183 (c'est un faux du XIII⁰ siècle) où on lit : « ad pontem virgis factum, qui dicitur Bezstreiowa hat » (Friedrich, *Codex*, I, 420). Un pont semblable, d'une longueur de plus de 1.200 m., a été découvert dans la vallée de la Sorge près d'Elbing : il est d'origine ancienne, peut-être d'avant l'époque romaine, mais il se maintint certainement aussi jusqu'à une époque plus tardive. Voir H. Conwentz, *Die Moorbrücken im Thale der Sorge* (Danzig, 1897), et E. Krause, *Die alten Moorbrücken der öst. Ostseeländer* (*Globus*, 1898, LXXVII).

dans cette région qui est celle de l'habitat primitif des Slaves, sur un parcours de deux cent dix-huit verstes, construire quarante-sept ponts et quatre-vingt-trois digues.

Par la suite, la construction et l'entretien des routes, des ponts et des auberges furent rendus obligatoires pour la population, comme une charge envers le souverain. Les ordonnances de Charlemagne eurent, à cet égard, une influence décisive.

Là où deux cours d'eau étaient voisins, on établissait un chemin destiné à permettre de transporter, sans grandes difficultés, les cargaisons d'une rivière à l'autre, ou même de traîner les embarcations avec tout leur chargement : ce chemin s'appelait dans l'Ouest *prěvlaka* (plus tard *převlaka*, *przewłoka*) et dans l'Est, où il était le plus fréquent, волокъ[1]. J'ai déjà eu l'occasion de parler des *voloky* russes et de leur importance : ce sont eux qui avaient contribué à créer en Russie un grand réseau d'eau d'une importance capitale pour le commerce, et grâce auquel les bateaux pouvaient se rendre d'une mer à l'autre[2].

Les moyens de locomotion.

Le traîneau. — Chacun portait d'abord sur son dos tout ce dont il avait besoin, dans une peau ou dans un panier. Mais, lorsque le chargement était par trop lourd, on s'était avisé de bonne heure de le transporter par terre sur un appareil de bois lisse traîné soit par l'homme lui-même, soit par une bête de somme. C'étaient là les premiers traîneaux, et les Slaves, dans leur habitat primitif, ne connaissaient pas d'autre moyen de transport. L'antiquité nous en est assurée par le fait que le traîneau est resté chez les Slaves partie intégrante de certains rites très anciens (par exemple des funérailles, des noces), même en été et alors qu'on ne l'emploie pas autrement[3]. Nous n'avons aucune précision sur la structure des traîneaux slaves, et la seule trouvaille qu'on ait faite dans un tumulus de Kostroma ne nous en apprend rien[4]. Le plus ancien modèle était un appareil primitif fait de deux poutres unies à leur extrémité en forme de croix (du type de la волокуша russe ou des *vláky* tchèques), mais dès la fin de l'époque païenne

---

[1] Les deux expressions viennent du verbe slave d'église *vlěsti* « traîner ».

[2] Voir plus haut, p. 249.

[3] Voir plus haut, p. 50.

[4] Voir la revue *Globus*, 1900, n° 21, p. 335. On a trouvé là des restes de barque et de traîneau où un mort avait été brûlé.

ce véhicule était déjà plus perfectionné, et il avait à peu près la forme des traîneaux que l'on trouve encore dans certaines régions perdues des pays slaves, où le peuple les fabrique lui-même [1]. Le vieux nom de ce véhicule est *sani* (plur.) et il n'est pas sans intérêt de constater qu'un terme identique apparaît dans le grec ancien chez Hésychios, sous la forme σηνίκη

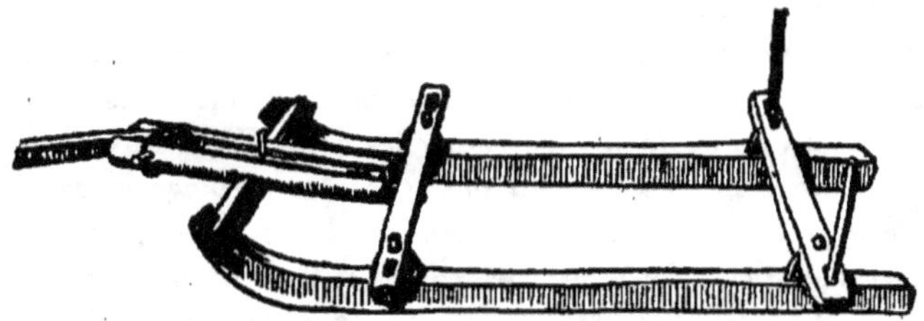

Fig. 96. — Traîneau des montagnards des Petits Carpathes.

(de *σανίκη), que je regarde comme un emprunt ancien dû aux marchands romains et grecs qui venaient dans les pays slaves et qui avaient aussi emprunté les noms des animaux à fourrure *věvera* (latin *viverra*) et *kuna* (grec χαυνάκη) [2]. Le nom ancien des petits traîneaux que l'on s'attachait aux pieds, comme des skis, était *lyža*.

La voiture. — Jusqu'à quel point les anciens Indo-Européens connaissaient-ils la voiture ? Les opinions sont partagées sur ce point. Il est douteux, en tout cas, que les Slaves en aient fait usage dans leur habitat primitif, bien qu'ils l'aient vue dès avant l'ère chrétienne tant à l'Ouest, chez les Germains et les Gaulois, qu'à l'Est, chez les Scythes et les Sarmates, qui arrivaient avec leurs voitures jusque sur les frontières du territoire slave. Dans les premiers siècles de l'ère chrétienne le char du marchand romain passait souvent à travers les pays slaves. Il est très probable dans ces conditions que, même avant notre ère, les premières voitures avaient fait leur apparition chez les Slaves; mais nous n'en avons la preuve qu'à partir du Ve siècle, ou plus exactement du VIe siècle après J.-C. On n'a pas jusqu'ici trouvé trace de voiture dans les vieux tombeaux slaves [3].

---

[1] Voir fig. 96, et plus haut, fig. 7.

[2] Voir plus haut, pp. 61, 240, et *Slov. star.*, II, p. 165. Le grec moderne σανία, l'albanais *saje*, le hongrois *szán*, le roumain *sanie* sont aussi des emprunts slaves, mais de date postérieure.

[3] Pour la Russie je ne connais de voiture à deux roues que par des tombes de caractère

C'est chez le rhéteur Priskos que je relève la première mention d'une voiture slave dans la description de son voyage en Hongrie en 448[1]. Les témoignages, par la suite, se multiplient, et dans les relations du Xe siècle le chariot est fréquent, de même que dans les chroniques et les chartes des siècles suivants[2]. Le terme courant, à cette époque, est *kola* (pluriel de *kolo* « roue »), ou *kolesĭnica*, et aussi *vozŭ*[3]. Nous ne savons s'il y avait quelque différence essentielle entre les objets désignés par ces divers termes. Mais il est certain que la voiture avait alors déjà diverses formes. Il y avait des véhicules à deux et à quatre roues, mais les uns et les autres n'étaient que de lourds chariots employés pour la culture. Les Slaves

Fig. 97. — Voitures scythes ou sarmates (en terre cuite) des tombeaux de Kertch.

ne connaissaient pas les chars de guerre légers à deux roues. Ceux qu'ils employaient dans l'armée étaient de lourds chariots de roulage à quatre roues, susceptibles de servir à la construction d'un camp retranché[4].

nomade, par exemple par les tumuli des environs de Bachmut et d'Afanasjevka (Зап. Арх., 1896, VIII, 44, Труды XIII арх. съѣзда, I, 115, 124). Sur l'aspect de cette voiture, voir Minns, *Scythians*, p. 51, et Anučin, Древности Моск.Общ., XVI, p. 113.

[1] Priskos, 8. Voir *Manuel de l'antiquité slave*, I, p. 52.

[2] Voir *Živ. star. Slov.*, III, p. 442.

[3] Voir Berneker, *Etymol. Wörterbuch*, I, p. 548 ; Miklosich, *Etymol. Wörterbuch*, pp. 124 et 387. La *telěga* turco-tatare était déjà passée chez les Russes à cette époque ; elle figure dans la plus ancienne partie de la *Chronique* de Kiev (version Laurentine, 11). Pour les autres termes, voir Brückner, *Encycl. polska*, IV, 2, p. 202.

[4] Voir le chapitre suivant. Le колымагъ dont parle la *Chronique*, version Hypatienne, aux années 1208 et 1251, est un char de ce genre surmonté d'une tente (« возвратишася въ колымаги свои п рекше во станы »). Quant à ce terme, voir Berneker, *Etym. Wört.*, I, p. 546.

Seuls, les chars dans lesquels voyageaient les princes slaves de l'Est étaient
plus légers et avaient une corbeille librement suspendue sur quatre supports
pour que celui qui y prenait place, où qu'on transportait blessé, sentît
moins les secousses des roues[1]. Nous avons déjà vu plus haut, à propos
de la charrue, quel était le mode d'attelage des bêtes de somme et des chevaux : c'était de même pour les bœufs un joug, et pour les chevaux un harnais
ou un collier[2] ; un aiguillon *(ostenŭ)* ou un fouet *(bičĭ, batogŭ)* servaient
à stimuler la bête. Tous les termes désignant ces objets sont anciens et
communs à toutes les langues slaves.

La barque. — On n'a pas trouvé chez les Slaves de barques comme celles
des Germains nordiques, ainsi celles de Nydam en Sleswig (de 300 après
J.-C.), de Tune, de Gokstad et d'Oseberg en Norvège (de 800-900 après
J.-C.), dont la structure et le bon état de conservation provoquent notre
admiration. On ne trouve pas non plus chez eux d'aussi nombreuses représentations de barques que chez les Germains, telles que celles qui figurent
sur les rochers des environs de Bohuslän, celles des pierres votives de l'île
de Gotland ou de la tapisserie de Bayeux. Les témoignages historiques et
philologiques ne sont pas nombreux non plus, de telle sorte qu'il nous est
impossible de nous faire de la navigation slave un tableau comparable à
celui que, par exemple, Hjalmar Falk, en 1912, a fait de l'ancienne navigation
nordique[3].

Nous ne sommes cependant pas dépourvus de tous matériaux archéologiques, historiques et philologiques. Ainsi nous savons qu'une grande partie
des Slaves du Nord et du Sud avaient appris, vers la fin de l'époque païenne,
à construire et à diriger des barques au point de pouvoir se lancer au loin
sur la haute mer et d'y affronter des combats avec leurs voisins germains et
grecs.

Les Slaves, dans leur habitat primitif, avaient des barques d'une extrême
simplicité, à la façon de radeaux, puis des barques creusées dans un seul
tronc d'arbre, que les Grecs appelaient μονόξυλον, et pour lesquelles
les Slaves avaient eux-mêmes depuis longtemps un nom qui répondait
probablement à l'однодеревка russe de l'histoire[4]. Déjà, dans ces

---

[1] Mas'ûdî, éd. Rozen, p. 57.

[2] Voir plus haut. p. 193.

[3] H. Falk, « Altnordisches Seewesen », dans la revue *Wörter und Sachen*, V, pp. 1-122
(1912). Voir le reste de la bibliographie dans *Živ. star. Slov.*, III, p. 457.

[4] Voir Nikephoros, *Brev.*, éd. Boor, 56.

embarcations, dont on a du reste trouvé toute une série dans les pays slaves [1],
les Slaves ne se contentaient pas de la navigation à l'intérieur des terres
sur les cours d'eau tranquilles et par les *voloky*, mais ils gagnaient la haute
mer, en particulier la mer Noire. Nous savons du moins par la relation
de Constantin que les Russes scandinaves et avec eux, cela va de soi, les
Slaves allaient de la mer du Nord à la mer Noire sur des barques monoxyles
qu'ils achetaient aux Slaves du moyen Dniéper. Quant aux cataractes du
Dniéper, ils les franchissaient si le niveau des eaux était assez élevé, ou
bien ils les tournaient en portant leurs barques sur leur dos, toujours

Fig. 98. — Barque russe, d'après le manuscrit de la Légende de Boris et Glěb.

à raison de six hommes par barque. Ils atteignaient ensuite, sur ces mêmes
embarcations, jusqu'à Constantinople et jusqu'à la côte d'Asie Mineure [2].
La même source nous apprend encore que les Slaves avaient aussi à cette
époque des embarcations plus grandes, construites sur le modèle des
bateaux de commerce byzantins ou italiens. C'est ainsi que, par exemple,

[1] Surtout en Bohême, en Silésie, en Pologne et en Russie méridionale. Sur les découvertes
faites en Silésie, voir Hellmich, « Einbäume in Schlesien » (revue *Schlesiens Vorzeit*, Neue
Folge, VI, p. 17, VII, p. 127) ; sur celles faites en Russie, voir Ljaskoronskij, Исторiн
Переяслав. земли, p. 242 ; sur celles de Bosnie, voir Čurčić, *Wiss. Mitth. aus Bosnien*, XII,
p. 497.

[2] Constantin, *De adm. imp.*, 9. On trouvera d'autres renseignements sur ces incursions
dans : Theophylaktos VI, 3-5 ; Nikephoros, *Brev.*, 20 B ; Theophanes, éd. Boor, p. 487 ;
Anasthasios, éd. Boor, p. 195 ; un Anonyme byzantin dans *Nova bibl. patrum*, VI, 430. Parmi ces divers témoignages, celui de Nikephoros et de l'Anonyme sont particulièrement
instructifs en ce qui concerne l'attaque des monoxyles contre Constantinople (année 626).

la flotte croate avait, au début du Xe siècle, jusqu'à 80 « sagènes » (σαγήνα) et 100 « kontoures » (κοντούρα). Les unités de la première catégorie comprenaient quarante hommes d'équipage ; celles de la deuxième, de dix à vingt hommes[1]. Les Croates, avec ces embarcations, faisaient des expéditions sur toute la mer Adriatique et même jusqu'en Sicile et en Afrique. La tribu des Narentanes en particulier, était légendaire par la hardiesse de ses pirates[2]. Les Russes, également, avaient des embarcations de grande dimension comme nous le voyons par l'expédition de Roman Lacapène, à laquelle participaient sept bateaux russes avec 415 hommes[3]. Les autres barques russes anciennes étaient appelées стругъ, судпо, насадъ et скедій, скѣдь, du grec σχεδία.

Nous connaissons encore mieux la pratique de la navigation chez les Slaves baltiques[4]. L'histoire des tribus slaves qui étaient fixées sur le littoral de la mer Baltique est remplie, du Xe siècle au XIIe, de relations sur les traversées et sur les luttes de ces tribus avec leurs voisins danois, norvégiens et suédois. Sur le littoral baltique, toute agglomération était un port, et chaque habitant un commerçant et plus tard aussi un pirate. Il n'est pas possible de retracer ici en détail l'histoire de ces luttes navales et de ces pirateries slaves sur lesquelles nous sommes renseignés surtout par Helmold et par Saxo Grammaticus[5]. Il en ressort seulement de façon indiscutable que les barques slaves ne le cédaient pas, à la fin de l'époque païenne, aux barques de guerre et de commerce des Germains nordiques. C'est à l'école de ceux-ci, à n'en pas douter, que les Slaves avaient appris à construire de grandes barques et à les diriger sur mer. Aussi pouvons-nous en toute sécurité appliquer aux barques slaves ce que nous savons de la navigation nordique. Il n'y avait probablement pas de différence, dans les dimensions et la structure, entre les barques des deux peuples, et il ne me paraît pas douteux que celles qu'on a trouvées

---

[1] Constantin, *op. cit.*, 31.

[2] Constantin, *op. cit.*, 30 ; *Joannis chron. venet.*, 834 (Rački, *Doc.*, VII, p. 335) ; Danduli *Chron.*, VIII, 3, 5 ; *Vita Hadriani*, ad 870 (Rački, *Doc.*, pp. 334, 361). On trouve mention de l'attaque de l'Afrique dans Abulfeda (Harkavi, Сказания, pp. 51, 233). Cette piraterie se maintint encore jusqu'à une époque tardive (Jireček, *Staat*, II, p. 53).

[3] Constantin Porphyr., *De ceremoniis aulae byz.*, II, 44 ; Mas'ûdî, dans Marquart, *Streifzüge*, p. 336.

[4] En Bohême la charte du prince Spytihněv, de l'an 1057, distingue *navis parva, mediocris, maxima* (Friedrich, *Codex*, I, p. 55). Voir par ailleurs la charte de Louis IV (*ibid.*, I, p. 35).

[5] Giesebrecht, a fait, d'après les sources, une belle description de ces combats dans *Wendische Geschichten aus den Jahren 780-1182*, Berlin, 1842, *passim*.

sur la côte slave de la Baltique soient d'origine slave, bien qu'elles ressemblent par leur structure aux barques nordiques et soient tenues par certains archéologues pour germaniques : ainsi les barques trouvées près de Baumgart, en Prusse occidentale (fig. 99), près de Charbrov en Poméranie, ou près de Brzeźno, (Brösen), non loin de Gdańsk (Dantzig). C'étaient toutes des barques de commerce munies d'un mât et d'une voile [1].

Les Slaves, comme leurs voisins les Germains, pratiquaient la piraterie avant tout par appât du butin. Mais ils s'inspiraient aussi d'un autre sentiment qu'il est bon de noter et que Pribyslav lui-même, prince des Obodrites, prête en 1136 à l'évêque Gérold : les Slaves, disait Pribyslav, ont

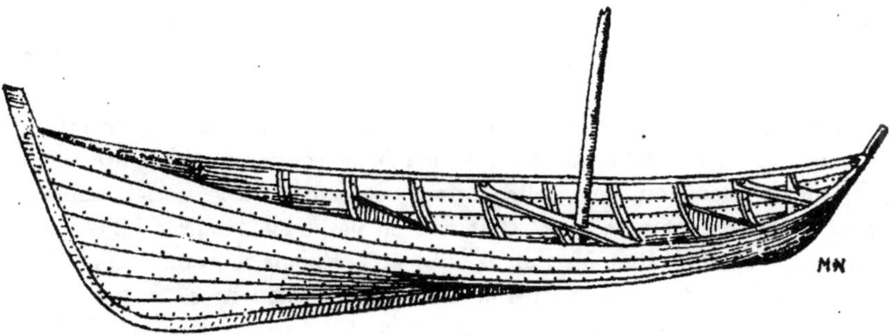

Fig. 99. — Barque slave trouvée près de Baumgart, en Prusse occidentale (12 mètres).

tant souffert du fait des Allemands, et ils ont été tellement dépouillés par eux du sol natal et de tout moyen d'existence qu'il ne leur reste rien d'autre à faire que de prendre la mer et d'y faire la course pour pouvoir subsister [2]. Les Allemands, cela va sans dire, se vengeaient cruellement des pirates, et il suffit de lire dans Saxo Grammaticus comment le Danois Jarmerik punit l'équipage d'une barque slave pour avoir une idée de la manière dont se comportaient alors les Germains vis-à-vis des Slaves [3].

La barque slave avait une proue relevée (*nosŭ*) et une poupe (*korma*), d'où le pilote (*kormnikŭ*) dirigeait l'embarcation à l'aide d'une grande rame (*veslo, kormilo, greblo*). Au milieu de la barque était solidement planté

[1] La Baume, *Vorgesch. Westpreussens*, Danzig, 1920, p. 97 (planche XVIII) ; *Mannus*, XIII, p. 225 : *Reallexicon der germ. Alt.*, IV, p. 104 (planche XVII).
[2] Helmold, I. 83.
[3] Saxo (*Mon. Germ., Scr.*, XXIX, p. 59), éd. Holder, p. 403.

un mât (*stožarŭ*, *stežerŭ*, *uprugŭ*?), muni d'une grande voile quadrangulaire, dont le nom slave était *jadro* ou *větrilo*. Les grandes barques étaient recouvertes d'un pont, c'est-à-dire d'un plancher transversal sous lequel se trouvaient les rameurs et sur lequel étaient les combattants[1]. Les Slaves, à cette époque, connaissaient aussi l'ancre (*kotva*, rus. укоть)[2]. Il y avait, pour désigner la barque dans son ensemble, plusieurs vocables qui répondaient vraisemblablement à différents types de barques. Entre autres *ladija* (de *olŭdija*) et *čĭlnŭ* sont des mots slaves ; *korablĭ* est d'origine grecque : le mot était passé de très bonne heure aux Slaves par les Grecs de la mer Noire, avant le changement du β en v[3]. Les termes *ladija* et καράβιον, κάραβος ont passé aussi, selon H. Falk, aux Germains nordiques (*ellidi*, *ledja*, *karfi*). Les autres dénominations ont un caractère plus local.

Paiements commerciaux et poids.

Nous avons déjà eu l'occasion de voir[4] que le commerce slave primitif consistait en l'échange de marchandises contre marchandises et qu'il s'était maintenu sous cette forme jusqu'aux Xe-XIIe siècles ; alors même que la monnaie de métal était déjà en usage au Xe siècle à Prague (d'après la relation d'Ibrâhîm ibn Ja'kûb) et à Rujana, suivant Helmold, on payait à l'aide de petits morceaux de tissu[5]. Le nom de ce tissu passa par la suite au sens de paiement : *platŭ* (*platiti* « payer »)[6]. C'est de la

---

[1] C'est une barque de ce type que décrit la *Chronique*, version Hypatienne, à l'année 1151 (p. 293), en employant précisément les termes que nous venons d'indiquer. Voir aussi Aristov, Промышленность, p. 25.

[2] Fadlân (Harkavi, Сказанія, p. 94). Un autre nom russe ancien est encore attesté à partir du Xe siècle, mais il était d'origine étrangère : якорь, du grec ἄγκυρα, suéd. ancien *ankari*. Nous voyons un bateau du XIe siècle, à voiles et avec une ancre à trois dents, sur une peinture murale de l'église de Stará Boleslav en Bohême (voir la pl. III) et une ancre sur des *grivny* de Novgorod (fig. 100).

[3] Voir Berneker, *Etymologisches Wörterbuch*, I, p. 567 ; Vasmer, Этюды, III, p. 96 ; St. Romanski, *Revue des Études Slaves*, II, p. 47. Les mots correspondant à l'indo-européen *nàus*, *navis* existent bien en slave : le vieux tchèque a *náv*, *náva* « barque », ainsi que le mot *navŭ* dans la tradition touchant l'autre monde (voir plus haut, p. 49), mais le rapport avec les autres formes indo-européennes en est incertain : il peut s'agir d'emprunts tardifs.

[4] Voir ci-dessus, p. 238.

[5] Ibrâhîm, éd. Westberg, pp. 23, 54 ; Helmold, I, 38. On a des données identiques pour le Sud (Rački, *Documenta*, VII, pp. 153, 180).

[6] Voir plus haut, p. 62, et *Živ. star. Slov.*, I, p. 409, et III, p. 453. Le mot *platŭ* est même passé au germanique (**palt*, *plat*). Voir Janko, *Pravěk*, p. 121.

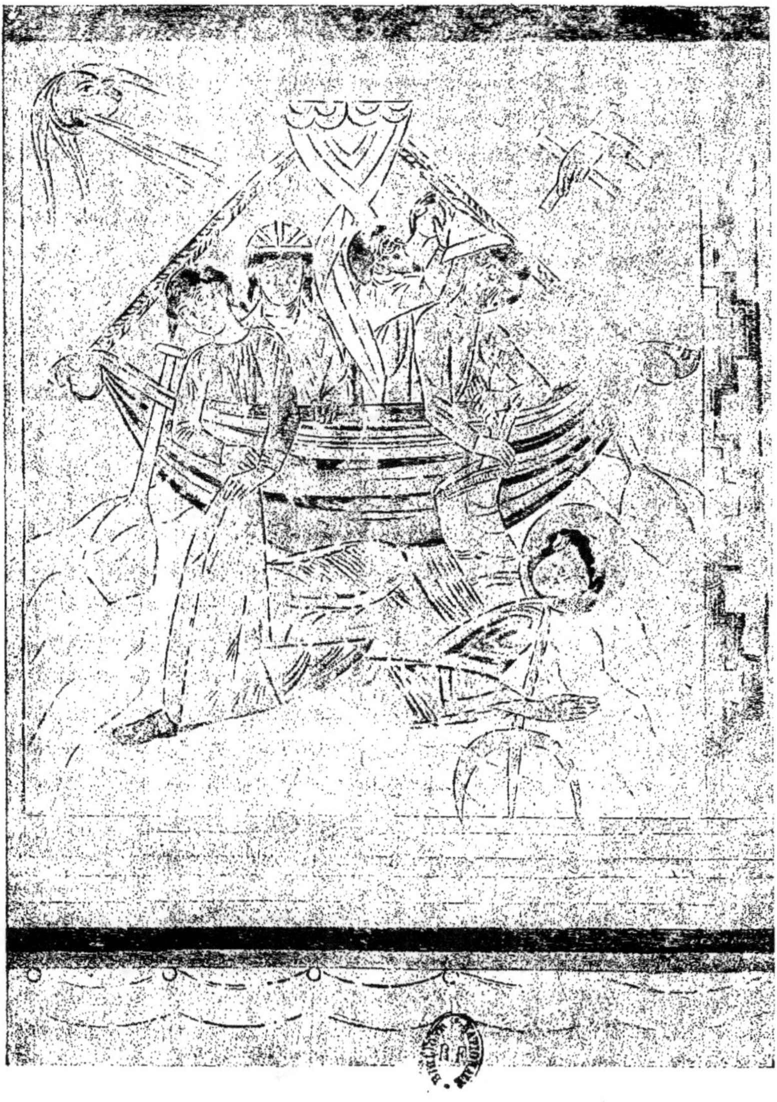

Planche III. — Barque à l'ancre de la peinture murale de l'église de Saint-Clément à Stará Boleslav, en Bohême (xie siècle).

même manière que les noms des fourrures les plus courantes devinrent à leur tour à l'Est des noms d'unités de paiement : ainsi *kuna* « martre », *bělka* « écureuil blanc », *věkša* « licorne », et ils gardèrent ce sens jusqu'au XIVe siècle.

Les Slaves connaissaient les premières monnaies de métal dès avant l'ère chrétienne, grâce au commerce grec de la mer Noire ; ils les connurent plus tard sur une plus large échelle encore, grâce au commerce romain qui a laissé dans les pays slaves tant de trésors en monnaie impériale des IIe et IIIe siècles [1]. Mais c'est seulement à l'époque de l'épanouissement des commerces germain et arabe, qui fut aussi celle de la formation de plu‑sieurs États slaves, que les Slaves commencèrent à imiter leurs voisins plus avancés et à frapper leur propre monnaie à l'exemple de ceux-ci. Les premières monnaies furent frappées à Prague par le prince tchèque Boleslav (929-967) [2], ensuite à Poznań par Mieszko Ier, prince de Pologne (960-992), puis à Kiev par Vladimir (980-1015). Ce sont en général des imitations des monnaies occidentales, germaniques et byzantines [3]. Il y avait bien eu auparavant en Russie des imitations grossières de mon‑naies étrangères, à savoir de monnaies orientales [4], mais on n'avait pas frappé de monnaie indigène portant des inscriptions slaves. Toutes les monnaies slaves païennes, signalées dans divers travaux, sont ou des monnaies fausses ou des monnaies étrangères données par erreur pour slaves. Ainsi, par exemple, les monnaies gauloises que F. Boczek regardait comme grand-moraves ou bien les monnaies danoises que

---

[1] Voir plus haut, p. 234.

[2] Il est vraisemblable, suivant les plus récentes recherches, que déjà son prédécesseur saint Venceslas s'était fait frapper des monnaies.

[3] De la bibliographie abondante touchant les débuts de la numismatique slave on retiendra surtout E. Fiala, *České denáry* (Praha, 1895), M. Gumowski, *Podręcznik do numizmatyki polskiej* (Kraków, 1914), I. Tolstoj, Древн. монеты вел. кн. кіевскаго (Спб., 1882). Dans les Balkans, c'est beaucoup plus tard que les Slaves commencèrent à battre monnaie : les Bulgares sous Asěn (1186-1195), les Serbes sous les frères Étienne Dragutin (1276-1316) et Étienne Uroš II (1282-1321), et cela à Brskov et sur le modèle des monnaies vénitiennes (Jireček, *Staat*, II, p. 63). Les Croates, eux aussi, ne commencèrent à battre monnaie qu'au XIIIe siècle (Brunšmid, « Najstariji hrv. novci », *Vjesnik arh. dr.*, VII, p. 182). Voir aussi A. Mušmov, Монетитѣ и печатитѣ на бълг. цари, София, 1924, p. 68 ; cet auteur reporte à une époque plus ancienne les premières monnaies bulgares.

[4] On a trouvé toute une série de ces imitations en Russie, et près de Kokriat (Spassk), dans le gouvernement de Kazan', tout un trésor. On a également trouvé à Nevel, dans le gouvernement de Vitebsk, un moule de monnaies pour imiter les pièces sassanides (Arne, *Suède*, pp. 65, 76, 87). Jacob (*Handel*, p. 62) a traité des imitations de monnaies orientales.

K. Stronczyński et V. Wittig tenaient pour polonaises ; fausses sont également les pièces d'or avec l'inscription пєрпазє (argent), qu'un faussaire bien connu, V. Hanka, secrétaire du Musée de Prague, avait fait fabriquer et placer en 1840-1841 dans ce même Musée[1].

Le maniement familier de la monnaie métallique remontant pour les Slaves, ainsi que nous venons de le voir, à l'époque romaine, surtout aux IIe et IIIe siècles, il est vraiment étonnant qu'ils n'aient pas emprunté le nom romain de la monnaie et que les appellations les plus anciennes et les plus répandues qu'ils ont données à celle-ci soient d'origine germanique, en partie gothique, de la période comprise entre le IIe siècle et le IVe, en partie un peu postérieures (VIIe-IXe siècles). C'est à une racine germanique, en effet, qu'il faut rattacher le mot slave *cęta*, slave d'église пата du goth. **kinta*, ainsi que *skotŭ*, du goth. *skatts*, *skŭlędzĭ*, *sklęzĭ* du goth. *skillings* et, comme un emprunt postérieur, le mot commun à toutes les langues slaves et encore employé aujourd'hui *pěnęgŭ*, *pěnędzĭ*, *pěnęzĭ* de *pfenning*[2]. Par contre les emprunts grecs ou latins ne sont que secondaires et locaux (*dinarŭ*, *kodrantŭ*).

Il va de soi que les Slaves avaient aussi leurs appellations à eux : *srebrnikŭ*, *srebrnica*, *zlatnikŭ*, *zlatnica*, *zlatica*, pour diverses monnaies étrangères. Le mot *rublĭ* ne devint un nom de monnaie et en même temps une unité monétaire importante qu'à partir du XIVe siècle, bien que des textes antérieurs l'attestent déjà ; la *denĭga* tatare fut adoptée à partir du XVe siècle [3].

L'unité de poids pour les monnaies était chez les Slaves la *grivna* d'argent : c'était à l'origine un anneau pour le cou d'un poids déterminé [4]. On ne peut cependant fixer ce poids, car il était constamment sujet à de grands changements, et lorsqu'au XIIIe siècle nous voyons un peu plus clair dans la numismatique slave, nous remarquons, par exemple en Pologne, toute une série de *grivny* différentes. Les plus vieux deniers offrent également des différences de poids considérables. Nous savons cependant, par ailleurs, que les princes tchèques et polonais avaient commencé à battre monnaie suivant la livre carolingienne (367 gr.). En

---

[1] Voir J. Smolík, *Zlaté mince s domnělým opisem* пєрпазє (Praha, 1906, édition de l'Académie tchèque).

[2] Voir plus haut, p. 201, *Živ. star. Slov.*, III, p. 148, et l'exposé de J. Janko dans le *Věstník české Akademie*, XVII, pp. 172 et suiv. Les Slaves ont emprunté le mot *skotŭ* au sens de bétail et au sens d'argent, ce dernier semblant être le plus ancien.

[3] J. Kaufman « Серебряный рубль въ Россіи », dans les Записки арх. общ. нумизм. отд., Спб., 1910, II, pp. 11, 12 et suiv.

[4] Voir plus haut, p. 88.

Russie ce fut la livre coufique (livre d'Irak) qui servit de base pour le calcul, mais elle était aussi de poids variable[1]. L'étude détaillée de ce sujet n'entre pas dans le cadre de cet ouvrage. Notons seulement encore que, dans les trouvailles de la Russie du Sud, on voit apparaître habituellement la *grivna* dite « kiévienne », à forme hexagonale, à côté des *grivny* dites « novgorodiennes », en forme de lingots allongés[2] ; mais le poids en est pareillement variable.

Nous ne sommes pas plus exactement renseignés sur les balances dont

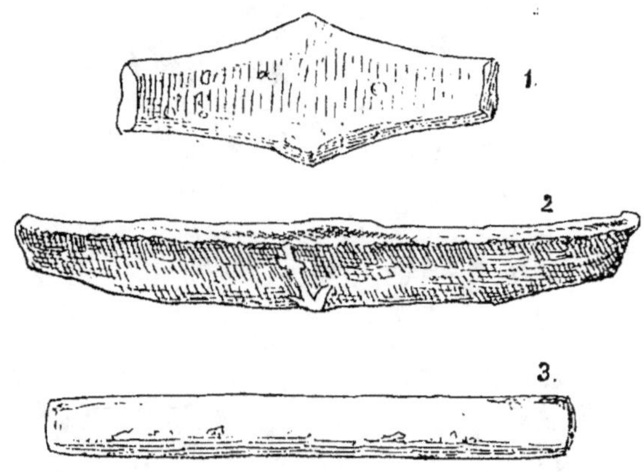

Fig. 100. — *Grivny* russes en argent : 1. de Kiev ; 2. de Novgorod ; 3. de Černigov.

il était fait usage pour le commerce. Une seule source pour la période ancienne, à savoir celle de Helmold, à l'année 1125, nous apprend que les Slaves de l'île de Rujana pesaient leur or et leur argent au moyen d'une balance dont Helmold pense qu'elle n'était pas juste[3]. A part cet unique témoignage, il n'est fait aucune autre mention de balances. Mais l'archéologie nous a fourni, surtout dans les trouvailles faites en Russie, une

---

[1] Fiala, *op. cit.*, pp. 27, 104, 120 et suiv. ; Gumowski, *op. cit.*, pp. 16-19 ; A. Čerepnin, О кіевскихъ денеж. гривнахъ, Труды XI арх. съѣзда, II, p. 38 ; J. Kaufman, Русскій вѣсъ, I, p. 94. (Зап. нумизм. отд., I, Спб., 1906). L'article de Čerepnin est fort instructif.

[2] Voir par exemple Kondakov, Русскіе клады, pp. 126 et suiv., planches II, III, IX ; Chanenko, Древности Приднѣпровья, V, p. 8, planche XV ; Bolsunovskij, Русскіе гривны (Арх. Лѣтопись южн. Россіи, 1903, p. 194).

[3] Helmold, I, 38 (« statera gravissimi ponderis »).

série de petites balances pour le commerce destinées à des poids déterminés[1]. Ce sont de petites balances à deux plateaux, comme nous en
connaissons pour l'époque romaine (*libra*) : les Slaves ont dû les emprunter
tant à l'Ouest aux Germains qu'à l'Est aux marchands arabes[2]. L'in-

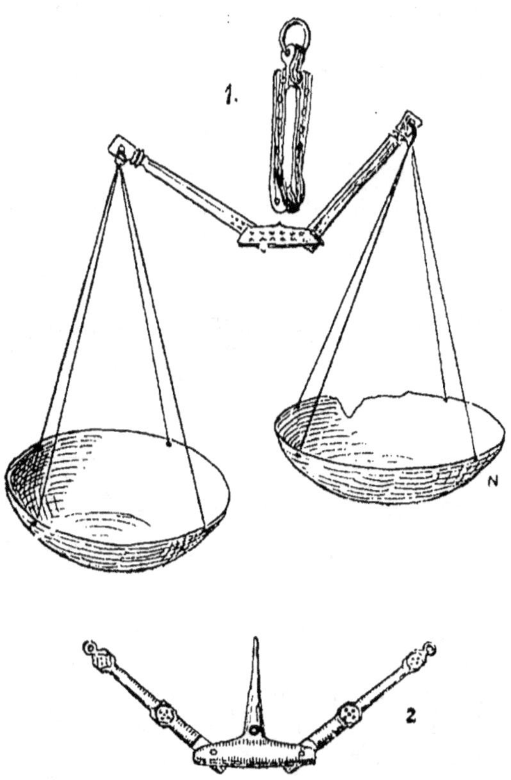

Fig. 101. — Balances trouvées : 1. à Ljucin (Russie) ; 2. à Hlohov (Silésie).
D'après Mertins.

[1] Voir l'énumération des découvertes dans *Živ. star. Slov.*, III, ch. X, p. 472.

[2] Les descriptions des trouvailles russes signalent aussi de petites balances à un plateau
du type actuel du безмень, mais elles n'en précisent pas exactement le mécanisme. Il doit
s'agir sans doute de la vieille balance rapide des Romains (voir Lindenschmit, *Alterthümer*,
IV, planche 40, et Sökeland, *Verhandlungen* de l'Académie de Berlin, 1900, p. 327, *Zeitschr.
für Ethnologie*, 1910, p. 499).

termédiaire germanique est attesté par le mot slave commun *vaga*, du vieux-haut-allemand *wāga*, vieux-norois *wāg*[1] ; l'intermédiaire arabe ressort du système de calcul du poids que T. Arne, d'après les découvertes archéologiques (où il subsiste encore bien des obscurités), tient pour oriental, mais inspiré par le vieux système grec de l'époque des Séleucides[2]. Ainsi du moins en était-il chez les Slaves de l'Est, en Russie. Les Slaves de l'Ouest, suivant toute vraisemblance, avaient adopté le système carolingien.

[1] Les Slaves avaient d'ailleurs aussi leur mot proprement slave, d'après le verbe *visěti*, à savoir en vieux russe вѣсъ, attesté dès le XIᵉ siècle.

[2] Cf. Kaufman, Русскій вѣсъ, *loc. cit.* ; Arne, *Suède*, pp. 179-181 et 191, où l'on trouvera aussi la bibliographie récente de la question.

CHAPITRE XI.

L'art militaire.

Les Slaves, dans leur habitat primitif, alors qu'ils se trouvaient à un niveau de civilisation encore inférieur, n'avaient développé ni leur science militaire ni même leur armement, et ceux-ci étaient restés rudimentaires. Mais, une fois dispersés dans les régions qui devaient devenir à l'époque historique leurs habitats respectifs, ils s'étaient trouvés en contact avec d'autres peuples plus avancés qu'eux, avec le monde grec, et avec le monde romain et germanique, et avec l'Orient. Ils étaient arrivés rapidement à s'adapter à la civilisation qui leur était révélée, et notamment à perfectionner leur organisation militaire et tout ce qui s'y rapportait. Jean d'Éphèse, en 584, constate que les Slaves nouvellement venus dans les Balkans ont déjà appris à faire la guerre mieux que les Romains[1].

Leur science militaire est donc, aux Xe et XIe siècles, singulièrement plus grande qu'avant la dislocation de l'unité primitive. Ils ne sont restés en arrière de leurs voisins ni pour le courage individuel, ni pour les connaissances techniques.

Organisation du service militaire.

L'organisation du service militaire reposait à l'origine sur la grande famille. Celle-ci, et avec elle chaque peuplade ou district, fournissait, en cas de besoin, tous les hommes capables de porter les armes[2]. La troupe des guerriers d'une famille devait ainsi naturellement former la plus petite unité constitutive, et son chef était le chef militaire de cette unité. Dans les états de la Baltique, où la flotte constituait une force de combat, la grande famille devait fournir une barque dûment équipée.

---

[1] Jean d'Éphèse, VI, 25. Voir *Slov. Star.*, II, p. 207.

[2] Dans des cas exceptionnels, les femmes mêmes combattaient, comme le prouvent les textes sur la bataille de Constantinople de 626 et les luttes tchéco-allemandes de 872 (voir *Manuel de l'antiquité slave*, I, p. 65, et *Ann. Fuld.*, 872, *Mon. Germ.*, *Scr.*, I, p. 384).

Telle était la base de l'organisation militaire. Quant à l'âge requis et aux modalités de la conscription, nous les ignorons, faute de disposer d'aucun témoignage ancien les concernant. Nous n'avons de témoignages que de la fin de l'époque païenne et du début du christianisme slave, c'est-à-dire d'une époque où la vieille organisation de la famille avait subi déjà bien des changements. Nous voyons dès lors une armée en partie permanente, en partie mercenaire, et les indigènes commencent à s'enrôler et à s'équiper suivant leur situation de fortune ; les armes diverses apparaissent également, cavalerie, infanterie et, dans cette dernière, des catégories spéciales de fantassins.

Les princes avaient auprès d'eux un détachement permanent : ce fut d'abord la *družina* « suite, cortège, compagnie » (du slave commun *drugŭ* « ami, membre de la *družina* »). Il est certain que les germes de cette *družina* s'étaient développés indépendamment, et depuis longtemps, dans l'entourage des princes slaves. Il a toujours été naturel que le chef d'une peuplade ou d'une tribu s'entourât d'une troupe d'hommes de confiance formant sa suite, lorsqu'il paraissait en public dans une assemblée ou pendant une cérémonie religieuse, et lui servant d'armée lorsqu'il entrait en guerre. Mais les grandes *družiny* que nous rencontrons chez les princes slaves des Xᵉ et XIᵉ siècles ne sont pas seulement le produit d'une évolution autonome de cette « suite » primitive : elles se sont formées sous l'influence du *Gefolge* germanique bien connu (chez Tacite, *Germ.*, 13-14 : « comitatus »). Nous n'en avons pas, il est vrai, de preuves directes, mais, si l'on songe aux relations étroites qu'avaient les Slaves de l'Ouest avec les Germains, et si l'on considère la quantité des emprunts qu'ils ont faits, dans le domaine militaire en particulier, aux Gots des IIIᵉ et IVᵉ siècles, on peut tenir pour vraisemblable que les troupes permanentes[1], que nous voyons auprès de certains princes slaves de cette époque et que les sources appellent *primates, viri meliores*, avaient été constituées sous l'influence germanique. Les princes russes de la famille de Rurik avaient amené avec eux chez les Slaves de l'Est leur propre *družina*, d'origine scandinave. La *Chronique* nous en dépeint la vie en maint passage : les gens qui la composaient menaient une vie joyeuse, aimaient boire et manger et se livrer aux réjouissances dans la grande salle du palais du prince, mais ils servaient en même temps leur maître avec fidélité[2]. La *družina* formait le noyau de toutes

---

[1] Le roi des Antes, Booz, avait déjà, au IVᵉ siècle, une semblable *družina* composée de 70 *primates* (Jordanis, *Get.*, 246) ; voir *Manuel de l'antiquité slave*, I, p. 190.

[2] *Chronique*, version Laurentine, *passim*. Le récit de Fadlân contient aussi des données intéressantes (Harkavi, Сказания, p. 101).

les expéditions princières, et les princes lui adjoignaient constamment au Xᵉ siècle, quand elle s'était déjà slavisée, des éléments mercenaires varègues.

Le prince polonais Mieszko avait une *družina* permanente de 3.000 hommes ceints d'une cuirasse (« loricati »), mais nous n'en savons que peu de chose[1]. C'étaient probablement des gens à sa solde, pareillement aux 3.900 « cuirassiers » que Gallus[2] signale comme occupant les châteaux de Boleslav le Hardi. C'est d'eux que sortit plus tard la chevalerie polonaise. Il est encore question de *družiny* de moindre importance chez les Slaves de la Baltique ; en Poméranie, même les petits chefs avaient leur *družina*, qui comprenait jusqu'à trente cavaliers[3]. La *družina* est également attestée chez les Slaves du Sud, au XIᵉ siècle, dans la guerre du prince Ludevit avec Borna[4].

La *družina* était en grande partie montée mais, en dehors d'elle, les Slaves, nous devons l'admettre, avaient encore dans leurs troupes des détachements de cavalerie parfois nombreux, suivant que le pays était plus ou moins riche en chevaux. Ainsi la Russie du Nord manquait de chevaux, d'où plusieurs témoignages sur l'absence de cavalerie chez les Russes[5]. Mais la Russie du Sud, qui confinait aux steppes avec leurs innombrables troupeaux de chevaux sauvages, était toujours fournie de montures, et c'est pourquoi les troupes des princes de Kiev comprenaient régulièrement d'importants détachements de cavalerie[6]. Les Slaves du Sud n'en étaient pas non plus dépourvus, et Constantin parle même de 60.000 cavaliers et de 100.000 fantassins chez les Croates du Xᵉ siècle[7].

---

[1] Ibrâhîm ibn Ja'kûb, éd. Westberg, pp. 55, 92.

[2] Gallus, I, 8, Ils portaient au cou des insignes de leur emploi : « torques in signum militiae » (Gallus, I, 16). Ce *torques* n'était autre que le μανιάκης ou μανίακιον byzantin qui avait passé aux Slaves. Les Byzantins mêmes l'avaient pris aux Perses. C'est pourquoi Joannes Lydus appelle les soldats byzantins τορκουάτοι, στρεπτοφόροι, οἱ τοὺς μανιάκας φοροῦντες (*De magistr.*, éd. Bonn, 157). Voir les détails chez Kondakov, Клады, p. 160, Древности, V, pp. 130, 151, et *Živ. star. Slov.*, III, p. 480.

[3] Saxo, éd. Holder, p. 276 ; Helmold, I, 87 ; Herbord, II, 23, 24. Herbord (II, 21) mentionne un certain « Vratizlaus dux *cum suo comitatu* ».

[4] Voir *Annales Einhardi*, à l'année 819.

[5] Voir Ibn Rosteh (Harkavi, Сказания, p. 266) et Kardîzî, éd. Bartold, p. 23.

[6] Voir par exemple *Chronique*, version Hypatienne, p. 235 (année 1146), version Laurentine, p. 242 (année 1096).

[7] Constantin, *De adm. imp.*, 31. Dès le VIᵉ siècle, les Slaves du Sud avaient des détachements de cavalerie et entraient aussi au service de Byzance (Prokopios, I, 27 ; Michel le Syrien, XI, 5 ; Jean d'Éphèse, VI, 25).

Chez les Slaves de l'Ouest, il y avait moins de cavalerie, mais la Silésie polonaise fournissait cependant assez de chevaux et la Poméranie davantage encore, car on y évaluait généralement la valeur d'une propriété d'après le nombre des chevaux, et les petits chefs eux-mêmes avaient, comme on l'a vu plus haut, leurs *družiny* montées[1]. Bien plus, là, dans le Nord, la cavalerie slave apparaît même dans les combats navals : les grands bateaux contenaient parfois, outre l'équipage, quelques cavaliers avec leurs chevaux destinés à entrer les premiers en action quand le bateau avait touché la rive ennemie[2].

La charte du cloître de Lautenberg, datée de 1181 et citée plus haut[3], signale dans la tribu sorabe des Dalemins plusieurs classes sociales parmi lesquelles l'une est appelée *withasii*, transcription correspondant au polabe *vićaz*, au tchèque *vitéz*, au polonais *wycięzca*, au russe витязь, au vieux slave *vitęzĭ*, tous mots venus du slave commun **vitengŭ* : c'était une classe de soldats servant à cheval, car le texte porte explicitement « in equis servientes, id est *withasii* ». L'explication du mot *vitęzĭ* a soulevé beaucoup de difficultés, et aujourd'hui encore on ne peut dire avec certitude ni si l'on doit y voir la transformation d'un nom de tribu germanique (*Vitung* ou nordique *Viking*)[4], ni comment il a bien pu devenir chez les Sorabes le nom d'une classe de la population[5]. Mais il n'est pas impossible que *viting* ait servi à désigner les guerriers qui se présentaient pour la guerre tout armés, appelés qu'ils étaient par la couronne de tille symbolique qu'on appelait *viti*[6].

---

[1] Voir plus haut, pp. 200. 268. Il est signalé de la cavalerie en Bohême par exemple par les *Annales de Fulda* (à l'année 871), par Lambert (en 1075 : *Mon. Germ.*, V, p. 227), par Kosmas (II, 35), en Pologne par Gallus (II, 28, III, 1), par Thietmar (VII, 12 [VIII, 18], VII, 15 [VIII, 23]). Pour les Slaves baltiques et polabes, voir Widukind, I, 36 ; Helmold, I, 36, II, 4 ; Ebbo, III, 5 ; Herbord, III, 2 ; Saxo, éd. Holder, pp. 477, 564 ; Thietmar, III, 18 (11) ; *Ann. Corv.*, année 1114.

[2] Saxo, éd. Holder, pp. 444, 477, 501, 608-609 ; Snorro, *Hist.* (*Mon. Germ.*, XXIX, p. 345) ; Knytlingasaga (*ibidem*, p. 306).

[3] Voir ci-dessus, p. 172.

[4] Voir Adam de Brême, IV, 6 : « piratae quos illi *wichingos* (*withingos*) appellant ».

[5] Voir les détails sur ce sujet dans *Živ. star. Slov.*, III, p. 486 : *Withung* (voir aussi Zeuss, *Deutschen*, p. 312), suivant Šafařík et Miklosich ; *Viking* suivant Uhlenbeck et Janko. J. Peisker voit en eux les restes des Vikings slavisés par des Sorabes (*Beziehungen*, pp. 302, 320). Voir en dernier lieu, dans la *Zeitschrift für slavische Philologie*, II, pp. 104-116, l'article de E. Schwarz.

[6] Voir plus loin, p. 270, et Schwerin, *Reallex. germ. Alt.*, I, p. 140, et *Zeitschr. für deutsche Kulturgesch.*, III, p. 621.

Le service dans la cavalerie occasionnant de grandes dépenses et exigeant un équipement considérable, les gens riches, seuls, y étaient généralement obligés, et c'est pourquoi l'évolution de la cavalerie se trouve liée ordinairement avec le développement de la chevalerie à l'époque historique.

Les troupes à pied étaient en nombre beaucoup plus considérable, mais leur équipement, comme nous le verrons plus loin, était plus léger. Une seule fois, en 623, les Slaves firent une attaque contre Constantinople en deux colonnes, la première armée légèrement, la seconde munie de cuirasses : il ne s'agissait pas là, cependant, d'une armée slave normale, mais d'une armée équipée et conduite par les Awars[1].

Comment se faisait la mobilisation? Nous l'ignorons. Ce n'est qu'à partir du XIᵉ siècle (chez les Polonais à partir du XIIIᵉ) que nous apprenons par certains textes que le signe en était une couronne de tille que le prince envoyait dans les villages. C'était là vraisemblablement une coutume ancienne : la couronne était appelée *vitĭ*, en polonais *wić*, et c'est de ce nom qu'Alexandre Brückner fait dériver l'énigmatique *vićaz* dont nous avons déjà parlé[2]. Mais cette explication est, elle aussi, sujette à caution, surtout si l'on considère que dans un pays voisin, le Danemark, la *vitĭ* était aussi un symbole de convocation des hommes à la guerre, encore qu'elle eût un autre caractère[3].

Les Slaves donnaient au simple combattant les noms de *ratnikŭ* (de *ratĭ* « combat ») ou de *voj, vojinŭ* et *vojnikŭ*. Celui qui commandait la troupe s'appelait *vojevoda*, d'où le grec byzantin βοίβοδος (chez Constantin Porphyrogénète, *De adm. imp.*, 38), le roumain *vojevod* et le hongrois *vajvoda, vajda*. C'est seulement là où s'était exercée l'influence de Rome ou de Byzance qu'apparaissent, dès les Xᵉ et XIᵉ siècles, des termes désignant des fonctions subalternes, telles que celles de *desętnikŭ* « décurion » (de *desętĭ* « dix »), *sotnikŭ* « centurion » (de *sŭto* « cent »), et d'autres encore par la suite[4].

La tactique.

Les documents anciens attribuent aux Slaves, dès le début de l'époque historique, une méthode de combat particulière : ne pas entrer en lutte

---

[1] *Chronicon paschale*, année 623.

[2] Voir Brückner, *Rozprawy* de l'Académie de Cracovie, XXXV, 1908, p. 308.

[3] Voir plus haut, p. 269, note 6.

[4] *Chronique*, version Laurentine, à l'année 996, et diverses chartes croates (Rački, *Documenta*, VII, pp. 81, 82, 128, 144, etc.) : Jireček, *Staat*, I, p. 76.

ouverte avec l'adversaire, mais tomber sur lui à l'improviste sur un terrain difficilement accessible, l'anéantir ou tout au moins lui causer de graves pertes, puis chercher rapidement un refuge dans les forêts et les lieux escarpés[1]. Les Slaves devaient conserver parfois dans la suite cette tactique d'attaques par surprise[2], mais, dès les Xe et XIe siècles, ils livraient la plupart du temps des combats réguliers. C'est qu'entre temps ils s'étaient adaptés à la tactique romaine (byzantine) ou germanique, et cette adaptation remontait déjà haut, car on la constate au VIe siècle, au VIIIe et au IXe, en même temps que l'usage de tous les engins de guerre des Romains, ainsi que nous le verrons plus loin[3].

Nous n'avons pas de description de la tactique d'une expédition ni d'un combat dont les Slaves aient la conduite ; mais les allusions des historiens et le vocabulaire militaire nous aident cependant à en esquisser au moins les traits principaux.

L'armée en campagne s'avançait en troupes séparées que les plus anciennes sources indigènes désignent habituellement sous le nom de *plŭkŭ*, *pŭlkŭ*[4]. L'ancien *plŭkŭ* n'était pas encore une unité importante à effectif fixe, mais seulement, en général, la petite troupe qu'une famille ou tribu envoyait au combat, n'eût-elle parfois pas même cent hommes[5]. Quand la nuit tombait, le chef cherchait une place convenable pour le campement et, s'il était nécessaire de camper pour un temps prolongé, on entourait le camp de fossés, creusés sans doute d'après le modèle romano-byzantin[6]. La forme la plus intéressante était celle du camp entouré de lourds chariots destinés à transporter la troupe, les vivres et tous objets nécessaires. C'est le type de campement que les Hussites, au XVe siècle, rendirent célèbre en Bohême et qu'avaient connu dans l'antiquité les Germains,

---

[1] Maurikios donne une relation détaillée de cette tactique dans son *Strategikon*, XI, 5. Voir aussi Prokopios, II, 26 ; III, 22, 38, 40 ; Michel le Syrien, X, 18 ; *Miracula Sancti Demetrii*, XII, 98 ; XIII, 111 ; Theophylaktos, éd. Boor, pp. 236, 247 ; etc.

[2] Helmold, II, 13 ; *Vita Hludovici*, 32.

[3] Voir ci-dessous, p. 273.

[4] Voir Miklosich, *Etymologisches Wörterbuch*, p. 236. Il est apparenté (peut-être même emprunté au gothique) à l'allemand *volk*. Dans les sources latines nous lisons les mots *agmen*, *cuneus*, *legio*, *acies*, appliqués à des troupes slaves.

[5] Voir *Chronique*, version Laurentine, p. 261 (année 1097). La *četa* était un détachement encore plus petit (Berneker, *Etymologisches Wörterbuch*, I, p. 152). Voir aussi T. Korzon *Dzieje wojen*, etc... *w Polsce*, I, p. 36 (Kraków, 1912).

[6] Voir par exemple Paulus Diacon, IV, 46 ; VI, 24 ; *Chronique*, version Laurentine, p. 75 (980).

les Gaulois et les Turco-Tatars. Il nous est attesté chez les Slaves à partir du vie siècle[1].

Fig. 102. — Princes tchèques (d'après les fresques de la chapelle de Znojmo).

Chaque détachement, et d'abord celui d'une famille ou d'un district, avait son étendard (*signum, effigies, vexillum*) comme chez les voisins germains, gaulois ou turco-tatars[2]. Cet étendard portait des figures d'animaux ou de dieux (chez les Slaves de l'Est il était parfois surmonté d'une queue de cheval). Nous savons que la tribu des Luticiens avait sur ses drapeaux des images de divinités[3]. Les premiers princes slaves apparaissent également avec un étendard à la main, par exemple saint Venceslas dans le manuscrit de Wolfenbüttel ou de Vyšehrad (fig. 13, 102).

Aussitôt qu'on devait en venir aux mains, le chef disposait ses troupes en ordre de combat (les termes anciens qui désignaient cette opération étant нарядити, иставити полки, исполчитися[4] ; chez Thiet-

[1] Theophylaktos Sim., VII, 1-2, 11 ; Theophanes, éd. Boor, 276 ; *Chronique*, version Laurentine, pp. 29 (907), 364 (1177).

[2] Ces enseignes portaient le nom indigène de *praporŭ* (de *porporŭ) ou encore, et depuis longtemps, un nom étranger, emprunté soit aux Gots (*hrunga*), soit plutôt aux Turco-Tatars (*horongo) sous la forme *chorǫgy*, tchèque *korúhev* (Miklosich, *Etymologisches Wörterbuch*, pp. 89, 259 ; Berneker, *Etymologisches Wörterbuch*, I, p. 398). Il y a encore un vieux mot russe стягъ (Miklosich, *op. cit.*, p. 323), mais c'est aussi un emprunt au nordique *stang*, *stöng* (Schrader, *Reallex.*, p. 209).

[3] Thietmar, VIII, 64 (VII, 47) ; VI, 16-18. Voir aussi III, 18 (11). La queue de cheval du drapeau des Polovtses ou des Russes portait le nom de челка, чолка (*Chronique*, version Laurentine, p. 342).

[4] Nous n'avons pas de données sûres concernant cet ordre de combat, mais il semble qu'à l'origine les Slaves n'aient pas pratiqué la formation « en coin » qu'employaient les anciens Germains (voir Tacite, *Germ.*, 6 : « acies per cuneos instruitur ») et que Schrader regarde comme la formation indo-européenne ancienne (*Reallexikon*, p. 351), mais qu'ils offraient un front uni d'une ou deux rangées de soldats. C'est seulement à partir du xiie siècle que nous avons des allusions à des formations en coin (*cuneus*) chez les Slaves (Helmold,

mar nous lisons : « acies turmatim ordinata » [1]. Il haranguait ensuite ses hommes pour exciter leur courage, puis, sur son ordre, on élevait les étendards, et la troupe se jetait sur l'ennemi au son des trompettes et en poussant de grands cris. « Levate signa », s'écriait le prince païen Vlaslav avant d'engager le combat avec les Tchèques [2].

A partir de l'époque des invasions magyares, la vieille tactique se modifia sous l'influence des envahisseurs (les Tatars en Russie). C'était dès lors une troupe d'archers (*sagittarii*, vieux-russe стрѣльцн), aussi nombreuse que possible, qui entamait la lutte pour répondre à l'afflux des flèches magyares [3]. Après ce tir seulement, les formations en ordre de bataille entraient en jeu.

Parfois, cependant, on n'en venait pas à un engagement général : les chefs se provoquaient en duel ou désignaient à cet effet des représentants choisis dans leurs troupes, et le résultat du duel décidait de la victoire. Nous rencontrons cet usage dans les luttes des Slaves aussi bien en Occident avec les Germains qu'en Orient avec les Pétchénègues et les Khazars [4]. Il est difficile de dire si cette coutume était venue aux Slaves de tels ou tels de leurs deux voisins, ou bien si elle était indigène et ancienne.

Les Slaves, en général, dans le domaine militaire, savaient adopter tout ce qu'ils voyaient chez leurs ennemis. On n'en saurait trouver de meilleure preuve que leur habileté à enlever dès le VIe siècle, soit en compagnie des Awars ou des Bulgares, soit à eux seuls, les villes et les forteresses romaines. Ils employaient alors toutes les méthodes et toutes les machines qu'ils voyaient chez les Byzantins, voire même des engins inconnus à ceux-ci : balistes, tortues, tours, échelles, et ils savaient faire usage des divers types de remblais et de tranchées. Nous avons là-dessus une série de données venant des combats livrés tant autour de Salonique, de Toperos et de Constantinople que dans les régions du Nord. L'auteur

---

I, 38 ; Ebbo, III, 5 ; Gallus, III, 1 ; Kosmas, I, 12), encore que ces allusions mêmes ne soient pas évidentes, car le mot *cuneus* y semble être le simple équivalent de *agmen*.

[1] Thietmar, VIII, 16 (IX, 31).

[2] Kosmas, *Chron.*, I, 10. On trouvera d'autres documents sur cette « levée » des drapeaux dans *Živ. star. Slov.*, III, p. 503.

[3] Thietmar, VI, 10 (8), VII, 13, VII, 44 ; *Chronique*, version Laurentine, p. 212, année 1093. Sur l'attaque des archers magyars, voir Regino, année 889 (*Mon. Germ., Scriptores,* I, p. 600).

[4] *Légende de Christian*, éd. Pekař, 167, 193 ; Wippo, *Vita Chounradi*, 33 (année 1034) ; Saxo Gram., éd. Holder 83 ; *Chronique*, version Laurentine, années 993 et 1022 (pp. 120, 143). Sur les duels des Russes, voir aussi la donnée de Ibn Rosteh (Harkavi, Сказ., p. 269).

inconnu de la légende de saint Demetrios admire les stratagèmes des Slaves dans leurs attaques contre les remparts de Salonique[1].

Il n'y a que le feu grégeois dont les Slaves n'arrivèrent pas à faire usage, encore que Constantin se plaigne une fois que des traîtres grecs l'aient vendu aux Barbares[2]. Ils brûlaient les villes d'une manière tout à fait primitive. Lorsque la princesse Olga voulut mettre le feu à la forteresse principale des Drévlianes, Iskorostěn', elle se procura par ruse des pigeons et des moineaux de cette localité, puis les relâcha ensuite après leur avoir attaché à la queue des torches de soufre enflammé[3]. Ce n'est qu'au XIIᵉ siècle que nous avons chez les Russes deux allusions au feu grégeois, une fois dans la *Chronique* (version Hypatienne), où le Polovtse Končak en jette sur les Russes à l'aide d'arbalètes, et une autre fois dans le *Dit de la compagnie d'Igor*[4].

Nous avons déjà vu les progrès accomplis par les Slaves dans la guerre maritime[5].

L'armement.

A première vue, les Slaves semblent avoir été, jusqu'à la fin de la période païenne, très pauvres en armes. Les sépultures slaves, du IXᵉ au XIᵉ siècle, n'offrent que peu d'armes ou point du tout[6], et plusieurs textes, d'autre part, semblent caractériser les Slaves comme entièrement dépourvus d'armes : ainsi, pour Jordanis, le trait le plus frappant des Slaves du IVᵉ siècle est d'être « armis despecti »[7], et Constantin Porphyrogénète note de même

---

[1] Prokopios, III, 38 ; *Chron. pasch.*, années 623, 626 ; Georgios Pisides, *Bell. Avar.*, 220 ; Nikephoros, *Brev.*, 20 (éd. Boor 17) ; Theophanes, éd. Boor, 487 ; Anon. (*Mai Nova bibl.*, VI, 428) ; Prokopios, III, 38 ; Constantin, *De adm. imp.*, 32 ; *Chronique*, version Laurentine, pp. 106 (988), 261 (1097) ; Arnold, *Chron.*, II, 19, 22 ; Thietmar, VII, 44 ; Gallus, II, 44, III, 26. Voir encore *Živ. star. Slov.*, III, p. 504. Les données le plus détaillées sur ces combats nous sont fournies par un auteur anonyme byzantin sur les combats de l'an 814 (Scriptor incertus, éd. Bonn, p. 347 ; voir le commentaire de Zlatarski dans son *Histoire de la Bulgarie*, I, p. 415) et l'auteur anonyme de la légende de saint Demetrios en plusieurs passages de son récit. Voir Tougard, *Histoire profane*, Paris, 1874, pp. 103, 105, 111, 133 et suiv., 167-171.

[2] *De ad. imp.*, 13.

[3] *Chronique*, version Laurentine, p. 57.

[4] *Chronique*, version Hypatienne, 1184 (p. 428) ; *Slovo*, éd. Erben, p. 5. Sur ce point voir le commentaire de P. Melioranskij dans Изв. отд. русск. яз. и слов., 1902, VII, 2, p. 297.

[5] Voir plus haut, p. 256.

[6] Voir la documentation dans *Živ. star. Slov.*, III, p. 511.

[7] Jordanis, *Chron.*, 119 : « quamvis armis despecti sed numerositate pollentes ».

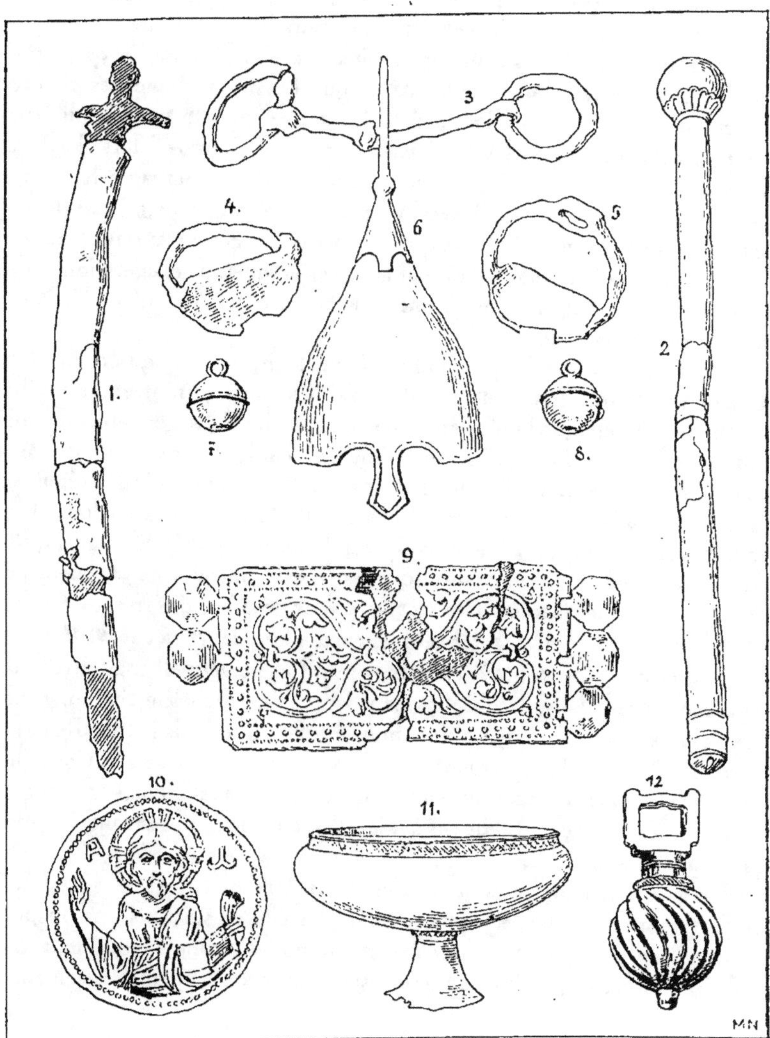

Fig. 103. — Armes et autres objets d'un guerrier russe du Xe siècle, trouvés dans le tombeau de Taganča, près de Kiev.

simplement : « ἔθνη σκλαϐινικὰ ἄοπλα ἔντα »[1]. D'autres témoignages, que nous citerons plus loin, s'accordent avec ceux-ci.

Par contre, nous n'en savons pas moins que l'histoire de l'expansion des Slaves est riche de grands combats et que l'histoire même des premiers siècles qui ont suivi l'installation dans les nouveaux habitats est, elle aussi, pleine de guerres souvent victorieuses contre les Turco-Tatars, les Grecs et les Germains. Nous avons d'ailleurs nombre de témoignages historiques mentionnant les armes des Slaves, et nous connaissons déjà l'assertion de Jean d'Ephèse (année 584), suivant laquelle les Slaves auraient appris à faire la guerre mieux que les Romains ; c'est là, quelque exagération qu'elle comporte, une contradiction formelle à la formule ἔθνη ἄοπλα de Constantin Porphyrogénète.

Ce désaccord entre les trouvailles archéologiques, d'une part, et tout le reste de l'histoire, d'autre part, n'est, à vrai dire, qu'apparent, et il s'explique facilement. A l'époque la plus ancienne, en effet, les Slaves étaient, en réalité, peu et mal armés. Lorsqu'ils quittèrent leur habitat primitif, ils n'avaient, pour ainsi dire, pas d'armes, ou du moins pas d'armes métalliques régulières; ils se contentaient de petits arcs avec des flèches pointues en bois dur et de boucliers de bois en claie ou couverts de peau. C'est encore ainsi que les représentent les plus vieux chroniqueurs. C'est pourquoi ils passaient pour dépourvus d'armes (« *armis despecti* ») aux yeux des Gots des IIIe et IVe siècles, et c'est ainsi que les caractérisent encore, entre le VIe et le VIIIe siècles, des historiens qui se sont rencontrés souvent et personnellement avec eux : Prokopios, Maurikios, Léon VI, Jean d'Éphèse, Michel le Syrien, Paul le Diacre, ainsi que l'anonyme inconnu auquel ont puisé Ibn Rosteh et Kardîzî[2]. C'est à cela seulement que pouvait penser l'empereur Constantin, lui aussi, lorsque, comparant, sur la foi de ces sources anciennes, l'armement des Slaves avec celui de ses soldats romains, lourd et savant, il appelait les premiers ἔθνη ἄοπλα.

Mais si cet armement était insuffisant du IIIe au VIe siècle après J.-C., les Slaves ont su le perfectionner durant les siècles suivants en s'inspirant des modèles germaniques, romains et orientaux, comme nous le verrons plus loin. Il est impossible qu'ils eussent conservé leur ancien armement,

---

[1] Constantin, *De adm. imp.*, 29.

[2] Prokopios, *B. G.*, III, 14 ; Maurikios, *Strat*, XI, 5 ; Léon, *Tact.*, XVIII ; Jean d'É-phèse, éd. Schönfeld, VI, 25 ; Michel le Syrien, éd. Chabot, X, 18 ; Paulus Diac:n, VI, 24 ; Ibn Rosteh (Harkavi, Сказ., p. 266) ; Kardîzî, éd. Bartold, 123 ; *Fontes rer. boh.*, I, p. 140.

si imparfait, alors que Jean d'Ephèse estime qu'ils avaient appris à faire la guerre mieux que les Romains. Aux xe et xie siècles, les Germains, les Romains et les Orientaux leur avaient déjà vendu beaucoup d'armes. La lance, l'arc et le bouclier restaient encore, il est vrai, les armes caractéristiques du guerrier slave, mais il s'y était ajouté l'épée, la dague et le sabre et des armes défensives comme le haubert et le casque. Ce progrès avait

même été réalisé au courant des xe et xie siècles (et dans les Balkans plus tôt encore), et les textes de cette époque nous laissent apercevoir à cet égard un état de choses nouveau[1].

Si nous trouvons néanmoins peu d'armes dans les tombes slaves des xe et xie siècles, c'est qu'à cette époque, en tout pays, mais surtout là où s'était installé le christianisme romain, on avait cessé de déposer des présents dans les tombes, et par conséquent aussi des armes. Charlemagne avait interdit en 785 les funérailles païennes dans le royaume franc, et les Slaves de l'Ouest s'étaient conformés à cette interdiction, de telle sorte que nous ne trouvons de tombes de guerriers chrétiens contenant un équipement complet qu'à titre exceptionnel, telle la tombe de Taganča près de Kanev et celle de Kolín en Bohême[2]. On découvre d'ailleurs parfois des cimetières germaniques entiers

Fig. 104. — Reconstitution de l'armement du guerrier trouvé à Taganča.

de l'époque mérovingienne qui sont dépourvus d'armes, et personne pourtant ne doute que les Germains, du ve au viiie siècle, n'aient possédé un armement important et même remarquable[3].

[1] Voir la reproduction dans *Živ. star. Slov.*, III, p. 522.

[2] Sur Taganča, voir Chojnovskij, Сbатыия, p. 122, pl. X; sur Kolín, *Památky archeologické*, XV, p. 715.

[3] Il n'y a pas de livres d'ensemble sur les anciennes armes slaves. Une partie des

L'épée et le sabre. — C'est par les Gaulois que les Germains et les Romains avaient appris à connaître la longue épée à deux tranchants : ils l'avaient eux-mêmes adoptée. Cette épée, chez les Germains, durant la période méro-

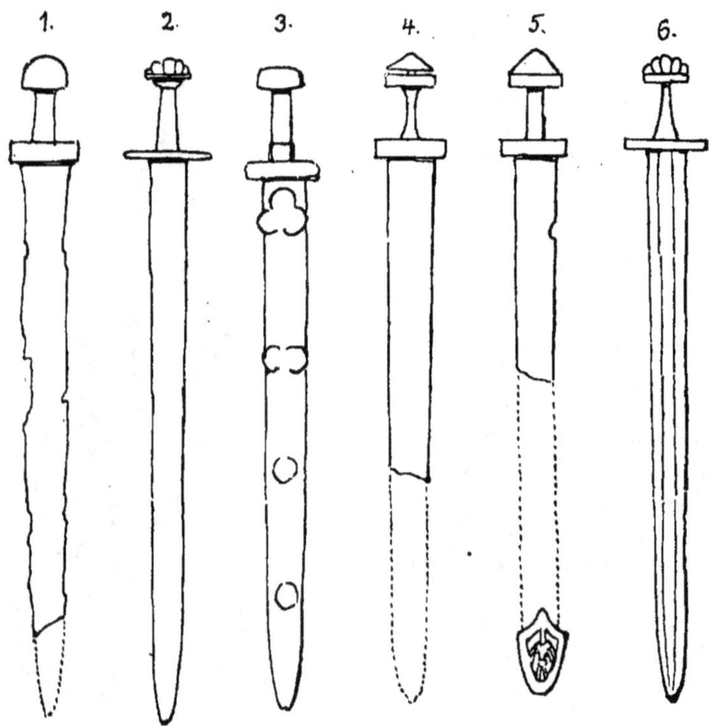

Fig. 105. — Épées slaves (1. Hohenberg ; 2. Koljany ; 3. Jarohňovice, 4. Kiev ; 5. Gnězdovo ; 6. Golcow).

vingienne, avait la forme d'une lame pesante munie d'une courte garde et d'un pommeau en cône. C'est cette forme qui fut empruntée aux Germains

matériaux slaves ont été recueillis par Zíbrt, *Dějiny kroje v zemích českých*, I (Praha, 1892) et P. Savvaitov, Описаніе старинныхъ русскихъ утварей, etc. (Спб., 1896). Mais ce sont là surtout des matériaux d'époque tardive. L'ouvrage de A. Viskovatov, Историч. описаніе одежды и вооруженія росс. войскъ (Спб., 1841) m'est resté inaccessible.

par les Slaves à l'époque carolingienne. L'emprunt du mot gothique *mēki*
par le slave commun *(mečĭ)* doit remonter d'ailleurs à une époque antérieure[1].

L'épée que nous trouvons dans les tombes slaves du VIIIe au XIe siècle
est précisément l'épée germanique du temps de Charlemagne (fig. 105),

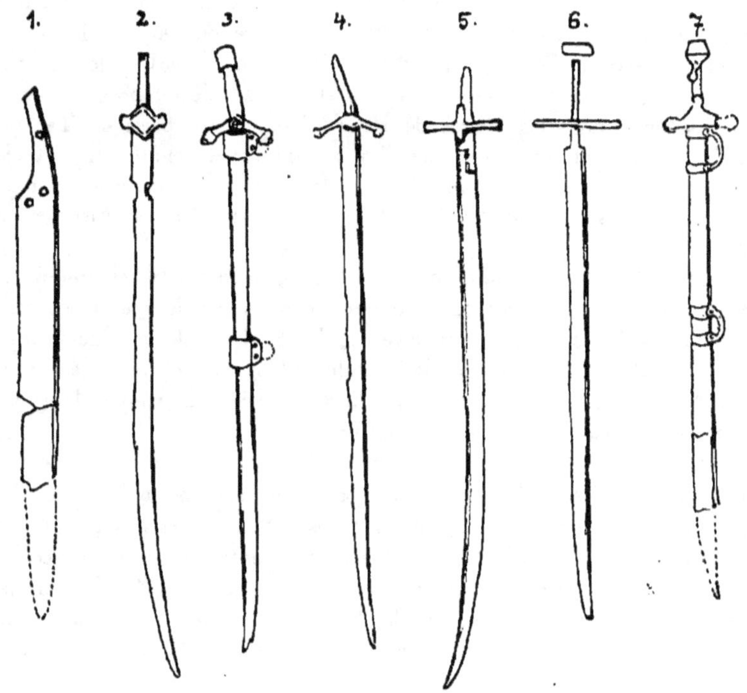

Fig. 106. — Sabres trouvés dans des tombeaux de Slaves et de nomades : 1. Jurkovo ;
2. Kecskemet ; 3. Némes-Ocsa ; 4. Czechowice ; 5. Taganča ; 6. V. Saltovo ; 7. Koban.

et c'est aussi la plupart du temps un objet provenant par importation des
ateliers francs ou nordiques avec des ornements de caractère germanique,
bien que l'on en trouve aussi quelquefois des imitations indigènes [2]. Les

---

[1] Berneker, *Etymologisches Wörterbuch*, II, p. 29. Ce même vocable est passé également
aux Finnois *(miekka)* et aux Lithuaniens *(meczus)*.

[2] Ibn Khordâdbeh et le Géographe persan anonyme rapportent que de Kiev on exportait des épées. Voir plus haut, p. 238.

autres types d'épée, de formes byzantines ou orientales, parmi lesquelles
il faut signaler l'épée droite à un seul tranchant (*palaš kord*), sont rares à
cette époque dans les pays slaves [1]. De même le sabre turco-tatar à une
seule lame recourbée (vieux slave *sablja*) [2] était déjà passé chez les Slaves
à cette époque, mais d'abord à l'état sporadique. La *Chronique* de Kiev distingue encore, à la fin du Xe siècle, l'armement russe, dont la caractéristique
est une épée, de l'armement turco-tatar, composé de l'arc et du sabre [3],
et nulle part dans la *Chronique*, avant le Xe siècle, nous ne voyons les guerriers
russes armés de sabres. Cependant, à partir du Xe siècle, nous voyons le
sabre pénétrer chez les Slaves de Russie (voir le tombeau de Taganča,
fig. 103) et plus tôt encore chez les Slaves de Hongrie. Ici aussi il faut bien
distinguer le sabre ancien des Awars, dont la garde est munie d'une
dent, des sabres magyars plus tardifs avec la garde un peu brisée et sans
dent [4].

Il convient d'observer qu'à défaut de l'épée, qui était certainement une
pièce précieuse, les Slaves combattaient encore avec de grands couteaux
comme nous l'attestent, pour les Slaves de l'Ouest, la vie de l'évêque Altmann
de la fin du XIe siècle, ou encore la légende de Christian et, pour les Slaves
de l'Est, le *Dit de la compagnie d'Igor* du XIIe siècle [5]. Cependant les grands
couteaux sont très rares dans les sépultures.

La hache. — La hache (slave *sekyra* ou *tesla*) est une arme assurément
ancienne, mais on n'en peut prouver l'existence chez les Slaves qu'à une
époque relativement tardive : les premiers documents la mentionnant comme
utilisée par les Slaves durant les combats datent seulement du VIIIe siècle [6].
Je ne puis néanmoins douter que les Slaves en fissent usage bien auparavant. Elle s'est largement répandue par la suite ; elle figure fréquemment

[1] C'est en Hongrie qu'on en trouve le plus, et Hampel (*Alterthümer*, I, pp. 188, 193,
197) dit que ces épées tirent leur origine des sabres recourbés modifiés sous l'influence
de l'épée franque. Le mot *palaš* vient du turc *pala*, le mot *kord*, en slave d'église *korŭda*,
est tiré de l'iranien (Miklosich, *Etymologisches Wörterbuch*, p. 230 ; Berneker, *Etymologisches Wörterbuch*, I, p. 569).

[2] On trouve le mot dans les textes slaves de l'époque la plus ancienne. Il figure aussi
dans le texte le plus ancien de la *Chronique* de Kiev.

[3] *Chronique*, année 968 (version Laurentine, p. 65).

[4] Voir Hampel, *Alterth.*, I, pp. 194 et suiv.

[5] *Vita Altmanni Pataviensis* (*Mon. Germ., Scr., XII*, p. 229) ; Christian, éd. Pekař,
p. 155 ; *Slovo o pŭlku Igorevě*, éd. Erben, p. 7 (ces couteaux se portaient dans les bottes
et s'appelaient засапожники).

[6] Paulus Diacon, VI, 24.

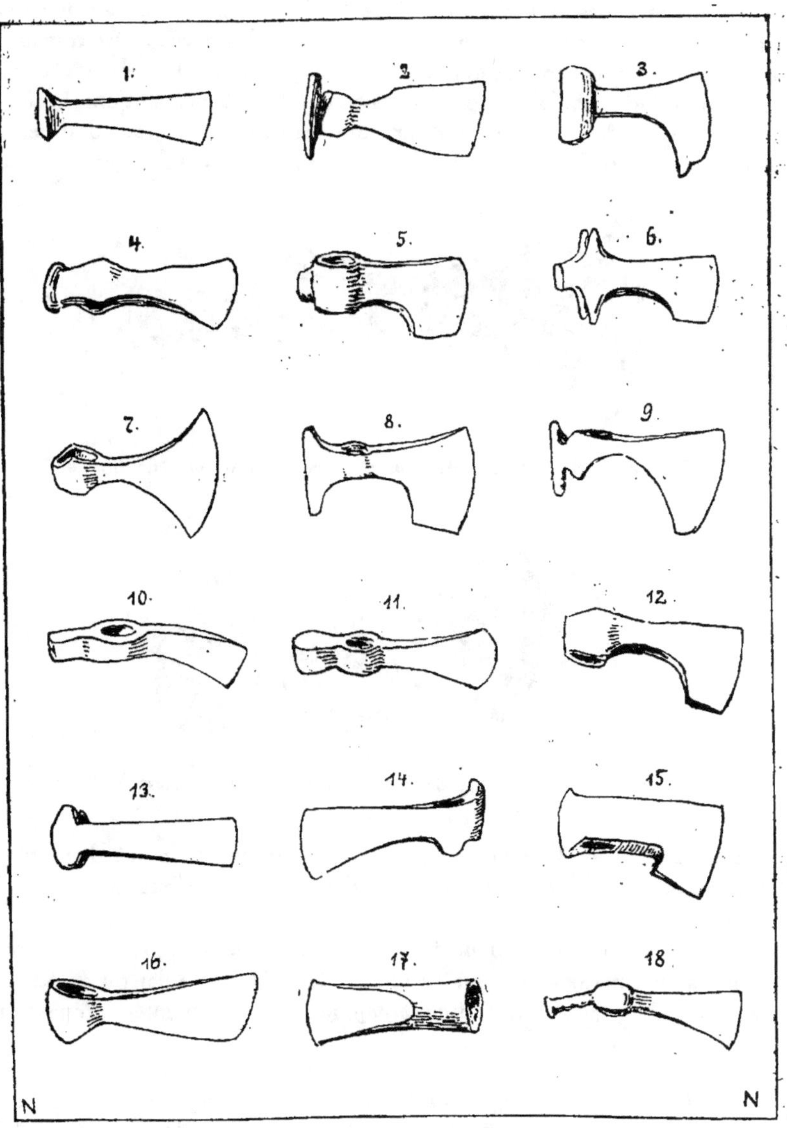

Fig. 107. — Haches de tombeaux slaves : 1-3. Croatie ; 4-6. Moravie ;
7-16. Russie ; 17. Lituanie ; 18. Russie (nomades).

dans les trouvailles archéologiques à partir du VIIIe siècle. La forme en est ancienne, telle que nous la connaissons déjà par les découvertes romaines, avec la partie tranchante tantôt étroite, tantôt large (fig. 107). La francisque n'apparaît déjà plus. Par contre, les Slaves ont reçu de l'Orient une hachette munie d'une tête allongée et d'un pommeau avec un trou destiné au manche. On la trouve parfois dans les sépultures russes et aussi en Hongrie :

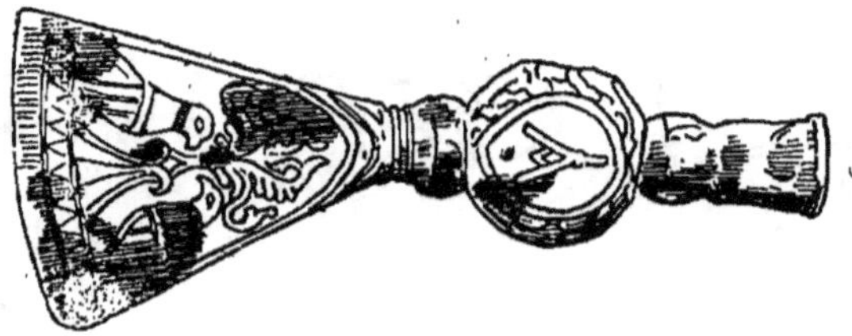

Fig. 108. — Hachette incrustée d'or et d'argent (travail russe) de Biljarsk.

Fig. 109. — Massues de Russie (Sachnovka, Kiev, Kanev).

le plus bel échantillon en est la hachette incrustée d'or et d'argent de Biljarsk près de Čistopol (fig. 108), qui remonte au début du XIIe siècle environ [1].

Avec ce modèle oriental de hache les Slaves adoptèrent naturellement les termes orientaux de *čakanŭ* (turc) et de *toporŭ* (de l'iranien ou du persan). Le mot *barta* (vieux-slave *bordy, brady*) leur était venu antérieurement des Germains [2].

---

[1] Kondakov, Древности, VI, p. 87.

[2] Berneker, *Etymologisches Wörterbuch*, I, pp. 73, 134 ; Miklosich, *Etymologisches Wörterbuch*, pp. 19, 359. Voir aussi l'article de St. Mladenov dans la *Revue des Études slaves*, IV (1924), p. 193.

Outre la hache à tranchant, on rencontre parfois dans les pays slaves des massues terminées en forme de marteau, sans lame, ou de pommeau muni de rayures et de dents. Il en existait des modèles variés et destinés à des fins diverses, et voilà pourquoi nous en avons une abondante nomenclature tant indigène *(palica, mlatŭ, žezlŭ, bulava, pernatŭ, obuchŭ)* qu'étrangère et orientale *(buzdyganŭ, šestopjorŭ,* du persan *šešper)*. Il est cependant difficile d'assigner à chacun son correspondant réel, et il n'est pas moins difficile d'en établir le degré d'ancienneté. Le simple peuple employait évidemment, à côté de ces massues souvent luxueuses, de simples bâtons (sl. *kyjï*), comme nous en voyons du reste aux mains des soldats normands représentés sur la tapisserie de Bayeux.

La lance, l'arc. — Ce sont là, nous le savons déjà, les pièces les plus typiques de l'armement ancien des Slaves.

Outre des perches de bois taillées en pointe (russe оскѣпъ), les Slaves avaient deux espèces de lances munies d'un fer : l'une portant le fer à une extrémité seulement (vieux sl. *kopïje*) ; l'autre, aux deux bouts *(sudlica)*. Le fer offre la même variété que nous constatons à cette époque dans les armes de l'Europe occidentale et germanique ; le bas à la forme d'une douille destinée à recevoir la hampe (voir fig. 110). On trouve parfois des lances à ailerons, c'est-à-dire ayant sous le fer une garde transversale semblable à celles que nous connaissons en Occident et dans les miniatures de l'époque.

Quant à l'arc (vieux-slave *lŏkŭ*) et aux flèches (vieux-slave *strĕla, šipŭ*) [1], ils jouaient depuis longtemps un rôle important chez les Slaves de l'Est ; ils eurent la même importance chez les Slaves de l'Ouest à partir du moment où ceux-ci se furent trouvés en contact avec les archers awars et magyars et se virent obligés d'adapter leur tactique à celle de ces ennemis [2].

On n'a pas trouvé d'arc entier dans les sépultures [3], mais il n'est pas douteux, à mon sens, que cette arme ressemblait à celle de l'Allemagne du Sud, telle qu'on la trouve dans les tombes d'Oberflacht, ou bien à l'arc

---

[1] Le mot *strĕla* est d'origine germanique (vieux-haut-allemand *strāla*), mais il est ancien. Le mot *šipŭ* désignait à l'origine une épine d'églantier ; il a pris ensuite le sens de fer de la flèche. Pour ces mots, voir Miklosich, *Etymologisches Wörterbuch*, pp. 165, 325, 340 ; Berneker, *Etymologisches Wörterbuch*, I, p. 739.

[2] Voir plus haut, p. 273.

[3] N. Rĕpnikov en a trouvé un complet sur l'emplacement d'une enceinte fortifiée à Staraja Ladoga, mais il est bien douteux que ce soit un arc slave (voir *Manuel de l'antiquité slave*, I, p. 203, et ici même, p. 248).

 L'ART MILITAIRE

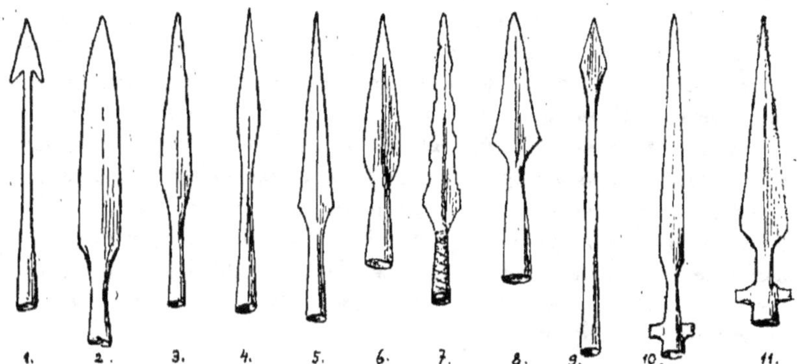

Fig. 110. — Lances des tombeaux slaves : 2, 6, 7, 10, 11. Tombeaux occidentaux ;
1, 3, 4, 8, 9. Russie.

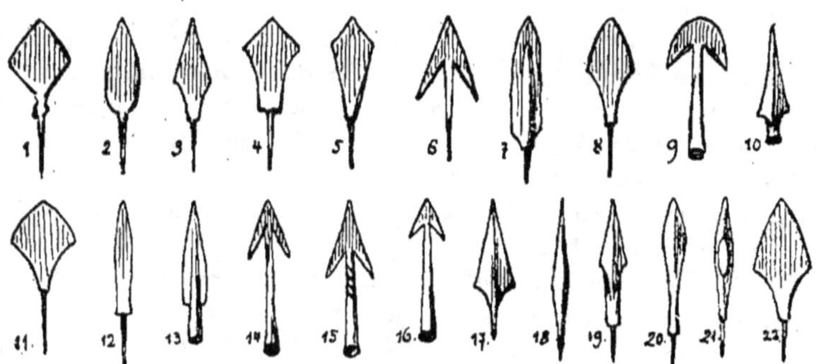

Fig. 111. — Fers de flèches (tous de Russie, sauf les numéros 14 et 15
qui proviennent de Croatie).

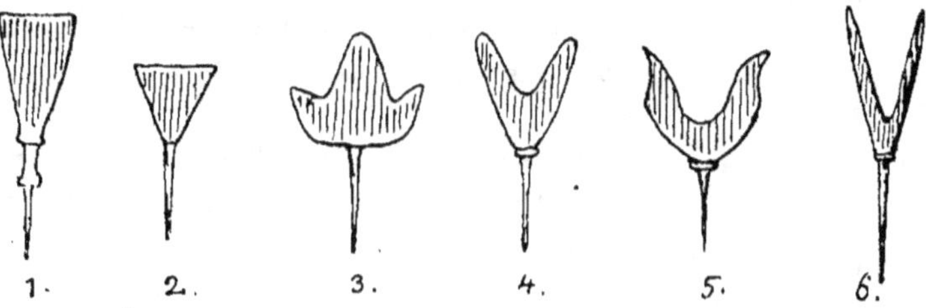

Fig. 112. — Fers de flèches orientales : 1. Sibérie ; 2, 3, 5. Russie ;
4. Hongrie ; 6. Transcaucasie.

nordique de Nydam, c'est-à-dire qu'il était fait d'une branche droite d'orme ou de frêne, relativement longue. D'autre part, l'arc de l'Asie centrale avait également pénétré chez les Slaves de l'Est[1] : il était fait de deux pièces formant une large courbure en forme de M ; c'est celui que nous trouvons dans les tombes scythes, sarmates, et dont nous avons des représentations parthes et perses de l'époque sassanide[2]. Mais ce n'est pas là une forme d'origine slave.

La forme des fers de flèche est fort variée : nous trouvons et les formes usitées dans toute l'Europe (fig. 111) et des formes orientales avec un tranchant oblique ou dentelé (fig. 112). Suivant les procédés employés chez leurs voisins, les Slaves se servaient également de flèches empoisonnées auxquelles ils donnaient le nom de *nalepŭ*. Le poison était le plus souvent à base d'aconit (*aconitum napellus*), et, d'après Maurikios et Léon, l'effet en

Fig. 113. — Gobelet d'électron du *kurgan* de Kul-Oba (Scythes aux arcs de type nomade).

était si prompt que la mort s'ensuivait si le blessé n'employait la thériaque ou ne retranchait aussitôt la partie atteinte[3].

On portait les flèches dans un carquois (vieux slave *tulŭ*) pendu au côté gauche à une ceinture. Les Slaves de l'Est avaient emprunté en outre aux nomades asiatiques un carquois pour l'arc qui se portait sur le côté droit et qu'ils appelaient налучие[4].

[1] Voir Lindenschmit, *Handbuch*, p. 151.

[2] Voir Minns, *Scythians*, pp. 54-55, 61, 67, 78, 96, 197, 200-201 ; Dieulafoy, *L'art*, V, p. 103 ; Smirnov, Восточное серебро, pl. 23, 28-33, etc.

[3] Maurikios, *Strat.*, XI, 5 ; Léon, *Tact.*, XVIII ; Arnold, 1, 3. La thériaque (ἡ θηριακή) était un antidote composé de diverses plantes.

[4] Les Russes adoptèrent aussi pour désigner le carquois le terme turc de *kolčan* (Berneker, *Etymologisches Wörterbuch*, I, p. 543 ; Miklosich, *Etymologisches Wörterbuch*, p. 123) et plus tard, pour les deux carquois, le mot mongol *sadak* ou *sagadak*.

Fig. 114. — Haubert de saint Venceslas dans le trésor de la cathédrale de Saint-Guy, à Prague.

La fronde. — Le jet des pierres au moyen de frondes procède d'une méthode de combat ancienne que les Slaves pratiquaient certainement,

Fig. 115. — Armement d'un chef nomade trouvé dans un tombeau à Berestnjagi sur la Rosava (gouvernement de Kiev). D'après Bobrinskij.

eux aussi, depuis longtemps. Les premiers témoignages que nous en ayons se rapportent aux combats livrés sous les murs de Salonique au

VIIe siècle [1], et le procédé balistique ne différait pas de celui que présente la scène de la tapisserie de Bayeux [2]. Le mot panslave pour désigner l'appareil en question était *prakŭ* (d'un plus ancien **porkŭ*) [3]. Le terme n'apparaît cependant tout d'abord au XIIe siècle qu'avec un sens notablement différent : il désigne un appareil de grande dimension qui servait lors d'un assaut pour jeter de grosses pierres contre les remparts d'une ville.

Le haubert. — L'armement des Slaves, si pauvre jusqu'aux VIe-VIIe siècles, ne comportait encore à cette époque ni haubert ni heaume métallique, sauf les quelques exceptions mentionnées plus haut [4]. Cependant, à la fin de l'époque païenne, aux Xe et XIe siècles, le haubert était généralement connu et avait nom *brŭnja, bronja*. Le mot est d'origine germanique (vieux-haut-allemand *brunja*, allemand *Brünne*) [5], et c'en est assez pour nous indiquer que cette pièce de l'armement avait été empruntée aux Germains par les Slaves, et cela à l'époque carolingienne, car une ordonnance de Charlemagne, datant de 805, défend aux Allemands de vendre des hauberts aux Slaves (« ut arma et brunias non ducant ad venundandum ») [6]. Il s'agit ici du haubert fait de mailles de fer et ayant la forme d'une longue tunique avec manches et col, tel que ceux dont on a trouvé des restes en Allemagne (un tout entier à Gammertingen) et, de ci de là, dans quelques sépultures slaves de Russie [7], tel aussi que celui de saint Venceslas qui a été conservé à Prague dans le trésor de la cathédrale Saint-Guy [8] (Venceslas fut assassiné par son frère en 929).

[1] *Miracula Sancti Demetrii*, dans Tougard, *Histoire profane*, pp. 175-179.

[2] Jubinal, *Tapisseries*, pl. IV.

[3] Miklosich, *Etymologisches Wörterbuch*, p. 259.

[4] Voir plus haut, p. 276.

[5] Voir Berneker, *Etymologisches Wörterbuch*, p. 23. Le mot est attesté dans les sources à dater du Xe siècle, d'abord dans la *Chronique* de Kiev, année 968 (броня). L'allemand *brunja* vient cependant lui-même du gaulois *bruinne* « poitrine » (irl.).

[6] Voir plus haut, p. 235.

[7] Par exemple dans des sépultures près de Černigov, près de Gnězdovo, près de Velebice, près de Novgorod, près de Taganča (voir la figure 116). A cette même époque aussi (X^e-XIe siècles), Ibrâhîm ibn Jâ'kûb parle de guerriers vêtus de hauberts dans l'armée polonaise de Mieczyslaw, et Gallus fournit un témoignage identique sur l'armée de Boleslav (voir plus haut, p. 268). La légende de Christian rapporte la même chose des Tchèques, et Ibn Rosteh parle des cuirasses splendides des princes slaves (Harkavi, Сказанія, p. 266).

[8] On en trouvera la description dans les *Památky archeologické*, XIX, 79, dans le *Soupis památek*, II, Poklad svatovítský (Prague, 1903), et dans un article de A. Matějček publié dans le *Věstník české Akademie* (1916, pp. 246 et suiv.).

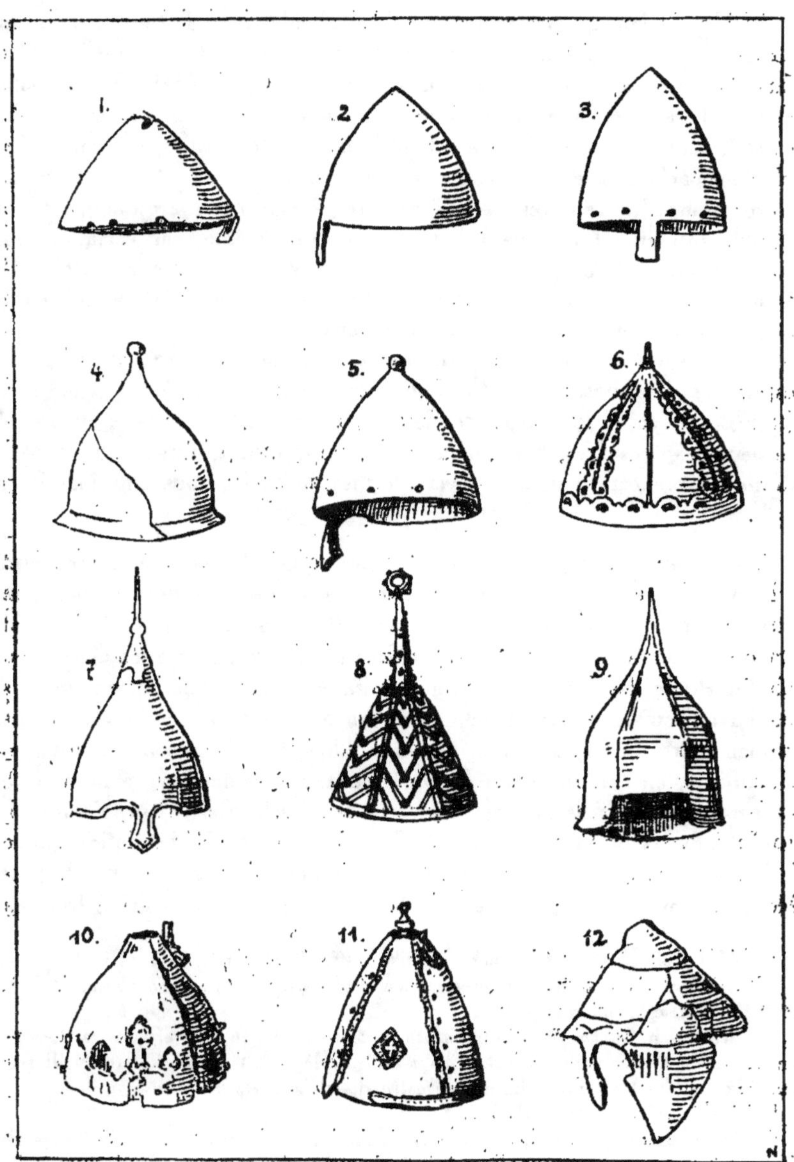

Fig. 116. — Casques trouvés dans les pays slaves : 1. Hradsko, en Bohême ; 2-3. Moravie ;
4. Černigov ; 5. Vallée du Dniéper ; 6. Gnězdovo ; 7. Taganča ; 8. Kubań ;
9. Berestnjagi ; 10. Giecz, près de Poznań ; 11. Musée de Cracovie ; 12. Tiflisskaja.

Mais ceci ne prouve pas que ce genre de haubert soit d'origine germanique. Les Romains portaient, eux aussi, de semblables cottes de mailles *(lorica hamata)*, ainsi que les Gaulois du temps de la république romaine [1]. Pour l'ère chrétienne, nous connaissons aussi ces cottes de mailles en Orient, et le haubert oriental, suivant l'étude de W. Rose, offre une concordance plus parfaite avec le vêtement germain et slave qu'avec la tunique romaine [2]. Il sera nécessaire, il est vrai, d'étayer les arguments de Rose plus solidement que ne l'a fait l'auteur lui-même, car certains doutes subsistent encore ; mais, en somme, Rose semble avoir raison : c'est l'influence de l'Orient, outre celle des modèles romains, qui apparaît comme dominante dans le haubert germano-slave.

Outre le haubert ou cotte de mailles, les Slaves avaient encore d'autres espèces de cuirasses : l'archéologie russe, à côté de la *količuga* de mailles (кольчуга, de кольцо « cercle, maille, boucle »), distingue encore plusieurs espèces (бехтерецъ, юшманъ, зерцала, байдана, куякъ) ; mais l'explication de ces divers termes étrangers nous entraînerait trop loin.

Le heaume ou casque. — En même temps que le haubert, les Slaves avaient adopté le heaume métallique pour lequel ils ont, dès le Xe siècle, le nom étranger de *šlěmŭ* tiré du vieux-haut-allemand *helm*, goth. *hilms* [3]. C'est un casque conique avec un couvre-nez originaire de chez les Germains ou plutôt de chez les Gots. C'est une imitation de la forme pointue que nous pouvons suivre en Orient depuis les temps les plus reculés jusqu'à l'armement sarmate et sassanide (fig. 116). Une série de découvertes faites en Bohême, en Pologne et en Russie en ont fourni des exemplaires slaves [4], mais le meilleur de tous est le casque de saint Venceslas qui fait, lui aussi, partie du trésor de Prague (fig. 117), et qui, d'après la décoration qui orne le couvre-nez, est sans doute de fabrication nordique et remonte probablement au IXe ou au Xe siècle [5]. Outre ce casque, il y avait en Russie, au

---

[1] Voir Hoffiler, « Oprema rimskog vojnika », *Vjesnik hrv. arch.*, 1912, p. 16.

[2] W. Rose, « Röm. germ. Panzerhemden », *Zeitschr. für hist. Waffenkunde*, IV, p. 1, et A. Matějček, *op. cit.*, p. 259.

[3] Miklosich, *Etymologisches Wörterbuch*, p. 338. Le mot se trouve dans les documents à partir du Xe siècle. En outre les Slaves avaient, dès le XIIe siècle, le terme indigène de *prilbica* et plus tard aussi celui de *šišakŭ* (Miklosich, *op. cit.*, p. 340).

[4] Voir *Živ. star. Slov.*, III, p. 573.

[5] On en trouvera la description dans les études indiquées plus haut, p. 288. Son pendant russe est évidemment postérieur : il est de la fin du XIIe ou du commencement du XIIIe siècle. C'est le casque du prince Jaroslav Vsevodolovič qui porte une inscription russe. Jaroslav

Fig. 117. — Heaume de saint Venceslas (trésor de la cathédrale de Saint-Guy, à Prague).

XIe siècle, des modèles de casques venus directement de l'Orient ; la forme en était plus allongée et le cimier en était garni d'une pointe ornée elle-même d'une plume ou d'un petit drapeau (еловецъ) ; ce type devint des plus courants en Russie à partir du XIIe siècle. On en aura une idée par le casque du héros russe trouvé dans la sépulture de Taganča et dont nous donnons ici la reproduction (fig. 103).

Les sépultures slaves ne nous présentent pas les masques de fer dont étaient garnis parfois les casques des nomades (fig. 115).

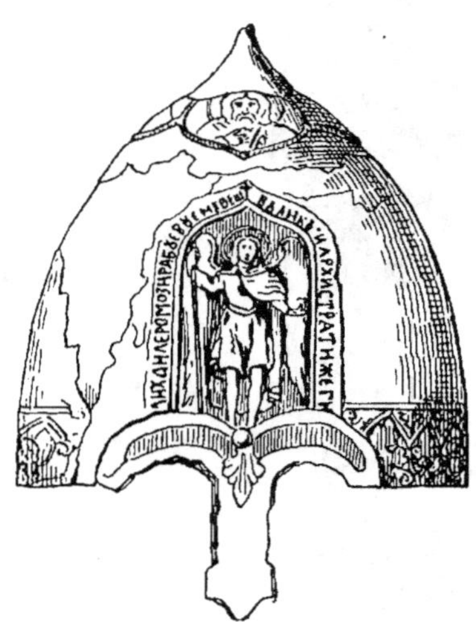

Fig. 118. — Heaume du prince Jaroslav Vsevodolovič (d'après Kondakov).

Le bouclier. — Le bouclier était fait à l'origine d'un simple cuir résistant, de verges tressées ou encore de bardeaux de bois, et c'est ce genre de bouclier que désignait probablement le vieux nom slave de *ščitŭ*.

Sous l'influence du bouclier romain avec un *umbo*, que l'on trouve en abondance dans les sépultures à crémation des IIe-IVe siècles dans toute la Germanie, les Germains et, à leur suite, les Slaves avaient commencé de bonne heure à couvrir de métal les bords et le centre de leurs boucliers ; ils faisaient ainsi probablement dès l'époque carolingienne.

Le bouclier était très employé chez les Slaves. On le trouve mentionné dès les temps les plus anciens[1], et, au Xe siècle, nous savons, par exemple, d'un prince polonais qu'il avait, outre sa compagnie armée tout entière munie de cuirasses, 13.000 porte-boucliers (« *clipeati* »)[2]. La fabrication

---

le perdit en fuyant du champ de bataille, en 1216. Voir Tolstoj-Kondakov, Русскія древ-ности, VI, p. 86, et Древности росс. государства, III, p. 4.

[1] Déjà Tacite (*Germ.*, 46) dit des Vénèdes slaves qu'ils se servaient de boucliers comme les Germains ; plus tard, divers auteurs signalent des boucliers dans les mains des Slaves au VIe siècle (voir Prokopios, III, 14 ; Maurikios, XI, 5 ; Léon, XVIII).

[2] Gallus, *Mon. Pol. hist.*, I, p. 404.

des boucliers était une industrie domestique, et nous connaissons, dès le
XIe siècle, des villages dont le nom indique qu'on y faisait des boucliers,
comme *Štítary* en Bohême[1].

Les boucliers des XIe et XIIe siècles ont toujours, dans les représentations
qui nous sont parvenues, la forme d'une amande[2] ; ils sont bariolés de
bandes de couleur variée, comme c'était l'usage chez les Germains. En 1040,

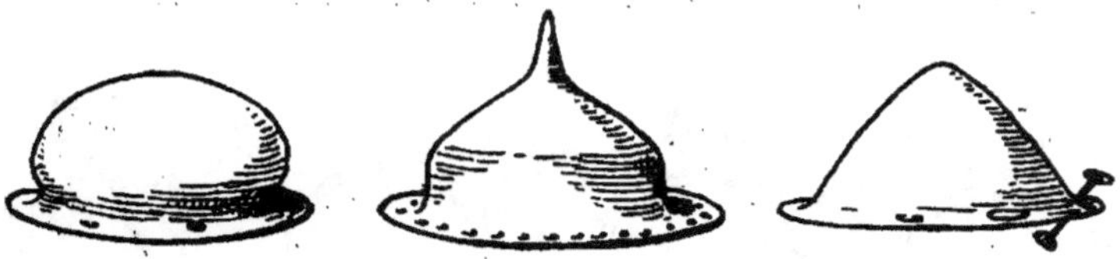

Fig. 119. — Umbones de boucliers trouvés en Russie : 1. Gnězdovo ;
2-3. Gouvernement de Pétersbourg.

l'empereur Henri II menaçait en ces termes les Slaves de Bohême : « Je
vous montrerai combien j'ai de boucliers peints[3] ». On a cependant trouvé,
dans les pays slaves, peu de chapes de boucliers[4], et il est clair que les
boucliers qui en étaient garnis étaient là beaucoup plus rares.

Le harnachement du cheval, la selle et l'étrier. — Certains pays slaves
avaient un élevage de chevaux très prospère, et le rôle de la cavalerie slave
dans les guerres nous est signalé à partir du VIe siècle[5]. Il est donc naturel
que, de bonne heure aussi, les Slaves aient su adopter pour le harnachement du cheval ce qu'ils voyaient d'utile dans les tribus nomades voisines,
où l'homme, depuis longtemps, ne faisait qu'un avec sa monture.

En ce qui concerne la selle, nous ne savons rien qui remonte à l'époque

---

[1] Friedrich, *Codex Boh.*, I, p. 375.

[2] Voir par exemple les fresques de la chapelle de Znojmo (Matějček, *Jahrbuch kunst-
hist. Inst.*, 1916, planches 3-5) et les sceaux du XIIe siècle (Zíbrt, *Dějiny kroje*, pp. 66, 121).
Le seul bouclier dont on ait trouvé des traces à Gnězdovo (peut-être un bouclier scandinave?) est coloré en rouge, mais il a la forme ronde qui était la forme ancienne chez les
Germains (Lindenschmit, *Handbuch*, p. 240).

[3] Kosmas, II, 8, année 1040 (*Fontes rer. boh.*, II, p. 80).

[4] En Russie, dans les tombes de Gnězdovo, et dans les environs de Novgorod et de
Pétersbourg, puis en Lituanie, et en Hongrie près de Horgoš (s'agit-il de boucliers slaves ?)

[5] Voir plus haut, p. 268.

ancienne et, sauf des traces insignifiantes, il ne nous a rien été conservé non plus dans les sépultures [1]. Mais le vieux slave a, dès les premiers monuments de la littérature, un terme particulier pour désigner cette partie du harnachement : *sedlo*[2], *sědlo*, de *seděti* « être assis », et dès le Xe siècle, la selle se trouve mentionnée dans les troupes slaves[3]. A partir du XIIe siècle, les chroniques et chants russes font mention de « selles d'or » (c'est-à-dire couvertes de lames d'or et brodées d'or) : on voit par là que les Slaves cherchaient à imiter l'exemple de Byzance et de l'Orient[4].

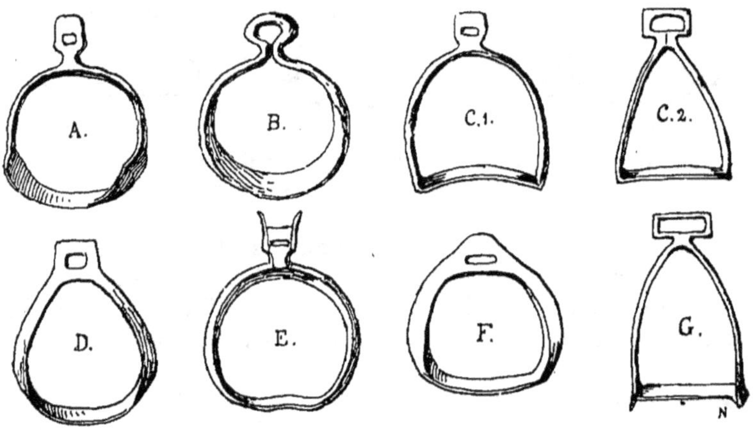

Fig. 120. — Étriers orientaux et slaves :
A. Szent Endre ; B. Košice ; C. Szirák, Malá Dobrá ; D. Csorna, en Hongrie ;
E. Pereščepina ; F. Drači, en Russie ; G. Étrier wiking d'Uppland.

L'étrier pendant à la selle est, lui aussi, une acquisition postérieure. Les fouilles n'en offrent pas de trace avant le IXe siècle. Dans la Germanie

---

[1] Sauf dans un tumulus près de Černigov (Samokvasov, Могилы, p. 194). On a trouvé davantage dans les tombes des nomades, par exemple près de Rosava (*ibidem*, pp. 223 et suiv.).

[2] D'où l'allemand *sattel*. Voir Miklosich, *Etymologisches Wörterbuch*, p. 289 ; Sreznevskij, Матеріалы, III, p. 323.

[3] *Chronique*, version Laurentine, p. 63, année 964 ; *Annales Fuld.*, année 871 ; Ibrâhîm, éd. Westberg, p. 53. C'était surtout Prague qui était fameuse au Xe siècle par son industrie des selles et des brides.

[4] Dans le *Dit de la compagnie d'Igor* et en d'autres endroits (Sreznevskij, *op. cit.*).

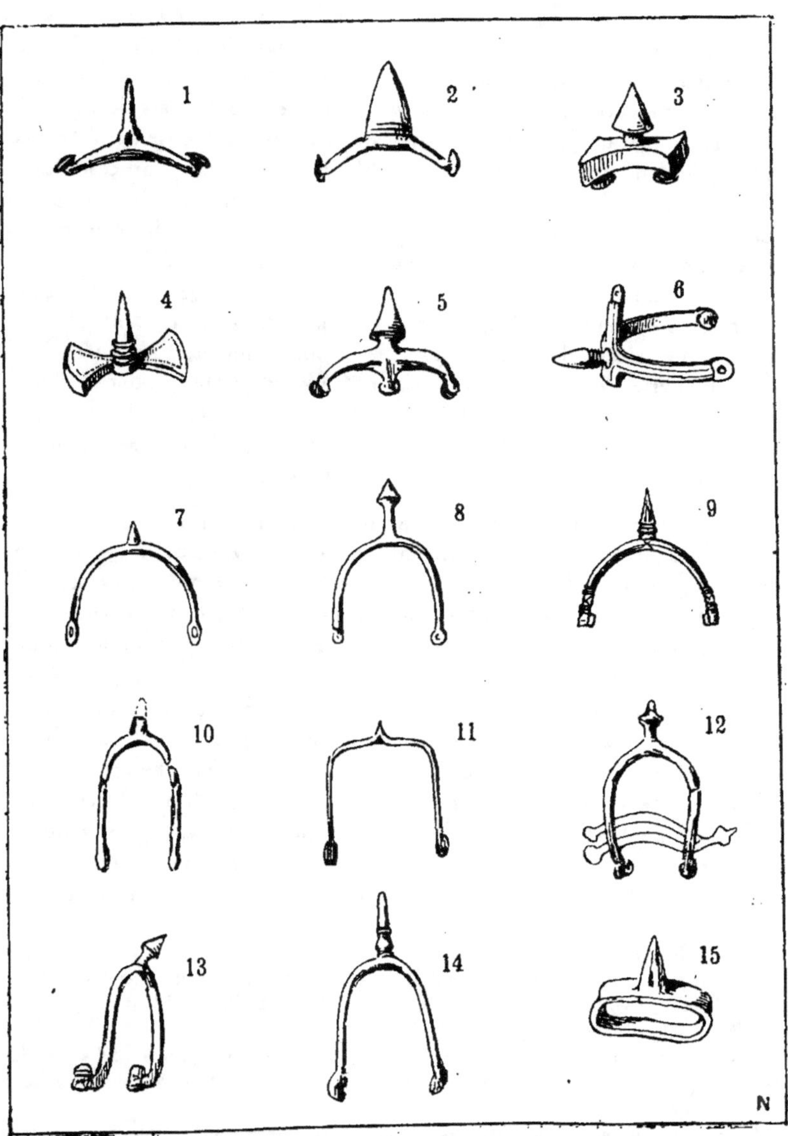

Fig. 121. — Éperons des périodes de La Tène et romaine (1-9) ; éperons slaves :
10. de Syrie ; 11, 13, 15. de Russie ; 12. du pays polabe ; 14. de Dalmatie.

voisine, il apparaît parfois cependant dès l'époque mérovingienne, et plus encore à l'époque carolingienne : l'anneau prend alors la forme d'un cône dans lequel est pratiquée une marche. Au contraire, chez les nomades de cette époque avec lesquels les Slaves étaient en contact au Sud et à l'Est, depuis les Awars jusqu'aux Polovtses, on trouve des étriers en beaucoup plus grand nombre, et d'une forme différente de celle qu'on constate chez les Slaves. Ces étriers ont une forme arrondie ou en poire. Ils sont pourvus dans la partie supérieure soit d'une anse spéciale, soit simplement d'une ouverture pratiquée dans l'épaisseur de l'anneau (fig. 120).

On est naturellement porté à croire que l'étrier est venu aux Slaves sous l'influence de leurs voisins, et nous voyons effectivement dans l'Ouest, à partir du Xe siècle, des étriers de forme carolingienne et, d'autre part, à l'Est et en Hongrie, des étriers du type des nomades, de sorte que dans les tombes l'étrier cesse d'être un indice national [1]. L'étrier, lui aussi, était parfois richement orné, et le *Dit de la compagnie d'Igor* parle d'étriers d'or [2]. Le mot slave commun désignant l'étrier est *strŭmenĭ* [3].

L'éperon. — L'éperon est beaucoup plus largement représenté dans les trouvailles archéologiques. L'histoire en est assez compliquée depuis la fin de la période de La Tène où il apparaît pour la première fois dans l'Europe centrale [4]. L'éperon slave avait à l'origine la forme mi-arrondie de l'éperon romain. Les fouilles nous en ont fourni des échantillons datant du VIIIe siècle ; c'est l'époque où nous le rencontrons pour la première fois dans les sépultures voisines de Hohenberg en Styrie. Les tombes croates découvertes aux environs de Biskupije, de Vrlika et de Skradin, en Dalmatie, en offrent aussi de beaux spécimens. Cet éperon a la forme d'une grande parabole, et les piquants en sont assez longs. Cette forme concorde pleinement avec celle de l'éperon carolingien contemporain. C'est à celui-ci, à mon avis, que l'éperon slave doit son origine, et cela bien qu'il soit désigné par un mot proprement slave, à savoir *ostroga* [5].

---

[1] Voir *Živ. star. Slov.*, III, p. 591.

[2] Pour l'histoire de l'étrier en général, voir Schlieben, « Gesch. des Steigbügels » (*Nassauer Annalen*, 1892), et R. Forrer-Zschille, *Der Steigbügel* (Berlin, 1896).

[3] Miklosich, *Etymologisches Wörterbuch*, p. 325.

[4] R. Forrer-Zschille, *Der Sporn in seiner Formentwickelung*, Berlin, 1899 ; M. Jahn, *Der Reitersporn*, Würzburg, 1921. Voir aussi l'article de L. Niederle dans *Pam. arch.*, 1915, p. 196.

[5] Miklosich, *Etymologisches Wörterbuch*, p. 227. Le terme est commun à toutes les langues slaves, mais je n'en connais pas d'attestation ancienne. On relève en outre en vieux slave le mot *pętno*, de même sens.

S'ils ne l'ont pas emprunté à leurs voisins nomades, c'est que ni les Magyars ni les Awars n'en possédaient, et les vieilles sépultures des nomades de Russie ne nous en fournissent pas davantage.

Nous possédons de beaux échantillons d'éperons slaves, les uns trouvés dans les tombes dalmates indiquées ci-dessus ; d'autres, dans la tombe de Kolín en Bohême. Ils sont dorés et ornés de filigrane granulé.

Les Slaves portaient-ils des éperons aux deux pieds ou à un seul? On ne peut encore répondre à cette question. Les trouvailles favorisent ces deux hypothèses, mais elles ne sont pas toujours contrôlées comme il convient. Les tombes croates contenaient deux éperons.

La bride et le mors. — Ces deux pièces du harnachement, qui servent à

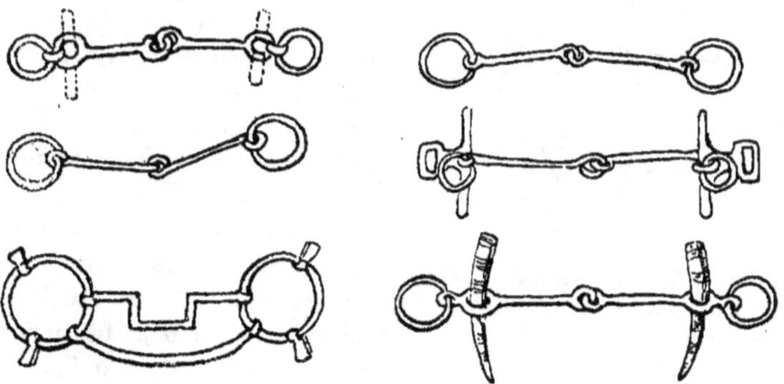

Fig. 122. — Mors de Slaves et de nomades (à gauche, de haut en bas : Gnězdovo, Pilin, Klein-Fliess ; à droite : Moščiny, Karos, Czikó).

maîtriser et à diriger le cheval, sont fort anciennes dans l'Europe centrale. Elles nous sont connues depuis l'époque néolithique [1]. Nous ne savons rien de la bride chez les Slaves à l'époque la plus ancienne. Les premiers échantillons que nous en ayons proviennent de tombes de la fin du paganisme, et les premiers monuments littéraires slaves connaissent déjà le terme *uzda*, à côté duquel Asbóth suppose encore celui de **zobalo* qui aurait spécialement désigné le mors [2]. Nous distinguons à cette époque deux sortes de

[1] Pour l'histoire de la bride, voir R. Forrer-Zschille : *Die Pferdetrense in ihrer Formentwickelung*, Berlin, 1893. Pour le reste de la bibliographie, voir *Živ. star. Slov.*, III, p. 600.

[2] Sreznevskij, *op. cit.*, III, p. 1169 (la *Chronique* de Kiev mentionne pour la première fois, à l'année 968, un cheval avec sa bride) ; Asbóth, *Archiv. für slav. Phil.*, XXV, p. 569.

mors qui existaient déjà l'une et l'autre dans le domaine de la civilisation romaine, et que l'on trouve également dans les tombes des nomades orientaux : 1º un type simple de deux tiges jointes formant un tout dont les deux extrémités se terminaient par des anneaux où l'on faisait passer une courroie ; 2º un type offrant, outre les anneaux, deux autres tiges fixes ou libres dont le rôle est d'empêcher le mors de s'échapper de la gueule du cheval. Le troisième type à tige rigide est très rare.

Dans les tombes slaves c'est le premier type que nous rencontrons régulièrement, et ce même type est également une caractéristique des tombes voisines des cavaliers magyars, le second étant plus rare. Cependant, chez les anciens peuples nomades, tels que les Scythes et les Sarmates, cette deuxième forme était typique, et parfois très ornée [1]. Elle s'introduisit aussi chez les Slaves, mais les fouilles en fournissent moins d'exemplaires que de la première. Les Slaves sont-ils redevables de leurs brides aux modèles romano-germaniques, ou à ceux de l'Orient ? On ne saurait le dire encore. Les termes qui désignent cette partie du harnachement ont une origine indigène, et les Slaves fabriquaient eux-mêmes leurs

Fig. 123. — Guerrier oriental à casque pointu et haubert sur un plat d'argent trouvé dans le district de Berezovo (d'après Smirnov).

brides au Xe siècle comme en témoigne Ibrâhîm [2]. Le simple paysan conduisait d'ailleurs son cheval à l'aide d'une corde introduite entre les deux mâchoires [3].

Le fer à cheval. — Il suffira d'observer que cet objet procède chez les Slaves, par l'intermédiaire des Germains, de modèles romains qui sont aujourd'hui sûrement attestés, par exemple par les découvertes faites à Saalburg sur les frontières de l'ancienne Germanie [4]. Dans les tombes slaves, les

[1] Minns, *Scythians*, p. 75 ; Chanenko, Дрсвности, II, pl. 14 et suiv., III, pl. 40 et suiv., 48 et suiv.
[2] Ibrâhîm, éd. Westberg, p. 53.
[3] *Vita Sancti Adalberti*, auct. Canapario, 8.
[4] Jacobi, *Saalburg*, I, p. 522.

fers à cheval sont fort rares, mais on en trouve plus fréquemment dans les couches des anciennes enceintes fortifiées des xe et xie siècles. Le nom ancien du fer à cheval était *podkova* [1].

Travaux de défense.

Le système de défense le plus connu chez les Slaves était celui de l'enceinte fortifiée permanente qu'on appelle *hradiště*. D'autres moyens de défense étaient également en usage, par exemple les tranchées qu'on creusait à la hâte, lorsque l'armée s'approchait de l'ennemi [2], ou encore les abatis d'arbres *(zaséka)* pratiqués sur les routes traversant les forêts-frontières pour opposer un premier obstacle à l'ennemi (c'était à la population de la région qu'incombait le travail). Il est aussi fait mention de remparts d'abatis et de palissades d'épines sur les frontières de l'Empire [3], et encore de systèmes de longs remparts qui protégeaient les frontières méridionales de la Russie contre les Pétchénègues et les Polovtses [4]. Mais aucun de ces travaux de défense, pour autant qu'ils nous sont conservés, n'égale en importance les enceintes fortifiées.

Les enceintes fortifiées qui portent, en archéologie comme en histoire, le nom de *hradiště* (vieux-slave *gradište*, russe городище, du mot *gradŭ*, slave commun *gordŭ*)[5], sont disséminées sur tout le domaine slave, et en si grande quantité que le nombre s'en élève à plusieurs milliers et qu'elles constituent ainsi un des monuments les plus importants du monde slave

---

[1] Miklosich, *Etymologisches Wörterbuch*, p. 153 ; Berneker, *Etymologisches Wörterbuch*, I, p. 593.

[2] « Vladimir s'arrêta et se retrancha à Drogožič », écrit l'auteur de la *Chronique* de Kiev, — « et ce retranchement existe encore aujourd'hui » (*Chronique*, version Laurentine, p. 75, année 980).

[3] C'est ainsi que se présentaient probablement le *limes sorabicus* et le *limes saxonicus* que Charlemagne avait établis à la frontière de l'Allemagne et de la Slavie (voir *Manuel de l'antiquité slave*, I, p. 131) ; les États bulgare et khazar avaient de semblables frontières (Harkavi, Сказания, p. 126 ; Rosteh, Marquart, *Streifzüge*, p. 28). Voir Zlatarski, Ист. Българ., I, p. 152.

[4] Voir la lettre de Bruno à Henri II (Bielowski, *Mon. Polon. hist.*, I, p. 225), et *Chronique*, version Laurentine, p. 212, année 1093. Il faut ranger ici tout une série de longues levées de terre dans le Sud de la Russie, de la Galicie, de la Dobroudja et de la Silésie et en particulier celles qui portent le nom de « chaussées des serpents » aux environs de Kiev et de Skvira, dans la direction du Dniester.

[5] Berneker, *Etymologisches Wörterbuch*, I, p. 230. Le mot se trouve déjà attesté dans la partie la plus ancienne de la *Chronique* de Kiev (version Laurentine, p. 9).

préhistorique. Le nombre n'en est pas connu même dans de petits pays, par ailleurs bien étudiés. Mais il suffit de savoir qu'en 1895 on en comptait en Bohême jusqu'à quatre cent soixante-trois et dernièrement deux cent vingt-cinq dans la seule région de Poznań.

Ces enceintes se rapportent, comme il va de soi, à des époques plus ou moins reculées. Plusieurs remontent jusqu'à la période néolithique ; certaines sont des retranchements postérieurs aux temps historiques ; mais la plupart, bien que l'antiquité n'en soit que partiellement prouvée, appartenaient, à n'en pas douter, aux débuts mêmes de l'histoire des Slaves,

Fig. 124. — Vue du *hradiště* tchèque de Lštění et de la chapelle de Saint-Clément.

principalement à l'époque qui s'étend du VIIe au Xe siècle. La construction, à mon sens, en a été provoquée : 1° d'une part, par le passage définitif des Slaves de la vie semi-nomade à une existence sédentaire (ce passage s'est justement produit vers cette même époque)[1] ; 2° d'autre part, par la nécessité de parer aux attaques des ennemis, celles des Awars aux VIIe et VIIIe siècles et celles des Germains durant les siècles suivants. La raison d'être de ces enceintes a donné lieu jadis à beaucoup de discussions, à propos surtout de la théorie de Z. D. Chodakowski suivant laquelle il s'agissait là d'anciens

---

[1] Voir plus haut, p. 185, et *Živ. star. Slov.*, III, p. 20.

centres de culte [1], situés à une distance déterminée les uns des autres sur tout le territoire slave. En Russie également, on a discuté beaucoup sur le rôle primitif de ces enceintes fortifiées et leur relation avec les débuts de la division administrative et politique de l'État russe ; Dm. Samokvasov [2] voyait en elles les premières villes russes. Nous savons aujourd'hui qu'on ne saurait trancher cette question de façon unilatérale. Toutes ces enceintes fortifiées ne répondaient pas à une destination unique ni à un seul et même rôle. La nécessité de la défense, il est vrai, les avait partout suscitées ; mais ici c'était une grande résidence fortifiée et permanente renfermant le palais du prince, les temples et une place pour le marché [3] ; là, c'était un village sans importance ; ailleurs, c'était simplement un lieu de garnison pour la garde préposée à la surveillance des routes proches des frontières ; ailleurs, enfin, c'était un refuge provisoire situé dans les forêts et où accouraient les habitants de tout le voisinage en cas de danger [4]. Toutes ces enceintes ou forteresses servaient avant tout à des fins militaires, mais elles pouvaient être en même temps un lieu de rassemblement pour traiter les affaires des clans comme pour célébrer solennellement les fêtes religieuses ; bien plus, on ne saurait même *a priori* repousser l'hypothèse que les lieux consacrés eux-mêmes aient eu leur propre enceinte fortifiée comme, par exemple, Rethra dans le pays des Ratars.

Quoi qu'il en soit, la destination spéciale des enceintes n'apparaîtra clairement qu'à la suite de recherches appropriées sérieuses, de même aussi que leur degré d'antiquité ne pourra être établi que par l'analyse des objets trouvés dans les couches des remparts et à l'intérieur des forteresses, surtout s'il s'y rencontre des vestiges d'habitation. Cependant un tel travail n'a été accompli qu'en peu d'endroits, car les fouilles de ce genre nécessitent

[1] Z. Dolęga Chodakowski, *O Slowiańczyznie przed chrześcianstwiem* (Kraków, 1835), et plus tard K. Szulc, *Budowle i usypaliska Slowian pogańskich* (Poznań, 1863). On trouvera d'autres détails bibliographiques dans *Živ. star. Slov.*, III, p. 610.

[2] Voir son ouvrage intitulé : Древніе города Россіи (Кіевъ, 1873), et encore sa Сѣверянская земля и Сѣверяне (М., 1908), pp. 1,46.

[3] C'est de ces centres importants que sont issues les villes fortifiées qui apparaissent au début même de l'époque historique : Děvín, au confluent de la Morava et du Danube, près de la Bratislava actuelle (mentions des années 855 et 864), Velehrad (contesté) en Moravie (voir là-dessus *Živ. star. Slov.*, III, p. 615), *Viligrad en Mecklembourg, dont parle Ibrâhîm, Rethra dans le pays des Ratars (Thietmar, VI, 23 (17) ; Adam, II, 18), et Bělgorod bâti par Vladimir en 991 à dix verstes environ de Kiev près de l'actuelle Bělgorodka (*Chronique*, version Laurentine, p. 119), etc. Sur Rethra et Bělgorod, voir plus loin, p. 306.

[4] Voir Kardîzî sur la construction de ces forteresses (éd. Bartold, p. 123) et Helmold sur leur destination, II, 13 (voir aussi I, 62).

un travail considérable et coûteux. Nous avons néanmoins dès à présent
assez de fouilles pour pouvoir nous faire une idée du plan et de la construction de ces enceintes fortifiées [1].

Le plan était subordonné à la nature du sol. L'emplacement de
l'enceinte pouvait être dans une forêt, soit sur une hauteur, soit sur une
haute falaise à pic. Il était tantôt entouré de toutes parts d'un rempart ou
même de deux remparts, tantôt protégé seulement du côté où l'accès était

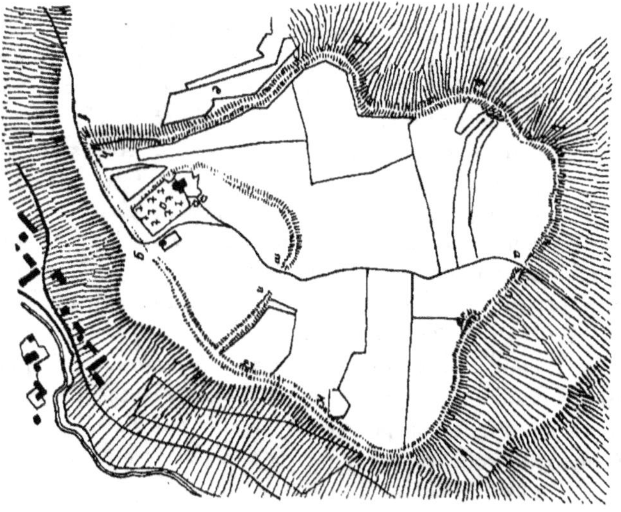

Fig. 125. — Plan du *hradiště* de Bučeč, en Bohême (type à un seul faubourg).

facile, aucune défense n'étant nécessaire du côté où la pente tombait à pic.
Le groupement de deux ou trois remparts devait donner lieu par la suite
à la formation de deux faubourgs, l'un au-dessous du château, l'autre plus
loin et plus en avant vers l'extérieur [2]. A défaut de terrain escarpé, on

---

[1] La bibliographie des travaux concernant les enceintes slaves fortifiées est considérable ; cependant nous n'avons pas d'ouvrage d'ensemble sur la question, mais seulement
des études particulières. On en trouvera l'énumération dans *Živ. star. Slov.*, III, pp. 614
et suiv.

[2] Les termes russes anciens pour le château intérieur sont вънѣшьнии городъ ou
дѣтиньцъ, pour la ville extérieure окольнъи городъ (Sreznevskij, *op. cit.*, I, p. 556, et
II, p. 646), ou encore приградъ (*ibid.*, II, p. 1396).

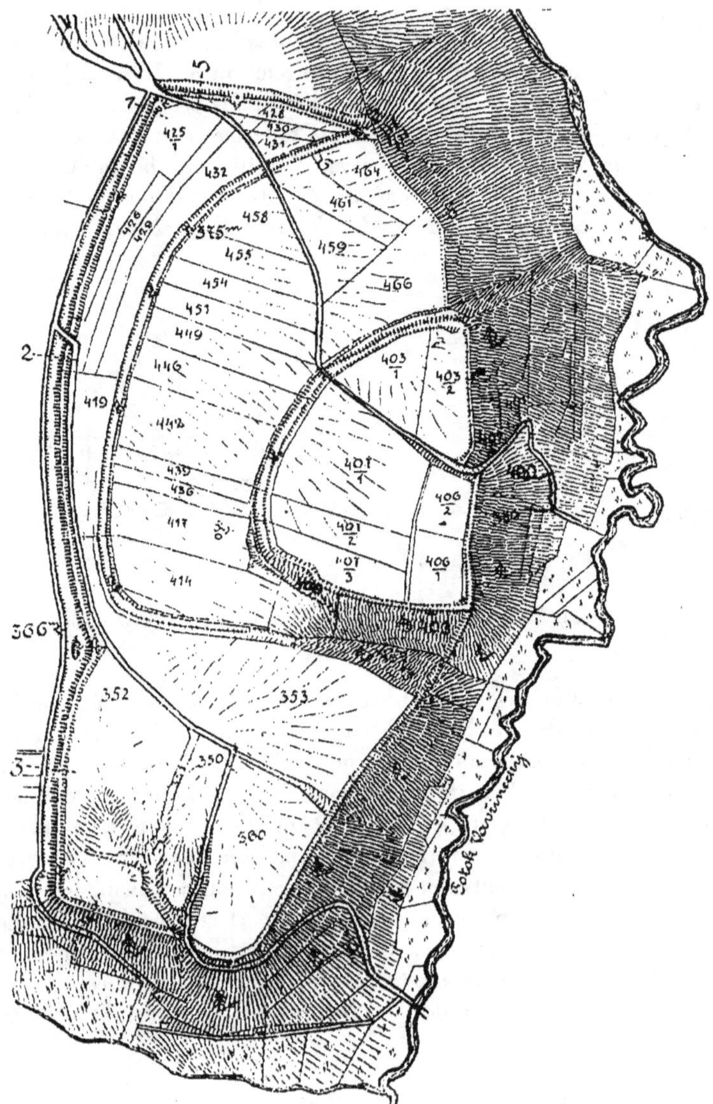

Fig. 126. — Plan du *hradiště* de Hryzely, en Bohême (type de grande enceinte à deux faubourgs).

élevait l'enceinte sur un terrain plat, ce qui permettait de la construire suivant un plan plus régulier (arrondi, quadrangulaire, elliptique, etc.) ; dans ce cas, on choisissait volontiers un endroit au bord de l'eau, et l'on bâtissait la forteresse de telle sorte que l'eau du cours d'eau ou du lac coulât tout autour, la communication avec la terre ferme étant assurée par un étroit bras de terre ou par un pont. C'est ainsi qu'Ibrâhîm ibn Ja'kûb décrit une enceinte fortifiée de l'Allemagne du Nord qu'il donne comme slave [1] ; nous en trouvons d'ailleurs de semblables dans d'autres régions, par exemple en Bohême et en Moravie.

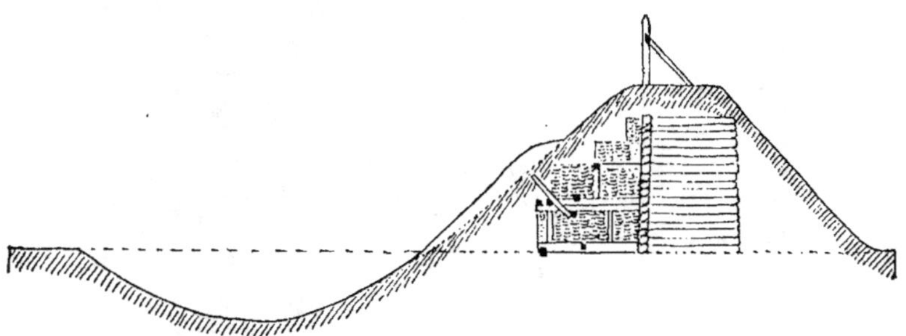

Fig. 127. — Constructions en bois de la chaussée de Bĕlgorodka.

La construction des remparts des petites enceintes fortifiées ou des lieux de refuge situés dans les forêts n'était pas compliquée : on se bornait à établir un remblai (sl. *nasŭpŭ* ou *nasŭpa, prisŭpa*) [2] à l'aide de terre et de pierres extraites sur place, de sorte que la construction de l'ouvrage donnait naissance à un fossé en avant du rempart. On plantait dans ce rempart quantité de pieux pointus qui formaient une palissade défensive *(ostrogŭ)*. Les châteaux plus importants, en particulier ceux qui servaient de résidence à un prince, avaient une construction plus perfectionnée sur laquelle nous sommes surtout renseignés par les fouilles pratiquées ces dernières années par Schuchardt sur l'emplacement d'une enceinte fortifiée du nom de « Römerschanze », près de Potsdam, et par V. Chvojka à Bĕlgorodka

---

[1] Ibrâhîm, éd. Westberg, p. 52 ; dans le Nord, Lubica, Plun, Stettin et Rethra étaient des enceintes du même genre, en Bohême Libice, en Hongrie Moosburg.

[2] *Chronique*, version Laurentine, p. 107, année 988. Le terme slave commun *valŭ* est emprunté au celtique (Šachmatov) ou au germanique (Vasmer).

Fig. 128. — Vue des anciens remparts de la ville de Iakoutsk, en Sibérie.

près de Kiev [1]. Nous trouvons le plus souvent un soubassement en pierres, naturellement sans mortier, superposées simplement les unes aux autres. Le rempart en pierres de taille ou en pierres jointes à l'aide de mortier était d'abord inconnu aux Slaves ; ce furent les constructions romaines qui, plus tard, leur en donnèrent l'idée, d'où le nom de *opus romanum* pour caractériser ce genre de construction. Elles furent adoptées, comme il va de soi, d'abord dans le Sud [2] ; en Bohême, Kosmas nous signale en 932 le premier rempart en pierre de taille *(opere romano)* élevé autour du château du prince à Boleslav [3] ; les grandes forteresses du Nord, telles qu'Arcona, Stettin, Rethra, avaient encore, d'après les relations des contemporains, des remparts et des tours en bois, bien qu'il y eût déjà en ces mêmes endroits des bâtiments en pierres sèches, « paganico more muratae », comme le note Ebbo [4]. En Russie le premier rempart de pierre qui nous soit attesté est celui du château de Novgorod la Grande en 1044 [5].

En plus du soubassement de pierre, il y avait à l'intérieur même du rempart une construction de bois plus importante. M. Schuchardt a constaté à Potsdam qu'on avait d'abord dressé un mur vertical fait de poutres jointes bout à bout et transversalement. Ce mur avait été ensuite rempli de terre, et sa paroi antérieure s'élevait jusqu'à six mètres de haut. Contre la paroi intérieure il y avait une banquette pour les défenseurs. Le tout, après avoir été incendié, avait été plus tard recouvert de terre. Chvojka a observé pour le rempart de Bělgorodka une construction analogue, mais plus savante et plus puissante encore, avec des briques, et d'une hauteur totale (rempart et palissade) atteignant jusqu'à douze mètres [6].

Les remparts étaient encore renforcés de tours en bois, dominant principalement les portes, et sur lesquelles nous avons une série de témoignages [7]. Quand l'ennemi s'emparait de la forteresse, toute cette construction de bois des palissades et des tours était naturellement incendiée, et les remparts portent très fréquemment aujourd'hui encore des traces de la chaleur qui se dégageait alors du feu. Il n'y a pas trace chez les Slaves de

---

[1] Voir Schuchardt, *Praeh. Zeitschrift*, I, p. 209 ; V. Chvojka, Древніе обитатели ср. Приднѣпровья, p. 76.

[2] *Ann. Einhardi*, 820, 821.

[3] Kosmas, I, 19. Voir plus haut, p. 119.

[4] Ebbo, III, 15 ; Herbord, un contemporain, dit de la fameuse Rujana · « Urbes ibi et castra sine muro et turribus ligno tantum et fossatis muratae » (III, 30).

[5] *Troisième Chronique de Novgorod* (Полное собраніе рус. лѣтоп., III, p. 211).

[6] Schuchardt, *op. cit.* : Chvojka, *op. cit.*

[7] Saxo, éd. Holder, pp. 444, 564, 569-570, 599, 671.

« camps vitrifiés » (« verglaste Burgen »). Il s'agit toujours chez eux de traces d'incendies.

Les gravures représentant des villes russes du XVIIe siècle nous montrent quelle vue d'ensemble offrait ce genre de forteresse [1], et la ville sibérienne de Iakoutsk a gardé, jusqu'à nos jours, l'aspect de ces anciennes fortifications (fig. 128).

Les portes qui donnaient accès à la forteresse, et qui étaient parfois précédées de bastions défensifs, étaient de grandeur et de construction variables : il y en avait de petites et étroites, de grandes composées d'un hall spacieux, fait de poutres. Ces portes étaient construites de telle sorte que l'ennemi, s'il y parvenait, fût attaqué de trois côtés. C'est une porte de ce genre, d'une largeur de 3^m,50, que Schuchardt a trouvée à Potsdam, sur l'emplacement de la forteresse ; à Feldberg, où ce savant croit retrouver l'antique Rethra, la porte principale formait comme des propylées avec des escaliers semblables à ceux de l'Acropole d'Athènes [2]. Les lourdes portes se fermaient à l'aide d'un verrou [3]. Le nombre des portes était variable ; il allait habituellement de une à trois, mais Adam (II, 18) nous dit explicitement de Rethra qu'elle avait neuf portes, ce qu'il faut vraisemblablement entendre du nombre total des portes du château et des faubourgs.

Sur la plus haute plateforme de la forteresse se dressait une solide redoute en bois, ou bien, si c'était la résidence d'un prince, le palais. Mais nous ne savons que fort peu de choses sur la construction des ces redoutes et du palais : on a déjà vu ci-dessus ce qu'il est permis de supposer d'après les résultats des fouilles archéologiques [4]. On ne trouve ordinairement à l'intérieur des enceintes fortifiées que des éléments de simples cabanes ou de bâtiments qu'on ne réussit pas à identifier.

---

[1] On trouvera ces gravures dans A. Olearius, *Vermehrte Moscowitische und Persianische Reisebeschreibung* (Schleswig, 1661) ; les Изв. арх. коммис. (XXIV) offrent des vues des remparts de Iakoutsk.

[2] Schuchardt, « Rethra auf dem Schlossberge bei Feldberg » (*Sitzungsberichte* de l'Académie de Berlin, XXIII, 1923, p. 215).

[3] Helmold, I, 56.

[4] Voir plus haut, chap. V, p. 112.

CHAPITRE XII.

L'art, l'écriture et autres connaissances.

Architecture et peinture.

Ce que nous savons des Slaves de l'époque païenne ne témoigne nullement d'un niveau supérieur de création artistique ; nous ne pouvons cependant leur refuser tout effort ni toute aptitude créatrice, comme le font volontiers les archéologues allemands. Dès avant l'époque où le christianisme les atteignit et leur apporta les impulsions, nouvelles pour eux, de l'art classique tardif, de l'art byzantin et de l'art germanique, certains d'entre eux avaient dépassé le stade de la civilisation primitive et savaient s'élever au-dessus d'une existence toute matérielle grâce à leurs rapports continus avec l'étranger. Les Slaves russes des Xe et XIe siècles et les Poméraniens et les Polabes des XIe et XIIe siècles, encore en plein paganisme, créaient des œuvres marquant, par la couleur et par la forme, un effort artistique indéniable. Nous voyons dans les palais et les temples une architecture avancée, une application fréquente de la sculpture et de la peinture pour embellir l'intérieur et l'extérieur de ces édifices, de nombreuses productions sculpturales, les débuts d'une industrie des métaux, et il n'est pas douteux non plus que les aspirations artistiques trouvaient aussi leur place dans les produits de l'industrie domestique, c'est-à-dire dans le mobilier, les tissus et les vêtements. L'antiquité et l'originalité de la broderie morave et slovaque attestent en faveur de celle-ci une longue tradition que nous pourrions faire remonter jusqu'à l'époque du paganisme, même à défaut de tout témoignage direct remontant aussi haut [1].

Il est vrai que, avant que des influences étrangères aient commencé à s'exercer, nous n'avons jusqu'ici aucune preuve de l'existence d'un art slave indigène et autonome. Même les petites industries ne nous présentent rien à cet égard. Nous ne connaissons pas de trouvailles antérieures au Ve siècle de l'ère chrétienne, ou, pour mieux dire, nous ne savons pas exactement ce que nous sommes en droit d'attribuer aux Slaves. Nous ne savons

---

[1] Voir plus haut, p. 83.

pas, par exemple, jusqu'à quel point nous serions fondés à leur imputer les sépultures à incinération contenant des produits de l'industrie romaine du Ier au IVe siècle, ou bien les tombes de Volhynie contenant des objets scytho-sarmates de l'époque préchrétienne, et nous ignorons si les divers articles barbares de l'industrie d'art que renferment ces tombes ne proviennent pas cependant des mains d'ouvriers slaves. Mais, à peine les premières impulsions extérieures se font-elles sentir, venues de Byzance, de l'Orient et de la Germanie, que nous constatons dans les imitations slaves une adaptation si rapide et plus tard une faculté de création si indépendante qu'il ne nous est pas possible, même pour l'époque ancienne, de mettre en doute les qualités et les tendances artistiques de ces nouveaux adeptes de la civilisation.

Les cadres de cet ouvrage ne me permettent pas de suivre cette évolution rapide, car elle appartient déjà à la période proprement historique. Il ne peut être question ici que des débuts seulement de cette évolution, pour autant qu'ils se manifestent précisément dans le passage de la vieille culture païenne à la nouvelle civilisation chrétienne, et, en particulier, à l'art chrétien nouveau.

Nos connaissances sont des plus réduites sur l'ancienne architecture des Slaves. J'ai tenté une description détaillée de la maison slave ; j'y ai dit ce que nous savons des palais des princes des Xe et XIe siècles[1] et quel aspect offraient les sanctuaires russes et poméraniens[2]. Si nous examinons maintenant à nouveau les matériaux présentés précédemment, mais cette fois du point de vue artistique, nous devrons constater de façon irrécusable que les Slaves de cette époque édifiaient des pièces d'architecture qui dépassaient déjà l'habitation rudimentaire du paysan telle que chaque chef de famille pouvait en élever une avec l'aide des siens et de ses gens. La construction des temples ou des palais princiers de Stettin, de Kiev, de Rethra et d'Arcona atteste l'expérience et la formation techniques des gens de métier qui y ont pris part, charpentiers, maçons et aussi peintres et sculpteurs ; elle atteste également, chez ceux qui ont dirigé le travail, des idées et des combinaisons architecturales. Qu'il suffise de rappeler, par exemple, les quelques tours à étage (теремъ) du château de Kiev, datant du Xe siècle[3], dont le soubassement était en pierre et les étages supérieurs en bois et en briques, — et la vaste salle centrale du palais appelée

[1] Voir plus haut, chapitre V, pp. 111 et suiv.
[2] Voir plus haut, chapitre VI, pp. 155 et suiv.
[3] *Chronique*, version Laurentine, années 945, 980.

гридьница[1], où le prince festoyait avec sa *družina* et qui était fort bien disposée avec un plafond posé sur des colonnes, — et encore les divers corridors et balcons qui réunissaient alors déjà, à ce qu'il semble, les divers appartements du palais du prince. Le palais de Stettin, lui aussi, avec ses grandes pièces, salle à manger et salle du conseil, que les textes appellent *stupa* et *pirale*[2], était une œuvre supérieure d'architecture. Et l'on peut en dire autant, à plus forte raison, des temples polabes et poméraniens dans lesquels nous voyons, aux XIe et XIIe siècles, nombre d'éléments artistiques[3]. Ces temples, bien que construits avec des poutres, avaient autour d'eux un *ambitus* (à Arcona par exemple) et des vestibules. Le sanctuaire proprement dit, qui se trouvait à l'intérieur de l'édifice assez simplement construit, s'élevait sur des colonnes auxquelles étaient suspendues des tentures (Arcona, Korenica), et toutes les surfaces de quelque étendue, à l'extérieur comme à l'intérieur, étaient couvertes de peintures de diverses couleurs et de motifs sculptés, travaux parfois grossiers, mais parfois aussi assez fins : « opus elegantissimum », écrit Saxo à propos de l'ornementation du temple d'Arcona[4]. A cette décoration en surface s'ajoutaient parfois des statues, sur lesquelles l'architecte comptait certainement pour compléter sa composition d'ensemble tant à l'extérieur qu'à l'intérieur du temple. C'est ainsi, par exemple, que le temple de Rethra était orné intérieurement d'une rangée de statues ; de même aussi le temple de Triglav à Stettin[5]. Il est inutile de s'étendre sur la décoration des murs, à l'aide d'étoffes précieuses et d'étendards bariolés[6]. C'était là partout le complément nécessaire de cette impression supérieure de richesse et d'art que le temple devait produire sur ceux qui venaient, avec crainte et humilité, s'incliner devant le dieu et solliciter de lui aide et conseil. « Fana magni decoris et miri artificii », dit un contemporain des temples de Gockov, — et il ajoute à propos de ceux de Korenica : « Fanorum aedificia ingenuae artis nitore visenda[7] ». A Stettin, on avait construit et orné une belle *contina* comme temple en l'honneur de Triglav[8]. Au reste, même les constructions de

---

[1] Voir plus haut, p. 111.

[2] Herbord, II, 24. Voir plus haut, p. 112.

[3] Sur ces éléments, voir plus haut, pp. 154-160.

[4] Saxo, éd. Holder, p. 564. Voir le texte dans *Živ. star. Slov.*, II, p. 289.

[5] Thietmar, VI, 23 ; Herbord, II, 32.

[6] Voir *Živ. star. Slov.*, II, pp. 193 et suiv.

[7] Ebbo, III, 9 ; Saxo, éd. Holder, p. 577.

[8] Herbord, II, 32 : « Mirabili cultu et artificio constructa fuit ». Sur la *contina*, voir plus haut, p. 111.

moindre importance n'étaient pas, à cette époque, dépourvues de composition architecturale. Le toit posé sur des colonnes répondait à un type ancien et, dès le Xe siècle, dans la *Chronique* de Kiev, nous trouvons une antichambre qui avait la forme d'un balcon élevé [1]. Ce sont là des motifs qui contribuaient à enjoliver même une maison de type modeste.

Nous n'avons, par ailleurs, aucune donnée sur les constructions d'art chez les autres Slaves. En Bulgarie, à Aboba, près de Šumen, on a trouvé, il est vrai, un palais impérial d'un caractère architectural remarquable, mais c'est là moins une œuvre slave qu'un produit byzantin et oriental. Le professeur B. Filov y retrouve l'influence directe de l'architecture sassanide [2].

Les précisions que nous venons d'indiquer, encore qu'elles ne nous renseignent que de façon fort insuffisante, nous laissent apercevoir du moins que les architectes slaves n'étaient nullement terre à terre et qu'ils avaient le souci de donner à leur œuvre un certain caractère grandiose et imposant. Il va de soi, d'ailleurs, que dans les divers détails de la construction ils imitaient les modèles étrangers ; il n'est pas impossible non plus qu'ils empruntassent de même les motifs de leur décoration intérieure et extérieure. Nous savons aussi, par divers témoignages, que certains princes slaves engagèrent d'abord, aux IXe et Xe siècles, des architectes et des peintres étrangers pour la construction et pour la décoration de leurs palais et de leurs temples [3]. Il n'est pas douteux que l'ouvrage de ces maîtres étrangers servait de modèle aux artisans du pays. Parfois aussi les maîtres indigènes avaient vu de ces modèles bien auparavant dans leur propre pays : au VIIe siècle déjà, en Hongrie, des architectes byzantins avaient bâti un palais pour le khakan des Awars [4]. Nous ne serions pas fondés cependant à ramener exclusivement à des modèles étrangers tous les efforts des Slaves en matière d'art. Nous ne le serions pas davantage non plus à prétendre trouver certain caractère indigène original dans leurs premières œuvres

[1] Voir *Živ. star. Slov.*, I, pp. 716, 725.

[2] Voir le travail sur Абоба-Плиска, qui forme le XIe fascicule du *Bulletin* de l'Institut russe d'archéologie de Constantinople (Sofia, 1905). Je ne connais l'opinion de B. Filov que par un article du journal *La Bulgarie*, n° 6 du mois de décembre 1923.

[3] C'est ainsi que le prince croate Ljudevit fait venir en 820 des maçons de Grado, qu'en 850 un prince pannonien Pribina en fait venir de Salzburg, qu'au début du XIe siècle des maçons viennent en Bohême de Ratisbonne ou de Salzburg, appelés par le prince Venceslas et, en 989, de Constantinople en Russie, appelés par Vladimir (*Annales Einhardi*, 820, 821 ; *Conversio Bag. et Carant.*, 11 ; Légende *Oportet*, éd. Pekař, p. 403 ; *Chronique*, version Laurentine, p. 119).

[4] Jean d'Éphèse, éd. Schönfeld, p. 254.

d'architecture ou de peinture. Les premières miniatures chrétiennes d'artistes slaves seraient mieux à même de nous laisser apercevoir ce qu'elles peuvent avoir gardé d'une tradition indigène ancienne; mais elles n'ont pas été examinées jusqu'à ce jour de ce point de vue.

En ce qui concerne la peinture, nous ne pouvons que constater qu'elle était dotée de termes proprement slaves désignant toutes les principales couleurs : *sinĭ* « bleu clair », *modrŭ* « bleu foncé », *črĭvlenĭ* « rouge », *bělŭ* « blanc », *bronŭ* « blanchâtre », *črŭnŭ* « noir », *žlŭtŭ* « jaune », *zelenĭ* « vert »[1]. Il semble, d'une manière générale, que les Slaves aient eu depuis des temps fort anciens un sens particulier des couleurs et de l'harmonie des tons, avec le blanc comme couleur fondamentale et le rouge comme complément au vert de la nature. Ce goût du coloris les a accompagnés tout au long de leur histoire.

Sculpture.

Nous sommes un peu mieux documentés sur la sculpture, car nous possédons quelques statues que nous pouvons, avec une grande probabilité, considérer comme des œuvres slaves de la fin de l'époque païenne. Nous savons en outre, par divers témoignages, que la sculpture avait atteint chez les Slaves un certain développement. Outre quantité de statuettes de pénates taillées dans le bois ou modelées dans la terre glaise, qu'on trouvait en abondance, au dire de Helmold, dans les villes des Slaves de la Baltique et de l'Elbe[2], tous les temples de quelque importance possédaient des statues de leurs dieux sculptées dans le bois et garnies de pièces de métal, et qui produisaient sur les fidèles une puissante impression. Tel. était le cas, par exemple à Rethra, à Arcona, à Stettin, à Gockov, à Korenica, à Volin, à Brandebourg et dans les autres sanctuaires[3]. Les statues de pierre, sont rarement attestées ; encore n'en trouve-t-on qu'en Russie[4].

Mais en dehors de ces témoignages, que l'on complète parfois par certaines traditions d'une antiquité douteuse, nous avons les œuvres mêmes qui nous ont été conservées. Toutes n'ont pas évidemment la même valeur ni une authenticité égale. Certaines, même les principales, ont provoqué des objections, et récemment encore Wl. Demetrykiewicz[5] et Alex. Brückner

---

[1] Voir dans Miklosich, Berneker et Sreznevskij les mots correspondants.

[2] Helmold, I, 52 « ydola quibus agri et oppida redundabant ».

[3] Thietmar VI, 25 (18) : « Quot regiones sunt in his partibus, tot templa habentur et simulacra deorum coluntur. »

[4] *Živ. star. Slov.*, II, p. 198.

[4] Wl. Demetrykiewicz, *Bulletin* de l'Académie de Cracovie, XV, 1910, n° 7 ; Al. Brück-

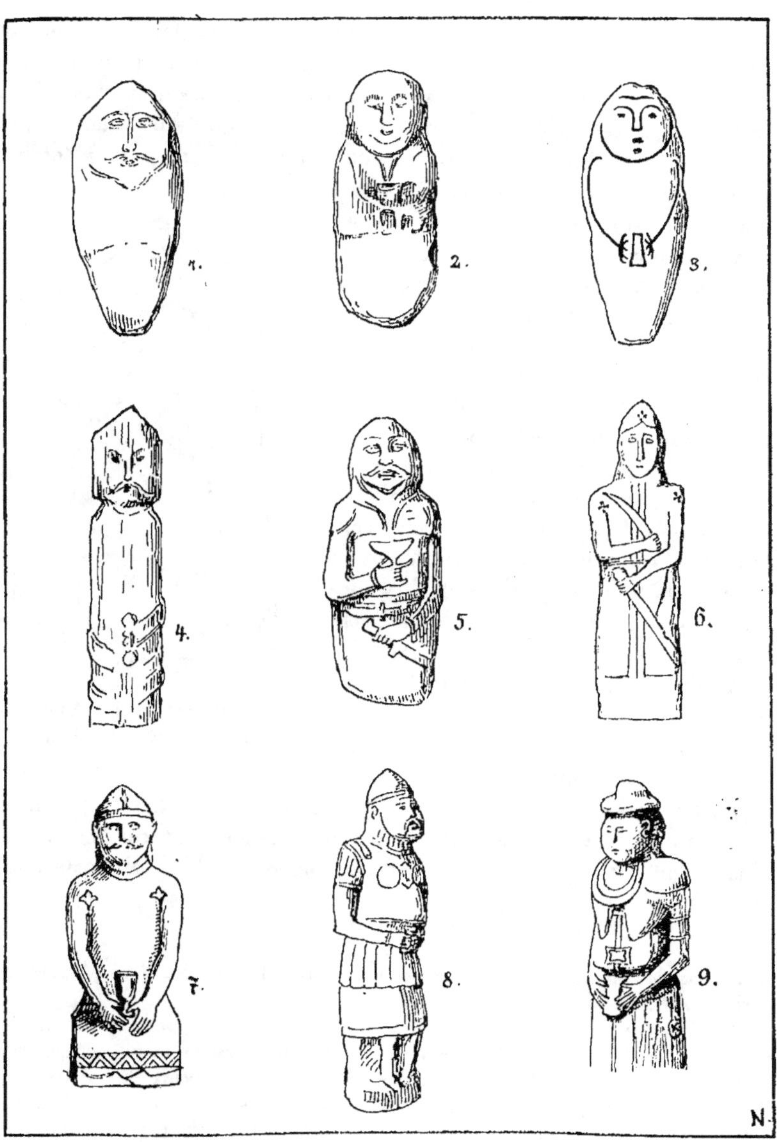

Fig. 129. — *Baby* en pierre turco-tatares : 1, 2, 5. District de Semirěčje ;
3. Turkestan ; 4, Kobdo ; 6, Stroževaja au Caucase ; 7. Věrnyj ; 8. Ba chinut ;
9. *baba* trouvé à la frontière des gouvernements de Cherson et d'Ekaterinoslav.

ont émis l'opinion que toutes ces prétendues statues slaves n'étaient que des monuments dus aux nomades turco-tatars qui auraient pénétré profondément à l'intérieur des pays slaves jusqu'à la mer Baltique. On sait que certains nomades de la Russie du Sud ont laissé après eux, dans ce pays, puis dans le Turkestan et en Sibérie, une longue série de pierres tombales appelées autrefois en Sibérie *balbal*, terme qui a probablement chez les Russes donné naissance à la dénomination populaire de каменная баба[1]. C'est à ces statues de pierre que Demetrykiewicz et Brückner croient pouvoir ramener toute la sculpture « slave » ancienne.

Je ne méconnais nullement le sérieux de l'hypothèse de Demetrykiewicz, mais ne puis m'y rallier. Les monuments en litige sont les suivants : une colonne trouvée dans la rivière Zbruč et qui portait auparavant le nom de Svantovit (à présent dans les collections de l'Académie de Cracovie), la colonne de Holzgerlingen, les stèles de Bamberg, celle d'Altenkirchen à Rujana et quelques figures de petite taille et grossièrement taillées dans la pierre provenant de Prusse occidentale, des environs de Gdańsk (Dantzig)[2]. Le piédestal de la croix de Lopušna, près de Rohatyn, paraît être un restant d'idole païenne brisée et transformée en croix, car la statue originale avait quatre pieds et était par conséquent double[3]. Il existe encore

Fig. 130. — Relief d'Altenkirchen à Rujana (d'après Weigel).

ner, *Kwartalnik histor.*, XIII, 85 ; *Encyclopedya polska*, IV, 2, 166. V.-J. Mansikka leur a fait écho (*Religion der Ostslaven*, Helsingfors, 1922, I, p. 9).

[1] La bibliographie concernant ces monuments est considérable, mais elle n'a été réunie qu'en 1871 par le comte Al. Uvarov dans son travail Свѣдѣнія о кам. бабахъ (Труды I арх. съѣзда, II, p. 501), reproduit dans le Recueil des travaux du comte Uvarov (Moscou, 1910, II, p. 200). Les articles parus ensuite se trouvent éparpillés dans de nombreux recueils et revues, et je ne sache pas qu'on les ait réunis récemment. Voir la bibliographie dans *Živ. star. Slov.*, III, p. 654, et un résumé détaillé des conclusions.

[2] Là-dessus, voir plus haut, pp. 153, 157, et *Živ. star. Slov.*, II, p. 199, III, p. 659.

[3] *Wiadomości archeologiczne*, VI (1921), p. 98.

quelques autres monuments moins authentiques, qu'à dessein je laisse ici
de côté[1].

Nous pouvons diviser les monuments énumérés en deux groupes : les
polycéphales et les autres. Je considère les premiers, du fait même de leur
polycéphalie, comme des représentations de dieux slaves, que ce soit un
artiste slave ou un étranger qui les ait sculptés. Ils se distinguent encore
notablement dans l'ensemble des fameuses *baby* de pierre aussi bien par
leur style que par leurs attributs. Les concordances invoquées contre cette
constatation ne sont qu'insignifiantes et facilement explicables : la coupe

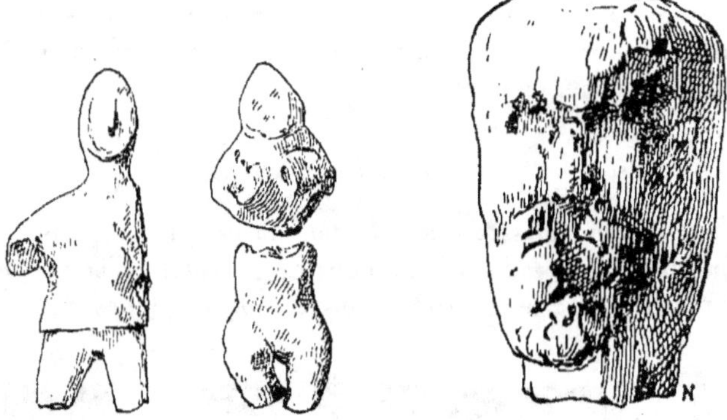

Fig. 131. — Tête d'une statue trouvée à Jankowo (Pologne) et petites statuettes en argile
de Veski et de Gnězdovo (Russie).

que certains dieux ont dans la main est le symbole, si commun par ailleurs,
de l'acte d'adoration, et, quant au sabre, nous savons que les Slaves connaissaient cette arme dès le Xe siècle.

Il est plus difficile de prouver le caractère slave des autres monuments
(non polycéphales), dont certains, comme les pierres trouvées en Prusse,
présentent dans leur ensemble une assez grande ressemblance avec le type
si primitif des *baby* de pierre. Néanmoins, là encore, je penche pour l'hypothèse d'une origine slave. J'en vois la confirmation, pour les stèles de Bamberg et celle de Rujana, dans les lieux mêmes où elles ont été découvertes.
Il est difficile, d'autre part, en ce qui concerne les pierres provenant de la
Prusse, d'admettre un séjour proprement dit des nomades dans ce pays :

---

[1] Voir ici même, fig. 131, et *Živ. star. Slov.*, III, pp. 663 et suiv.

tout au plus pourrait-on songer ici à une imitation de modèles turco-tatars.

Quant au style de ces monuments, la colonne du Zbruč (fig. 48, 49) trahit une imitation évidente d'un monument taillé dans un tronc d'arbre ; de même aussi la colonne de Holzgerlingen. Il faut signaler comme particulièrement intéressant le motif antique d'Atlas fléchissant le genou et soulevant la colonne de sa tête. Les figures qui se trouvent au-dessus de lui indiquent vraisemblablement une ronde dansée lors des solennités en l'honneur du dieu. Le cheval de guerre avec son harnachement est un motif indigène. De plus on est frappé, en examinant la colonne du Zbruč, tant par l'heureuse solution donnée au problème de la polycéphalie (je vois là aussi une influence antique : Janus, Hécate et Borée) que par les bonnes proportions ; on a là un ensemble qui ne manque pas d'élégance. L'auteur est vraisemblablement un artiste qui s'était familiarisé, sur les bords de la Mer Noire, avec les monuments de l'antiquité.

Industrie d'art.

Les découvertes faites dans les habitats slaves ont mis au jour une quantité appréciable de produits de l'industrie, en particulier de bijoux, qui remontent au IXe siècle et même, dans certaines régions de l'Ouest (ainsi

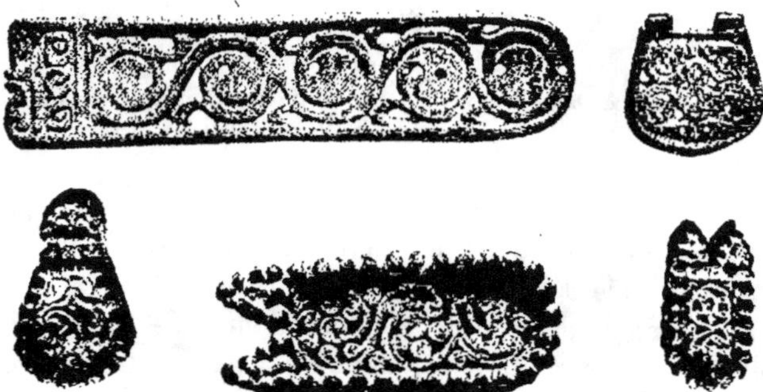

Fig. 132. — Ornements de ceintures (travail byzantin) trouvés dans des tombeaux slaves, à Krungl et à Hohenberg, en Styrie.

dans les pays alpins, en Hongrie, en Croatie), au VIIe siècle. Nous pouvons considérer ces objets comme des produits de l'art de l'orfèvrerie, car leur forme et leur décoration suffisent à témoigner de leur caractère artistique.

Mais une question importante se pose d'abord : pouvons-nous regarder ces objets comme des produits de l'industrie slave, ou encore jusqu'à quel point, du moins, les artisans slaves ont-ils participé à cette industrie pour autant que nous puissions lui donner le nom d'industrie d'art?

Il n'est pas possible, à vrai dire, de donner à cette question une réponse définitive, parce qu'il n'a pas été identifié jusqu'à ce jour de tombes slaves de l'époque ancienne. Il me semble cependant que, à quelques exceptions près dont je traiterai plus loin, on ne saurait parler d'une industrie d'art slave avant le IXe siècle, et que les objets que nous trouvons dans les sépultures et les trésors slaves jusqu'au début du XIe siècle sont en grande majorité d'origine étrangère. Ce sont précisément ces articles d'importation, dont les pays slaves furent inondés du IXe au XIe siècle, qui provoquèrent une révolution dans l'industrie domestique indigène et déterminèrent chez les artisans slaves une création autonome, soumise d'ailleurs aux impulsions de l'extérieur. L'industrie slave commença alors à se développer. C'est seulement alors, c'est-à-dire à partir de la fin même de l'époque païenne, que nous pouvons parler d'une industrie d'art slave indigène, se trouvant dans les mains d'artisans slaves, et en particulier d'ouvriers en or et en argent[1] ; les potiers, eux aussi, essayaient à ce moment de se distinguer par leurs productions, et l'on voyait apparaître les premiers verriers et émailleurs.

Nous avons vu cependant plus haut[2] que la plupart des produits des menus arts, qu'il s'agisse de bijoux, de vases de métal ou de verre, ou encore d'armes précieuses, sont d'origine étrangère, surtout byzantine et orientale d'abord, puis germanique et finnoise. Les dimensions de ce livre ne me permettent ici ni d'étudier en détail la question de savoir en quoi ces importations orientales, byzantines, germaniques et finnoises (de l'Oural) se distinguent les unes des autres, ni d'énumérer tous les objets apportés par le commerce en pays slave. Le lecteur pourra, sur ces points, se renseigner ailleurs[3]. Il nous suffira d'un aperçu général. Nous constaterons d'abord que, dans la période qui va du Ier au Ve siècle de l'ère chrétienne, les influences gothique et romaine, quoique relativement fortes, n'ont pas eu d'action efficace sur l'industrie des Slaves. Les produits romains et gothiques arrivaient en assez grand nombre, les premiers du Danube et les seconds de la Mer Noire, mais sans animer pour cela d'une vie nouvelle

---

[1] Sur la première mention que nous ayons des orfèvres dans les documents historiques, voir plus haut, p. 217.

[2] Voir plus haut, pp. 85, 94, 216, 219.

[3] Voir *Živ. star. Slov.*, III, pp. 671 et suiv.

l'industrie indigène. Du moins ne l'avons-nous pas constaté jusqu'ici. La même remarque s'applique également à la période suivante, du VIe au VIIIe siècle, pour les Balkans et la vallée du Danube où nous voyons, il est vrai, dans les tombes bon nombre d'objets d'origine et de style byzantins, mais qui, encore une fois, n'ont pas laissé de traces dans l'industrie indigène. Ce n'est que l'invasion plus débordante d'articles d'importation étrangers, au IXe siècle et au Xe, qui a modifié la situation. C'étaient des

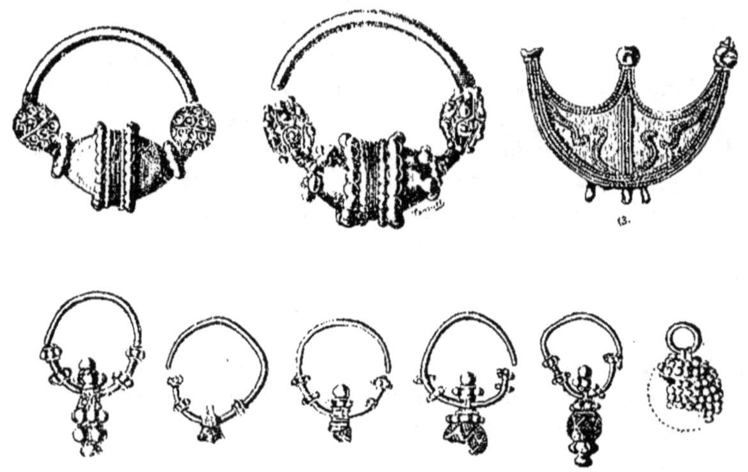

Fig. 133. — Boucles d'oreilles trouvées dans un trésor byzantin, à Tokay, en Hongrie
(d'après Hampel).

objets apportés de l'Orient par des marchands juifs et arabes [1] ; en même temps d'autres produits, venant du Nord, s'introduisaient de Scandinavie, apportés par les expéditions des Russes normands [2] ; et enfin, à partir du Xe siècle et surtout du XIe, l'influence de l'industrie byzantine s'affirmait dans tout son épanouissement. Les artisans indigènes se contentèrent d'abord d'imiter, puis bientôt, obéissant à l'impulsion reçue du dehors, ils créèrent eux-mêmes des œuvres nouvelles et indépendantes.

Un objet au moins nous prouve à lui seul que, dès avant le Xe siècle, la

[1] Voir plus haut, p. 236.

[2] Voir plus haut, p. 235. Cette influence nordique provoqua des imitations grossières de bijoux qu'on trouve en assez grand nombre dans les *kurgany* de la Russie du Nord.

fabrication slave était parvenue à produire de petits bijoux métalliques.
C'est le fameux temporal, dont l'origine est obscure, mais qui a été créé
vraisemblablement quelque part dans le Sud-Ouest, d'après des modèles
romains, et qui est devenu avec le temps un ornement si typique de la
coiffure slave qu'aux Xe et XIe siècles on le trouve partout à l'intérieur
des tombes slaves, dans les Balkans, dans les Alpes, sur l'Elbe et la Vistule
et dans le vaste bassin du Dniéper. Nous devons considérer ce bijou
comme un produit originellement étranger qui s'est peu à peu propagé, à
partir du VIIe siècle, de l'Occident vers le Nord et vers l'Est, et que la
fabrication slave avait déjà adopté dès le VIIIe ou le IXe siècle. Nous ne
savons pas où se trouvaient les ateliers d'où il sortait. Mais nous avons là,

Fig. 134. — Imitations slaves grossières d'une pendeloque et d'une boucle d'oreille
trouvées à Pilin et à Varadin, en Hongrie.

sans doute aucun, avec l'imitation de la céramique romaine des provinces[1],
la première manifestation d'une industrie d'art slave, manifestation d'abord
modeste, sans·grande apparence, mais, dès le Xe siècle, offrant déjà des
formes plus variées et une ornementation à la fois plus soignée (fig. 29,
30) et plus perfectionnée, car nous rencontrons souvent à cette époque,
des temporaux plaqués d'or et d'argent[2].

Lorsque les objets d'art byzantins et orientaux commencèrent à affluer
chez les Slaves, leur industrie indigène y trouva plus encore de stimulants
à l'imitation.

On imita en particulier les bijoux orientaux en argent orné de fin filigrane granulé[3] ; on les imita avec plus ou moins de perfection soit en

---

[1] Voir plus haut, p. 228.

[2] Voir les autres détails dans *Živ. star. Slov.*, I, pp. 592 et suiv., et dans le présent volume,
pp. 89 et suiv.

[3] La faveur dont jouissait ce filigrane est attestée par l'existence de trésors arabes contenant de l'argent ainsi travaillé dans tout le domaine slave du Nord jusqu'à l'Oder (voir
plus haut, fig. 33, 81, 82, 93, et plus loin, fig. 144).

argent, soit, de manière assez grossière, en métal blanc fondu ; on imita
aussi les colliers en argent tressé, bracelets, bagues, cornes, et aussi certaines
armes précieuses (fig. 89, 108). Mais on copia davantage encore les modèles
byzantins à dater de la fin du Xe siècle, sans doute parce que les artistes
byzantins venaient eux-mêmes dans les principaux centres russes, y fon-
daient des ateliers, les dirigeaient et enseignaient aux ouvriers du pays les
techniques récentes et les formes nouvelles. Les moines des monastères
russes allaient aussi à Constantinople pour y apprendre les diverses sciences

Fig. 135. — Médaillon (travail russe)
à l'effigie de saint Boris
(trésor de Rjazan').

Fig. 136. — Calice (travail russe)
provenant du trésor du monastère
de Saint-Michel, à Kiev.

et arts [1]. Il s'agit donc ici d'une véritable école d'art byzantin transplantée
en Russie et appelée à y évoluer, et nous voyons en effet, dans les trésors des
XIe, XIIe et XIIIe siècles réunis et publiés par N. P. Kondakov, beaucoup
d'objets qui ne procèdent déjà plus du pur travail byzantin, mais sont des
imitations slavo-russes [2]. Parfois nous en avons une confirmation directe
dans les inscriptions slaves qui y sont gravées ou encore dans les noms

---

[1] *Chronique*, version Laurentine, années 988, 989 ; Кіевопечерскій Патерикъ, IV, 13 ;
Réau, *L'art russe*, p. 198.

[2] N. Kondakov, Русскіе клады, Спб., 1896, I, et Русскія древности, V, pp. 6, 10,
101 et suiv.

slaves des saints inscrits sur une croix en émail, un médaillon ou même un
calice [1]. Par ailleurs, ce sont à nouveau en grande partie des bijoux :
croix, médaillons, boucles d'oreilles, bracelets, bagues et diadèmes, tous
ornés de filigrane en gros grain, de nielle ou encore d'émail. Les Russes
avaient appris ces techniques difficiles avec un succès remarquable. Un
archéologue expérimenté distingue, il est vrai, ces imitations septentrionales
des superbes produits byzantins purs des Xe et XIe siècles, mais il ne peut
leur dénier des qualités remarquables.

Dans le domaine slave, à côté des anneaux avec un bout en forme de S,
il est une catégorie de bijoux qui mérite encore une mention spéciale, car
elle est aussi caractéristique pour les Slaves de l'Est que le sont les temporaux en S pour ceux de l'Ouest. Cette catégorie ne représente pas une simple imitation des modèles étrangers, mais une création indépendante de
l'industrie slave : ce sont les височныя кольца des *kurgany* russes du Xe au
XIIe siècle (voir plus haut, p. 92). On les mettait dans les cheveux des deux
côtés de la tête, et ils y restaient accrochés comme les temporaux en S des
Slaves de l'Ouest. Cependant les temporaux de l'Ouest devaient garder
partout une forme déterminée ; tout au plus y suspendait-on quelque menu
objet ; au contraire, les temporaux de l'Est, les височныя кольца, dans
certaines régions, en particulier chez les tribus des Sêvériens, des Radimitches, des Viatitches et des Krivitches, développèrent des formes nouvelles [2] dont certaines offrent un type et une décoration d'une assez
grande richesse, par exemple les anneaux de la vallée de l'Oka et de la
Moskva (fig. 32). Ce beau spécimen de l'industrie slave indigène des Xe,
XIe et XIIe siècles doit vraisemblablement son origine à une influence orientale : c'est du moins ce qu'indique la position géographique des tribus chez
lesquelles il apparaît, tribus qui ont été longtemps sous la domination des
Khazars.

La plupart des ateliers où se fabriquaient ces objets se trouvaient d'abord
à Kiev et aux environs. On a trouvé là des restes d'ateliers d'orfèvrerie et
d'émaillerie près du palais du prince, et V. Chvojka a relevé des restes identiques sur l'emplacement de l'enceinte fortifiée de Šargorod, près de
Vasil'kov [3]. Mais bientôt des ateliers apparurent également ailleurs, ainsi
en Volhynie, à Novgorod, et surtout, ce qui est intéressant à noter, dans le

---

[1] Voir fig. 83, 136, et *Živ. star. Slov.*, I, p. 645 ; III, p. 242. Voir aussi les Извѣстия
Българ. Арх. общ., VII, p. 114.

[2] Voir sur la figure 31, les numéros 7-14.

[3] Chvojka, Древніе обит., 71 ; Изв. Арх. ком., II, Приложеніе, p. 30.

Nord-Est, dans le bassin de la Volga et de l'Oka : à Vladimir, à Suzdal', à Rostov, à Jaroslav et à Jurjev. Les ateliers de Vladimir et de Suzdal', en particulier, se rendirent célèbres au XIIe siècle par la production de toutes sortes d'œuvres d'art. Mais cette époque et les produits qui la distinguèrent dépassent les cadres de cet ouvrage, comme aussi le développement de l'industrie slave en Occident au cours du XIe siècle.

Les Slaves du Sud ont eu Antioche comme centre d'apprentissage pour leur jeune industrie. Thomas de Salona nous apprend en effet que l'évêque Laurent, vers 1060, avait envoyé à Antioche un homme qui y devait apprendre à travailler l'or et l'argent, et que cet artisan une fois rentré « omnia perfecit opere sculptorio artis ingenio antiochenae »[1].

Chant et musique.

Les Slaves n'aimaient rien tant pour se distraire que les chansons, la danse et la musique. Aujourd'hui encore ils chantent dans la peine comme dans la joie, au travail comme au repos. Il y a dix siècles, on chantait sans cesse, ou tout au moins beaucoup plus encore que de nos jours : lors des mariages, des funérailles, des fêtes publiques et à la maison[2]. A la chanson étaient indissolublement liées la danse et la musique instrumentale. Le *Sclavus saltans* était évidemment une silhouette bien connue au IXe ou au Xe siècle[3].

C'est ce qu'attestent d'ailleurs plusieurs témoignages précis. Les divers sermons et avertissements ecclésiastiques, dont j'ai dit plus haut[4] le prix pour l'étude du paganisme slave à son déclin, en particulier les sermons russes qui nous sont conservés en grand nombre, présentent sans cesse des lamentations sur la coutume qu'a le peuple russe, à certains jours de la semaine (les samedis) et lors de diverses solennités, de se réunir sur la place du village ou derrière le village pour prendre part à des amusements désordonnés où l'on boit et l'on festoie copieusement, et où florissent les superstitions, les sacrifices au *rožanicy*, aux *vily* et autres démons, mais surtout les chants, les danses et la musique. L'Église faisait de vains efforts pour déraciner ces danses et ces chants « diaboliques » ou « sataniques »[5].

---

[1] Thomas, *Hist. Salonit.*, XVI.

[2] Une instruction de Vladimir Monomaque, de 1096, fait mention d'une chanson de noces (*Chronique*, version Laurentine, p. 244).

[3] Ermenricus Augiensis (*M. G.*, II, p. 101).

[4] Voir plus haut, pp. 21, 128.

[5] Les textes slaves ont pour « chanter » le vieux terme usuel de *pěti* (*pěnije*, *pěsnĭ* « chan-

Mais c'était en vain. Le peuple s'attachait d'un amour toujours plus fort à ces divertissements, et la musique sauvage qu'on y faisait entendre lui était cent fois plus agréable que le chant monotone des églises. En 1068, l'auteur de la *Chronique* de Kiev se plaint amèrement que les divertissements rassemblent une foule de gens, alors que les églises sont presque vides [1].

Par ailleurs, nous ne savons rien du caractère de ces chants. On n'a pas réussi jusqu'à présent à tirer des chansons slaves de nos jours le secret de la musique ancienne [2]. Nous ignorons quels étaient ses formes, ses modes et ses cadences, mais il est vraisemblable que l'harmonie des tons et les modes mineurs en étaient déjà les vertus antiques. Les chants s'exécutaient pour la plupart en chœur ; les premières chansons d'amour, en solo, commençaient aussi à apparaître.

Les Slaves connaissaient-ils en ces temps reculés les chants épiques ou chansons de geste célébrant des princes ou des héros, et en avaient-ils à eux? Nous n'en avons pas de preuve certaine. Mais il est probable que, lors des fêtes, et notamment lors des banquets qui avaient lieu à la cour des princes, des chanteurs de profession chantaient des chansons pour glorifier les héros. C'est parmi ces sortes de bardes que figurait sans doute, à la fin du XIe siècle ou au début du XIIe, le mythique Bojan dont le nom revient à plusieurs reprises dans le *Dit de la compagnie d'Igor*, et qui chantait la gloire et la défaite du pays russe dans ses luttes avec les Polovtses en promenant ses doigts sur un luth [3]. Par ailleurs les bylines russes et les chansons de geste slaves du Sud ne sont attestées qu'à une époque tardive.

Si nous ne pouvons rien dire sur la chanson et la danse, nous avons par contre quelques précisions sur les instruments de musique dont les Slaves se servaient au Xe et au XIe siècles, ou que du moins ils connaissaient. Lors des divertissements du samedi et des jours de fêtes, lors des funérailles et des noces, on voit apparaître habituellement un orchestre composé de

---

son ») ; ils désignent par le mot *plęsati* la danse accompagnée de chants, et il est intéressant de constater, pour se rendre compte de l'ardeur que le peuple slave apportait à cet exercice que le mot *plęsati* est un des rares termes empruntés par les Germains aux Slaves (cf. goth. *plinsjan* « ὀρχεῖσθαι », dans la Bible de Wulfila).

[1] *Chronique*, version Laurentine, p. 166.

[2] L. Ritter de Rittersberg l'a essayé jadis (« Myšlénky o slov. zpěvu », *Liter. příloha k Věnci*, Praha, 1843 ; « Pravlast slov. zpěvu », *Čas. Čes. Musea*, 1846), mais sans avoir les matériaux suffisants. Voir J. Horák, *Národopisný Věstník*, XV, p. 143.

[3] *Slovo*, éd. Erben, pp. 1 et suiv. D'autres sources (voir Полн. собр. русскихъ лѣтописей, II, pp. 180, 187) font également des allusions à ces chansons lors des festins princiers. On trouvera des détails sur ce sujet dans Jagić, « Gradja za slov. nar. poeziju » *Rad*, XXXVII. p. 77), et dans Aničkov, Язычество, pp. 184, 192, 205 et suiv.

quatre instruments qui forment comme la base de la musique instrumentale slave : le cor, le fifre, le tambourin, le violon. C'était là la musique (sl. гудьба, гуденье) dans le sens propre du mot. La littérature slave des XIᵉ et XIIᵉ siècles nous fournit sur ce caractère typique de la musique slave toute une série de témoignages que j'ai réunis ailleurs [1]. Les quatre instruments principaux mentionnés ci-dessus s'y trouvent constamment nommés [2].

Fig. 137. — Troupe de musiciens byzantins (fresque de l'escalier de Sainte-Sophie, à Kiev).

Mais nous avons d'intéressantes données encore plus anciennes : l'anecdote, que rapporte Theophylaktos Simokattes, des trois Slaves qui, cithare en main, sont amenés à l'empereur Maurice en 591 [3], et quelques textes

[1] On trouvera la bibliographie concernant les instruments de musique réunie dans mon article « Počátky slovanské hudby », paru dans le *Národopisný Věstník* (Praha, 1914, p. 49, note 41), bibliographie reproduite dans *Živ. star. Slov.*, III, p. 707.

[2] Il y avait évidemment déjà à cette époque, à la cour des princes, davantage de musiciens et plus d'instruments de musique variés venus de l'étranger. On aura une idée assez claire d'un pareil ensemble de musiciens en regardant la fresque due à des artistes byzantins qui décore l'escalier de Sainte-Sophie à Kiev (fig. 137). Nous y voyons, à côté de deux saltimbanques, des musiciens avec flûte, fifre, cithare, psaltérion et tympanon.

[3] Theophylaktos, VI, 2.

arabes des IXe et Xe siècles où l'on trouve mentionnés chez les Slaves des luths à cordes de diverses sortes, des tambourins, des pipeaux ou plutôt de grands chalumeaux d'un genre particulier qui étaient longs de deux coudées [1].

Il ne nous a été conservé aucun de ces instruments, sauf quelques petits chalumeaux dont le caractère slave est douteux, mais des dessins un peu postérieurs, du XIIe au XIVe siècle, et la comparaison des formes qui se sont conservées en pays slave et dans les pays voisins, tels que la Lituanie et la Finlande, nous permettent de nous faire une idée suffisante de ces instruments. Le cor (vieux-slave *trǫba*), la corne (*rogŭ*) et le chalumeau (vieux-russe пищаль, свирѣль, сопѣль, свистокъ) avaient la forme ordinaire de ces instruments, telle quelle s'est maintenue jusqu'à nos jours chez les bergers slaves. Ceux-ci portaient avec eux un chalumeau ou un cor dès les Xe et XIe siècles : c'est ce que nous apprennent les plus anciennes représentations (fig. 138), ainsi que l'épithète de « joueur de chalumeau » dans l'ex-

Fig. 138. — Bergers avec leur cor (fresque de la chapelle de Znojmo).

pression « пастырie свиряюще », qui est des plus anciennes dans la littérature slave, puisque nous la trouvons deux fois dans la *Vie* de saint Naum qui date du Xe siècle [2]. Nous sommes moins bien renseignés sur l'ancien tambourin (vieux slave *bǫbĭnŭ*) dont nous n'avons pas de représentations certaines. Le mot traduit le latin *tympanum* et le grec τύμπανον, et on connaît cet instrument que les Slaves avaient adopté dès le Xe siècle ; mais les miniatures tchèques des XIIIe et XIVe siècles nous représentent déjà le *bǫbĭnŭ* comme une caisse cylindrique assez élevée, couverte d'une peau tendue sur laquelle on frappait avec des baguettes [3]. Je ne sais pas de quoi

[1] Ibn Rosteh (Harkavi, Сказ., p. 265) ; Kardîzî, éd. Bartold, p. 123 ; le Géographe persan anonyme, éd. Tumanskij, p. 121 ; Al-Bekrí, éd. Rozen, p. 55 ; Fadlân (Harkavi, Сказания, p. 98).

[2] Éd. Lavrov, pp. 9, 32.

[3] Zíbrt, *Dějiny tance* (Praha, 1895), pp. 36, 38.

se rapprochait le tambourin russe des Xe et XIe siècles. Dans la *Vie des Pères de Rome* (manuscrit slave du Xe siècle), nous lisons бубнъ кумбаль-скый « tambour cymbalique », pour traduire le grec ἦχος τῶν κυμβάλων[1]. L'instrument le plus intéressant était la vieille cithare (гусли, du verbe *gǫsti*), dont la forme différait fort de celle des violons modernes. Les indications qu'on trouve dans les anciens textes montrent de façon indiscutable que l'on en jouait sans archet, avec les doigts ou bien avec des baguettes. Le mot *gusli* traduit dans les textes bilingues le grec κιθάρα, λύρα, ὄργανον, etc. Il

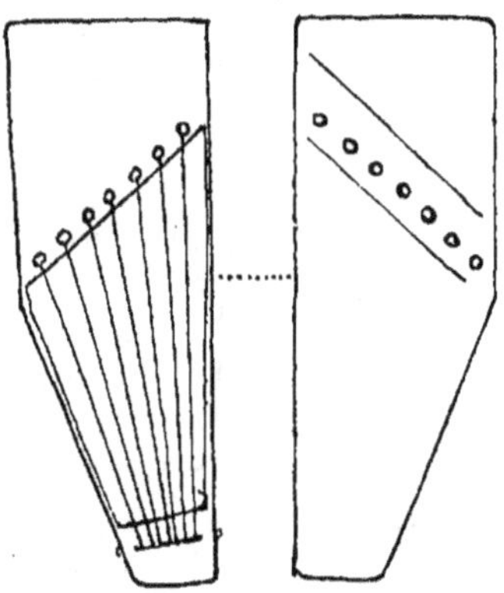 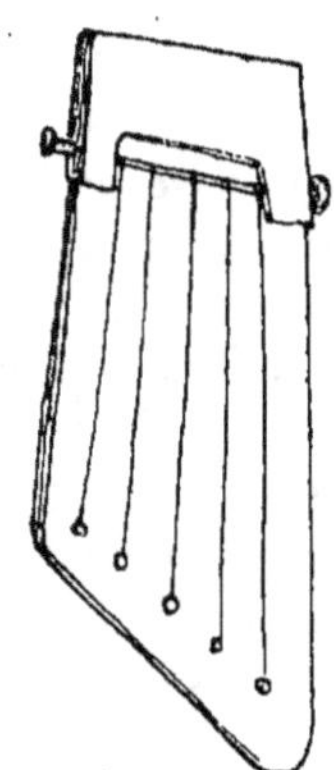

Fig. 139. — Violon karélien (*kantele*)
du gouvernement d'Olonec.

Fig. 140. — Ancien violon russe
(XVIIIe siècle).

ressort de là que cet instrument avait probablement la forme que nous lui voyons dans certaines miniatures des XIe-XIIIe siècles, et qu'ont encore le *kanklas* lituanien et la *kantele* (*kannel*) finnoise ou carélienne, et qu'il avait encore en Russie au XVIIIe siècle (fig. 140). C'était une planche plate et allongée de forme ovale ou angulaire (carrée), en travers de laquelle étaient tendues au moins trois cordes, et que le musicien tenait de la main droite, quand il était debout, et posait sur ses genoux quand il était assis[2]. C'est seulement par la suite que le nom de *gusli* passa à un instrument dont on ne frappait pas les cordes, mais dont on tirait des sons à l'aide d'un archet.

---

[1] Éd. Sobolevskij (Kiev, 1904), p. 8.

[2] On trouvera tous les détails sur ces instruments et les suivants dans mon article précité et dans *Živ. star. Slov.*, III, p. 726.

Nous ne connaissons ni le lieu ni le degré d'antiquité de cet instrument, non plus que le pays d'où l'ont reçu les Slaves. Le violon avec archet (смычекъ) n'est pas attesté chez les Slaves avant le XIII⁰ siècle ; l'évolution en a été ensuite très variée.

Ceci étant, je ne puis partager l'opinion de ceux qui tiennent le violon à archet, et spécialement le violon serbe à une ou deux cordes, comme un produit slave très ancien et imaginent que les Arabes mêmes auraient emprunté aux Slaves leurs instruments de musiques analogues [1].

Outre ces quatre instruments principaux, les Slaves en connaissaient encore quelques autres. Parmi les instruments à vent, il faut citer la слоньница et la самара, attestées dès le XI⁰ siècle, l'ὄργανον ou ὄργανα (vieux-slave органъ, арганъ d'où варганы), attestés dans des textes slaves du

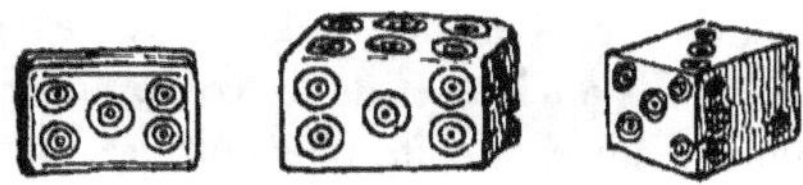

Fig. 141. — Dés des environs du Xᵉ siècle, trouvés à Kiev, Gnězdovo et Teterov.

Xᵉ siècle ; parmi les instruments à percussion, la cymbale (кымбалъ,) les накры. Il faut ranger dans les instruments à corde la цѣвница, la тьрняя, la прѣгудьница (du XIᵉ siècle), le luth et le *tanbûr* des sources arabes, de plus le psaltérion (псалътырь), fait d'un carré ou d'un triangle sur lequel étaient tendues plusieurs cordes (il est attesté à partir du Xᵉ siècle). Il est d'autres instruments encore qui ne sont pas attestés de si bonne heure. La *kobza*, instrument tchèque à cordes, devait aussi être ancienne [2].

Mais presque tous ces derniers instruments étaient plus ou moins étrangers aux Slaves, et ceux-ci ne les employaient qu'exceptionnellement. Le vieil orchestre slave typique se composait d'un fifre, d'un joueur de tambourin et d'un violoniste. Il fallait, pour en faire partie, avoir acquis une habileté suffisante. Aussi est-il naturel que peu à peu des musiciens se soient formés dans les villes et dans les villages, et qu'avec le temps ces musiciens amateurs soient devenus des professionnels qui exerçaient leur art moyennant rétribution. Nous trouvons déjà mention de cette catégorie d'artistes

[1] Kuhać, *Rad*, XXXVIII, pp. 41, 53 ; Trojanović, Музык. инструм., p. 9.
[2] Voir une documentation plus détaillée dans *Národopisný Věstník*, article cité, pp. 61, 64, 70-72.

dans les textes des XIe et XIIe siècles ; nous savons qu'elle donna naissance en Russie à une classe vagabonde, les скоморохи, скомрахи, игроки, гусельники, qui n'étaient évidemment pas seulement des musiciens ambulants, mais encore des jongleurs et des acrobates, et aussi des danseurs et des sorciers, avec toutes les qualités et les vices qu'impliquaient ces emplois. Les vices l'emportèrent de plus en plus, de sorte que finalement, au XVIIe siècle, le gouvernement dut employer la force pour les supprimer [1].

L'écriture.

Les Slaves devaient, bien avant l'adoption du christianisme, avoir quelque notion de l'écriture. Ils se rendaient sur les marchés grecs de la Mer Noire, et, après l'an 106 de notre ère, ils avaient vu dans leur pays comme une invasion des marchands romains venant de Dacie ; enfin, lorsque aux VIe et VIIe siècles ils étaient arrivés dans les Balkans, ils y avaient trouvé souvent l'occasion de voir des écrits anciens et de les comprendre. Aussi n'est-il pas impossible que certains d'eux, entre les plus cultivés, aient tenté, bien avant le Xe siècle, d'écrire leur propre langue. Nous n'en avons cependant aucune preuve, et il est tout à fait improbable que le peuple slave ait connu et employé une écriture spéciale avant l'adoption du christianisme.

Tout ce que l'on a allégué jusqu'ici en faveur d'une plus haute antiquité de l'écriture slave, notamment toutes les théories sur l'existence de caractères slaves runiques, semblables aux runes germaniques, sont des inventions que les monuments ne justifient pas, sinon même parfois des duperies patriotiques. Il est vrai que les runes germaniques, qui étaient en usage dans le Nord dès la fin du IIIe siècle, ne pouvaient être inconnues aux Slaves en raison des relations fréquentes qu'ils avaient, notamment ceux de la Baltique avec la Scandinavie. Il n'est pas non plus impossible qu'ils aient pu les employer pour écrire le slave. Les noms des dieux inscrits sur les statues du temple de Svarožič à Rethra, au XIe siècle [2], pouvaient être gravés aussi bien en runes nordiques qu'en lettres latines ; les runes avaient été apportées en Russie par les Russes nordiques [3]. Mais, en dépit de tout

---

[1] A. Famincyn a donné leur histoire dans ses Скоморохи на Руси (Спб., 1889). Voir aussi Veselovskij, Разысканія, ch. VII. On aperçoit déjà des jongleurs byzantins sur la fresque de Sainte-Sophie de Kiev dont nous avons parlé plus haut (fig. 137).

[2] Thietmar, VI, 23 (17).

[3] Voir le texte de la *Chronique* sur les traités conclus par Oleg et Igor avec les Grecs (*Chronique*, version Laurentine, pp. 36, 45). Quant à l'Évangéliaire et au Psautier écrits en lettres russes que Constantin aurait trouvés à Cherson avant 863, voir Pastrnek, *Dějiny*

cela, il faut bien constater qu'on n'a pas trouvé jusqu'ici un seul monument probant offrant des runes slaves. Les monuments que divers savants ont mis en avant ont été reconnus faux, ou bien contiennent un texte non slave, ou encore portent des signes illisibles qui n'ont rien de runique [1]. Jagić l'a montré il y a longtemps et dernièrement encore [2].

Il n'y a donc eu ni d'écriture slave particulière, ni d'écriture semblable aux runes, ni enfin d'écriture identique à celle des Grecs ou des Romains.

Fig. 142. — Prétendues runes slaves provenant de Mikorzyn.

La seule hypothèse qu'on puisse faire est que les Slaves, pour aider leur mémoire ou pour formuler certaines requêtes, aient pratiqué des incisions

sv. apoštolů, pp. 52, 174. Il faut probablement encore citer comme se rapportant à notre sujet le témoignage d'Ibn An-Nadîm, de 987, sur des caractères russes gravés dans du bois (Harkavi, Сказанiя, p. 240).

[1] Les prétendues runes slaves apparaissent pour la première fois sur les fausses idoles slaves de Prilwitz (voir plus haut, p. 159) qui furent révélées au public en 1771. Il existe d'autres monuments faux bien connus : ce sont les deux pierres de Mikorzyn à Poznań, représentant le dieu Prove et un cheval, et le médaillon de Cracovie avec ses runes. Pour de plus amples détails, on consultera Jagić et les nouvelles remarques consignées dans Živ. star. Slov., III, p. 736.

[2] Jagić, « Zur slav. Runenfrage », Archiv. für slav. Phil, 1881, V, p. 193 ; Вопросъ о рунахъ у Славянъ (Энциклопедiя слав. фил., III, 1, 1911). Outre Sreznevskij, Šafařík, Vocel, Kraszewski, Ed. Boguslawski et L. Hanuš, les principaux partisans des runes slaves ont été J. Leciejewski (Runy i runiczne pomniki słow., Lwów, 1906) et F. Piekosiński (Kamienie Mikorzynskie, Kraków, 1896).

dans des tablettes en terre ou sur des morceaux de bois. C'est à quoi pensait vraisemblablement le moine bulgare Chrabr en écrivant à propos des Slaves balkaniques au Xᵉ siècle, dans son article sur les lettres slaves : « Auparavant les Slaves n'avaient pas de lettres, et ce n'était qu'au moyen d'encoches et de traits *(črŭtami i rězami)* qu'ils comptaient et tiraient des présages »[1]. Pour avoir une idée de la manière dont se présentaient ces inscriptions primitives, il faut voir celles qu'on désigne sous le nom de *rabuš, raboš, rovaš*, et qu'emploient encore aujourd'hui certains montagnards slaves des Balkans, des Alpes et de la Moravie[2] : ce sont, pratiquées sur un bâton, diverses sortes d'incisions dont chacune a sa signification et ses combinaisons particulières (fig. 143).

C'est seulement au IXᵉ siècle que les Slaves acquirent une véritable écriture. L'apôtre Constantin-Cyrille, qui avait été envoyé vers l'an 863, avec

Fig. 143. — Bâton à incisions *(raboš)* de Bosnie (d'après Jagić).

son frère Méthode, en Grande Moravie, pour y évangéliser les Slaves de ce pays, venait de composer à cet effet une écriture spéciale dont il se servait avec ses disciples pour la traduction slave de l'Écriture sainte et des livres liturgiques[3].

La philologie a longtemps hésité sur la question de savoir laquelle des deux écritures vieux-slaves connues était la plus ancienne, c'est-à-dire celle qu'avaient employée Constantin et ses compagnons[4]. On considère actuellement comme plus ancienne l'écriture dite glagolitique qui, de Macédoine, s'était répandue jusqu'en Moravie, en Pannonie, en Bohême, en Croatie et en Serbie, mais n'a été conservée que dans un coin de la Pénin-

---

[1] Buslaev, Истор. Хрестоматiя, p. 425 ; Jagić, *op. cit.*, III, p. 25.

[2] Le terme *rabuš* est équivoque. Il passait autrefois pour slave, mais on le regarde aujourd'hui comme un dérivé du magyar *rovás*, bien que l'explication des formes slaves avec *b* présente des difficultés (voir Jagić, *op. cit.*, où on trouvera aussi une bibliographie de la question). Dans la Russie Occidentale, ainsi qu'en Finlande et en Lettonie, le *rabuš* existe sous le nom de *birka*, finn. *pirkka*, lett. *pirk* ; il était également connu en Scandinavie.

[3] Sur la mission des deux apôtres, voir Pastrnek, *Dějiny slov. apoštolů Cyrilla a Methoda*, Praha, 1902.

[4] C'est Jagić qui a donné le meilleur résumé critique de toute cette question dans son article sur l'écriture glagolitique de l'Энциклопедія славянской филологіи, III, pp. 51 et suiv.

sule balkanique. Elle a été remplacée partout par une écriture plus facile appelée cyrillique, laquelle est dérivée de l'onciale grecque usitée en Bulgarie au début du Xe siècle[1].

Le fait d'écrire était désigné par le verbe *pĭsati* (*pĭsĭmo*, *pĭsĭma* « littera ») qui signifiait à l'origine « peindre », comme il est naturel pour la technique primitive de l'écriture. L'autre terme signifiant « lettre » était *buky*, *bukva*[2]. Le terme *kŭńiga* « livre » est bien, lui aussi, slave commun et ancien, mais d'origine étrangère, et même assyrienne, suivant les dernières étymologies proposées[3]. Nous ne pouvons pas cependant saisir comment il est passé chez les Slaves.

Le calcul.

Le fait qu'en indo-européen on comptait d'après le système décimal et qu'on avait ainsi créé des nombres jusqu'à mille nous permet de penser que les Slaves savaient, eux aussi, compter jusqu'à mille et cela à l'aide du système décimal[4]. Le mot *sŭto* « cent » est, soit dit en passant, un mot important, parce qu'il fournit la preuve de l'appartenance des Slaves au groupe indo-européen oriental dit de *satem* (sanscr. *satám*, iran. *satem*). Cependant, à côté du système décimal, les Slaves ont connu également le système duodécimal, bien qu'ils n'aient pas de différences dans leurs séries numérales, comme les autres Indo-Européens, suivant qu'elles sont au-dessous ou au-dessus de 60. Mais les Slaves comptaient aussi fréquemment, et depuis longtemps, par douzaines, et nous devons voir là une influence des anciennes civilisations babyloniennes, sans situer pour autant dans le voisinage de la Babylonie l'habitat indo-européen primitif, comme le faisait Joh. Schmidt[5]. Nous ne savons comment cette manière de compter a pénétré chez les Slaves. Il est permis de supposer que ce sont les

---

[1] On n'est pas d'accord sur l'origine de l'écriture glagolitique. Suivant Jagić, elle a pour base une cursive grecque de trente-huit lettres ; elle est très ingénieuse et permet d'enregistrer les moindres nuances des sons slaves. La plus ancienne inscription cyrillique est l'inscription du tsar Samuel qui date de 993 (*Archiv für slav. Phil.*, XXI, p. 543).

[2] Sreznevskij, Матер., I, col. 192.

[3] Voir Berneker, *Etymologisches Wörterbuch*, I, p. 664 (assyr. *kunukku* « sceau »). J. Mikkola a repris la question récemment dans les *Mémoires de la Société finno-ougrienne*, 1924, LII, p. 187.

[4] On remarquera la concordance des termes exprimant l'idée de « mille » dans goth. *thusundi*, slave commun *tysęšta*, vieux prussien *tûsimtons*, lit. *tûkstantis* (Schrader, *Reallex.*, p. 967).

[5] Voir *Živ. star. Slov.*, III, p. 742 ; Janko, *Pravěk*, p. 123 ; J. Schmidt, *Die Urheimat der Indogermanen und das europ. Zahlsystem*, Berlin, 1890.

marchands anciens qui la leur ont apportée, ainsi que les poids et mesures iraniens, à l'époque de ce grand épanouissement du commerce oriental que nous avons constaté en Russie et dans l'Europe centrale au IXe siècle et au X[e][1].

Dans le système décimal, et en particulier dans l'enseignement de ce système aux enfants, les dix doigts de la main jouaient le rôle principal. De même que, faute d'écriture, on recourait à diverses encoches ou incisions, ainsi les nombres, dès avant l'adoption du christianisme, étaient figurés par divers signes destinés à aider la mémoire. Ces signes étaient probablement identiques à ceux dont se servent encore les bergers des montagnes de Moravie ou des Balkans[2]. Le mot *čislo* « nombre » (de **čĭt-slo*) est attesté par de nombreux documents du XIe siècle[3].

La distribution du temps.

Les Indo-Européens distinguaient déjà l'hiver, l'été et le printemps et, d'après l'observation de la lune, ils avaient su diviser l'année en dix périodes lunaires et le mois en deux moitiés et compter les jours d'après les nuits, lorsque la lune était visible. Mais ils n'étaient parvenus à une division plus rigoureuse des années et des jours que plus tard, et cela grâce à l'influence de civilisations supérieures, surtout grâce à l'astronomie babylonienne. Il s'agit de la division de l'année en quatre parties et en douze mois, ainsi que des noms donnés à ces mois et à ces saisons, du nombre de trente jours attribué à chaque mois, des trois cent soixante jours qui composaient l'année, des doubles heures et de la création d'une semaine de sept jours dont le septième était un jour de repos[4].

Les Slaves distinguaient dans l'année quatre périodes : l'hiver, *zima*, le printemps, *vesna*, l'été, *lěto*, et l'automne, *oseni*. Et, comme la notion d'année n'était pas encore suffisamment claire, ils comptaient surtout par étés ou par hivers. Nous ne savons pas quand commençaient les diverses saisons ni par conséquent l'année ; l'idée même de l'année n'était pas arrivée chez eux à maturité. Le vieux mot indo-européen **vetos* qui signifiait l'été et l'hiver passés, s'est conservé chez les Slaves dans l'adjectif **vetŭ*, *vetŭhŭ* au sens de « très vieux, antique », et le годъ du russe comme le bulgaro-serbe

---

[1] Voir plus haut, p. 235.

[2] Jagić, Энциклопедія славянской филологіи, III, p. 29.

[3] Sreznevskij, Матеріалы, III, p. 1522.

[4] Schrader, *Reallexicon*, pp. 389, 394, 547, 841, 844, 976 et suiv.

година indiquaient le temps en général, notamment le temps d'une fête [1].

Outre les quatre saisons, les Slaves connaissaient aussi les mois (sing. *měsęcĭ*), qu'ils avaient établis en observant les changements de la lune dans le ciel, d'une pleine lune à une autre [2], ce qui leur servait certainement d'unité principale de mesure pour calculer le temps. De plus ils avaient conscience que les quatre saisons de l'année coïncidaient approximativement avec les douze mois, mais ils n'étaient pas arrivés à concilier les différences entre l'année lunaire et l'année solaire. Par ailleurs, le compte et la répartition des mois étaient loin d'être rigoureux, comme le montre bien le flottement de l'ancienne nomenclature des mois [3]. Les anciens noms slaves de l'époque préchrétienne et du calendrier romain ne sont consignés nulle part, mais il nous est possible de les reconstituer à l'aide des noms qui se sont conservés jusqu'à présent chez tous les Slaves et de ceux qui apparaissent déjà dans les textes des IXe et Xe siècles. Voici ces noms : *sečenŭ, suchyj, grudenŭ, prosinĭcĭ, studenŭ, brězĭnŭ, travenŭ, izokŭ, črĭvenĭ, zarevŭ, srŭpĭnŭ, vrěsenŭ, rjujinŭ, listopadŭ, duben, ledan, luty, květen, rožen, kosenĭ, sěnokos, lipenĭ*, et d'autres encore. Il est difficile de les mettre dans l'ordre qu'ils avaient à l'époque qui précéda l'adoption du christianisme, car leur classement est hésitant, et leur place varie chez les différents peuples slaves. Nous pouvons en conclure que, lors de l'unité slave primitive, il n'y avait pas encore de distinction ferme des mois, ni de noms rigoureusement appropriés, mais qu'en hiver, par exemple, on se servait de diverses dénominations pour le temps des frimas, au printemps pour le temps où fleurissaient les bouleaux et où l'herbe commençait à pousser, en été pour le temps où l'on moissonnait les céréales, en automne enfin pour le temps où le cerf entrait en rut et où tombaient les feuilles. C'est ainsi que se créa toute une série de noms qui, dans la suite, lorsque les Slaves se furent séparés et se trouvèrent dans des pays de climats différents, furent diversement répartis, de telle sorte que, dès le Xe siècle, il n'existait plus de nomenclature uniforme et que, lorsque vint le calendrier romain avec ses douze mois, des mois portant des noms slaves différents se trouvèrent baptisés d'un seul et même nom latin.

---

[1] Janko, *Pravěk*, pp. 125-126.

[2] Sur la nomenclature slave des mois, voir surtout l'étude de Fr. Miklosich « Die slavischen Monatsnamen » (*Denkschriften* de l'Académie de Vienne, XVII, 1868). On y trouvera également la bibliographie antérieure. Un important travail sur la manière de calculer le temps chez les anciens Russes est dû à Dm. Prozorovskij : « О славяно-русскомъ дохрист. счисленіи времени (Труды VIII Арх. съѣзда, III, p. 200).

[3] A côté du terme *měsęcĭ*, les Slaves avaient encore pour désigner le mois le mot *luna*.

En adoptant le christianisme, les Slaves reçurent en même temps des noms latins pour désigner les mois, une nouvelle division de l'année plus précise, la répartition du mois en quatre semaines et de la semaine en sept jours [1]. La division de la semaine en sept jours avec des noms appropriés n'a pu avoir lieu en effet qu'à ce moment : le nom du dimanche *nedělja* « le jour du repos » et celui du samedi *sǫbota*, *sobota* trahissent visiblement une origine chrétienne. Le nom du « dimanche » en vint aussi chez tous les Slaves à désigner « la semaine »[2] ; les Slaves de l'Ouest, seulement, se fabriquèrent à côté de ce terme un mot composé du pronom *tŭ* et du nom du jour *dĭnĭ* (tchèque *tý-den*) [3].

Les Slaves divisaient le jour lui-même d'après la marche du soleil en matin *(utro, jutro)*, midi *(poldĭnĭ)*, soir *(večerŭ)* et nuit *(noštĭ)*, celle-ci étant elle-même coupée par les trois chants du coq. Les heures étaient inconnues : elles ne vinrent que plus tard d'Allemagne et de Constantinople. Le mot *dĭnĭ* signifiait d'abord la partie claire du jour ; par ailleurs on comptait, suivant l'ancienne manière indo-européenne, non par jours, mais par nuits.

L'école.

Il n'y avait pas d'enseignement systématique donné à la jeunesse du calcul, de la lecture ni de l'écriture. Le père faisait bénéficier son fils de ses propres expériences dès qu'il était en âge de comprendre la leçon, comme le sorcier à l'égard de son apprenti, comme le prêtre vis-à-vis du jeune candidat au service du temple. Si certains textes concernant la Bohême et la Russie semblent indiquer qu'au Xe siècle il existait des écoles dans ces pays, il ne s'agissait en général que d'écoles ecclésiastiques créées après l'adoption du christianisme et destinées à la formation du clergé indigène. Les enfants des familles distinguées y recevaient naturellement aussi l'éducation. C'est une école de ce genre qu'avait fondée Spytihněv, vers l'an 900, dans la for-

---

[1] Herbord (II, 17) nous dit que l'évêque de Bamberg Otto, lorsqu'il baptisait à Stettin, enseignait au peuple ce qu'étaient le dimanche, le samedi et lui parlait de la répartition en mois et de la composition de toute l'année chrétienne.

[2] A l'époque païenne on ne connaissait ni la division de la semaine en sept jours ni le dimanche comme jour de repos ; nous le voyons par la remarque d'Herbord que les Slaves poméraniens ne pouvaient comprendre pourquoi on ne devait pas travailler le dimanche (Herbord, III, 29).

[3] Voir l'intéressante étude publiée, en dernier lieu, par Petar Skok, « La semaine slave », dans la *Revue des Études slaves*, V (1925), pp. 14-23, et la notule complémentaire de N. Durnovo, *ibid.*, VI (1926), pp. 107-108.

teresse de Budeč, et c'est là que fut élevé le jeune prince qui devait être saint Venceslas[1] ; ce sont aussi des écoles analogues qu'avait organisées Vladimir le Grand à Kiev, suivant le témoignage de la *Chronique*[2].

[1] Selon les vieilles légendes qui ont pour objet saint Venceslas (*Fontes rer. boh.*, I, pp. 128, 149, 183) et la légende de Christian, éd. Pekař, p. 178.

[2] *Chronique*, version Laurentine, p. 116 (année 988). Voir A. Wanczura, *Charakter pierwszej szkoły kijowskiej Włodzimierza Wielkiego*, Lwów, 1913.

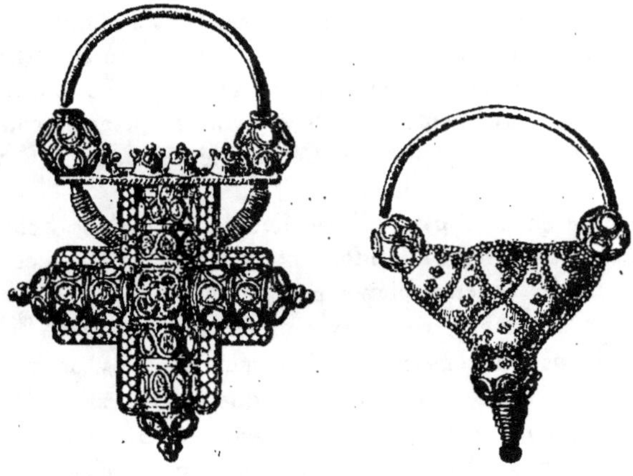

Fig. 144. — Boucles d'oreilles provenant du trésor oriental trouvé à Kretki (Pologne).

CHAPITRE XIII.

Le caractère et la civilisation des Slaves.

Nous avons constaté bien des fois, au cours des chapitres précédents, que la civilisation des anciens Slaves n'était ni riche ni d'un niveau très élevé, surtout si on la compare avec les autres civilisations de l'antiquité.

Cet état arriéré et cette simplicité primitive ont inspiré au XVIIIe siècle certaines théories concluant à l'infériorité non seulement de la civilisation, mais encore du caractère même des Slaves. On les peignait comme un peuple dépourvu de toute qualité morale supérieure, de nature basse et sauvage.

Cette idée, émise en 1802 par un historien allemand, Aug. Schlözer, et par ses imitateurs [1], a provoqué à son tour une réaction, et l'on s'est efforcé alors de dépeindre les ancêtres slaves comme différant, il est vrai, des Germains, mais précisément par l'élévation de leur caractère. Selon ces théories, c'était un peuple consacré à des travaux paisibles, ordinairement gai, n'aimant pas la guerre et ne combattant que par nécessité, donc d'un caractère pacifique, sans artifice, franc, humain ; en un mot, c'était un peuple simple et doux « comme la colombe », commençait-on à répéter après J. A. Komenský.

On pourrait remonter loin pour chercher d'où venaient les premiers éléments de cette deuxième théorie. Mais il suffira de constater ici que c'était un philosophe allemand célèbre, J.-G. Herder, qui en avait posé les fondements dans le tableau qu'il donnait en 1791 du caractère des Slaves et de leur avenir au livre XVI, chapitre IV, de son traité *Ideen zur Philosophie der Geschichte der Menschheit*. Les savants slaves avaient accueilli avec joie l'opinion de Herder, avec enthousiasme même, parce qu'elle venait d'un Allemand ; et nous pouvons suivre, durant tout le cours du XIXe siècle, la faveur dont cette opinion a joui et continue à jouir dans les travaux concernant l'histoire ancienne et la civilisation des Slaves. Il est même tels disciples enthousiastes qui renchérissaient encore parfois sur le maître :

---

[1] Schlözer (Nestor, *Russ. Annalen*, I, pp. 33 et suiv.) s'est appuyé principalement sur le début de la *Chronique* de Kiev dont il était l'éditeur, et où le chroniqueur dit de certaines tribus qu'elles vivaient dans la forêt « comme des bêtes sauvages ».

on s'en convaincra en examinant, par exemple, la manière dont P. J. Šafařík ou Jan Kollár décrivaient la vie des anciens Slaves. Cette conception flatteuse se maintint jusqu'à la fin du XIXᵉ siècle, ainsi dans les travaux de G. Krek, de W. Bogusławski, de W. Kętrzyński, de V. Florinskij et autres savants. Seuls, les historiens et les archéologues allemands s'en tenaient au point de vue opposé, celui de Schlözer, et ne manquaient pas de prendre position à chaque fois qu'ils en avaient l'occasion [1]. L'ouvrage d'un savant russe, J. M. Soběstianskij, détermina en 1892 un nouveau point de vue : Ученія о національныхъ особенностяхъ характера и юридическаго быта древнихъ Славянъ (Char'kov, 1892). L'auteur ne s'y attachait pas, comme les Allemands, à rabaisser la civilisation slave, mais il se prononçait nettement contre le point de vue sentimental et poétique de Herder, de Šafařík et de Kollár : les Slaves, à ses yeux, n'avaient rien d'un peuple de colombes, mais ils étaient de caractère aussi batailleur et aussi cruel que leurs voisins.

Ce nouveau livre éveilla bien des échos favorables et défavorables. Du moins il eut, somme toute, le mérite de remettre en question les assertions de Herder et de Kollár et d'en déterminer une révision approfondie d'après une étude nouvelle des sources. Depuis cette époque, nous rencontrons souvent un point de vue voisin de celui de Soběstianskij. Seul, Jan Peisker est allé encore plus loin que Schlözer dans la voie du pessimisme négatif, et il a abouti aux conclusions les moins admissibles [2].

Si nous voulons examiner la question du point de vue critique, il faut tout d'abord connaître les données que l'histoire et l'archéologie nous fournissent. Il est vrai qu'en dehors du témoignage du chroniqueur cité plus haut [3] il existe une série de textes anciens qualifiant les Slaves « crudeles, crudelissimi, ferocissimi, infidi, ad malum proni ; nefandissima, aspera, prava, perversa gens ; deterrimum genus, etc. [4] », mais toutes ces épithètes, dont une série analogue est appliquée à la caracté-

[1] Les archéologues slaves s'élevèrent de nouveau contre cette attitude et, pour trouver un terrain solide, ils commencèrent à identifier la civilisation protoslave, sans le moindre fondement, avec la civilisation préhistorique de Hallstatt. C'est ainsi que procédèrent nommément en Bohême les archéologues J. Woldřich, J. Wankel, J. Havelka, J. Smolík et B. Jelínek.

[2] Voir, en particulier, son dernier livre intitulé *Kdo byli naši předkové?* (Praha, 1921). Voir aussi *Revue des Études slaves*, II (1922), pp. 19 et suiv.

[3] Voir plus haut, p. 336.

[4] Voir *Živ. star. Slov.*, III, p. 758.

ristique des anciens Germains, n'ont guère de valeur sous la plume d'un homme qui les adresse à un ennemi dans des relations consacrées précisément aux luttes avec les Slaves. « Scelerati, capita venenata », les appelait saint Bernard en prêchant contre eux une croisade en 1147[1]. De tels jugements ne comptent pas pour définir le véritable caractère d'un peuple. L'appréciation du chroniqueur de Kiev, comme aussi de celui de Prague, sont également dépourvues de valeur, car le chroniqueur voulait seulement exprimer sa répulsion profonde pour la vie païenne des Slaves avant leur conversion au christianisme.

Il faut davantage tenir compte des faits concrets qui sont imputés aux Slaves, si peu à leur honneur qu'ils puissent être, mais tout en se rappelant encore qu'ils nous sont rapportés par des ennemis ou du moins par des chrétiens parlant de païens. Nous lisons en effet dans plusieurs textes avec quelle cruauté les Slaves se comportaient à la guerre, et cela non seulement avec l'ennemi sur les champs de bataille, mais aussi avec les prisonniers chrétiens des deux sexes qu'ils torturaient pour les sacrifier finalement à leurs dieux[2]. Mais ce sont les mêmes horreurs que nous trouvons dans les relations concernant les Germains, et, à examiner précisément quelle était la conduite des Germains vis-à-vis des Slaves, nous comprenons jusqu'à un certain point la cruauté reprochée à ces derniers : les Slaves ne faisaient que payer de retour les Germains qui, les considérant comme des créatures inférieures, jetaient leurs enfants aux chiens, les invitaient à des festins pour ensuite s'en débarrasser, les mesuraient avec une épée, fendant les têtes qui dépassaient la mesure et les torturaient de la façon la plus raffinée lorsqu'ils s'avisaient de se soulever contre l'esclavage germanique[3]. Les explosions de férocité des Slaves ne nous apparaissent dans ces conditions que comme le résultat des luttes exaspérées pour la liberté entre deux peuples de tout temps ennemis ; les épithètes *crudeles* ou *nefandissimi* ne sauraient être retenues comme caractérisant exclusivement les Slaves.

Il y a peu d'autres textes défavorables aux Slaves. Encore ne faut-il les accepter qu'avec réserve, car ils sont en contradiction avec d'autres textes. Les témoignages concernant la rudesse de mœurs des Barbares

---

[1] *Mecklenb. Urkundenbuch*, I, p. 35 (Schwerin, 1863).

[2] Voir *Živ. star. Slov.*, III, pp. 759 et suiv.

[3] Voir la documentation *ibidem* (par exemple *Vita Caroli mon. Sangall.*, II, 12 ; Widukind, I, 35 ; II, 20 ; III, 52, 55 ; Saxo Gramm., éd. Holder, pp. 150, 151, 278, 279 ; Constantin, *De adm. imp.*, 30 ; Kosmas, I, 40 ; *Chronique*, version Laurentine, p. 43 (941).

de l'Europe septentrionale ne surprendront personne[1]. Un seul défaut slave, cependant, est attesté non seulement par les sources anciennes, mais encore par toute leur histoire : c'est leur désunion ou, bien plus, la haine mutuelle entre peuples et tribus[2], les dissensions qui empêchaient ces tribus de s'unir même dans les moments de grands périls et qui firent historiquement le malheur des Slaves.

S'il nous arrive par contre de trouver des textes où l'auteur même qui a condamné les défauts loue certaines qualités des Slaves et va parfois jusqu'à les exalter, nous pouvons être assurés qu'ils possédaient en réalité ces bonnes qualités. C'est ainsi qu'on dira des Slaves qu'ils traitent avec douceur les prisonniers[3] et les esclaves, que même au bout d'un certain temps ils les mettent en liberté[4], qu'ils sont honnêtes, francs, sans malveillance, qu'ils sont justes[5], qu'ils prennent soin des vieillards, des pauvres et des malades[6], qu'ils sont aimables pour les étrangers et d'une hospitalité sans mesure[7], qu'ils sont laborieux, patients à supporter les peines[8] et que leurs femmes sont d'une chasteté exemplaire[9]. Le trait saillant du Slave, c'était son amour pour sa patrie et la liberté. Widukind qui nous a laissé une série de données sur la cruauté des Slaves dit à ce sujet : « omnem miseriam carae libertatis postponentes »[10] ; et Helmold ajoute qu'ils étaient prêts à mourir plutôt que de devenir chrétiens et payer tribut aux Saxons[11]. A cet amour du pays natal et de la liberté répondait une bravoure dans les combats dont nous possédons une série de témoignages[12], confirmés d'ailleurs indirectement par la

[1] Herbord, III, 30 ; Mas'ûdî (Harkavi, p. 140).

[2] Maurikios, *Strat.*, XI, 5 ; *Chronique*, version Laurentine, p. 18, année 862.

[3] C'était avant les luttes avec les Germains.

[4] Maurikios, *Strat.*, XI, 5 ; Léon, *Tact.*, XVIII.

[5] Adam, II, 19 ; Helmold, I, 2 ; Prokopios, III, 14.

[6] Helmold, II, 12.

[7] Maurikios, Léon, *op. cit.* ; Helmold, II, 12 ; Légende de saint Venceslas, éd. Pastrnek, p. 60 ; Instruction du Monomaque (Bielowski, *Mon. Pol. hist.*, I, p. 871) ; Ebbo, III, 7 ; Herbord, II, 41. Le slave *gosti* a comme l'allemand *gast* un autre sens que le latin *hostis* (voir plus haut, p. 249).

[8] Widukind, II, 20.

[9] Maurikios, Léon, *op. cit.* ; Thietmar, IX, 3 ; saint Boniface dans sa lettre à Aethibald (Jaffé, *Monum. Mogunt.*, p. 172).

[10] Widukind, II, 20 ; voir Saxo, éd. Holder, p. 571.

[11] Helmold, I, 25, et aussi I, 34.

[12] Prokopios, III, 14, 22 ; Maurikios et Léon, *op. cit.* ; Al-Bekrî, Ibrâhîm ibn Ja'kûb (Charmoy, *Relation*, p. 353 ; Ibrâhîm, éd. Westberg, 58) ; Adam, II, 18 ; III, 21 ; IV, 18 ;

ténacité qu'apportèrent les Slaves de l'Ouest à se défendre contre la tyrannie des Allemands et qui permit encore aux Slaves du Sud de conquérir les Balkans aux VIᵉ et VIIᵉ siècles. Quant à la pusillanimité des Slaves, au sens où l'entendent Herder et Kollár, elle n'est illustrée, à proprement parler, que par la seule anecdote que rapporte Theophylaktos Simokattes : trois Slaves, que l'armée de l'empereur Maurice avait faits prisonniers en 591, auraient dit à l'empereur qu'ils appartenaient à un peuple qui ne connaissait ni guerres ni armes, mais seulement les instruments de musique...[1]. Mais ce n'est là, de toute évidence, que la repartie de trois espions faits prisonniers, et il semble bien de plus que nous ayons à faire là à une paraphrase d'anciennes relations sur les Gètes. On ne peut faire fond sur ce texte qui est en contradiction avec tous les autres, avec toute l'histoire.

De toutes les sources que nous avons citées le caractère des Slaves et leur physionomie morale se dégagent avec une netteté suffisante. Les Slaves avaient tout simplement les qualités des autres Barbares indo-européens de leur temps ; ils étaient cruels et vindicatifs, défiants vis-à-vis de leurs ennemis, mais avaient dans leur vie domestique plusieurs vertus appréciables. Nulle part, cependant, nous ne lisons — si l'on excepte l'anecdote de Theophylaktos — qu'ils aient été un peuple paisible, un « peuple de colombes », et toute leur histoire elle-même ne nous enseigne non plus rien de pareil.

Sur ce point, les Slaves ne le cédaient donc pas aux Germains : Soběstianskij avait raison. Ce serait toutefois une erreur de croire qu'il n'y a et qu'il n'y avait entre le caractère des Slaves et celui des Germains aucune différence. Les relations anciennes ne permettent pas par elles-mêmes, il est vrai, de faire cette distinction ; mais toute l'histoire postérieure, et en particulier l'histoire psychologique et morale des peuples slaves, la rend visible et même éclatante. Nous ne pouvons aujourd'hui parler d'un « caractère slave » en général, car le caractère des Tchèques, celui des Serbes et celui des Russes, par exemple, sont loin d'être identiques, et l'on constate à cet égard, jusqu'à l'intérieur d'un peuple originellement un, des différences notables, par exemple entre Tchèques et Slovaques ou encore entre Grands-Russes et Ukrainiens.

Il y a cependant chez les Slaves certains traits qui leur sont communs :

Vita Adalberti, auct. Canapario, I ; Herbord, II, 1 ; Thietmar, VII, 44 ; Saxo Gramm., éd. Holder, p. 604 ; Tougard, *Histoire profane*, pp. 87, 93, 105.

[1] Theophylaktos, VI, 2 ; Theophanes, éd. Boor, p. 268.

le goût de la liberté et de la démocratie, allant jusqu'à revêtir des formes anarchiques ; un penchant à la sensibilité, au scepticisme, au mysticisme et à une perpétuelle rêverie ; une grande facilité à s'enthousiasmer pour un idéal, mais sans beaucoup d'aptitude pour le réaliser ni pour persévérer dans l'enthousiasme ; un manque d'énergie dans la volonté ; une aspiration à la justice et à la tolérance envers tous. Tous ces traits, bien qu'ils ne soient pas accentués au même degré chez tous les peuples slaves, distinguent le caractère slave du caractère germanique en général. De plus, le militarisme a toujours été étranger aux Slaves, de même les visées à l'absolutisme et à l'ambition de concentrer en un tout puissant les forces individuelles éparpillées, et par suite la tendance à l'impérialisme. Ils se sont au contraire toujours fait remarquer par ce que l'on a appelé la doctrine slavophile et fraternelle qui prêche la justice et l'amour pour tous et l'égalité de tout le monde. Le nationalisme slave a toujours été autre que le nationalisme dominateur et usurpateur des Germains aspirant par dessus tout à l'hégémonie. Ce que disent des Germains Tacite et Plutarque, personne ne le dit des Slaves.

La civilisation élaborée dans les conditions qui viennent d'être décrites ne pouvait atteindre un haut degré. Les Slaves ont subi un retard, dont nous avons vu la cause essentielle : non pas certes une inaptitude ethnique, mais la position géographique de leur premier habitat, loin des grands centres de la civilisation antique, dans des régions incultes où la tâche de défricheurs absorbait toute leur activité. Ils devaient montrer par la suite leur faculté d'adaptation en puisant largement aux trésors des civilisations romaine et germanique, grecque et orientale, lorsque du VIIe au XIe siècle ils se trouvèrent en contact permanent avec celles-ci. S'ils ne créèrent pas dès lors des œuvres neuves et originales, ils surent du moins développer une production conforme à l'esprit et à la technique des grands peuples dont ils avaient reçu les influences. Du point de vue artistique même, cette production ne saurait être qualifiée de primitive : elle attestait leur goût et leur expérience des arts manuels. C'est en sachant accueillir et assimiler des connaissances diverses, pour les faire à son tour progresser, qu'une race peut affirmer aussi ses mérites dans le domaine de la civilisation.

La civilisation à laquelle étaient arrivés les Slaves aux Xe et XIe siècles n'était pas une, et il n'y a jamais eu de civilisation slave absolument une, même avant la période historique. Il importe de souligner que la grande répartition des peuples slaves en deux sphères de culture, l'occidentale et l'orientale, n'est pas seulement le résultat de leur histoire ultérieure ni même celui de la période qui s'étend entre le IXe siècle et le XIe, durant laquelle les Slaves ont absorbé le plus d'éléments étrangers : elle est d'abord l'œuvre des siècles précédents, de la préhistoire.

Si l'habitat des Slaves avant l'ère chrétienne se trouvait entre la Vistule et le Dniéper, ou entre l'Oder et le Dniéper, depuis longtemps déjà, et dès le commencement de l'âge du bronze, la partie occidentale de cet habitat, celle qui touchait à l'Oder et à la Vistule, était soumise à d'autres influences et recevait d'autres apports que la partie orientale, située entre les Carpathes et le Dniéper. Les influences de la culture de l'âge du bronze, de celle de Hallstatt, des cultures gauloises du Rhin et de la Marne, de l'Elbe inférieure et de la mer Baltique, —malgré la faiblesse relative avec laquelle réagissaient les Slaves —, contribuaient à former une civilisation différente de celle que préparaient, dans la partie orientale, les influences des aborigènes des steppes, des Scythes, des Sarmates, des Finnois, de tout l'Orient enfin, sans oublier Byzance. Depuis longtemps, par conséquent, les pays slaves de l'Ouest appartenaient aux zones de civilisation de l'Europe occidentale et de l'Europe centrale, alors que les pays de l'Est dépendaient de la civilisation gréco-orientale. Tel est, du point de vue de la civilisation, le fait essentiel de la préhistoire des Slaves.

PRINCIPAUX OUVRAGES ET PÉRIODIQUES CITÉS [1]

A. Ouvrages.

Aničkov (E.-V.), Язычество и древняя Русь, Спб., 1914 ;

— Весенняя обрядовая пѣсня на западѣ и у Славянъ, Спб., 1905 (Сборникъ отд. русск. яз. и слов., LXXIV) ;

Aristov (N.), Промышленность древней Руси,, М., 1866 ;

Arne (T.), *La Suède et l'Orient*, Upsala, 1914 ;

Berneker (E.), *Slavisches etymologisches Wörterbuch*, I, Heidelberg, 1908-1913 ;

Braungart (R.), *Urheimat der Landwirtschaft aller indogermanischen Völker*, Heidelberg, 1912 ;

Brückner (A.), *Mitologja słowiańska*, Kraków, 1918 ;

Budilovič (A.), Первобытные Славяне въ ихъ языкѣ..., etc., I-II, Кіевъ, 1878-1882 ;

Dalton (O.), *Byzantine art and archaeology*, Oxford, 1911 ;

Florinskij (V.-M.), Первобытные Славяне, I-II, Томскъ, 1894 ;

Friedrich (G.), *Codex diplomaticus et epistolaris regni Bohemiae*, I, Pragae, 1907 ;

Giesebrecht (L.), *Wendische Geschichten aus den Jahren 780-1182*, Berlin, 1843 ;

Golubinskij (I.), Исторія русской церкви, 2e éd., I, М., 1901 ;

Hampel (J.), *Altertümer des frühen Mittelalters in Ungarn*, Braunschweig, 1905 ;

Harkavi (A.), Сказанія мусульманскихъ писателей о Славянахъ и Русскихъ, Спб., 1870 ;

Chanenko (B.), Древности Приднѣпровья, I-V, Кіевъ, 1899-1902 ;

Charmoy, *Relation de Mas'oudy sur les anciens Slaves (Mémoires de l'Académie de Saint-Pétersbourg*, série VI, tome II), 1834 ;

Chojnovskij (I.), Археологическія свѣдѣнія о предкахъ Славянъ на Руси, I, Кіевъ, 1896 ;

Chvojka (Č.), Древніе обитатели средняго Приднѣпровья и ихъ культура въ доисторическія времена, Кіевъ, 1913 ;

Chvolson (D.), Извѣстія о Козарахъ... арабскаго писателя Ибнъ-Даста, Спб., 1869 ;

Jacob (G.), *Der nordisch-baltische Handel der Araber im Mittelalter*, Leipzig, 1887 ;

— *Die Waaren beim arabisch-nordischen Verkehr*, Berlin, 1891 ;

— *Welche Handelsartikel bezogen die Araber des Mittelalters aus nordisch-baltischen Ländern*, Berlin, 1891 ;

Jagić (V.), *Entstehungsgeschichte der kirchenslavischen Sprache*, 2e éd., Berlin, 1913 ;

— « Zur slavischen Mythologie » (*Archiv für slavische Philologie*, XXXVII, 1920, pp. 492-511) ;

---

[1] Le lecteur ne devra pas voir dans cette liste une bibliographie, mais seulement un guide sommaire destiné à lui faciliter l'identification des ouvrages et des périodiques le plus souvent cités et fréquemment désignés par de simples abréviations.

Janko (J.), *O pravĕku slovanském*, Praha, 1912 ;

Jireček (K.), *Handelstrassen und Bergwerke von Serbien und Bosnien während des Mittelalters*, Prag, 1879 ;

— *Staat und Gesellschaft im mittelalterlichen Serbien*, Wien, 1912-1914 *(Denkschriften de l'Académie de Vienne, Classe de philologie et d'histoire)* ;

Kadlec (K.), *Encyclopedja polska*, II, Kraków, 1912 (articles publiés par cet auteur dans l'Encyclopédie polonaise de Cracovie) ;

Kondakov (N.-P.), Русскіе клады, I, Спб., 1896 ;

— Византійскія эмали, Спб., 1889-1892 ;

Kondakov (N.-P.) et Tolstoj (I.), Русскія древности въ памятникахъ искусства, Спб., 1889-1899 ;

Kos (Fr.), *Gradivo za zgodovino Slovencev*, I-II, Ljubljana, 1903-1906 ;

Kostrzewski (J.), *Wielkopolska w czasach przedhistorycznych*, Poznań, 1923 ;

Kozlovskaja (V.), Славянскіе курганы и городища, Кіевъ, 1914 ;

Krek (Gr.), Einleitung in die slavische Literaturgeschichte, 2° éd., Graz, 1887 ;

Lindenschmit (L.), *Alterthümer unserer heidnischen Vorzeit*, I-V, Mainz, 1858 et suiv. ;

— *Handbuch der deutschen Alterthumskunde*, Braunschweig, 1880-1889 ;

Ljaskoronskij, Исторія переяславской земли, Кіевъ, 1897 ;

Mansikka (V.), *Die Religion der Ostslaven*, I, Helsingfors, 1921 ;

Marinov (D.), Жива старина, Rusčuk, 1898 ;

Marquart (J.), *Osteuropäische und ostasiatische Streifzüge*, Leipzig, 1903 ;

Meitzen, Siedelung und Agrarwesen der Westgermanen... etc., I, Berlin, 1895 ;

Miklosich (Fr.), *Etymologisches Wörterbuch der slavischen Sprachen*, Wien, 1886 ;

— *Lexicon palaeoslovenicum*, Vindobonae, 1862-1865 ;

Mladenov (St.), Старитѣ германски елементи въ славянскитѣ езици, София, 1910 ;

Murko (M.), *Zur Geschichte des volkstümlichen Hauses bei den Südslaven (Mittheilungen der anthropologischen Gesellschaft, XXXV-XXXVI)*, Wien, 1906 ;

Niederle (L.), *Slovanské starožitnosti*, I-IV, Praha, 1901-1924 ;

— *Život starých Slovanů*, I-III, Praha, 1911-1925 ;

— *Manuel de l'antiquité slave*, I, Paris, 1923 ;

Pastrnek (Fr.), *Dějiny slovanských apoštolů Cyrilla a Methodia*, Praha, 1902 ;

Peisker (J.), *Die älteren Beziehungen der Slaven zu Turkotataren und Germanen*, Berlin-Stuttgart, 1905 ;

— *The expansion of Slavs (Cambridge Medieval History, vol. II)*, 1913 ;

Rački (Fr.), *Documenta historiae croaticae periodum antiquam illustrantia*, Zagreb, 1877 ;

Reallexicon der germanischen Altertumskunde, Strassburg, 1911-1919 ;

Rhamm (K.), *Ethnographische Beiträge zuv germanisch-slavischen Alterthumskunde*, I-III, Braunschweig, 1905-1910 (II, Altslav. Wohnhaus) ;

Sadowski (J.), *Die Handelstrassen der Griechen und Römer*, Jena, 1877 ;

Samokvasov (Dm.), Могилы русской земли, M., 1908 ;

— Сѣверянская земля и Сѣверяне по городищамъ и могиламъ, M., 1908 ;

Savvaitov (P.), Описаніе старинныхъ русскихъ утварей, одеждъ, оружія... etc., Спб., 1896 ;

Schrader (O.), *Reallexicon der indogermanischen Altertumskunde*, Strassburg, 1901 ;

Smirnov (I.), Восточное серебро, Спб., 1909 ;

Sreznevskij (I.-I.), Матеріалы для словаря древне-русскаго языка, Спб., 1890-1909 ;

Strekalov (S.), Русскія историческія одежды, Спб., 1877 ;

Strzygowski (J.), *Altai-Iran und Völkerwanderung*, Leipzig, 1917 ;
Szelągowski (Ad.), *Najstarsze drogi z Polski na wschód*, Kraków, 1909 ;
Tichonravov (N.-S.), Лѣтописи русской литературы и древности, I-II, M., 1859-1860 ;
Tougard (A.), *L'histoire profane dans les Actes des Bollandistes*, Paris, 1874 ;
Veselovskij (A.-N.), Разысканія въ области русскихъ духовныхъ стиховъ (Сборникъ
        отд. русск. яз. и слов., 1879 et suiv.) ;
Viollet-le-Duc, *Dictionnaire raisonné du mobilier français*, Paris, 1868-1875 ;
Vladimirov (P.-V.), Поученія противъ древнерусскаго язычества, III, Спб., 1897 ;
Vocel (J.), *Pravěk české země*, Praha, 1868 ;
Zíbrt (Č.), *Dějiny kroje v zemích českých*, I, Praha, 1892.

B. Publications périodiques et collections.

Archaeologisch-epigraphische Mitteilungen (Vienne) ;
Archiv für slavische Philologie (Berlin-Vienne) ;
Византійскій Временникъ (Pétersbourg) ;
*Bulletin de l'Académie de Cracovie : Sprawozdania z posiedzeń wydz. filolog. (I), wydz.
        hist.-filoz. (II)* ;
Byzantinische Zeitschrift (Munich) ;
Český časopis historický (Prague) ;
Ethnologische Mitteilungen aus Ungarn (Budapest) ;
Журналъ Министерства народнаго просвѣщенія (Pétersbourg), en abréviation :
        Ж. М. Н. П. ;
Izvestja Muz. Društva za Kranjsko (Ljubljana) ;
Извѣстія импер. Академіи наукъ : *Bulletin de l'Académie impériale des sciences*
        (Pétersbourg) ;
Извѣстія импер. археологической Коммиссіи (Pétersbourg) ;
Извѣстія отд. русскаго языка и словесности импер. Академіи наукъ (Pétersbourg) ;
Извѣстія русскаго археологическаго Института въ Константинополѣ (Constanti-
        nople) ;
Кіевская Старина (Kiev) ;
Ljubljanski Zvon (Ljubljana) ;
Mannus (Berlin) ;
Materiały i prace Komisyi językowej (Académie de Cracovie) ;
Матеріалы по археологіи Россіи (Pétersbourg) ;
Monumenta Germaniae : Scriptores ;
Monumenta Poloniae historica (Académie de Cracovie) ;
Památky archeologické (Prague) ;
Rad jugoslavenske Akademije (Zagreb) ;
Revue des Études slaves (Paris) ;
Rocznik slawistyczny (Cracovie) ;
Русскій филологическій Вѣстникъ (Varsovie), en abréviation : Р. Ф В. ;
Сборникъ за народни умотворення..., etc. (Sofia) ;
Schriften der Balkan-Kommission der k. k. Akademie (Vienne) ;
Slavia (Prague) ;
Slovanský Přehled (Prague) ;

Slovenské Pohľ ady (Turčaský Sv. Martin, en Slovaquie) ;
Sprawozdania de l'Académie de Cracovie : voir *Bulletin* ;
Światowit (Varsovie) ;
Труды археологическихъ съѣздовъ (Moscou) ;
Записки импер. Академіи наукъ (Pétersbourg) ;
Записки наукового Товариства імени Шевченка (Léopol) ;
Записки Общества исторіи и дрейностей (Odessa) ;
Zbiór wiadómości do antropologii krajowej (Cracovie) ;
Zeitschrift für deutsches Altertum (Berlin).
Zeitschrift für slavische Philologie (Leipzig).

I.

INDEX FRANÇAIS.

TABLE DES ILLUSTRATIONS.

Planches en couleurs.

TABLE DES MATIÈRES.

Tome II : La civilisation.